知—行—精—品—文—丛

沉思与力行

高等教育发展进路多视角研究

李泽彧 著

厦门大学出版社
XIAMEN UNIVERSITY PRESS
国家一级出版社
全国百佳图书出版单位

图书在版编目（CIP）数据

沉思与力行：高等教育发展进路多视角研究 / 李泽
彧著. -- 厦门：厦门大学出版社，2024.3
　（知行精品文丛）
　ISBN 978-7-5615-9352-3

　Ⅰ．①沉… Ⅱ．①李… Ⅲ．①高等教育-发展-研究
-中国 Ⅳ．①G649.21

中国国家版本馆CIP数据核字(2024)第069830号

责任编辑	曾妍妍
美术编辑	李夏凌
技术编辑	朱　楷

出版发行　厦门大学出版社

社　　址　厦门市软件园二期望海路39号
邮政编码　361008
总　　机　0592-2181111　0592-2181406(传真)
营销中心　0592-2184458　0592-2181365
网　　址　http://www.xmupress.com
邮　　箱　xmup@xmupress.com
印　　刷　厦门集大印刷有限公司

开本　720 mm×1 000 mm　1/16
印张　24.25
字数　370 千字
版次　2024 年 3 月第 1 版
印次　2024 年 3 月第 1 次印刷
定价　120.00 元

本书如有印装质量问题请直接寄承印厂调换

厦门大学出版社
微信二维码

厦门大学出版社
微博二维码

丛书编委会

顾　问：李泽彧　赵振祥

主　任：郭肖华　郭志钦

副主任：林小勇　刘　莉

编委会委员：（按姓氏笔画排列）

刘　玲　刘　莉　江　南　李玲玲　吴伟隆

余　霖　林小勇　钱　静　郭志钦　郭肖华

蓝燕玲　赖祯黎　魏　武

总　序

为了进一步贯彻落实新时代高等教育高质量发展大略,在厦门理工学院建设"亲产业、地方性、国际化"国内一流应用技术型大学征途中贡献影视与传播旳新文科力量,以迎接学校 43 年校庆为契机,影视与传播学院领导研究决定由学院资深二级教授、国内知名高等教育研究专家李泽或博导领衔,组织专任教师编辑出版"知行精品文丛",集中展示我院教师因应时代变革和产业之需,面向中国高等教育从精英教育转向大众教育后在教育理念、培养目标和培养模式的转变而做的主动思考与实践成果。学院的决定得到了专任教师们的积极响应,并形成了主题明确、分工细致的撰写与编辑计划,预计厦门理工学院影视与传播学院的"知行精品文丛"将出版 10 余本。

教育是国之大计、党之大计。习近平总书记在党的二十大报告中指出:"坚持以人民为中心发展教育,加快建设高质量教育体系,发展素质教育,促进教育公平。"新时代新征程的第一要义就是要坚定不移践行以人民为中心的发展思想,办好人民满意的高等教育,努力培养更多德智体美劳全面发展的社会主义建设者和接班人。"高校立身之本在于立德树人。只有培养出一流人才的高校,才能够成为世界一流大学。"推动高等教育高质量发展,必须紧紧围绕为党育人、为国育才,坚定不移把立德树人的成效作为检验学校一切工作的根本标准。而高校之间的竞争,无论是研究型大学还是地方应用技术型大学,真正的核心是如何实现全员育人、全程育人、全方位育人,把高校的特色和优势有效转化为培养社会主义建设者和接班人的能力。这其中教师是教育发展的第一资源,教师队伍素质直接决定着大学办学能力和水平。只有不断拓展教师的眼界,提升教师专业素质,强化科研能力并反哺教学,才能更有针对性地沉思与力行,深化学科体系、教学体系、教材体系、管理体系改革,推动形成更高水平的人才培养体系,全面提高人才自主培养质量,着力造就拔尖创新人才。

时序更替、御风而行。厦门理工学院影视与传播学院应产业需求,为时代而生,先后经历了数字创意学院、数字创意与传播学院、时尚学院到影视与传播学院的沿革。虽然学院的名称有变,但深耕高等教育基础理论,敏于现代产业需求,专于行业应用研究的基因一直没变。从产业导向的专业布局到学科与专业精准匹配的归序,一方面厘清了院名、学科、专业的同域归属,另一方面也借此积淀了一批横跨戏剧影视学、新闻传播学、计算机科学、设计学、管理学等一级学科的产教协同、研创一体的多学科融合师资队伍,奠定了本丛书多视角、多元化研究特征。

影视与传播学院近些年上下一心,潜心于学科平台和研究团队建设,先后获评福建省宣传部以马克思主义为指导的哲学社会科学基础理论研究"文化传播学"创新研究团队、福建省未来媒体重点智库,并相继建设了福建省智能视听重点实验室、咪咕—厦门理工闽南潮流文化实验室、时尚传播研究中心、运动健康与传播中心等研用一体的多功能实验室和研究平台,为因应时代的高水平研究成果的持续产出提供了资源保障。依托平台与团队,先后获得福建省优秀教学成果特等奖、国家一流专业建设点、省级新文科建设项目、省市优秀社科成果奖以及文学艺术奖多项,并获批国家社科基金项目 5 项、教育部人文社科项目 4 项、省级项目十数项,充分显示了学院科学研究和艺术创作的既有实力和未来潜力。

随着戏剧影视学专业硕士点正式落户,影视与传播学院的学科和研究生教育又迈上了一个新台阶,目前在校研究生近百名,校内外硕士生导师逾百,为学院产教融合、师生协同的教研与学术开展构建了一支复合型队伍,在校研究生在导师指导下发表了一批高水平的学术论文和高质量的影音作品,呈现出学院严于治学、薪火相传、只争朝夕的盎然生机。

这次辑录出版的著作尽管不能完全反映学院创院以来取得的学术成就全

貌,但也无疑代表了专任教师们逐浪学海、勤耕艺苑的重要学术成就。这是一份献给厦门理工学院校庆的厚礼,也希望成为厦门理工学院更名大学征途中同心相向、微薄但坚定的力量。

希望并相信厦门理工学院影视与传播学院的明天会更好!

2024 年 1 月

目　录

理论研究篇

理论研究篇

大学生素质教育的特点及其实施之我见[*]

近几年关于"素质教育"热点问题的文章在各种教育刊物上屡见不鲜,但是对于这一问题的探讨并非已经十分清楚、透彻。本文在同意"大学生素质教育"这一提法的前提下,对大学生素质教育的特点及其实施提出一己之见。

一、问题的提出

"素质教育"这一概念,开始时是针对中小学"应试教育"而提出的。约定俗成,"素质"被定义为:由先天的遗传禀赋与后天环境的影响及教育的作用结合而成的相对稳定的基本品质结构。其内涵一般包括 4 类,即思想文化素质、业务素质、心理素质和身体素质,每一类又有各自比较稳定的层面与内容。

大学认可与引用"素质教育"的说法,直接原因是为了改变单纯的科技教育及过窄的专业教育的状况,同时也不排斥改变大学亦有"应试教育"的弊端(只不过在程度上不像中小学那样炽烈而已)。现在人们更多地从检讨 50 年代初院系调整出发,阐述改变这一状况的有力办法,是在大学中加强素质教育。这只是看到问题的一个方面。其实,进一步探讨不难发现,导致素质教育成为大学的热门话题,与高等教育人才培养重心的历史发展及科技发展、时代进步等多方面因素密切相关。在世界范围内,高等教育的发展经历了如下几个阶段:19 世纪初之前进行职业教育(vocational education);19 世纪初到 20 世纪中叶(即二战前后),进行专门教育(professional education);近几十年来,提出并进行生涯教育(career

* 原载《高等教育研究》1998 年第 5 期,本文于 2000 年荣获厦门市第四届社会科学优秀成果三等奖。

education）。隐藏在这一发展变化轨迹后面的支配力量主要有两点：一是科学技术和知识不断既分化又综合地向前发展，只有"全能"才更能体现人类的优势和特点。因为作为万物之灵，人的优势正在于其全面性与综合性，专业知识面狭窄最终将导致人类在单项进化中的整体退化。二是社会历史的沧桑巨变，尤其是两次世界大战、现代社会为数众多的局部战争以及频繁发生的高科技犯罪，提高了人们对于世界、人类自身及社会道德等的认识水平。

概言之，在大学中提倡素质教育是大学内部与外部、历史与现实综合作用的必然结果。由于它能把个人发展和社会发展两种教育的基本功能统一起来，因此，上升到规律理论的高度来看，素质教育的努力指向正是为了使教育内部和外部关系规律和谐互动。

二、大学生素质教育的特点分析

高等教育的基本特点不同于中小学，高等教育的素质教育并非如中小学针对"应试教育"而提出，这就决定了大学生素质教育必定有自己的特点。

特点之一：高深化。高等教育在性质任务和教育对象等方面体现出它的两个基本特点，一是"高等教育是建立在普通教育（或基础教育）基础上的专业性教育，以培养各种专门人才为目标；二是大学生一般是 18 岁以上的青年，他们的身心发展已趋于成熟"。根据高等教育的这两个特点，我们认为，大学生的素质教育必须有别于普通教育的素质教育。由于大学生的身心"已趋于成熟"，大学生所接受的高等教育主要是建立在普通教育基础上的"专业性教育"，因此，大学生素质教育的良好基础应在中小学阶段就已形成，它应以此为基础在大学阶段对大学生的基本品质结构加以发展与完善。相对地"高深化"，这就是大学生素质教育的一个主要特点。质言之，素质教育也是一个系统工程，这一系统工程在不同阶段有着不同的内容和要求。由于过去我国中小学教育受"应试教育"和"片面追求升学率"的影响极大，忽视素质教育，所以现在对大学生进行素质教育的"补课"有其必要性，但是我们必须看到这只是权宜性的"恶补"。如果大学生的素质教育不与中小学的素质教育相互衔接地配套进行，老是如此"恶补"下去，势必冲击大学生对"高深专门学问"的学习和研究。事实上,当前对大学生进行素质教育的主要措施之一是开设人文素质教育方面的课程,然而在实际操作过程中却遇到两个问题:第一个问题是现在大学生一周5天的排课已经很紧张了,再用"加法式"增课令学生不堪重负;第二个问题是人文素质必须由人文知识"下学上达"地"内化"才能转化为素质,多上几节人文方面的素质教育课程是否就能立竿见影地提高大学生的素质令人怀疑。细加分析不难发现,这两个问题都折射出对大学生素质教育的特点的准确把握十分重要。否则,中小学欠"债"大学还,长此以往,最后完全可能导致大学生的素质教育和专业教育都抓了,又都抓不好的结果。我们常言不能"就教育论教育",在这一问题上同样不能孤立地、单纯地谈论大学生素质教育。

特点之二:多样化。根据高等教育性质任务的基本特点,我们同样可以推论出大学生素质教育的第二个特点。与中、小学普通教育不同,大学进行专业性教育。如果说普通教育培养的是普通的文明人,那么高等教育培养的则是学有所长的先进的文明人。在大学中有理科、文科和工科等各种学科,在大文科中又包含有除文、史、哲之外的经济、艺术等学科专业。因此,大学生素质教育也有一个"多样化"的问题,这也是一个重要特点。不同层次、不同类型的高等教育机构,对于受教育者的素质教育的要求应有所不同。例如,北大、清华学生的素质教育,无疑不应与某些专科学校的素质教育在内容、层次上等同;即使北大、清华内部,不同科类的大学生,其素质教育的侧重点及要求也不应强求一致。没有区别就意味着否认层次和类型,没有特色必定造成千校一样、万人一面,素质教育的意义和效果的无形消弭也就在所难免。当然,无论是哪一种层次和类型,大学生素质教育都必须有一个高于中学生素质教育的下限标准。这里所谈的特点,旨在强调大学生素质教育必须与其专业性教育的层次和类型相对应地各具特色和有所区别。其中,大学中多样化的素质教育是相对的,高于普通教育的素质教育水平是绝对的。

三、如何实施大学生素质教育

从表面上看,大学生素质教育似与过去"全面发展教育"相差无几,这就难怪有人视"素质教育"为"全面发展教育"的翻版,并得出换汤不换药、没有意义的结论。其实,从"素质教育"有针对性地提出和"素质教育"的具体指向这两个方面来分析,"素质教育"与"全面发展教育"在方向、目的和基本内容等方面的确有一致性,但素质教育又不是简单地照搬全面发展教育,它丰富和发展了全面发展教育,使之更加具体化和更具可操作性。因此,研究如何实施大学生素质教育具有重要性和迫切性。

措施之一:毋庸置疑,思想指导行动,"转变教育思想观念是先导"这句话同样适用于实施大学生素质教育。如果我们的高等教育思想中的核心问题,如价值观、质量观和人才观等,还满足于停留在过去,乃至在很大程度上只对大学生进行科学主义教育,仅仅是片面要求学生只学好与专业对口的科学技术,那就难以实施素质教育。面向21世纪,即面向未来高度信息化和高度市场化的社会、高速发展的高科技以及既冲突又融合的多元文化,将给高等教育带来一系列变化。我们认为,大学生素质教育的要求概括起来就是3个字:新、活、好。所谓"新",主要指了解并掌握必备的新科学(包括社会科学)知识,"删繁就简三秋树,领异标新二月花",有创造能力,学会做事;所谓"活",主要指在未来社会中"学会学习",不落伍不僵化,"琴瑟在于必和,更张求其适调",适应能力强,学会发展;所谓"好",主要指科学精神与人文精神相整合,学会关心,学会做人。在这"三字方针"的教育过程中,同时要注意转变师生观,既要发挥教师的主导作用,又要尊重学生的主体地位,从而较好地发挥大学生学习的主动性与能动性。所以,我国大学生从重知识教育到重能力教育再到力倡素质教育,其实质是对教育内部、外部关系规律认识的深化,是在观念上对教育本质认识的升华。

措施之二:作为一种新的教育思想和教育观念,同时也是一种教育模式,大学生素质教育的落实应主要通过两条途径——教学是其基本途径,校园文化和社会环境(包括家庭)的影响是其必要途径。从形式上看,这些途径与普通教育一样,但是从内容与具体做法上看,由于大学生素质教育具有如前所述的两个特点,因此内容要求更高更广,具体做法更多更丰富。

鉴于课程是教育的"心脏",是教育思想、观念、目的和宗旨等转变为具体教育实践的中介,因此,大学生素质教育的基本途径无疑是各门学科课程的教学。所谓"寓素质教育于知识教育之中",反之亦然。因为,素质教育与知识教育二者相互包容、相辅相成,何况业务素质本身也有提高的过程。否则,撇开每周5天的课程教学来谈论对大学生进行素质教育,其教育时间保证以及实际意义肯定乏善可陈。当前,借鉴港台等地高等教育中实行的"通识教育",我国大学中有一种主流倾向:似乎在大学的教学计划(课程计划)中多开设几门人文学科课程,就可以解决大学生的素质教育问题。诚然,人文学科知识的了解和掌握,是对大学生进行素质教育的必要手段。然而,这里存在3个问题:第一,不能把手段当成目的,素质教育不可简单化;第二,如果多开设几门人文学科课程就能提高大学生素质,则意味着文、史、哲专业的大学生素质教育可以免除,而这是与事实相违背的;第三,如前所述,如今大学生每周5天的课程安排已甚紧张,再增加人文学科课程,这将使大学生的课程负担过重,教学计划也难以安排。

实践表明,"寓素质教育于知识教育"之中,专业教育融合素质教育,是最为有效、最有时间保证的途径。正反两个方面的例子可以证明这一点。一方面,我国许多资深院士及教授过去并未专门接受什么"素质教育",但是他们做人、做事、做学问都表现出高素质;长期以来我们一再不断强调加强大学生思想政治教育,开设了不少政治教育方面的公共课,效果又如何呢?另一方面,社会大环境和校园文化作为"隐性课程"具有潜移默化的作用和影响,发挥其教育作用是对大学生进行素质教育不可忽视的必要途径。一个国家和一个地区的社会风气、文明程度等全方位、全天候地直接或间接地影响大学生,这是不言而喻的。"百闻不如一见","社会是个大学校",讲的正是这个道理。同样,校园文化是社会文化的亚文化,大学生在校园文化的种种活动中或教育他人或受他人教育,这对大学生能力的提高,道德素质和心理素质的形成或稳定,皆益莫大焉。例如,华中理工大学创办面向全校师生的"人文讲座"迄今已近400期,总平均满座率近100%,其指导思想是:以深厚的人文精神与科技手段对话,以自信的民族传统与西方文化对话,以高远的大学文化与社会文化对话,以浪漫的精英理想与宿命主义对话,以自由的心灵体验与传媒时尚对话。仅此例,便说明了校园文化在大学生素质教育中的确有其独特作用。

由此可知,就大学生本身的素质教育而言,有赖于三大支柱:一是大学的教学活动,其中又以学科专业课程为主,这是最核心、最符合其特点的一个支柱;二是校园文化的熏陶,这是重要而不可或缺的一个支柱;三是社会大环境的影响,这是具有外围性质同时渗透力极强的一个支柱。换句话说,大学生的素质教育在整体上其实就是课程系统、校园系统和社会系统综合作用的系统工程教育。从广义上说,学校教育的三大类课程——学科课程、活动课程和隐性课程,正好与上述三大支柱相对应。其中,活动课程既可体现在学科课程之中,也可体现于隐性课程之中。

措施之三:既然课程系统的教育是对大学生进行素质教育的核心支柱与基本途径,那么教育者水平即师资水平的提高,当然是实现素质教育的基本保证。教师的任务不单单是"教书",还必须"育人"。很难设想,自身素质低下的教师能培养出素质良好的学生。"传道、授业、解惑"是教师的天职,缺一不可。教师对大学生要授之以"渔",而非授之以"鱼"。从这个角度来看,由于教师在教养人才中的第一线作用,由于他们对于大学生各方面影响力的直接而长久,师资水平是大学生素质教育的关键。"师傅领进门,修行在个人",如果师傅领错门或者未领进门,大学生"个人"的修行不是走旁门左道就是茫然无措。

可见,正如中国足球要冲出亚洲、走向世界的当务之急是提高教练水平一样,实施大学生素质教育的当务之急是提高师资水平。

四、几个主要误区简析

在实施大学生素质教育的过程中,以下几个误区必须引起注意。

误区之一:由于领导忙于事务,教师只管传授知识,大学生只看重专业与成绩,从而导致3个不足,即在大学生素质教育的问题上,领导精力投入不足、教师精力投入不足以及学生精力投入不足。这与教育思想和观念的转变大有关系。

误区之二:"放羊"现象的蔓延。现在一部分农村小学已经出现了不考试、不布置作业,对学生的管理和教育放松的"放羊"现象。这种从一个极端走向另一个极端的现象有着多米诺骨牌的效应:在一些大学中也出现了程度与表现不一的"放羊"现象。产生这种过分追求形式的"泡沫素质教育"的原因不外乎两点:第一,素质教育的理论和方法(尤其是方法)还在争议与研究之中,过去的那一套教育又必须大变革(如教材内容、考试制度和考试方法等等),导致教师无所适从;第二,少数本身就缺乏敬业精神或业务水平不高的教师,正好借素质教育之名行"放羊教育"之实。

误区之三:课内实行专业教育,课外实行素质教育。这是对大学生素质教育的特点认识模糊,对大学生素质教育的途径一知半解导致的结果。

总而言之,大学生素质教育具有"高深化"和"多样化"这两大特点。在实施大学生素质教育的过程中,我们要走出不重视、不负责任和割裂专业教育与素质教育的误区。实施大学生素质教育,转变教育思想和观念是先导,教学活动是核心,校园文化和社会影响是保证,师资水平是关键,提高大学生的全面素质是目的。

参考文献

[1]潘懋元.试论素质教育[J].教育评论,1997(5).

[2]文辅相.素质教育:社会与教育发展的必然[J].高等教育研究,1997(6).

[3]杨叔子.永必求真今应重善[J].高等教育研究,1997(1).

[4]顾明远.提高民族素质,迎接 21 世纪挑战[J].中国教育学刊,1996(6).

[5]徐辉.高等学校"文化素质教育"革新之研究[J].上海高教研究,1997(2).

教育基本规律：争论与结论*

一、有关研究的主要线索

早在 1980 年，潘懋元教授应邀赴湖南大学，为当时一机部所属的高等院校领导干部教育科学研究班讲课，首次提出了"教育的两条基本规律"。后来湖南大学把这次讲授报告印刷成册，书名为《高等教育及教育规律问题》。

1983 年，人民教育出版社出版了潘懋元教授所著的《高等教育学讲座》，其中第二讲专讲"教育的基本规律及其对高等教育的作用"。

1988 年 4 月，潘懋元教授在华中理工大学作了题为《教育的基本规律及其相互关系》的学术报告，此报告后来发表在华中理工大学的《高等教育研究》1988 年第 3 期。

1989 年，《江苏高教》刊物第 1 期发表了潘懋元教授和王伟廉合作的题为《引进竞争机制与教育规律的关系》的论文。

1990 年，潘懋元教授在《厦门大学学报》社会版第 2 期发表论文，题目是《教育外部关系规律辨析》。

1992 年《教育研究》第 10 期在登载程少堂、程少波合写的论文《"教育的外部规律"说不能成立吗？——对"教育的外部规律"说批评的反批评》的同时，附录了潘懋元教授《教育外部关系规律辨析》论文的第一部分"概念的辨析"。

1997 年初，潘懋元教授在华东师大高等教育理论研讨班上作了一个报告，不久此报告发表于《上海高教研究》1997 年第 2 期，人大报刊复印资料《高等教育》也

---

* 原载《高教研究与探索》1998 年 1～2 期合刊。

转载了这篇题为《教育基本规律及其在高等教育研究与实践中的运用》的论文。

二、有关"教育外部关系规律"的争论与结论

何谓"教育基本规律"？要而言之,其内容有两条:第一是"教育与社会关系的规律",即"教育外部关系规律";第二是"教育内部诸因素关系的规律",即"教育内部关系规律"。

"教育外部关系规律"的简明表达就是"教育必须与社会发展相适应"。具体一点地说,就是教育要受社会的经济、政治、文化所制约,并对经济、政治、文化的发展起作用。

潘懋元教授关于"教育外部关系规律"理论的提出与阐释,被广大高教理论界同人所接受并常被引用,同时受到教育实际工作者的极大欢迎,影响颇深。1985年,中共中央《关于教育体制改革的决定》中所提出的"教育必须为社会主义建设服务,社会主义建设必须依靠教育",其实正是"教育必须与社会发展相适应"这条外部关系规律的反映。笔者认为,潘懋元教授提出的这条规律说直接地或间接地影响了决策部门对教育大政方针的决策及其表述。

"琴有更张之义,瑟无胶柱之理。"但是,对于这一"教育外部关系规律"理论是否确切、科学,学术界有不同看法,间有争议。以下是批评者的主要观点和意见:

1983年在华中工学院召开《高等教育学》(潘懋元教授主编)初稿听取意见会,当时就有人质疑,认为"外部关系规律"的提法不妥当,因为哲学教科书或哲学词典关于规律一向都定义为"事物内部的必然联系"。

1989年,天津出版社出版的由孙喜亭教授主编的《教育学问题研究综述》一书提出:"教育的外部规律、教育的内部规律"之说"是不科学的,因为就规律而言,它是事物的内部联系,它不为人们的感官所能认识,而要靠思维的抽象去理解。教育与社会诸现象间存在着本质的关系,这些联系也是教育这一事物的内部固有稳定的深刻的联系,不好说它是外部规律。若讲'外部',只能讲'外部现象','外部联系'。外部联系是事物非本质的不稳定的联系。非本质联系可以反映规律,但本身并不是规律。所以,说什么教育的外部规律,是不确切的。"

1991 年《教育研究》第 8 期上刊登邢永富同志的文章《应加强教育学概念及其体系的研究——北京教育学会教育研讨会综述》,其中述及:"一些同志指出,现行教育中存在着对其概念、定义表述得不准确、不严格和不规范的问题。如有些教科书把教育与社会发展的关系称之为教育的外部规律,而把教育与人的发展关系称之为教育的内部规律。按照马克思主义经典作家的观点,规律本身就是事物的内部联系或内在联系,只存在事物的内部规律而没有事物的外部规律,事物的外部联系只能是它的现象,而不能是它的规律。显然,把教育规律区分为内部规律和外部规律是不准确的。"

总之,批评者对"教育外部关系规律"理论的结论是"不妥当""不科学""不确切""不准确"。

果然是如此吗?问题出在哪里?问题的焦点是什么?

从上面介绍的批评者意见可看出,问题出在对"教育的外部关系规律"的提法有歧见。进一步看,焦点在于"外部联系"上。换言之,批评者引经据典地认为规律等于内部联系,而外部联系则与本身无关。因此,正确地、清楚地认识内部联系、外部联系二者与规律的关系,是解决这一问题的关键所在。对此,潘懋元教授和程少堂、程少波等学者在有关文章中进行了辨析和反驳。这些辨析和反驳,归纳起来有以下要点:

第一,就语义学和严格的科学意义而言,"内部"与"内在"、"外部"与"外在"这两组概念的各组并非同一概念,不可混用与混淆。无论是中国的还是英国的权威词(辞)典,都将各组的概念区分界定得十分清楚明白。"内部"被定义为"某一范围内","内在"则被定义为"事物本身所固有的、本质上的"。"外部"及"外在"则正好与对应的"内部"及"内在"的定义相反。质言之,"内部"与"外部"表示空间范围的概念;"内在"与"外在"表示与现象相对的本质的或非本质的概念。重要的是要实事求是地承认:内部联系中既包含内在联系(本质联系),又包含外在联系(非本质联系)。同理,外部联系中既包含外在联系(非本质联系),又包含内在联系(本质联系)。规律性联系与非规律联系的区别,实质在于内在联系与外在联系的区别,并非内部联系与外部联系的区别。"教育外部关系规律"说不能与"教育外在联系"问题等量齐观,"教育外部关系规律"说蕴含教育外部关系中的内在联系。

批评者和反批评者的立论谁"不科学"，难道不是很明白的吗？

第二，从系统论来看，系统与系统之间，究竟是否存在相对于本系统而言是外部的，同时也是本质的联系呢？换言之，是否存在本系统与他系统之间的关系的规律呢？列宁说过："规律就是关系"，规律如列宁所言是"本质的关系或本质之间的关系"。请注意：规律既有"本质的关系"之规律，还要有"本质之间的关系"之规律——即此事物与彼事物之间有着内在的必然联系。要言之，"教育外部关系规律"之"外部"，涉及的是范围、系统的外部。教育外部关系规律，阐明的正是教育系统与本系统之外的政治、经济、文化等系统之间所存在的"本质之间的关系"。它正确反映了教育内部与外部不同空间范围的客观规律的宏观种类。这是在本质上没有漏洞的、符合实际且科学的提法。

我们的结论是：真理其实总是朴素而又简单，只不过常常被许多表面现象所掩盖以致不易发现而已。教育基本规律学说，从一开始的表述比较粗糙，到现在的表述较为准确、精当，经过不断研究，内容越来越丰满。这一理论经过争鸣——真理越辩越明；经过实践——真理得到检验。这些都说明了潘懋元教授率先提出的教育基本规律说是完全站得住脚的，它是我国教育理论界自己的一大发现或称一大揭示，丰富了我们对规律的认识，并成为高等教育学学科的重要基石之一，其理论意义和对现实的指导意义都是十分重大的。

三、有关教育基本规律在高教改革中的运用

首先，关于私立高等教育必将进一步大发展问题。回顾近20年的历史，我国私立高等教育的发展是紧随民营（私营）经济的发展而发展的。假若画一曲线图，就可明显看出，两者方向连续变化所呈现的曲线基本上是吻合的，这是教育外部关系规律中经济制度对教育的直接而现实的制约因素在起作用。党的十五大对非公有制经济的新定位——"非公有制经济是我国社会主义市场经济的重要组成部分"，这是对过去视非公有制经济为"有存在的必要性"到"有益补充"的又一次大突破。因此，我们现在预测21世纪中国私立高等教育必将进一步大发展（当数量已达到一定程度时，这种"大发展"主要是指质量），就是根据教育外部关系规律

作出的判断与预测。

其次,与上述第一个运用问题有关的是,要较准确地理解 21 世纪世界高等教育的发展趋势,首先要理解高科技的发展,因为高科技的发展必将引起高等教育的一系列变化,许多高等教育趋势或多或少地与高科技有关,如办学形式多样化、国际化、人文教育与科技教育整合等等。这个问题还有待于深入探讨。但是,现在这个思路肯定是正确的,因为它反映了教育外部关系规律中科技发展水平(作为现代第一生产力)是制约教育的最基本的决定性因素。

再次,从比较研究的角度看,在笔者与武毅英等合著的《战后台湾高等教育与经济发展》(厦门大学出版社 1996 年 12 月出版)这本书里,我们考察了战后台湾经济发展与高等教育发展相互关系的历史,不但一般地论证了它们之间存在"正相关的互动性",而且进一步深入高等教育的内部结构,剖析了不同层次、不同科类高教发展速度与不同阶段经济发展情况的关系,课程结构与经济结构之间的关系,以及随着产业结构由粗放型向集约型转变,高等教育也从重数量向求质量转变。这些研究可以说是对"教育外部关系规律"理论具体而有力的诠释。

最后,谈几个热点问题:

之一:关于"办学自主权"。十二年过去了,落实高等院校办学"自主权"的改革其实并无多少实质性的进展。从理论上看,这正是教育外部关系规律在起强有力的制约作用。不过,一些高等院校产生的问题应引起重视,即它们在遵循外部关系规律的同时又有有悖于内部关系规律的表现与趋向。因此,笔者认为:两条规律的运用必须保持应有的和谐性。否则,受伤的不仅仅是高等教育这一子系统,最终受到伤害的是国家社会这个大系统发展的长远利益。

之二:关于"素质教育"。"素质教育"的初始意义是针对"应试教育"的片面性而提出。现在人们认识到"素质教育"可作为走向 21 世纪的教育改革与发展的指导思想,它是全面发展教育方针的实施策略,它能把个人发展和社会发展两种教育的基本功能统一起来。因此,上升到规律的高度来看,素质教育的努力指向,正是教育内部、外部关系规律的正确运用与和谐互动。

之三:关于"可持续发展战略理论"。其原生的基本概念界定是"既满足当代人的需要,又不致损害子孙后代满足其需要之能力的发展"。可持续发展不仅是一种新的发展观，而且是一种新的价值观，它是实现人类与自然、个人与群体、现世与后代平衡协调的发展。这些主要内容，再次证明教育的内部、外部关系规律的运用是一个紧密联系、相辅相成的实践过程。

总而言之，既然是教育基本规律，它就必然贯穿于教育的实际之中。"运用之妙，存乎一心"，高等教育改革与发展需要我们自觉、合理地掌握并运用教育基本规律，历史和现实都昭示了如此可以减少盲目性、提高预见性。

关于我国大学排行评价的几点质疑[*]

　　自 1983 年《美国新闻与世界报道》推出全美大学排行榜后,世界各地的大学排行评价迅速兴起。自 1987 年 9 月由中国管理科学研究院科学学研究所发表中国第一个大学排行榜以来,先后已经有中国科技信息研究所、广东管理科学研究院、《中国高等教育评估》杂志及"网大"等十几个单位的研究人员,从事并完成了 30 多种不同类型的大学排行。不同形式和内容的大学排行榜为人们提供了一些有意义的信息,但也引起了激烈的争论。由于异议四起,2001 年 7 月《亚洲周刊》宣布暂停其进行了数年的亚太地区大学排行。对于最为人津津乐道的《美国新闻与世界报道》的大学排行,每年也都有许多尖锐的批评。如:"《美国新闻与世界报道》不应像为汽车和烤箱排名那样为大学排名,大学排名的变化与其说是大学质量发生了变化,不如说是排名的方法在变化。这样的变动在总体上看是误导。""大学的变化是很缓慢的,其质量排名不可能像政治家在选举时期的民意测验那样忽上忽下。"[①]对大学办学水平和声誉进行综合性排行评价,是一项复杂的工作,它需要严谨的科学态度、合理的评估指标体系、准确的数据和科学的评估方法,以及对各个高等学校进行多方面的深入细致的综合考察。我国的大学排行评价由于时间短、不成熟,特别是指标体系不够科学、数据源不一致,排行结果的合理性和权威性备受质疑。中国教育热线 2000 年 6 月 16 日的调查显示,相信 netbig(网

---

　　* 本篇与朱景坤合作,原载《厦门大学学报》(哲学社会科学版)2003 年第 2 期,被《高等学校文科学术文摘》2003 年第 3 期、人大复印报刊资料《高等教育》2003 年第 8 期全文转载;2005 年 6 月荣获第四届福建省高等教育科学研究优秀成果二等奖;2005 年 11 月荣获福建省第六届社会科学优秀成果三等奖。
　　① 徐祖广.研究型大学在建设国家创新体系中的地位和作用[J].清华大学教育研究,1999
(2).

大)排名的占 22.98％,相信 unirank(全球高校网)排名的占 29.25％,两者都不信的占 47.76％。而且抗议之声不绝于耳,更有甚者因不满排名而将某评价机构推向被告席。本文拟从大学排行的评价基础、评价过程和评价结果三个维度,质疑我国大学排行评价。

一、评价基础的不合理性

1. 评价理论不完善

教育评价是教育活动的一个重要组成部分,它是以教育目标为依据,运用有效的评价技术和手段,对教育活动的过程和结果进行测定、分析、比较,并给以价值判断的过程。作为教育科学的一门分支学科,从美国泰勒的"八年研究"(1932—1940)算起,现代教育评价在发达国家形成和发展的时间并不长,在我国起步更晚。20 世纪 70 年代后期,我国才开始介绍国外在这一领域的研究成果,而大学排行评价在 80 年代后期才出现。现在我国的教育评估大多是借鉴和移植国外的评估理论和经验,尚未建立起自己较为完整的高等教育评价理论体系和科学的评价方法,教育评价的基础理论研究还比较薄弱,在当前的教育评价工作中尚存在一些急需解决的问题。"按照大学的标准来评价企业公司不会有太大的意义,按照高等教育系统的标准来评价经济系统也不会有很大的意义。同理,用评价经济系统的标准来评价高等教育系统并不可取。然而,我们的常识和管理理论却渗透着把两者相提并论的谬误。"[1]大学排行研究本身的科学性、准确性和有效性是确保产生相应评价结果的前提,而缺乏系统理论研究和先进教育理念支撑的大学排行评价实践,其可信度疑点甚多。

2. 评价客体之不可比

任何比较,都要明确哪些是可以比较的,即比较对象有多少同质性。"不同类

---

① 伯顿·R.克拉克.高等教育系统:学术组织的跨国研究[M].杭州:杭州大学出版社,1994.

型的大学怎样比较,这是评价的技术难点,可比性是评价的关键问题。"[1]大学排行评价是将一所大学分解为若干指标,逐项评定,取其总分,以此为据进行排名。其基本假设是:大学存在所谓的"综合实力",而且不同方面的"实力"及不同类型、层次的大学的"实力"是同质的或可处理为同质的,也就是可测量的。例如,武书连等人就以三个基本假设为基础,尝试建立了转换系数,试图从技术角度入手解决社会科学与自然科学研究与发展成果及不同层次类型的大学的相互比较问题。[2]那么这种假设是否科学合理呢?

从宏观上讲,高等学校的综合实力的构成可分为硬实力和软实力两个方面,而且是硬实力和软实力协同作用的结果。[3]硬实力表示有关物质形态的构成因素的全体,主要包括人(教师资源、学生情况等)、财(经济状况)、物(固定资产)等可测量易量化的硬指标;软实力表示非物质形态的构成因素的全体,指有关学校管理水平(办学活力和办学效益)和办学特色(办学传统和社会声望)及校风、凝聚力等不可测量或难以量化的软指标。实际上,一所高校在教育界和学术界所扮演的角色,与该校的硬实力并不总是一致的,有时甚至会有较大的出入。这是因为,在这些硬实力背后,还有软实力在起作用,学校综合实力是硬实力与软实力相互作用的结果。因而,只基于硬指标基础上的大学排名,是难以代表一所大学的综合实力的。根据系统论有关原理和教育的内、外部关系规律可知,学校综合实力受到组成要素、构成及环境等因素的影响。首先,系统是由要素组成的,作为系统最基本组成部分的要素决定了系统的性质。学校系统是由人、财、物等多种实体要素构成的,在结构一定的情况下,要素不同,学校的综合实力就会相异。这是因为,任何要素的变化都会影响到其他要素乃至整个学校系统。比如一所学校如果财力较强,具有良好的科研、生活条件,就可以吸引更多优秀人才,从而增强其自身的综合实力。但是,当学校的构成要素发生不合理或自变幅度与学校整体变化

---

① 薛天祥.以学科评价为基础的研究型大学综合实力评价的思考[J].中国高等教育评估,2002(1).

② 童康.大学排行研究:已知与未知[J].中国高等教育评估,2000(4).

③ 冯晓光,朱继洲."形体"与"机能":研究型大学综合校力评价的侧重点[J].教育发展研究,2002(2).

不协调的变化时,就会引起学校内部的摩擦与功能紊乱,从而削弱学校综合实力。

其次,系统的整体属性还取决于要素间的相互联系或相互作用的方式,即系统的结构。高校作为一个系统,其诸要素在时间、空间、人际以及其他广义空间中的相对位置和它们在不同性能等方面的相互搭配及相互间的联结方式,即不同的结构,会导致其功能和效益的不同。比如一所学校,当它由采取校系两级管理改为采取校院系三级管理,就会因为权力结构发生变化,导致诸要素发生变化,使学校的实力也发生变化。

最后,环境是系统能够存在的客观依据,在要素和结构一定的条件下,系统的功能往往取决于环境,环境的状态以及系统与环境的协调程度影响着功能的效应。高等学校要适应外部环境,因此不能停留在学校内部就事论事,而必须在学校各部门协调配合的同时,考虑与社会环境的联系,这样才能使高校适应社会的动态发展,并最终取得最佳效果。如果学校内部要素、结构等与外部环境不协调,必然导致学校功能紊乱、效益低下,影响学校的综合实力。虽然系统整体功能的发挥有赖于各组成部分功能的发挥,但由于结构和环境等因素的影响,各个元素的功能或各个子系统的功能之和并不等于整个系统的功能,而各个元素的功能或各个子系统的功能更不能代表或代替系统的整体功能。正如潘懋元教授指出的:"根据系统工程的原理,局部的优化不等于整体的优化。一所大学作为一个系统,可能由于各子系统的和谐运转而使整个系统处于最佳状态,发挥最大功能,也可能由于各子系统的相互矛盾使整个系统处于不良状态。当然,如果不是对一所大学进行整体评价,只是就某一项目,如生均经费、生均仪器设备、生师比例等教育资源进行比较,排行榜可能有一定价值,但作为对一所院校的整体评价则价值不大。"[①]可见,对大学的某些指标进行量化加权处理后的所谓评价结果,并不能确切代表一所大学的综合实力,并不能反映该大学的真实水平。

3.评价主体的主观性

首先,大学评价本质上是一种价值判断。价值判断是评价活动的一种结果,它是评价主体根据价值主体的需要,衡量价值客体是否满足价值主体的需要以及

---

①　潘懋元.一流大学与大学排行榜[J].求是,2002(5).

在多大程度上满足价值主体的需要的一种判断。由于价值判断具有复杂性、非普遍性和不确定性的见仁见智的特征,以及其不具有科学的可重复验证性,重复操作得出的往往是不一致的结论,因而不同价值观指导下的评价主体各自的着眼点不同,在指标的设定及其权重的分配上各有选择和侧重,其评价结果自然是不一样的。这正是人们对事实判断的科学性毫无疑义,而对本质上是一种价值判断的大学排行评价的科学性一直持有怀疑的原因所在。从博弈论和制度经济学有关理论来看,由于高等教育评估制度的相关利益群体,即博弈参与人的效用目标和行动能力各不相同,在制度博弈中,参与人的行为选择依赖于其他参与人的行为,评估制度的形成依赖于参与各方的博弈能力和掌握的资源情况,而博弈的结果就是参与人之间多方博弈的动态均衡。尽管通常情况下人们都把"效率、公平与公正"作为制度建设所追求的目标,而影响制度目标实现的主要问题是人类理性的有限性、信息的不完全性、制度博弈参与人的理性利己倾向,以及制度环境的复杂多变性。于是,大学排行评价的过程成为利益相关群体的教育价值观的冲突和权力较量的过程,其结果是不同评价主体对同一对象的评价往往得出不一致的结果。用科学主义的观点看,这样的评价带有很强的主观感情色彩,是非理性或有限理性的。

其次,由于受千百年历史积淀形成的直观理性思维方式的影响,人们往往重视社会整体和群体需要的价值观,重视物质化、可量化的教育目标的追求,任何精神形态的目标和内容都试图用看得见的物化指标来体现,造成评价准则重指标体系,言必谈指标,以为评估指标体系是教育评估的唯一方式。这就使得非直观的精神层面的个性和内涵,要么遭到放逐,要么被肆意解析为物化形态而流于粗浅。其实,由教育的本质属性可知,教育的品质和目的更多体现在非直观的理想层面和价值世界,试图用看得见摸得着的物化、量化指标来解析教育的要义,显然是太过于直观、不科学。现代教育应是一种弘扬主体性、注重个性的教育,无论是理论界的研究和倡导,还是实践上的操作和力行,现代教育的发展离不开学校特色的彰显和个性教育的张扬。教育现象是复杂的社会现象,教育行为多是精神形态的创造性劳动,具有无限的多样性。"个性""特色""品牌",既是最宝贵的教育资源,又是最具价值的追求目标。^① 而大学排行评价实行世界统一或国家统一的指标体系，且多是规范化、共性化的直观量化指标。这种过于规范化、共性化的要求指标，过于琐碎、精确的量化描述必然会约束和扭曲大学固有的本质，其结果不仅可能将那些富有特色的大学排除在外，而且会诱导不同的大学追求统一的办学模式，带来脱离实际、千校一面、全无个性的后果。

作为一种社会评价，大学排行评价的主体是"社会"，因而社会需要是建立评价体系的价值基础。而我国现有的大学排行评价多数忽略了这样的基础，更多从自己对大学质量的认识出发，将评价主体作为价值主体，因而在设计排行评价的方案和指标体系时往往将个人的价值标准代替组织的价值标准，代替社会的价值标准，这种价值基础上形成的评价指标缺乏可靠性。

二、评价过程的不科学性

1. 数据不准确

教育评价是系统收集信息对教育活动做出价值判断的过程，没有准确、有效的信息作为事实基础，任何教育评价都难以令人信服。"一般说来，大多数数据能满足规范性、连续性的条件，但很难满足可比性条件，而可比性条件是保证公正性的第一要素。"^②当前我国社会信息透明度还比较低，与大学排行评价有关的信息甚至严格保密，这就为排行的信息收集带来了更多困难，特别是民间的评估机构。"其中难度最大的是获得全面的数据"，"对于缺损多项指标数据的学校，综合排名的结果，未能全面反映该校的情况，……"^③在此情况下，更多的大学排行只好将指标简单化，选用容易取得的间接数据资料，而获取数据的局限性使误差不断放大。

从目前国内的几种排行榜来看，收集信息的困难是导致评价失真的主要因

---

① 潘健.困窘的教育评估：问题与对策[J].江苏教育，2001(24).

② 蔡言厚，兰云，李卫.完善"中国大学评价"的若干建议[J].中国高等教育评估，2000(3).

③ 我们为什么继续研发 2001 中国大学排行榜？[EB/OL].[2001-04-09].http://www.netbig.com.

素。有记者在就 2000 年大学排行进行采访时,北京科技大学一位教师明确告诉记者:"里面有些数据与我们的了解有出入,不知该网站是从哪里采集的数据。"①不同排行单位获取数据的途径不同、获取数据的能力相异,也正是同一所大学在不同的排行评价中出现匪夷所思的悬殊差别的重要原因。如在大学园(广东管理科学研究院)《2002 中国大学 100 强》中排名第三的南京大学,在网大排行榜上却名列第五;而在网大排行榜上列第 9 位的中国人民大学,却只能屈居《2002 中国大学 100 强》的第 44 位。再就是,当前一些社会组织和机构采用简单的量化打分和小样本调查的方法所得的数据也令人生疑,例如,网大 2000 年大学排行评价指标体系的确定是向具有代表性的 115 位专家发放问卷,而最后只有 52 位专家愿意参与,回复率只有 45%。该网站在进行 1999 年大学排行评价的数据调查和收集时向 601 位中国科学院院士、260 所有互联网网址的大学及其校长发去了调查信和调查表。总共收到 218 名院士、47 名大学校长和数十所大学的回答。回答的院士中包括数理学部院士 32 名、技术学部院士 68 名、生物学部院士 37 名、化学学部院士 47 名、地质学部院士 34 名。院士的回复率为 36.3%,而大学校长的回复率仅为 18.1%。②且不说样本选取是否合理、大小是否适度,单就这种不足半数的回复率就可以说它不具有广泛性和权威性。这种建立在小样本调查基础上的指标体系和相关数据,其准确性也难以令人信服。这种基于信息不全面、不准确基础之上的大学综合排行评价,难以真实、客观、准确地反映高等学校的实际情况,其结果也很难做到科学、客观、公正。

2. 方法不科学

方法不科学的表现之一:用同一指标对不同类别的对象进行排行,这一弊端与前述的"评价客体的不可比"异曲同工。

在我国,目前将大学按科类分成综合、工科、师范、医药、农业、林业、财经、政法、民族、语言、体育、艺术等,由于类别太多,不利于不同科类大学之间的比较。2002 年大学园首次按研究型大学、教学研究型大学、教学型大学和专业型大学分

---

① 刘继安.质疑大学排行榜[EB/OL].[2002-04-02].http://www.cuaa.net.
② 数据的搜集[EB/OL].[1999-08-01].http://www.netbig.com.

类方法推出了第一个中国研究型大学排行榜,其分类的合理性还需要实践来检验,而有待完善的地方更不在少数。在这样的基础上形成的排行榜的先天缺陷几乎是无法克服的,这必然影响评价的可信度。

方法不科学的表现之二:排行指标的设定未能正确处理相关的重要关系。

关于定量与定性的关系。尽管在确定评价指标体系时应尽量使用易得的确切统计数据,但由于高等学校是一个复杂的系统,而高等教育的性质和规律决定了一所大学最核心的部分往往是管理水平(办学活力和办学效益)和办学特色(办学传统和社会声望)及校风、凝聚力等软指标,在教育界和学术界所扮演的角色也往往是由它们决定的。如一所大学有无明确的组织战略目标,有无合理、优化的组织调控能力,能否对日趋复杂的学校工作精心计划并有效地加以管理,这是至关重要的。而校风作为一种无形的内部环境,学校的教职员工和莘莘学子无时不受其影响,好校风会使身处其中的每一个成员产生强烈的归属感和凝聚力,从而团结一致,协同作战;反之,则会使人际关系僵化,效率降低。这些软指标不可测量或难以量化,只能概括地定性描述。由于一所大学的综合实力是软、硬因素协同作用的结果,因而对大学评价时,定量指标与定性指标同样重要。评价指标体系中不仅应有可测量的维度,也应有不可测量的定性描述的维度——能够反映管理水平和办学特色的定性指标。而我国目前推出的大学排行评价大多还缺乏定性指标,过于依赖和高估可测量指标的价值,以致人们习惯地把评价等同于数字比较。这种习惯蔚然成风,大学排行所带来的消极影响则日甚一日。

关于数量与质量的关系。尽管没有数量,质量将无从谈起,但数量不等于质量,因而绝不能以数量取代质量。对于大学而言,质量指标更是不可或缺。例如,一些国家用毕业生就业率、校友捐赠比率等反映社会对毕业生满意度的程度来间接反映高校的教学质量。而在国内目前各类评价指标体系中,对于直接反映高校提高学生培养质量,适应招生、就业改革的指标(如毕业生就业率)、反映高校科研创造实力的指标(如投入产出比),均未列入。而且,多数排行榜的指标是按绝对量计算的,这种重数量轻质量的倾向,极易诱导大学在扩大规模上做文章,从而放松教育质量的提高。

关于教学与科研的关系。科研指标权重比较大,而教学质量方面的指标则很少。如在网大的指标体系中,体现科研的指标有学术声誉、师资力量和物资资源等涵盖科研成分的间接指标(46%的权重)和学术地位、学术成果两项直接指标(42%的权重);在大学园指标体系中,也有类似的倾向。这对一些非研究型大学显然有失公允。其实,由于科研活动和科研难以精确测量,科研指标在国外多种大学评价中并没有直接出现,而是以学术声誉、人均经费等间接反映,特别是学术声誉最为重要,这正是科研水平和实力的反映。但是,我国现有的大学排行评价在科研指标中,又存在着重理轻文的现象。一个典型的例证是:在网大的排行中,文科院校不敌理科院校,其中一个重要原因是评估中有一项指标是物资资源的评估,主要依据是人均科研费用的高低,而国家分配或横向课题拨给理工科的经费肯定大大高于人文学科。另外,网大在科研评价中采用广东管理科学研究院"中国大学评价"课题组的研究结果,即自然科学专著与社会科学专著计分比例为12:1。尽管自然科学的工作量与付出的劳动可能要大于社会科学,但不少人对这种计分方法的合理性表示质疑。再如,论文的评比多以在国际上发表的论文数量作为依据。我们知道,自然科学没有国界的限制,因此相对地比较容易在国际期刊上发表;而社会科学受到语言、国界及文化乃至意识形态的限制,要在国际学术刊物上发表的难度可想而知。因此,就事实而言,这种评选方法确实限制了文科院校的得分。

此外,指标还存在一些不完善的地方。学生情况在大学评价中主要从三个方面考察:学生来源、学生在校状况(如新生保持率、毕业率、学生满意度等)、学生毕业后情况(如就业率、薪金水平等),这三方面能够较为全面反映一所学校对学生的吸引力、学校教学质量、大学人才培养质量和社会及用人单位对大学的认可程度。但我国目前的大学排行只是很不全面地反映了在校生的情况显得太过单薄。

方法不科学表现之三:当前国内外的大学排行评价大都是线性的加权方法,过于单一。

加权方法是研究一些简单系统的方法。大学评价是一项复杂的系统工程,它牵涉很多因素,绝不是一个指标体系用加权方法可以解决的。这种采用指标体系与加权方法获得的是某项计量指标的排序,而不是真正意义上的某种大学排序。这就使得大学排行评价结果有很大的局限性。大学排行应当提供的是进入排行榜的各大学相对的质量信息,即大学排行提供了关于一所特定的大学与其他大学相比较"有多好"和"有多差"的信息。我国已有的大学排行,事实上只是根据"质量"的某些方面或其一部分为大学排序,没有任何一个大学排行榜提供关于特定大学的完整的质量信息,如大学教育对求学者成长发展的贡献,大学教学与研究对国家发展和社会进步的贡献,大学教育与研究对知识增长的贡献,大学是如何使用资源的,学生能否利用大学现有的学术资源,大学生能否在排行位次高的大学获得良好的教育,大学能在何种程度上满足求学者对大学生活的期望,如此等等。另外,现在推出的大学排行榜大都是相对意义上的"最佳大学"排名,却没有给人们提供有关为数众多的非"最佳大学"的任何信息。特别是对大学而言,其所处的校园环境和文化氛围也许比学校有多少科研经费更重要,而这些在一般大学排行中却难以直接体现。[①]

三、结论

由于评价理论的不完善,评价客体的不可比性和评价主体的主观性,导致了大学排行评价基础的不合理性,这是我国大学排行评价可信度不高之根源所在。

由于评价的数据不全面、不准确,评价的方法不科学、不得当,导致了大学排行评价过程暴露的破绽比比皆是。信息传递的失真与科学方法的缺席,是我国大学排行评价之所以备受质疑的硬伤所在。

由于缺乏特定大学的完整的质量信息,导致了大学排行评价结果的极大局限性,这也同时是我国大学排行评价之所以令人生疑的必然结果。

总之,在适合中国国情的大学评估体系尚未建立,评价技术和方法还比较落后,评价理论和经验还需要完善,而且教育体制还有很多不科学的东西需要改革之时,我们所谓的大学排行榜还缺乏权威性,其信度和效度令人质疑。综上所述,当前,我国任何一个评价机构都不可能对我国现有的大学进行完整的、科学合理的排行评价。

---

① 沈玉顺.大学排行:真相与假象[J].中国高等教育评估,2002(4).

大众化时期大学教学与科研关系审视[*]

在高等教育领域,如何认识和处理教学与科研的关系虽然不是一个新课题,却是一个极易集聚纷争与矛盾的话题。近年来,随着我国高等教育进入大众化发展阶段,许多大学的教学与科研关系呈现矛盾激化的态势,如何理性认识和正确处理教学与科研的关系,成为高教界关注的热点问题。本文以学校、教师和学生三个层面为主要切入点,对大学教学与科研的关系进行梳理和分析。

一、回眸:洪堡时期大学教学与科研关系的统一

当前,学者们在探讨大学教学与科研的关系时,通常存在概念泛化的问题,未能对大学教学与科研关系的内涵做更细致的区分。事实上,在笔者看来,在大学范畴之内,有关教学与科研的关系应包括三层含义:第一,两种职能之间的关系。人们普遍认为,大学作为一种重要的社会机构,其所承担的职责、任务主要有三个,即通过教学培养人才、通过科研发展科学以及直接为社会服务。因此,在学校这一层面上,教学与科研的关系意指培养人才与发展科学这两种职能之间的关系。第二,两项任务之间的关系。教师是大学职能的主要承担者,大学教学与科研职能的落实,关键在教师。从现实情况来看,绝大多数教师在从事教学工作的同时,也承担了相应的科研任务。所以,从教师层面来看,教学与科研的关系表现为教师如何对待和协调自身所肩负的教学和科研这两项任务的关系。第三,两条培养途径的关系。大学培养人才的渠道和途径是多元的,教学是其中最基本的途

---

　　* 本篇与曹如军合作,原载《高等教育研究》2008 年第 3 期。本文于 2010 年荣获厦门市第八届社会科学优秀成果三等奖。

径,学生的发展主要是通过教学来实现的;科研也是促进学生发展的重要方式方法,学生参与科研可在一定程度上实现教学的目的,有利于培养学生的批判和创新精神,以及实事求是、严谨踏实的科学态度。因此,从学生层面来看,教学与科研的关系又表现为两种人才培养方式的关系。

在世界高等教育的发展历程中,大学教学与科研的关系经历了分分合合的曲折历程,而唯有在19世纪初期洪堡领导的柏林大学中,教学与科研既在理论上达成统一关系,又在实践中得到较好的结合。然而,究其原因,研究者们往往见仁见智,答案众说纷纭。对此,笔者认为,柏林大学之所以能在理论与实践上实现教学与科研的高度一致性,其直接原因是其时大学教学与科研的功能和取向使然;而从更深层次分析,还与大学在精英教育时代作为知识象牙塔的特殊身份息息相关。

众所周知,洪堡时期依旧是一个教育资源十分匮乏的时期,接受高等教育仍然是有闲阶层的奢侈品。在这种高等教育只为少数人敞开大门的精英教育时代,进入大学学习的求学者大多出于一种"闲逸的好奇",把对新知的向往和追求作为己任。与之相适应,大学教学的主要目的也在于培养人的自由探索和追求真理的精神,造就致力于发现真理的研究者。这一时期,从高等教育与社会的关系来看,此时的高等教育还是一个相对远离社会现实的独立的有机体。高等教育与社会的分离,促使大学成为知识的象牙塔,其所开展的科学研究往往是不带有具体、实用目的的纯科学研究,研究的目的仅在于探求真理,而不是直接去满足社会的现实需求。由此可见,在洪堡时期,科研是为了发现真理,教学是为了培养发现真理的人,其时大学的教学与科研在内源上存在着广泛的一致性。

笔者认为,正是由于这种教学与科研在内源上的一致性,使得柏林大学的教学与科研关系能在学校、教师、学生三个层面都达到了较为完美的和谐统一。具体而言,首先,在学校层面,洪堡最先把科学研究引入大学,但此时的科学研究旨在探求新知识,还不是一个独立的职能,主要是为培养探求新知识的人服务的。科研与教学的取向一致并附属于教学,自然使得教学与科研的关系能得到较好的协调。其次,从教师层面来看,早在古希腊时期,柏拉图、亚里士多德以及中世纪的许多学者就既从事教学工作又从事研究工作,他们之所以能把两种任务统一起来,原因就在于其所从事的教学与其所从事的科研具有高度的相关性。以亚里士多德为例,他一生在物理学、哲学、逻辑学等多方面都有建树,但这些研究正是他教学的内容或手段。柏林大学的教学与科研也是如此,教师们可以源源不断地把自己所获得的新知,作为教学内容,用之于学术性人才的培养,从而把教学与科研这两项任务协调起来。再次,从学生层面来看,教学与科研作为两条培养途径,在方向和目标上也是高度一致的,如前所述,教学的目标是为了培养一种致力于学术追求、发现新知的研究者,而科学研究本身就是一种探求高深学问的过程,因此,通过科研可以实现教学所设定的培养目标。

二、应然: 大众化时期大学教学与科研关系的多样化及其表现

20世纪初以来,政治论的高等教育哲学开始盛行,"人们探讨深奥的知识不仅出于闲逸的好奇,而且还因为它对国家有着深远的影响"[①]。随着高等教育的社会价值被广泛认可,大学的发展也越来越受到外部因素的影响,并在外部因素的影响和推动下发生变革。从世界高等教育的发展道路来看,这种变革主要表现在两个方面:第一,大学与社会的关系由彼此远离逐渐走向相互依存。在工具论价值观的影响下,大学作为知识象牙塔的时代已一去不复返。与此同时,当政府认识到大学在社会发展中的地位和作用,必然会加强对大学的影响和控制;而企业为了自身经济利益的需求,也日益重视与大学的联系。由此,大学与社会逐渐形成一种相互依存的关系,一方面,政府和企业为推动社会经济的发展,需要大学不断提供智力和技术的支持;另一方面,大学为寻求自身的生存和发展,同样需要政府和企业给予必要的法规和财力等多方面的支持。第二,大学逐渐由精英教育走向大众化教育。社会的发展需要高等教育为之培养大批高素质的劳动者,而人力资本理论的提出和社会物质生活水平的提高,又促使人们对高等教育表现出旺盛的求学需求。因此,从20世纪60、70年代起,西方发达国家率先开始了高等教育的大众化进程。至此,接受高等教育不再是少数精英分子的专利,也成为普通人完

---

① 布鲁贝克.高等教育哲学[M].杭州:浙江教育出版社,2001:14.

成生活与职业准备的重要方式。

对大学的发展而言,高等教育大众化时代的到来,深刻影响并改变了大学传统的运作方式和内部活动,也赋予大学的教学与科研以新的意蕴。主要表现在:

(1)教学目标的多元化。如前所述,传统的大学教学以培养学术型人才为宗旨,力图塑造出一批勇于追求真理、立志探索新知的研究者。但随着政府和企业介入高等教育,满足社会对高等教育人才的需求逐渐成为大学教学目标的主要价值取向,而社会所需要的人才,主要是大批有知识、有技术的普通劳动者。因此,在高等教育大众化时期,大学的教学目标必然呈现出多元化的发展趋势:培养学术性人才依旧是大学的教学目标之一,而培养应用性、职业性的普通劳动者成为大学更为普遍的教学目标。

(2)科研类型的多样化。事实上,在19世纪初期的柏林大学,洪堡所提倡的科研,是一种哲学的沉思,而不关注实用的技艺。所以,就类型而言,其时的科研是一种纯粹的知识追求,应属于基础性研究。而在大众化时期,社会越来越要求大学的科研能紧密切合经济发展的需要。在经济利益的驱使下,大学的科研价值取向,逐渐由先前的追求纯粹知识,转向追求理论性、应用性和技术性兼顾的知识,大学的科研也在类型上呈现出基础研究、应用研究和开发研究并存的多样化格局。

由此可见,在高等教育大众化时期,大学教学与科研的传统功能和取向已得到极大拓展与嬗变,若我们仍以洪堡时期的教学与科研关系为样板,来解读和规约当前大学教学与科研的关系,必然会引发误读或曲解。因此,笔者认为,在大学教学与科研的功能和取向呈现多元化发展特征的大众化阶段,简单地说大学教学与科研的关系是统一还是矛盾、是分离还是结合并不恰当,我们应建立起对大学教学与科研关系的多维理解。

(1)学校层面的教学与科研关系。在大众化阶段,为满足社会对科技进步的要求,一些重点大学被政府视为科技创新的动力站,其科研职能不断被强化,甚至有取代教学成为其基本职能的趋势。而与此同时,为满足培养应用型、技术型人才的需求,一大批应用型大学如雨后春笋般地出现,在这些应用型大学中,其教学职能居于绝对优势地位。由此,有学者把大学划分为研究型大学、研究教学型大学、教学研究型大学和教学型大学四种类型。① 虽然这种划分在理论标准的准确性和实践操作的可行性方面都有待商榷,但它启示我们,在高等教育大众化阶段,不同类型的大学在认识和处理教学与科研这两种职能的关系时,应该从学校自身的性质和任务出发去合理定位。

对此,笔者认为,大众化时期学校层面的教学与科研关系应主要有三种类型:一是少数大学在处理教学与科研的关系时可适度向科研倾斜。一般说来,这类大学至少应属于国内一流大学,在国家高等教育系统中处于金字塔的顶端。二是一些大学可以采用教学与科研并重的方式,其教学与科研在学校职能体系中处于同等重要地位。这类大学应具有较强的科研实力,某些研究领域在国内处于领先地位,在国家高等教育系统中这类大学处于金字塔的中上端。三是一大批大学在处理教学与科研的关系时应适度向教学倾斜。这类大学在国家高等教育系统中处于金字塔的中下端,通过教学来培养人才是其主要职能。

(2)教师层面的教学与科研关系。当今的时代是个知识急剧分化和综合的时代,一方面知识的分化导致知识的总量在不断扩大,另一方面许多现实问题的解决需要综合运用不同学科领域的知识。由此,一些学者认为,当前的科学研究正由个体性劳动的小科学转向团体合作研究的大科学,科研劳动的难度随之不断加大;与此同时,高等教育从精英教育走向大众化教育,促使学生在数量上成倍增加,师生比急剧上升,这也就意味着教学在教学与科研的难度日益增大的今天,要同时在教学与科研上做出卓有成就的贡献,犹如鱼和熊掌难以兼得。

笔者认为,在大众化时期,教师处理教学与科研的关系可采取以下两种方式:一是科研独立型。一部分科研能力强的教师可放弃传统的本科教学工作,专门从事科学研究工作,而且其所从事的科研,应主要是与社会经济发展紧密联系的应用研究和开发研究。在不同类型的学校,这类教师的比重应是不同的,在研究型大学,这类教师的比重可高一些;在非研究型大学,这类教师的比重应严格控制。二是同时兼顾但以教学为主型。一些国内学者认为,教学与科研是源与流的关系,教师从事科学研究可以提高其教学效果。但国外有学者也曾对教师教学与科

---

① 武书连.挑大学选专业[M].北京:中国统计出版社,2003:5-6.

研关系的相关研究文献进行过总结,认为存在以下三种关系:第一,正相关关系。教学可以促进科研,而科研反过来又能提升教学,二者之间可以互相增强、相辅相成。第二,负相关关系。从事教学会对科研带来负面影响,从事科研工作也会妨碍教学工作的正常开展。第三,不存在任何关联。教学和科研是两种不同类型的事业,从事它们之间的一种不会影响另一种。[①] 在笔者看来,同样目的的研究之所以会得出不同甚至完全相反的结论,主要原因是对教师的科研缺乏分类研究。从理论上讲,洪堡时期教学与科研的统一关系,在大众化时期依然能够有条件地成立,这一条件就是教师应立足于对教学有直接促进作用的基础性研究。当前,在各种利益的驱使下,教师的科研处处弥漫着功利主义的色彩,应用、开发研究甚至某些"伪研究"成为大学科学研究的主要导向,虽然这些研究可能在一定程度上有利于教师活跃思维、开阔视野、提高科研能力,但由于这些科研与教师的课程和教学之间的相关性小,并不能加深教师对教学内容的理解,其结果是,对教学及人才培养的积极作用并不明显。所以,笔者认为,以教学为主同时兼顾科研的教师,应主要进行与自身教学密切相关的基础性研究,这样从事科研不仅不会视教学为负担和累赘,还能够发挥教学准备的作用。对教师个人而言,由于教学与科研的内在取向具有一致性,其时间和精力分配不足的问题也会得到极大缓解。

(3)学生层面的教学与科研关系。在大众化时期,个人的高等教育需求趋于实用化,职业培训以及谋求生存技能,成为许多学生接受高等教育的首要选择,由此,大学的人才培养目标正在走向多样化。这种培养目标的多样化,不仅推动高等教育机构的分化,而且促使高等教育中本科教育和研究生教育的层次结构越来越泾渭分明。

因此,笔者认为,大学应对传统教学和科研相结合的单一人才培养途径做出适切性调整。鉴于研究生教育仍主要侧重于学术性人才的培养,采用教学与科研相统一的培养途径,对提高研究生的科研能力应是十分有效的,所以在完成教学任务的同时,研究生理应在导师的指导下,积极参与科学研究,尤其是博士研究

① 董友,于建朝,胡宝民.高等学校教学与科研关系研究现状及对策[J].河北师范大学学报(哲学社会科学版),2007(2).

生。而对于本科教育阶段,大体应分为两类:一类是研究型大学的本科生,可根据学生的专业和兴趣继续走教学与科研相结合的道路;另一类是非研究型大学的本科生,其多以学习实用技能为目的,可采取教学与科研适当分离的发展途径,以教学为主要的培养途径。

三、实然: 大学教学与科研关系的扭曲及其原因

变革的时代既是一个发展的时代,也是一个容易引发失范的时代。21 世纪初,在政府的大力推动下,我国高等教育也逐渐进入了大众化的发展阶段。统计数据显示,2006 年,我国新招收的大学生数已达到 546 万人,高等教育毛入学率为 22％。高等教育由精英教育时代向大众化时代演进的过程,也是一个重构高等教育秩序的过程。各种在精英教育时代确立起来的教育逻辑,在进入大众化时代之后,往往要经历一个由失范到重建的过程。当前,在大学教学与科研的关系上,精英时代的印迹仍挥之不去,符合大众化要求的多元化的教学与科研关系尚未建立,可谓"旧者已去,新者未立,怅然无归"。于是,现实中大学教学与科研的关系往往呈现出扭曲的发展态势,并因此成为高等教育理论与实践者的众矢之的。具体来说,我国大学教学与科研的扭曲关系主要表现在以下一些方面:

(1)两种职能关系的紊乱。毫无疑问,在职能担当上,高等教育系统内的所有大学都应同时承担教学、科研与社会服务的三大职能。但在如何处理这三种职能的关系,尤其是教学与科研的关系上,不同类型的大学应该有所区别。对于研究型大学来说,由于其自身科研实力雄厚、研究人员众多,在面对教学与科研的双重职责时,适度向科研倾斜无可厚非。但从现实情况来看,许多非研究型大学甚至于一些新建本科院校,也在复制研究型大学处理教学与科研关系的模式:它们同样热衷于把科研作为学校职能体系的重心,在学校各项政策的制定上以科研作为决定因素,在经费与物质的投入上以科研投入为先,从而把教学的职能和地位边缘化。当前,饱受争议的本科教学工作水平评估在树立以教学为中心方面,虽然很大程度上具有矫正作用,但仍留有深重的追求科研的情结。

(2)两项任务关系的失当。当前,在学校各种政策的刺激与规约下,高等教育

场域中的科学研究业已成为一场轰轰烈烈的全民运动。无论是哪种类型的大学,多数教师在处理教学与科研的关系时,都会毫不犹豫地采用科研为主、教学为辅的方式。而当教学与科研在时间、精力上发生冲突和矛盾时,保全科研、应付教学成为一些教师通常的做法。

(3)两条路径关系的缺陷。如前所述,高等教育大众化时期大学的人才培养目标是多样化的,不仅重视学术型人才的培养,更重视培养应用型、职业型人才以及高素质的普通劳动者。不同类型的人才,有不同培养规格要求,可以在培养途径上,采用教学与科研适度结合或适度分离的方式。但当前我国的多数大学依旧采用划一式的培养模式,无论是哪种人才的培养,均沿用学术性人才的培养模式,强调教学与科研的结合。不仅要求学生按照预设的培养计划,完成规定的课程学习,而且要求通过学年论文和毕业论文的写作来培养学生的研究能力。

至于导致大学在学校、教师和学生三个层面发生教学与科研关系扭曲现象的原因,笔者认为主要有以下两个方面:

(1)大学外部制度环境的影响。制度环境是个很宽泛的概念,各种影响大学生存和发展的法律、政策、文件,甚至社会的思想观念、历史传统,都可归为大学外部制度环境的范畴。在诸多制度环境因素中,高等教育财政拨款制度和高等教育评估制度,是对大学教学与科研关系影响最大的两个外部因素。

在我国,政府是大学的管理者和举办者,政府的财政拨款是大学最主要的教育资源获取方式。由于教育经费本身的稀缺性,政府从来无法完全满足各大学对教育资源的需求和索取。出于梯度发展的需要,20世纪90年代以后,我国政府对大学的投入也打破了平均分配的原则,把非均衡投入作为高等教育发展的指导思想,采用生均经费加专项经费的高等教育财政拨款制度。其中,生均经费按每位学生而专项经费则主要根据科研需要进行下拨。由此,一所大学是不是"211工程"或"985工程",有没有重点实验室和有多少工程研究中心及重点学科,通常成为政府下拨专项经费的主要依据,而这些作为依据的建设项目,事实上正是以科研地位的高低和科研成果的多寡来确立的。于是,为获取更多的教育资源,一些非研究型大学必然着力向科研倾斜。

根据评估主体的不同,高等教育评估可以分为政府评估和社会评估。当前,这两种类型的评估都在一定程度上存在问题,所以"饱受争议"。在政府评估方面,虽然在评估指标的成绩评定上有分等级,但普遍存在的不足是评估标准偏于单一,尤其是以评估重点大学或研究型大学的科研标准来评估所有大学,在分类分层次地进行评估方面颇有欠缺。正是这一"指挥棒"的作用,引发一些大学不顾自己的培养目标和任务,盲目攀比,不顾自我条件的限制而片面强调科研第一的问题。社会评估也存在类似问题。近年来,我国由民间组织所运作的大学排名现象蔚然成风。然而,"不同类型的大学怎样比较,这是评价的技术难点,可比性是评价的关键问题"[①]。综观林林总总的大学排名,其所蕴含的价值判断也往往是以研究型大学为模板、以科研评价为主要标尺。正如有学者比较中美之间的大学排名后所得出的结论那样:中国的大学排名和美国的大学排名实际上是性质完全不同的两种事物。美国的大学排名是对大学高等教育竞争力的评估,而中国的大学排名则是对大学学术生产力的评估。[②] 这种以大学学术水平高低对我国的大学进行排名的方式,同样会给非研究性大学处理教学与科研的关系带来负面影响。

(2)大学自身办学定位的错误。当前,许多非研究型大学在处理教学与科研的关系时,之所以会沿用研究型大学的处理模式,除了与外部制度环境的影响有关外,还与学校自身的发展理念密切相关。在大众化时期,这些大学对高等教育机构的分化现象缺乏足够认识,依旧用精英时代的教育逻辑去引导当前的大学发展,为此做出了诸多与精英教育时代相适应的内部制度选择和内部制度安排。一个极具普遍性的例证是:绝大部分大学的教师职称评聘,除了一般教学工作量的要求之外,科研成果的多少和所发表刊物的"权威"与"核心"与否,成为大学教师晋升职称的重要决定因素。长期以来,这样的制度设计,几十年一贯制,既让大学教师们无可奈何,又让他们对名利双收的科研情有独钟。于是,科研第一位、教学无所谓,成为他们心照不宣的公开秘密。同时,由于许多非研究型大学在教师职称晋升(尤其是高级职称)方面缺乏自主权,大学管理者意欲变革却无从入手。质

---

① 薛天祥.以学科评价为基础的研究型大学综合实力评价的思考[J].中国高等教育评估,2002(1).

② 罗燕.大学排名:一种高等教育市场指引制度的构建[J].江苏高教,2006(2).

言之,大学教师职称晋升之所以重科研轻教学,既有内部管理问题的因素,也有外部制度约束的因素。在教学质量难以衡量、比较的事实前提下,科研成果的数量与质量因此成为确定教师能否晋升职称的最有分量的标准。

与此同时,就读于非研究型大学中的大学生及其家长纷纷用精英时代的教育逻辑评价所在大学,成为大学办学定位错位的另一股强大的力量。

四、未来:大学教学与科研关系的重建

制度惯性与制度逻辑是促使大学教学与科研的实然关系发生扭曲的根源所在。因此,理顺当前大学教学与科研的实然关系,仍然依靠对理想与现实的中间环节——制度的改造来实现。政府和大学作为不同层级制度的制定主体,应该在制度选择和制度安排中正确树立大众化时期高等教育多样化的理念,并努力将其贯彻到制度决策、制度文本以及制度现实中。

1. 建立高等教育分类拨款制度。事实证明,除了总体上政府的教育经费投入不足,当前以生均拨款加专项拨款的制度,也使得非研究型大学在获得教育资源方面处于不利局面,导致教育资源短缺、教学经费不足。许多非研究型大学集中力量搞科研,实属争取更多教育资源之举。因此,为鼓励非研究大学以教学为重心,政府有必要对当前的高等教育拨款制度进行调整,逐步建立起高等教育分类拨款制度,对研究型大学和非研究型大学分别采用不同的拨款制度。政府应增加对非研究型大学的拨款总额度,还应充分运用经济杠杆的激励作用,定期对非研究型大学的教学质量状况进行检查和评价,并把教育质量的高低与拨款数额的多少有机地联系起来。

2. 建立高等教育多元评价制度。评估对大学的作用是双重的,它既是对大学现有工作成果的鉴定,同时又能对大学的后续发展发挥导向作用。因此,建立起与大众化发展需要相适应的评估制度意义重大。随着我国高等教育进入大众化时期,政府应以高等教育分类为基础,对不同类型的大学采用不同的评价指标体系,实施有区别的高等教育评价。对研究型大学,可适当强化其科研指标;而对教学型大学,则应多关注其教学指标。至于社会评价,政府也应该注重加强引导,通

过利用自身的舆论工具和传媒优势,促使社会各界甚至普通民众也能逐步建立起理性的高等教育价值观,不以传统的身份认同来片面看待和评判大众化时代不同性质、目的和任务的大学。

3.改革教师管理制度与学生培养制度。大学的教学与科研职能是通过教师群体来实现。因此,大学作为其内部制度的建设主体,必须改革目前单一的教师管理制度。通过设立科研岗,允许非教学人员的存在,把一部分科研水平高且又有志于在科研领域做贡献的教师分离出去,专门从事科学研究工作。而对于同时兼顾教学与科研又以教学为主的教师,学校应通过合理的制度设计,来加强对这些教师的科研行为的引导,鼓励他们开展以科研促教学方面的研究,实现科研对教学的"反哺"作用,真正理顺教学与科研的源流关系。

在大众化时期,为正确处理教学与科研的关系,大学还应对传统划一式的学生培养制度进行改革,根据不同的人才培养目标,建立起多类型的培养方式。首先,对于研究生教育和研究型大学的本科生教育,其作为大众化时代的精英教育,仍可以采用传统的教学与科研相结合的人才培养制度。其次,对于非研究型大学尤其是新建本科院校的本科生教育,则可以采用教学与科研分离的方式,着力培养和提高学生的动手能力和实用技能,注重采用产学结合的方式,加强教学与生产实习实训的联系,促使他们真正成为实用型、技术型的人才。

高等教育视野中的五类关系[*]

——基于潘懋元先生序跋的解读

潘懋元先生是中国高等教育研究的学术泰斗。据笔者不完全收集，20余年来，应从事高等教育研究的学界后辈们之约，潘先生拨冗作序百余篇。在写作过程中，潘先生始终秉承这样的原则：序跋并非给作者脸上贴金，以发挥锦上添花之功效，而是根据自身对高等教育的理解和感悟，对作者的研究成果进行客观述评。综观这百余篇序跋，分而细品，每一篇都是潘先生高等教育思想、理念的浓缩和结晶。集而视之，犹如一部中国高等教育研究的发展史、思想史。其内容之丰富，见解之深邃，逻辑之缜密，并非三言两语可以囊括。鉴于研究水平所限，笔者仅在本文对序跋中所蕴含的有关高等教育范畴的五类关系，加以提炼、归纳和解读，以期高等教育学人能全面深入地领略潘先生高等教育思想的精髓。

一、学与术的关系

"学"属认识世界的范畴，它解决"是什么"和"为什么"的问题；"术"属改造世界的范畴，它解决"如何做"的问题。^① 我国高等教育长期沿袭"重学轻术"的发展路径，这与我国工业化程度不高及"重学轻术"的传统思想观念息息相关。改革开放后，随着工业化步伐的加快，如何在新形势下科学理性地看待学与术的关系，成为中国高等教育实践者备感迷茫困惑的问题，对此，潘先生给出了如下答案。

1. 战略层面的学与术

就战略层面而言，高等教育范畴的学、术关系，主要表现为大学教育与高职教

---

* 本篇与曹如军合作，原载《高等教育研究》2009年第5期。

① 王伟廉.高等教育学[M].福州：福建教育出版社，2001：72.

育或学术型人才培养与职业型人才培养的关系。从国际视野观之,世界发达国家从 20 世纪 50 年代开始,就逐步采用学、术并重的战略举措,把职业教育的重心上移到高等教育水平。然而在我国,直至 20 世纪 80 年代,对职业教育的认识与政策,基本上还停留在中职、初技上。而就在这一时期,潘先生以其富有前瞻性的眼光指出,发展高等职业教育是科学技术转化为现实生产力的关键,也是社会现代化建设的基础。从战略层面看,学与术并重理应是促进今后一个时期中国高等教育发展的基本取向。"21 世纪中国高等教育的主要任务是培养一大批拔尖创新人才和数以千万计的专门人才。前一个任务是提高精英教育的水平,后一个任务是发展大众化高等教育。前一个任务主要由研究型综合大学和理论型多科性大学来承担,后一个任务则主要依托发展应用型的高等职业技术院校。"[①]鉴于此,潘先生认为,中国高等教育大众化的战略任务能否完成,主要看高等职业技术教育能否健康、顺利地发展,从而把职业技术教育在高等教育体系中的地位和作用提升到前所未有的高度。

2. 学校层面的学与术

自 20 世纪 90 年代中后期以来,我国高职教育得到迅猛发展,以量的指标来衡量,高职教育业已成为我国高等教育体系的重要组成部分。在一系列令人欣喜的数字面前,潘先生却未雨绸缪,深刻洞悉到数量背后的质量隐忧:做大未必意味着做强。从学校这一层面来看,一些学校管理者对高等职业技术教育的性质任务、时代意义的认识还未到位,自身的知识与经验还准备不足,总认为发展高职教育没有出路;在实践中往往把高职院校当作普通院校来办,把高职学生当作普通大学生来教,热衷于学校尽快升格为本科院校,寄希望于学生的成长走"专升本"的道路。对此,潘先生指出,不同类型学校处理学与术的关系理当有别。研究型大学应加强理论学习和基础科学研究,而高职院校应以教学和职业技术教育为本。否则,势必在办学方向上错位,培养不出就业市场上"适销对路"的人才,高职院校的发展就很可能走老大专或 20 世纪 80 年代昙花一现的"职业大学"的老路。某些

---

① 潘懋元.《高职学生就学就业百题》序[M]//高职学生就学就业百题.宁波:宁波服装学院,2003.

高职院校处理学、术关系的错位做法，从当前说，是违反"以就业为导向"的政策原则；从长远说，不利于科教兴国战略的实施。

3. 教师层面的学与术

教师对学生成长的作用是不言而喻的，因此，无论是何种类型的学校，都十分重视教师素质的发展和提高。潘先生认为，高校教师素质的内涵，包含三个方面：第一，学术水平，泛指基础知识、学科理论和跨学科的知识面；第二，教师职业知识与能力，也就是高等教育知识和教学工作能力；第三，师德，包含一般社会道德、学术道德和教师职业道德。[①] 三者缺一不可。然而，从现实的情况看，许多高校的教师培训和教师发展项目，并没有妥善处理好学与术的关系。对此，潘先生特别强调：只重视学术水平，特别是学科理论知识的提高，而不重视高等教育知识与教学能力的培训，是难以成为一名优秀高校教师的。

二、理论与实践的关系

理论来源于实践，用于指导实践，实践是检验理论真理性的唯一标准，这是马克思主义哲学对理论与实践关系的概括性描述。但是，从实然层面审视，理论与实践的关系绝非是程式般的线性关系，以至于许多才学卓著的学者为理论与实践的实然关系而困惑。在高等教育领域，理论与实践的关系更是如此，"不论在西方或中国，除少数特例外（理念）都只能作为美好的理想而很难付之实践"[②]。教育理论与教育实践的这种复杂关系特性，引发了许多睿智之士对其相关问题的反思探索，对此，潘先生有着自己独特的认识。

1. 对教育理论与教育实践关系的哲学思考

潘先生是从教育理论、教育政策、教育实践三者关系的视角，来解析理论与实践的复杂性的。他认为，按照一般原则，理论应当先于政策，政策是根据理论、结

---

① 潘懋元.《高校教师师德自律论》序[M]//卫荣凡.高校教师师德自律论.北京：中国社会科学出版社，2008.

② 潘懋元.序[M]//王冀生.大学理念在中国的发展.北京：高等教育出版社，2008.

合实践而制定,并以之规范实践行为的。但在教育理论与教育政策之间,似乎并非如此,而是倒置过来,政策先于理论,教育政策不但规范教育行为,而且规范教育理论,要求理论与政策必须保持一致。因而教育部门所重视的"教育理论",大多只是教育政策的诠释、宣传,但这些理论都不是原创性的理论。"原创性的理论只能从实践中以睿智凝练而成,先于政策而为政策的制定所采择,作为政策制定的理论依据。"①

在元教育学兴起的背景下,对高教界讨论颇多、纷争不断的理论与实践的中介问题,潘先生同样有自己的见解:"理论与实践结合的中介环节,可能是多维的"。不论最终证明某一见解是正确的或错误的,只要能"促使高等教育理论,尤其是基本理论向实践转化,高等教育理论为高等教育的改革与实践服务,都是有益的"。②

2. 高等教育研究应强调实践性

理论要为实践服务,这是理论的生命力之所在。与其他社会科学理论相比,教育理论尤须彰显为实践服务的特性。只要我们"分析一下教育理论的对象(实践性活动)、目标(提出有效的建议),几乎可以肯定地说,教育理论不可能成为纯粹意义上的经验科学理论。它是一种实用理论"③。教育理论的这种实用性,决定了教育研究、高等教育研究的实践性。在我国,自开创系统的高等教育研究以来,潘先生就十分重视高等教育研究的实践性,要求中国高等教育研究既要重视学科建设,又要重视问题研究。为提高学者们对高等教育研究实践性的认识,潘先生还特意把全国高等教育第四届年会的主题确定为"高等教育理论研究如何更好地为高等教育发展与改革实践服务"。

在多篇序跋中,潘先生都表达了高等教育理论要为高等教育实践服务的理念,要求结合中国高等教育改革与发展的现实,为解决高教实践中所提出的问题

① 潘懋元.序[M]//杨德广.教育新视野、新理念.上海:上海教育出版社,2007.
② 潘懋元.《高等教育比较学》序[J].比较教育研究,2000(5):59.
③ 唐莹,瞿葆奎.教育科学分类:问题与框架[J].华东师范大学学报(教育科学版),1993(2):6-7.

而进行研究,注重从实践中发现问题、分析问题、解决问题。潘先生指出,高等教育学科在中国的发展,是与中国高等教育改革与发展的实践紧密结合、同步进行的,学科建设本来就是在高等教育改革与发展的实践推动下进行的。但学科有其自身的逻辑体系,而实践提出的问题则往往是综合的,因此,更多的研究工作是围绕高等教育改革与发展中不断提出的实际问题进行的,以提供决策咨询或指导实际工作。例如,地方应用型大学作为我国高等教育的重要力量引起潘先生的高度关注:"近来,我正在组织几所地方院校和几位高等教育学教师、研究生,研究地方应用型大学的办学问题。深感地方高校在定位与发展方向明确之后,如何落实到办学实践中,是一项更加艰巨的工作。如果仅停留在理论认识上,而实际上仍按传统大学的模式办理,则所谓定位与发展方向必将落空。"[①]

三、成人与成事的关系

学问与人生相伴、成人与成事相随。教育是培养人的活动。在科学主义盛行的时代,教育活动所培养的人通常存在重智轻德、重知识能力轻人文素养的缺陷。高等教育是培养高级专门人才的实践活动,潘先生指出,"人才"这一概念,是先有"人",然后才有"才"的,缺了"人",则"才"无所依托。在成人与成事的教育实践活动中,潘先生特别重视以下两类人才的"人"的品性的塑造。

1. 工科人才要重视人文素质教育

诚如司马光所说:"君子挟才以为善,小人挟才以为恶;挟才以为善者,善无不至矣,挟才以为恶者,恶亦无不至矣。"科学技术本身是价值中性的,一个人的道德素质对其科学技术的知识能力有驾驭、引导的作用。因此,在市场经济条件下,提高人才的道德素质显得尤为重要。所以,潘先生指出,工科人才培养必须加强人文素质教育,促进科学技术和人文素质的融合。在素质教育的实施中,要清醒地认识到,人文知识不等于人文素质,还必须内化为学生稳定的素质和自觉的行为。

---

① 潘懋元.序[M]//李泽彧.高等学校转型:我国新建本科院校视角.西安:陕西师范大学出版社,2008.

素质教育的责任不只在于开设几门人文课程,还应贯彻于专业课程中。此外,还要重视校园文化对学生人文素质形成的潜移默化的作用。

2. 高校教师要重视师德培养

高校教师的职业道德,具体说来,应包括三种精神:服务精神、自律精神和创新精神。服务精神指爱护学生,"诲人不倦""循循善诱"等为学生服务的精神;自律精神则要求教师必须以身作则,"行为世范",成为学生的榜样;创新精神要求教师以自己的创新精神和创造能力引领大学生成为创新型人才,以大学的文化科学创新引领社会的文化科学发展。[①] 作为一名优秀的高校教师,师德比知识和能力更为重要。因为,学术水平较低,教学能力较差,但有高尚的师德,强烈的责任感,尚可通过理论学习和经验积累逐步提高,而如果师德缺失则很难匡正。从现实情况来看,在市场经济社会中的教师,师德往往比学术水平、教学能力更为欠缺。潘先生指出,师德的培养,贵在自律,也就是古人所说的"慎独"、"知行合一"以及发自内心的诚信与责任感。将外在的师德规范,内化为师心,体现为师行,是高校教师发展中最重要、最困难而最易被忽视的方面。

四、历史、现实与未来

教育理论来源于三个方面的教育实践:首先是前人的实践,也就是研究教育史;其次是他人的实践,也就是研究比较教育;再次是当前的与自己的实践,也就是不断总结经验。[②] 从学理意义而言,历史就是现实的一面镜子,研究高等教育理论,必须研究高等教育历史,才能"鉴古知今";制定高等教育政策,必须掌握高等教育历史,才能"古为今用"。在潘先生的序跋中,可以深刻地看到中外教育家对潘先生教育思想理念的启发和影响。这些中外教育家包括杨贤江、王亚南、陶行知、陈鹤琴、卢梭、爱伦·凯、昂德烈伊·帕符利克等人。在研究历史的过程中,潘先生还实事求是地还历史以真实面貌,实事求是地透过纷歧错杂的现象,探寻教

---

① 潘懋元,罗丹.高校教师发展简论[J].中国大学教学,2007(1):5-8

② 潘懋元.序[M]//栾开政.山东高等教育发展史.济南:山东教育出版社,2003.

育思想与教育活动的本质。

人们的认识是无止境的,理论的发展也是无止境的。随着时间的推移,现时的理论终将会成为历史的印迹。潘先生在序跋中,论及我们正"用现代高等教育思想作指导"来研究高等教育这一问题时,对历史、现实、未来的关系做过深刻描述。潘先生说,传统是相对于现代而言的,而相对于"后现代"来说,"现代"则被视为"传统"。在高等教育理论研究中,"传统"的坚冰必须打破,前进的航道才能畅通。对于笃信历史辩证法的学者来说,应当抱欢迎的态度。只是坚冰的打破,可能开辟新的航道,也可能形成破碎的浮冰,仍然堵塞航道。因此,对于具有未来意义的高等教育理论,应当是"解构"与"建构"同时并进。

五、国际化与本土化

面向世界,与世界接轨,走国际化的道路,是改革开放以来我国社会发展的主脉络之一。但许多人对国际化的利弊缺乏清醒的认识,存在盲目西化的发展理念。此外,高等教育研究是不是也需要国际化,学术界也一直众说纷纭,莫衷一是。

对此,潘先生以中国高等教育学的发展历程为例,揭示了中国高等教育发展与中国高等教育研究发展的路径差异。早期中国高等教育的制度和理论,主要是从西方引进的,因而带有一定依附性。但是,中国高等教育学科的发展,走的却完全是一条非依附发展的道路:"第一,中国高等教育学科是在中国本土产生与发展起来的,而不是从他国引进的;第二,高等教育科学研究紧密追踪中国高等教育的重大现实问题、热点问题;第三,我国高等教育学科建设重视学科建制,和西方高等教育的'问题研究'取向有明显的不同。"[①]

当然,需要指出的是,潘先生所做出的中国高等教育学科是"土生土长",中国高等教育研究应坚持本土化道路的论断,并非反对中国高等教育研究的开放性。

---

① 潘懋元.在"问题研究"中开辟理论与实践结合的新路:《问题及其出路——高等教育理论研究与实践探讨》序[J].高等教育研究,2000(5):10.

相反,在高等教育研究实践中,潘先生尤为重视从中国改革与发展的需要出发,实事求是地借鉴外国的经验、教训,从中找到规律性的东西。但作为研究者,必须理智地认识到,"以'洋为中用'为目的,出发点和归宿都是中国"。①

---

① 潘懋元.比较高等教育的产生、发展与问题[M]//高等教育学文集.汕头:汕头大学出版社,1997.

高等教育研究的社会责任新探[*]

从世界范围来看,对高等教育研究兴趣的增加在一定程度上源于最近几十年高等教育的不断扩张。现在,不管人们是否直接从事高等教育,它的特点和功能对社会所有成员都具有重大意义。^① 就我国而言,随着高等教育大众化发展,我国高等教育的规模迅速扩张,高等教育已逐步从社会的边缘步入社会的中心,对社会公共生活的影响日益增强。这就意味着以"高等教育"为研究对象的高等教育研究不能仅以停留在自己的专业学科范围内为满足,高等教育研究的社会责任问题将受到越来越多的关注。那么,高等教育研究的社会责任是什么? 高等教育研究为什么要履行社会责任? 高等教育研究的社会责任如何履行? 这是理解和探讨高等教育研究社会责任需要首先解决的基本问题。

一、什么是高等教育研究社会责任?

"社会责任"中的"责任"一词含义非常广泛。中文"责任"的诠释,在《现代汉语词典》中包含两层意思:一为分内应做的事;二为没有做好分内应做的事,因而应当承担的过失。^② 这个诠释在中文关于责任内涵的界定中颇具代表性。与中文"责任"一词相对应的英文有很多,但与社会责任相关的词主要是"responsibility"与"accountability"。《英汉辞海》将"responsibility"解释为两层意思:一是责任、责

---

* 本篇与赵凤娟合作,原载《龙岩学院学报》2011 年第 1 期。

① J. 布伦南,U. 泰奇勒. 高等教育和高等教育研究的未来[J]. 国外社会科学,2009(2):156-158.

② 中国社会科学院语言研究所词典编辑室. 现代汉语词典[M]. 北京:商务印书馆,1996:1574.

任心、负责的这种性质或状态;二是职责、任务,任何人应对其负责或承担的事务。① 可见,它强调"负责任",即强调"应当如何"。《英汉辞海》将"accountability"解释为:可以说明的、应负责任的或有责任的性质或状况。② 它强调"结果责任",就是对行为的结果、后果担负责任,有说明义务,暗含了一种外部权力,具有"问责"性,即要对别人负责。可见,英文"responsibility"与中文"责任"的第一层意思基本相对应;"accountability"与中文"责任"的第二层意思相联系,二者都强调对行为的结果担负责任,含有外力作用,不过,"accountability"强调问责、说明的义务,而中文"责任"的第二层意思强调承担过失。分析中英文"社会责任"一词中关于"责任"的界定,可以发现,"社会责任"中"责任"的内涵包含两方面:责任的第一层意思与主体的角色相联系,是主体担负与其角色相适应的行为,是一种职责、义务,表明社会对主体的行为预期;责任的第二层意思与主体的行为及结果相联系,是主体对其行为及结果的担当,是反馈社会对其成员不履行或没履行好责任而进行的处置。

"社会责任"中的"社会"一词也包含两个层面的含义。德鲁克在谈及组织或机构的社会责任时认为,无论是一个企业、一家医院或一所大学,它对社会所要承担的责任可能在两个领域中产生:一个领域是机构对社会的影响,另一个领域是社会本身的问题。第一个领域所讨论的是一个机构对社会做了些什么事,第二个领域所讨论的是一个机构能够为社会做些什么事。③ 可见,社会责任的"社会"包含了受责任主体影响之"社会"和责任主体存在之"社会"两个方面。由此,社会责任包含两个层面的内容:一是对社会影响的责任。无论是一个组织、机构还是某项活动,其存在的目的是为社会提供某种服务,这种服务必然在一定的社会范围内产生影响,这些影响可能是有益的,也可能是有害的。无论是有意造成的还是无意造成的,提供服务的主体必须对其所造成的影响负责。二是对社会自身问题的责任。任何组织及其活动都是存在于一定的社会之中的,作为社会的一分子,

---

① 王同亿.英汉辞海[M].北京:国防工业出版社,1987:4468.

② 王同亿.英汉辞海[M].北京:国防工业出版社,1987:4468.

③ 彼得·F.德鲁克.管理:任务、责任、实践[M].北京:中国社会科学出版社,1987:412.

必须对社会自身问题的改进或解决担负责任而付出努力。

由此,高等教育研究社会责任的内涵包含两个方面:一是高等教育研究对高等教育研究过程及其成果所产生的社会影响负有责任。高等教育研究者有责任促使高等教育研究过程及其成果产生积极的社会影响,倘若高等教育研究过程及其成果不能产生积极的社会影响,甚至会带来消极的社会影响,高等教育研究者必须为此承担过失。二是高等教育研究对社会自身的问题负有责任。社会自身的问题包含两方面,一方面是高等教育问题,另一方面是其他社会公共问题。高等教育研究作为针对高等教育的专门化的研究活动,首先要充分关注高等教育发展中的理论和实践问题,以解决高等教育问题、促进高等教育发展为己任,并由此成为高等教育的参与者、批判者乃至创造者。其次,对社会中的其他重大问题,高等教育研究者也有责任进行关注和探讨,尤其有责任以学科专业人员的身份,从高等教育学的专业立场参与研究和讨论。

二、高等教育研究为什么要履行社会责任?

高等教育研究必须履行社会责任,这既是由高等教育研究自身特性所决定的,也是社会对高等教育研究的必然要求。

高等教育研究的根本目的决定了高等教育研究必须履行社会责任。大学之道,在止于至善。高等教育活动的根本在于善,具有善的目的、善的手段和善的效果,这就要求高等教育研究必须遵循"善"的目的,即高等教育研究的根本目的在于促进人的完善,促进高等教育的发展,促进社会的发展,直至达到至善。因此,高等教育研究的过程及其成果必须是善的,即其产生的社会影响必须是积极的,任何有损于"善"的实现的高等教育研究都是违背了其根本目的的。同时,高等教育研究必须对高等教育发展中的问题及其他社会问题向善的发展负有责任,为之努力。

高等教育研究对象的特性决定了高等教育研究必须履行社会责任。高等教育研究的研究对象不言而喻就是"高等教育",高等教育是建立在普通教育基础上的专业教育。[①] 与普通教育及其他社会活动相比,高等教育因其所培养的是经济和社会各部门所需要的高级专门人才,因而它与社会的经济、政治、文化、科技等的发展具有更为直接与密切的联系,也对社会的发展起着更为重要的直接作用。尤其是随着高等教育的大发展,高等教育对整个社会公共生活的影响越来越重大。高等教育对社会发展的意义如此重大、对社会影响的范围如此之广泛,以至于作为对高等教育现象和理论进行描述、解释、批判、预测和创新的活动的高等教育研究,必须充分关注其研究过程和成果的社会影响,竭力避免带来消极的社会影响。将社会责任抛于脑后的高等教育研究可能会带来许多严重的不良社会后果。[②] 同时,随着知识社会的到来和我国高等教育大众化的发展,高等教育问题越来越呈现出公共品质。高等教育问题牵扯的社会范围、对整个社会的影响越来越大,与公众的利益、与社会的基本问题的联系越来越紧密。如高校扩招、大学生就业等问题是社会各界人士和广大人民群众所关心的,与社会公众的生活息息相关的社会问题,作为高等教育领域的专业性问题,高等教育研究者最有责任对这些问题进行探讨、研究,为这些问题的解决和改进提供理念引领、理论指导和方案选择等。专业领域从来都是在公共领域的背景下得以延存的,高等教育问题并不只是限于高等教育领域内的问题,还会涉及许多公共领域内的问题。而且,社会公共领域中的许多问题又往往与高等教育有着千丝万缕的联系。因此,高等教育研究者在从事专业研究的同时,不能对现实社会的一些重大问题视而不见,必须给予深切的关注。而且,作为社会公民,高等教育研究者也不应以专业研究为借口,逃避其本该承担的社会公共责任。高等教育研究者探讨其他社会问题时与其他关注者相比是存在不同之处的,即高等教育研究者应首先立足于自身专业,秉持高等教育学的专业立场。

高等教育研究履行社会责任是社会对高等教育研究的必然要求。高等教育研究作为社会的一分子,履行社会责任是社会的必然要求。在谈及社会角色及其

---

① 潘懋元.关于高等教育学科建设的若干问题[C]//潘懋元.潘懋元论高等教育.福州:福建教育出版社,2000:59-70.

② 陶志琼.不良教育研究的社会后果:以美国为例[J].比较教育研究,2004(3):17-21.

责任时,马克思指出,作为确定的人,现实的人,你就有规定,就有使命,就有任务,至于你是否意识到这一点,那都是无所谓的。这个任务是由于你的需要及其与现存世界的联系而产生的。① 也就是说,角色和责任是社会成员与现实社会客观存在的依存关系决定的。社会关系的每个成员,不管是机构、个体还是某项活动,其生存和发展都离不开社会。履行社会责任既是社会成员生存和发展的手段,也是社会发展的必要条件。同样,作为社会关系中的成员,高等教育研究与高等教育的发展、与社会存在客观的依存关系,高等教育研究的存在和发展离不开社会,因此必须履行其社会责任,否则将无法获得社会的承认和支持,也就失去了存在和发展的根基。尤其是在我国,高等教育研究是作为学科建制而存在的,利用了大量的社会公共资源,拥有更多的影响社会的公共权力,因此,高等教育研究在累积高等教育知识、建设学科理论体系的同时,必须虑及研究过程及成果的社会影响,必须为高等教育问题及其他社会重大问题的解决和改进而奋发有为。

三、高等教育研究如何履行社会责任?

高等教育研究社会责任的履行需要多方面合力推进,既需要提高高等教育研究者的专业素养和社会责任意识、强化高等教育学科建设等高等教育研究自身的内在努力,也离不开高校、政府和社会为其创造条件,提供外在支持。

1. 高等教育研究自身的内在努力

高等教育研究社会责任的履行是以高等教育研究的科学性和规范性为前提的,不科学的高等教育研究难以为社会带来积极的影响,更难以促进高等教育问题的解决。我国现代高等教育的发展历史比较短,迄今不过百余年,与此相应,我国高等教育研究的历史也较短,且历经坎坷,直至20世纪七八十年代之后才不断走向繁荣,逐步建立了高等教育学科。虽然我国的高等教育研究以学科的形式存在,称之为"高等教育学",但高等教育研究的科学性和规范性并不尽如人意。当前,从高等教育学科的外在制度即学科的组织机构等物质层面的社会建制方面来

---

① 马克思,恩格斯.马克思恩格斯全集:第3卷[M].北京:人民出版社,1997:329.

看,高等教育学已逐渐规范,呈现专业化,具备了专业化的研究者和研究机构、学术组织和团体、固定的教席、专业培养计划、专业期刊和书籍、资金资助渠道等。但从学科内在制度来看,高等教育学的科学性和规范性还亟待提高,学科知识和理论体系总体上还比较薄弱,学科的深层理念、学术标准、学术准则等方面的建设比较欠缺,学科的专业化程度不够。因此,对承载高等教育研究的高等教育学科来说,应强化其学科知识的累积、理论体系的构建、学科理念的凝聚和学术标准以及学术规范的建设,从而提高高等教育研究的科学性和规范性,为高等教育研究社会责任的履行奠定基础。

高等教育研究的进行主要通过高等教育研究机构和研究人员实现,而最终是通过高等教育研究人员来进行的,高等教育研究社会责任的履行依赖于高等教育研究人员的研究水平、责任意识等。作为专业人员,高等教育研究人员只有通过基本理论、知识、思想的足够积累,以及科学研究方法的严格训练,才能增强高等教育研究过程及成果的科学性,才能对高等教育问题和其他社会重大问题捕捉更为敏感、认识更为深刻,从而为高等教育研究社会责任的履行奠定基础。同时,高等教育研究人员还必须增强社会责任意识。对于科学研究人员的社会责任,国际上有诸多的规定,比如著名的"乌普斯拉规范"强调科学研究人员的社会责任包括:应该保证所进行的科学研究及应用后果并不引起严重的生态破坏,不会对我们这一代及我们后代的安全带来更多的危险;对认真地估价其研究将产生的后果并将其公开负有特殊的责任;当断定正在进行或参加的研究与这一伦理规范相冲突时,应中断所进行的研究,作出判断时就应考虑不利结果的可能性和严重性。[①]作为社会科学研究者,高等教育研究人员还有责任加强对社会实践尤其是高等教育实践的关注。正是出于强烈的社会责任意识,我国高等教育研究泰斗潘懋元先生在 1997 年全国高等教育学研究会第四届学术研讨会上犀利地指出,高等教育研究如果不去接触火热的高等教育实践,就会走到死胡同。倡导研究高等教育改革与发展中的问题。[②]

---

① 傅静.科技伦理学[M].成都:西南财经大学出版社,2002:94-95.
② 潘懋元.高等教育理论研究必须更好地为实践服务[J].高等教育研究,1997(4):1-4.

2. 高校、政府和社会的外在支持

对于高等教育研究社会责任的履行,尤其是第二个方面的社会责任的履行而言,政府和高校在其中扮演重要的角色。教育研究不同于其他学术研究的一个重要特性在于其实践性。研究实践、通过实践、为了实践、发展实践,是教育研究的标志性特征。[①] 高等教育研究同样如此。高等教育研究固然离不开理论和方法的支持,但也离不开资金等物质条件以及高等教育实践的支持。我们经常听到来自高等教育研究者关于缺乏资金或者无法取得相关的经验性资料、数据资料,因而无法进行相关研究的抱怨。同时,高等教育研究本身并不能直接解决或者改进高等教育中的问题,只有将科学的高等教育研究成果运用到高等教育发展实践中,高等教育研究才能真正地促进高等教育问题的解决或改进。这种运用的方式是多样的,既可以是方案的运用意见和建议的采纳,也可以是政策咨询、理论指导、理念渗透,等等。这些问题的解决需要政府和高校创造条件、提供支持。比如:为高等教育研究提供资金支持;创造条件使研究者能直接参与到研究相关的实务中,帮助研究者充分理解实务的性质和政府公共决策的情境;建立高等教育的信息情报系统,进行全面的数据库建设,并建立相应的数据使用和管理制度。在全国和各个区域范围内收集和整理有关高等学校机构、管理、体制、课程教学等方面的信息,这样的工作单靠某个高等教育研究机构或人员是无法实现的,需要全国和省区高等教育政府主管部门及高校间的协调进行;完善政府和高校的决策咨询体制,使高等教育研究更便利地进出高等教育决策过程等。

---

① 叶澜.教育研究方法论初探[M].上海.上海教育出版社,1999:340.

关于我国大学学院制的若干思考*

当前,我国大学学院制管理改革是校内管理体制改革的核心和重心。1992 年以来我国开始进行高校合并调整,高等学校特别是具有一定规模的综合性大学,一般都采取了学院制的管理模式。当前,进一步认识学院制的科学内涵很有必要。同时,学院制管理的现状与实际效果如何,应有对策和发展走向是什么,研究这些令人关注的问题具有重要的现实意义。

一

不少研究者曾经对学院制的科学内涵进行过理论研究。随着学院制改革的深入,需要进一步从理论上认识学院制的科学内涵。

1. 学科划分是学院制产生的基础,学科的发展导致了学院制的发展

研究大学发展的历史,可以概括出学院制的几种主要的模式:以学生住所为划分依据的牛津、剑桥模式,以教学居所为依据的伦敦大学模式,以学科类型为依据的爱丁堡大学模式,以学科方向为依据的东安格利亚大学模式,以传统的多学科综合的文理学院为主体辅以专业学院的美国模式,以"学部"为名称的强调学科发展内在逻辑的日本模式。[1] 由此可见,学科是学院制发展的内在逻辑。

当前,学科的发展呈现出高度分化的同时又高度综合的特点,这种特点对学

---

* 本篇与陈昊合作,原载《江苏高教》2005 年第 2 期。本文是本人主持负责的福建省社会科学"十五"规划项目"我省高校校院管理体制的现状调研与发展走向研究"研究成果之一。

① 王承绪.学术权力:七国高等教育管理体制比较[M].杭州:浙江教育出版社,1989;邓岚,吴琼秀.英国综合性大学的学院制模式分析[J].湖北大学学报(哲社版),1996(5);张晓鹏.学院建制与管理分权[J].全球教育展望,2001(2).

院制提出新的要求。即大学不能再仅仅根据单个学科来划分学院,而应该以学科群来划分学院。按照这一思路,学院应该建立在现在通用的学科专业"门类"上,即在文、理、工、农、医、师范、财经、政法、管理这一层次上,而系则应该建在次级学科专业层次上。[①] 从现代科学体系整体结构来看,既有线性学科、相关学科、交叉学科各层次水平学科,又有具有复杂性、层次性、动态性的学科点、学科群、超群学科、学科群落。学科的交叉与综合必然要求某一学科要在更大的学科空间里才能发展。因此,就现代大学学院制的科学内涵来说,学科群(特别是交叉学科)建设是实施学院制的基础。

2. 学院是一个实体,负责本院的教学、科研以及行政事务的管理

从大学行政和学术权力的运作视角来看,世界上发达国家大学的学院制,典型模式大致有如下几种:以欧洲及日本的大学为代表的、以学术权力为主的权力结构模式;以美国的一些巨型大学为代表的、实行严格的等级管理而以行政权力为主的权力结构模式;以英国为代表、建立在教授治校制度之上的行政和学术权力均衡的模式。[②]

我国大学以前实际上是典型的以行政权力为主导的模式,职能单位(指各职能处室)在学校中的地位强于教学单位,其原因更多的是受政治体制的影响。但是由于高校基本职能是传播、储存、评鉴和创造高深知识,其学术活动的特征又是高度的专业性、独立性、创造性,在决策上学术管理应优于行政管理。因而,就需要建立学院制这一机制来解决、缓解这一偏向。在学院制管理中,要求把管理重心从校部下移到学院,学院具有较大的自主权,成为集教学、科研、人事、财务等权力于一身的实体性机构。实际上,在学院制的历史上,早在英国牛津大学实行学院制时,就体现了学院的实体性这一特点。牛津大学的学院与巴黎大学不同,并不完全是以学科为依据划分的。每个学院有院长、舍监、教务主任以及财务等,他

---

① 周川.新一轮院系调整的特征与问题[J].高等教育研究,1998(2).

② 王承绪.学术权力:七国高等教育管理体制比较[M].杭州:浙江教育出版社,1989;邓岚,吴琼秀.英国综合性大学的学院制模式分析[J].湖北大学学报(哲社版),1996(5);张晓鹏.学院建制与管理分权[J].全球教育展望,2001(2).

们负责学院的各项事务管理。在这里大学只是松散的组织,而学院则是实体,主要以学院履行大学的职能。①

学院制与校、系两级体制相比较,能更好地履行教学、科研职能。在我国以前校、系两级管理体制情况下,以系为单位的教学,使学生很难了解到其他系的情况,如果想学习其他系的课程,就更加不容易了。因此大学的教育就容易产生"只见树木,不见森林"的结果。学生毕业后虽然专业性强,但知识面窄,对现在越来越要求通、专才结合的工作显得不适应。学院制则比较适应新的社会要求,人才培养模式注重多学科的联合培养。学院一般是几个系的综合体,学院可以自行设置课程,协调下属各系,进行多学科的教学,培养知识面宽的毕业生,从而适应社会对复合型、开拓型、应用型人才的需求。学生在本院则可以免费选修其他专业的课程,既达到了资源共享,又适应了学生个性发展的特点,体现人本主义的精神。

再如科研,系的建制同样也使研究人员不了解本专业之外的情况,彼此之间缺乏交流与合作,而在学院内,则可经常组织学术活动,促进教师之间的交流。而且以学院的名义进行对外交流和承担横向课题,有利于学术的发展。因此,以学院作为大学的教学科研实体,能使大学的职能得到更好的发挥。

3. 学院制有利于协调大学管理中的集权与分权

组织管理学家彼特布劳基在关于政府、大学和商场的研究中指出:"规模是影响组织结构最重要的条件。"因此,小规模组织一般采用简单结构,而大规模组织采用事业部(联邦分权)结构。另外,"组织规模的增加将导致分权",当组织规模小的时候,管理采用集权决策是可能的;当组织增大,管理跨度增大,以集权方式管理时难以做出快速准确的反应,因此必须分权。② 一方面,大学是一个规模日益增大的组织,现在我国综合性大学少则六七千人,多则上万人,甚至还有几万人的巨型大学,大学下面设分校、学院。与校、系两级管理情况相比,学院制具有以下优势:首先可以保证学校控制幅度不会过度增加,从而进行有效管理。其次,能把

① 戚业国.论大学学院制度的形成、发展与改革[J].高等教育研究,1996(5).
② 吴志功.现代大学组织结构设计[M].北京:北京师范大学出版社,1998.

组织最高层人员的视野和努力直接集中于重要的而不是枝节的决策上,校部就能够抛开原来的繁杂事务,专心于学校的大政方针、规划和决策,有利于学校的整体发展。最后,以前系既是中间管理层,又是教学、科研的具体执行单位,不堪重负。现在学院以管理、协调为主,具体的教学、科研活动由下一级学术单位(系或者研究室)承担,分工明确,保证工作量不会超负荷。另一方面,大学已经步入了社会的中心,与外界的联系日益增多。大学以学校的名义参加活动所带来的影响力比较大,而以学院、系的名义参加的活动所带来的影响力相对比较小。因此,大学需要把一些权力集中起来,进行集权管理。但不管大学的事务变得如何复杂,学术的传授、研究和应用始终是大学的基础。即使是在为社会服务的过程当中,也是以学术作为基础的。学术要求自由,从事学术研究和教育的人员坚守着各自的领地,大学的学术性要求大学适度分权。因此,大学要求集权与分权结合来进行管理,而学院制正好适应了这个要求。

二

在当前我国高校学院制的实践探索中,一些学校取得了良好的效果,但是也有很多学校遇到难点:有在权力分配方面的思想观念上的障碍,有在整体运行方面的机制不顺的困难,有在实际管理中职责不明的问题。这些问题往往又是错综地混杂在一起。学院最尴尬之处是:既无学校一级的决策权,又非系一级的实际运行者,同时学院领导自身或多或少都与相关学科存在着现实的利益关系,在上传下达和上下协调的过程中,尤其是在处理人事权与财权方面,常常左右为难。对此,笔者有以下几点思考:

1. 学科发展和管理效率是"打造"大学学院决不能搁置一边的重要原则

近几年来,关于大学的合并浪潮与扩大办学空间喧嚷不已,现在大学把注意力从"规模"转移到"内部结构整合"和"提高办学质量",这无疑是正确的,而抓紧抓好学院制改革显然是重中之重。李岚清同志前不久也说过:高等学校布局调整的阶段已基本结束,现在是转入学科结构调整,提高教学质量的阶段。进行学院制改革时,我们有必要反思:实行学院制的动机到底是什么?无论是一味追求升格的心态,还是随大流照搬的动因,都在现实中存在,必须力戒。从学科发展的角度来说,实行学院制是为了学科建设、优势互补,适应现代科学知识综合化的要求,有利于学科交叉、学科综合,实现学术资源共享,从而提高大学的教学、科研水平;从管理的角度来说,是为了减少学校的管理幅度,为了集权与分权的适度结合,从而提高大学管理的效率。这两点,是"打造"大学学院决不能搁置一边的重要原则。

2. 学院制成功的关键是要理顺关系,包括学校与院的关系,学院与院内单位(系、教研室)的关系

目前我国校院管理体制的主要不足之处表现在:一方面,许多管理职能还掌握于学校一级,管理重心尚未下移到学院。理顺学校与学院的关系矛盾的焦点在于:校部统得过死,则学院没有积极性;反之,放得过松,权力太分散,则难以全盘调控与指导。学校的政策,无法涵盖所有的学科,对学科发展最有发言权的应是学院本身。另一方面,任何一个学院的改革举措,又离不开学校的从全局考虑问题的指导与支持。因此,要合理地并具有可操作性地明确学院的自主权,学校把权力,特别是财权和人事权下放给学院,从而让学院真正成为管理中心、办学实体。学校应转变成为宏观调控中心,负责对全校大局的有效的规划与决策。理顺学院与院内单位的关系十分重要,解决好学院的内部矛盾,尽快磨合而非尽是摩擦,才是学院制运作成功的关键。这需要学院领导的努力和教职工观念的转变,需要学院和下属单位职权分明。东北师范大学正在试行的"教授委员会集体决策基础上的院长(系主任)负责制",探讨与我国高校领导体制相符合的管理模式,这一改革值得各高校关注且很有借鉴意义。

质言之,学院制所遇到的种种关系问题,是学术权力与行政权力之间的矛盾和较量以及协调。从宏观高等教育管理来说,行政权力易于压过学术权力;而就一所大学里学院内的两种权力抗衡,学术权力往往占上风。这种奇特的现象似乎可以从教育的基本规律和学术的独特性两个方面去破解。"大院长,小书记"之说虽然有所偏颇,但它在一定程度上显示了学术权力在大学中的强硬性;"学科建设等等应交由系里放手去做"之类的意见,在很大程度上是对学术权力在大学核心工作中重要作用的肯定。院党总支如何发挥好政治核心和保证监督作用,这是另一个值得专题研究的课题。

3. 判断某种学院制模式的利弊得失之不二法门必须是重实效

我们认为，一个学院其实就是一个学科群，因为在世界范围内不存在任何一种公认的理想的学院制（或谓学科群）管理模式，所以无论是"院实系实"，还是"院虚系实"，或是"院实系虚"，甚至是"院实系无"（"系无"究其实质是"有系"，只不过由教研室或学科负责人代其行使职责罢了。系是大学的基础、"底部"，这是不可或缺的一个教学与科研层次。正所谓"基础不牢，地动山摇"），各模式孰好孰坏都难以一概而论。因为模式本身是服务于管理的。如果形成了对模式的"路径依赖"，将会起到负面影响。美国学者伯顿·克拉克认为："创造发明是天经地义的，而差异和多元则是这种创造发明的要旨。"①大学的学术机构不能与政府的行政机构等量齐观，"实践是检验真理的唯一标准"，判断某种学院运行模式的利弊得失之不二法门，应是看其在资源共享的情况下，学科建设和科学研究是否发展了，人才培养的质量是否提高了科技产业化及为社会服务是否更好了。对一所学校及学院的发展历史采取虚无主义的态度，对学科、专业的千差万别采用"一刀切"的办法，无疑是以行政管理取代学术管理的官僚主义加懒汉主义的表现，极不可取。我们经常说"形式主义害死人"，现在在高校学院制的实际工作中同样要注意这一问题，要抓事物的本质，摒弃形式主义。潘懋元教授指出："我国高校在建设世界一流大学的实践中应当立足于社会主义现代化建设的实际，始终遵循教育规律，坚持'研究高深学问'、培养精英人才的办学方向，不必刻意追求诸如办学规模、仪器设备等一些排行榜所罗列的指标。"②这一论断所体现出来的实事求是的科学思想方法，同样适用于本研究涉及的问题。

4. 学院制今后的动向是动态地实行多样化的模式

学院制模式的多样化，符合《中华人民共和国高等教育法》第37条关于"高等学校根据实际需要和精简、效能的原则，自主确定教学、科学研究、行政职能部门等内部组织机构的设置和人员配备"的精神，也同时是由各个学校自己的特点和

---

①　伯顿·克拉克.高等教育系统学术组织的跨学科研究[M].杭州:杭州大学出版社,1994.

②　潘懋元.一流大学与排行榜[J].求是,2002(5).

实际情况所决定的。笔者曾经对福建省多所高校进行过调查,大致情况是:有的学校实行一校多制模式;有的学校实行的是学院制与校系制并存的混合管理;有的学校实行的是校院二级管理模式。扩大视野向外看,美国的综合性大学大多都实行学院制,但普林斯顿大学就没有实行学院制管理,而是采取校系管理体制。"院、系的差异主要是在综合的范围上,一般来说,系以学科、专业为主,院是相关系、科的组合,院的存在价值是为了组织跨专业或学科的教学和科研项目。"①没有成立学院的大学难道系与系之间就不能合作攻关、不能合作开课?!大学与大学之间尚且能合作——例如,上海交通大学、华东理工大学、华东师范大学等上海 8 所高校最近联合作出决定,试行全日制研究生"跨校选修课程"制度②。

因此,大学可以实行学院制管理,也不必跟风勉强实行学院制管理;实行学院制管理不必"千人一面",允许多种模式并存。江泽民在"七一"讲话中指出:"世界是丰富多彩的。各国文明的多样性,是人类社会的基本特征,也是人类进步的动力。应尊重各国的历史文化、社会制度和发展模式,承认世界多样性的现实。世界各种文明和社会制度,应长期共存,在竞争比较中取长补短,在求同存异中共同发展。"学院制模式的多样化的道理与之相通。

我国高校学院制改革总体而言方向是对的,而且各校特点纷呈,模式多种多样,但我国高校的学院制实践探索尚处于生长、调适期,或者可认为是处于"有中国特色的高等学校学院制初级阶段",还有很多值得改进之处。由于大学管理既有事业性(主要是学术性)又有政务性,还有一些属于企业性的盘根错节、异乎寻常的"高等教育独特性",当前我国大学学院制管理改革任重而道远。

---

① 国家高级教育行政学院.中国高等教育体制改革世纪报告[M].北京:人民教育出版社,2001.

② 沈祖芸.上海 8 所高校试行研究生跨校选课[N].中国教育报,2002-03-27.

高校从事产业活动的合理性新探

——与孟明义同志商榷*

关于高校产业活动的是非得失,众说纷纭。最近,孟明义先生鲜明地疾呼"高校产业活动得不偿失"(以下简称孟文,见华中理工大学主办的《高等教育研究》1994 年第 4 期)。本文则主要从高校产业活动的必然性和可行性这两个方面进行探讨,以证明高校产业活动的合理性与不可逆转。同样,所讨论的命题也界定为:第一,这里所指的"高校"是指普通高校,不包括职业技术成人高校;第二,此处所言"产业活动"是指高校实际发展和进行的以获得收入为目的(当然必须具有社会效益)的一些经济活动,"创收"活动是其主要表现形式。

一、高校从事产业活动是历史发展的必然结果

追溯高校职能的演变,有助于我们加深对高校开展产业活动的理解。我们知道,中世纪大学的职能比较单纯,即以培养人才或谓保存和传递专业知识为己任;柏林大学革新的影响使大学的职能不再单一,增加了新的内涵,即科学研究或称发展科学,它很快被认为是近代大学的两大职能之一;威斯康星大学的产生、发展及其思想大为流行,有力地证明了大学还应有第三个职能,即直接为社会服务或称促进社会文明进步。大学的这三大职能,早已为人们所普遍认同。

我国高校在十一届三中全会以前的三十年间,基本没有多少产业活动可言,这与当时高度集中的计划经济体制有关,因此高校与社会经济生活之间的关系主要是通过有计划地培养人才来体现的一种间接的关系。由于缺乏高校从事产业活动的内部机制与大环境,社会服务职能不被重视。时至今日,在向社会主义市

---

* 原载《建材高教理论与实践》1995 年第 3 期。

场经济转轨的条件下,作为高校第三个职能的一种主要表现形式,高校产业活动重要性的凸显再也不是传统规范所能抑压得住了。于是许多高校自觉或不自觉地以其人才、科技优势和学科综合优势纷纷投身于经济建设主战场。其中,有成功的,也有不太成功甚至于失败的,有勇往直前的,也有心中无底以至于知难而退的。无论如何,高校的思想观念和价值取向,受到了前所未有的冲击。而许多高校在从被动适应到主动适应发展社会主义市场经济的改革过程中,通过从事实实在在的产业活动,日益充分地发挥着高校第三个职能的作用。由此我们可以断言:高校从事产业活动是历史发展的必然结果。

至于高校产业活动在具体实践中所出现的困扰,有许多是经验不足,管理跟不上等技术问题,正如企业转换经营机制也并非一帆风顺一样。总体上尚处于"萌芽"阶段的高校产业活动,诚然有不少不如人意之处,但大方向是正确的,可谓苦海有边,回头无岸。我们不可因噎废食。

任何新事物的产生和发展,总不免有其负面影响或消极因素存在,但正面影响及其长远作用是不可因此而被抹杀的。无疑,在高校产业活动的利弊得失比较中,我们既要正视"失"的一面,正如孟文所说的:"高等学校从事产业和其他各种形形色色、五花八门的经济活动,已经和正在影响着正常的教育、科研工作""搞产业本身已牵扯了相当数量人的时间和精力,如此状况,怎么能设想不影响教育、教学和科研工作"。然而,我们更要理智地看待"得"的一面。从本质上来说,高校发展产业是现代高等教育运行模式和职能与现代化社会的需要相吻合的一个必不可少的重要手段,它适应了现代社会对于高等教育应当更多更紧密地介入、参与经济活动的要求,它极大地推动了我国高校旧有模式的改革与发展。

可见,高校的产业活动恰恰不是"急功近利"的决策。从表面上看,暂时确实会影响一些正常的教育、教学和科研工作,但却远不至于就乱了阵脚而无法收拾,实际上可喜的一面毕竟在逐步占上风,这就是:高士入世,科学下嫁,它为高校适应社会主义市场经济的全方位深层次改革,提供了强有力的证据与动力,又岂是"因眼前小利而忽视了长远的大利"。高校产业活动的兴起和发展,从根本上讲是外因通过内因而起作用。与此同时,高校从事产业活动又能向社会经济领域注入一种新的活力,刺激整个经济的发展和繁荣,起着其他科技力量不能完全替代的作用。它对社会的示范作用、对相关行业技术进步的带动作用和在教学、科研方面所起的实践基地作用以及对学科、专业调整的导向作用等,这些益处是不可忽视的。

二、高校从事产业活动是面对现实的合理抉择

明确高校产业活动是历史发展的必然结果,我们再从现实上来分析。如果说前者是论证其科学性的问题,那么后者就是探讨其可行性的问题。

所谓"面对现实",主要有以下三个含义:一是高校经费严重短缺的现实;二是高校具有参与现代经济所弥足珍贵的各方面专业人才及科技力量的现实;三是市场经济大潮势不可阻挡且机不可失的现实。

与这些现实紧密联系,所谓"合理"的内涵有以下三个方面:

第一,高校向国家财政"等、靠、要"数十年之后,当此新旧体制转型之际,加上我国人均国民收入低、人口增长过快等原因,国家要增加对高校的财政拨款已是心有余而力不足,由政府把高等教育全包下来的时代已成为过去。高校因此逐渐摈弃依赖思想,在教育投入、教师待遇和教师住房的三大实际难题面前,多形式多渠道多方面地争取经费的行为应运而生;高校办学自主权的逐渐扩大,同时也迫使高校直面现实地走上产业活动之路。这条道路也许坎坷不平,但是高校与政府之间纯粹"供给型"关系的蜜月期,在市场经济的冲击下已不再继续,高校别无选择地在政府依然是主要投资者并承诺与告诫"各级政府要逐步增加教育的投入,但根本出路在于改革"[①]的情况下,一步步地加重自我发展、自我谋生的分量。否则,还有第三条路吗?

孟文认为:"高等学校要增加对产业和经济活动的投资,但人员工资、福利和日常支出不能挤,国家也不会给这笔经费,别无它法,只有挤占教育、教学和科研经费。被挤占的经费投入到产业和经济活动中不可能在短期内得到利润;即使得

---

① 李岚清同志关于教育改革讲话汇编(1993.10—1994.6)[Z].水利部科教司,中国水利教育协会,北京水利水电管理干部学院,1994:31.

到一定的利润,也不可能很快地返回到教育、教学和科研部门。因为产业和经济部门必须保证有不断扩大经营所需要的足够的资金。本来就不多的高等教育经费还被挤占,怎能不影响教育、教学和科研工作? 至少在利润返回这个不短的时期内会影响正常的教育、教学和科研工作。"乍听起来,似乎一语惊醒梦中人,高校产业活动只有死路一条。果真如此吗? 其实不然! 首先,高校产业活动所需要的资金事实上并非都是挤占高等教育经费而来,如向银行贷款,如产学研合作、共建实体、共同开发等等。其次,既然是"本来就不多的高等教育经费"之状况,等不了靠不得要不来,不从事产业活动就只能陷进"穷的更穷"的恶性循环之中,长此下去,不要说提高质量,连数量都保证不了。再次,在利润返回这一问题上,谁都不能奢望投资效益可立竿见影,但它毕竟是希望所在。高等教育与经济发展密切联系是世界趋势,19 世纪末美国威斯康星大学走出新路子与该州的经济发展相得益彰;1987 年英国政府在关于高等教育的白皮书中明确提出:"高等教育必须有效地为经济服务,必须与工商界保持更紧密的联系,以促进企业的发展;日本根据经济发展的需要来发展高等教育的主要特点,使得高校一方面为经济建设提供多品种多规格的专门人才,另一方面也促进了高等教育自身的职业化与多样化;我国北大方正集团、清华紫光集团和江西中医学院江中制药厂等高校产业活动的发展与壮大,如此等等不一而足,都是最好的诠释,正所谓"风物长宜放眼量"。最后,这里还有一个前面稍稍提到的产业活动管理体制的问题,在市场经济体制还没有完善的情形下,高校产业活动管理体制的不够健全自不待言。从无序到有序需要有一个过程,科学合理的管理体制必须尽快建立。但是,正如市场经济建立初期难免有波折却不是市场经济本身的过错一样,高校产业活动产生与发展过程所表现出来的某些消极影响亦不可归罪于产业活动本身。

第二,市场经济的走向是知识技术密集型经济,作为第一生产力的科学技术,在市场的激烈竞争中,日益显示出其巨大的潜力和威力。没有理由漠视经济建设主战场的急切呼唤。

孟文认为:"对高等学校来说,要它发展产业,从事经济活动,恰恰是扬其短而避其长。学校确有人才,但他们是擅长于教育、教学和科研工作的人才,至少绝大多数人没有或缺乏生产经营才能。有一位校长说:'我们会干的不能好好地干,不会干的却逼着你去干。'另有一位校长说:'我们学校还得搞经济工作,这是赶着鸭子上架!'"

我的看法是,高校发展产业准确地说应是有其短也有其长,长处是:市场经济的开放性特点,有利于高校充分发挥其知识优势和技术优势,从而在一定程度上消除现行高等教育模式与市场经济运行机制之间存在的明显冲突等等;短处是:高校中的确由于陈陈相因"绝大多数人没有或缺乏生产经营才能",这就使得高校发展产业在风云变幻的市场经济中更具风险性。然而,坏事可以变成好事,这不正说明我们的高等教育在培养和造就将科技成果转化为生产力这一中间环节人才是有缺陷的吗? 风险性是市场经济的特质之一,如何实行和适应社会主义市场经济是摆在每个部门每个人面前的课题,高校不可能再制樊篱而置身其外。高校绝大多数人缺乏生产经营才能,不等于就可以以此为理由而永不去学会和提高之。许多大学毕业生与其留校同学绝不相类,他们能在经济建设主战场的滚打摸爬中成为生产经营高手,就是很好的例证。至于上述的两位校长所言,确实道出高校的两难窘境。这里我们也引用一位大学校长的话:"创收工作很重要,是学校的重点工作之一。"其潜台词是:安居才能乐业,要留人先留心,要留心就必须有一定的物质基础作保证。谁都知道高校要以教学、科研工作为主,倘若资金总是匮乏则这一常识就会变成空话,而且新形势有新要求,"主体"不等于"一体","主体"的内涵与外延需要发展与扩大。

校长们支持产业活动,在主观上是面对现实的应变,在客观上则正好顺应社会历史发展的潮流。更何况,高等学校作为一个独立法人,从事产业活动既合理又合法,虽然高校独立法人资格在现实中的体现和运用还很不够。

第三,市场经济是以市场为中心组织经济运行配置资源的经济,市场需求成为社会各行各业运行机制的主要生长点,其中当然包括高等教育。市场经济的多元性、平等性、自主性等特点于是得以体现。面对现实,我们可以看到,我国已涌现出大量被公认的并作出重大贡献的乡镇企业、农民企业家等,为什么就不允许有高校产业、高校企业家呢?并且,毋庸置疑,相形之下,在生产力的提高越来越依赖于科技成果应用的今天,高校办产业、产生企业家更有其基础与条件。再让高校抱旧守缺不现实也不必要。各行各业对于市场经济的介入参与固然难免暴露出诸如本位性、盲目性和自发性等弊端,却也是探索的必由之路,为社会主义市场经济的建立与发展提供了许多宝贵的经验与教训。同时,市场经济也是法治经济,现在关键问题在于必须加速经济立法和高等教育立法进程,确实加强社会经济与高校管理中的法制作用,协调好政府调控这一"看得见的手"和市场变化之"看不见的手"之间的关系。值得欣喜的是,政府对此既有高度的重视又逐步有相应的法规频频出台。

孟文认为:"社会总是有分工的。随着社会的发展与进步,社会分工越来越细,不会越来越粗。高等学校之所以成为社会的一个独立部门,是社会的发展需要和必然。如果为了眼前的一点利益,强令高等学校去从事社会产业和其他经济活动,无异'饮鸩止渴'。"诚然,社会分工的确越来越细,高校是社会的一个独立部门,但此话只讲对一半。毕竟,"独立"并不意味着"隔绝",分工与综合也是相对而言的。现代管理科学中的系统原理、整分合原理等基本原理,讲的正是这个道理。否则,技、工、贸一体的集团公司,众多的乡镇企业,企业中的教育机构,等等,也就失去了存在与发展的依据,遑论培养"通才""复合型人才"之说。摆在我们面前的是,现代科学与技术越来越相互接近,科学技术和生产经营也越来越无间,这种从原来的相互区别走向日趋紧密结合的过程,正是当代高科技及其产业化的一大特色。由此可知,高校产业活动丝毫未与现代社会经济和科学发展的要求相背离,并非饮鸩止渴而是挖潜开源能量释放的合理抉择。

三、对于高校从事产业活动现实情况应该有清醒认识

潘懋元教授和魏贻通副教授对于高校创收活动的大体评价是:有得有失,可以理解,评价不能简单化、片面化;与高校本职有关工作有关的创收活动开展得好,其意义不仅在于增加收入,而且能够为社会做出应有的贡献,并与正常教学科研工作互相促进;创收活动政策可以允许,但要加强引导与规范,有弊无利或弊多利少的创收,有的不利于教师的生活、工作与形象,有的甚至还触犯了国家法律,

切不可听之任之。①

　　上述评价是对高校产业活动的精辟的概括,是我们应该具有的正确认识,十分有助于防止走向两个极端。以"难以驾驭的'巨浪'"为小标题,孟文警告说:"市场是无情的,这种强大的势力会冲击一切,首先和主要冲击的是教育、教学和科研工作。同教育、教学和科研争投资、争人才、更争'人心',影响人们思想和道德。这是不以人的意志为转移的。在这种情况下,除国家采取强制措施调节外,任何人、任何部门,都无力驾驭它,把它控制在合理和恰当的范围内。脱缰之马是难以驾驭的。"的确,市场是无情的,同时了解和掌握市场也是一门不可回避的学问,人们也许一时难以"驾驭",但这同样不能证明"驾驭"本身是错误的。否则望而生畏知难而退,我国的改革开放与建立社会主义市场经济就只能是望洋兴叹的空想而非活生生的现实。至于说到争投资、争人才、争人心和影响人们的思想与道德云云,其所论如本文前面已述并不准确全面,它仅仅是攻其消极因素所表现出来的短期效应之一点,却忽视了高校产业活动对于打破过去在计划经济下高校是个封闭"独立王国"之格局、对于促进高等教育适应市场经济进行自身的变革、对于高等教育的个性化多样化和逐步高质量化的深远影响等等积极因素所表现出来的长期效应。这同样提醒我们应该具有看远一点的清醒认识。至于高校产业活动的管理体制问题,国外大学一般是由校董事会来负责经营,现在我国一些高校则对校办产业实行企业化管理,要建立独立体系,采取不同于教学与科研的与市场经济相适应的管理体制与运行机制。这些做法与改革,是值得我们借鉴、思考和进一步探索的。限于篇幅,此不多展开论述。

　　总而言之,我们对于高校产业活动的评判,要把它放在历史的逻辑和现实社会的大背景之中进行考察,不能僵化地在概念上对待高校的发展。在市场经济中,高校的资源配置发挥作用此其时也。高校产业活动,正是高校与社会紧密联系的有效结合点。小平同志早在十几年前就曾激励说:"现代经济和技术的迅速发展,要求教育质量和教育效率迅速提高,要求我们在教育与生产劳动结合的内

---

　　①　潘懋元.大学教师待遇偏低评析[N].光明日报,1994-11-27(3).

容上、方法上不断有新的发展。"①李岚清同志在 1993 年 12 月召开的"全国高校科技产业工作会"的书面讲话中也明确指出,发展高校科技产业既是高校科技成果转化的一种形式,也是高校综合改革的一个方面,抓好了可以利国利民利校;对高校兴办科技产业,一方面要看到符合我国国情,应予以积极支持,另一方面要积极引导,力求把事情办好。②

我们认为高校产业活动正是体现了这一重要精神,它符合社会发展的历史与现实及长远需要,符合教育发展的基本规律与管理科学原理,与高等学校应有的三个社会职能是相一致的,所以应该也能够继续顺应形势、知难而进地开展下去。对此,人们或困惑或质疑或极力赞成或反应激烈,在变革时期此类事总是甚多。值得庆幸的是,大家的出发点是共同的,即:真正关心与重视教育这一关系到千秋万代、关系到国家与民族兴衰的大事。

最后,谨对孟明义先生殷殷关注高教事业健康发展的敬业精神表示深深的敬意,在此斗胆与他作一番也许是幼稚的学术交流与商榷。鲁鱼亥豕附会之处恐或有之,尚祈孟先生等前辈及同人不吝赐教。

① 邓小平文选(一九七五——一九八二年)[M].北京:人民出版社,1983:104.
② 李岚清同志关于教育改革讲话汇编(1993.10—1994.6)[Z].水利部科教司,中国水利教育协会,北京水利水电管理干部学院,1994:9.

对于一种研究的研究[*]

  曾几何时,关于教育发展战略研究之风陡起。大江南北不少地区或行业的教育研究工作者时而英雄际会,时而各自为战,乐此不疲,异彩纷呈。评之方兴未艾,并非言过其实。

  2000 年是个神奇的年份,它诱发了众多的仁人志士为之倾倒,为之遐想不已。笔者有幸忝列两个有关教育发展战略的研究队伍之中,历时数载。岁月不居,时节如流,其中三昧,多少有所感悟。然而,时过境迁偃旗息鼓之后,系结于心的些许困惑却越变越大。与其留待此情成追忆,不如趁现时余兴尚未全了就与同人诸君疑义相析。

  布局若有舛误,中盘走向歧路在所难免,这就是"研究之研究"的价值所在。谁能保证当我们踏入 21 世纪的门槛时,不会再次掀起教育发展战略研究热呢?由是观之,本文不仅有一定的现实意义,而且也不乏一定的历史价值。

思考之一:战略乎?规划乎?

  战略与规划,犹如一对孪生兄弟。在研究过程中,不少研究者常常一不小心便走向误区:要么把"战略"变成"规划",要么把"战略"与"规划"搅成一团缠绕不清。

  质言之,战略者,关系到全局的策略也;策略者根据形势发展而制定的行动方针也;方针者,引导事业前进的方向和目标也。何谓规划?曰:比较全面长远的发展计划,计划者,工作或行动以前预先拟定的具体内容和步骤也。两个名词两个

  * 原载《高教研究与探索》1993 第 1 期。

概念两种内涵,细而究之,便能窥见其中的差异。为什么人们却往往忽略这一点呢?也许,这是因为二者都是面向未来的,这一共性起了先声夺人的混淆作用,再加上几十年计划经济的思维定式,也潜移默化地自觉不自觉地在教育研究者的头脑之中挥之不去。毋庸置疑,在今天厘清两种内涵是必要的。战略,侧重于宏观、大体,可有一定的模糊性;规划,注意宏观与微观的结合,要求具体、可行。让我们作一类比,二者的区别更不言自明了:抗日战争期间,我们从战略防御转入战略反攻,显然这与接下来具体规划如何从防御转向反攻不能等量齐观。

虽然如此,教育发展战略与教育发展规划毕竟血肉相连。战略研究所揭示的方向性、趋势性,是决策、规划不可或缺的依据。没有战略研究作基础的草率的决策规划,极具冒险性,后果堪忧。最好的规划往往是根据上佳的战略制定出来的。因此之故,当我们呕心沥血地搜集资料进行调查之时,当我们昼思夜想地研究教育发展战略之日,既要避免蹈入规划之中不能自拔,又必须心中有规划。只有这样,宏观战略的研究才不至于唱独角戏,才会有具体规划之应和。能与规划调出和谐之音的战略绝对不是时人常斥之"客内空"的研究成果,当然,优秀的战略如果"怀才不遇",这就另当别论了。

思考之二:科学乎?可行乎?

科学与可行,本来应该融为一体,但在现实中有时却成为一对矛盾:科学的不可行,可行的不科学。教育发展战略的研究,似乎也逃不出这一怪圈。在一些有关的研讨会上,笔者悲哀地发现,不少研究者跌落于急功近利的极端,与战略研究的本义相去甚远。不错,教育必须为经济服务,更重要的还在于教育必须主动适应社会经济建设的发展。除此之外,绝不能忽视教育的特质,尤其是其发展社会科学文化的功能,既具有庄严性又具有长远性,不可须臾忘怀。在实行社会主义市场经济的今天,教育应该围绕以经济建设为中心而多下功夫,这是毫无疑问的。然而,攻其一点不及其余的片面做法,又是极不可取的。

"文革"十年,教育片面为政治服务,令人扼腕,已有定论。在市场经济的海洋里,教育同样无法超然物外而独行,同样要学会"游泳"。学会"游泳",其意丰富,并不意味着单一地又走向另一极端。相反,科学地研究教育发展及其有关方面的健全发展,这才是教育科学研究的应有使命以及旺盛的生命力所在。应景文章只能是过眼云烟,且不论其劳民伤财之过失,贻误百年大计的教育决策,是怎样辩白都无法推诿的。

一些已知的研究情况,已再次雄辩地证明了处理好科学性与可行性关系的确不可等闲视之。有的教育发展战略课题研究组,由于历时较长,于是研究的重点随时局的变化而变更。后来有了小平同志的南方谈话,已有研究成果虽然不至大换血,却也要动不少筋骨。

教育受社会政治、经济等外部关系规律制约,这本身是对的,然而本着科学的精神,一切从实际出发,实事求是探索教育发展的客观规律,则是教育研究人员的神圣职责。

"文章只为稻粱谋",当否?"铁肩担道义,妙手著文章",善哉!

思考之三:必要乎? 多余乎?

曾经听到这样的牢骚:教育发展战略研究纯属多余,研究出来的东西,决策规划者未必肯用会用。果真如此吗? 笔者不以为然。

人无远虑,不知其可也。教育发展战略研究,为领导部门提供有益的思路与依据,其功不可没。问题在于我们的一些教育发展战略研究方法不够科学,内容不够充实,而对必要的"研究之研究"更是寥若晨星,这势必给研究成果的科学性与可信度造成不小的负面影响,诚然,作为研究者,有人也会振振有词地说:说不说由我,用不用由你。但是,如果我们能将科学性与可行性有机结合起来,使研究成果真正富有理论意义与实践价值,那就"莫愁前路无知己,天下谁人不识君"了。

当今,中国要实行社会主义市场经济。新形势带来新课题,中国的教育向何处去? 过往的教育发展战略无疑要重新考虑,赋予新内容。事实上,许多地方、学校已在制定或实行社会主义市场经济下的教改方案。当改革进行到一定深度时,教育发展战略的研究作为先行者,必将越来越为人们所重视。可见,关于教育发展战略研究必要还是多余的争论可以休矣。

　　有一名教授曾如是针砭时弊:中国有些事情,往往是一哄而起,一哄而乱,一哄而散。

　　但愿当我们在进行教育发展战略研究时,能够摒弃这一弊端,一面高扬改革的风帆,一面以科学睿智的目光审视教育发展的过去、现在与未来。为百年大计,既不"水里掺酒",也不"酒里掺水",仰无愧于天,俯不怍于人。

通幽洞微　钩深致远[*]

　　1991 年 6 月,由新华出版社编辑出版了《潘懋元高等教育文集》一书。该书共 63 万字,内容大致可分为九大类:高等教育学科建设、高等教育基本理论、高等教育体制与管理、大学教学论、大学生学习指导、教育发展史、比较高等教育、生活与工作、序与评价。为了集中反映潘懋元教授的高等教育思想,编者从他的几百篇文章中精选出 79 篇,编成此书。

　　通读全书,感觉这是一位中国学者不断追求真理的见证,是艺痴者技必良的写照。鉴于该书内容的丰富多彩、林林总总,称之为“中国高等教育的小百科全书”,不失为一种形象的概括。笔者十分欣赏 1993 年 6 月 15 日刊登于厦门大学校刊(总第 286 期)中的一首诗,诗的题目是:登攀的诗篇——读《潘懋元高等教育文集》,其中有这么几句:“每登上一级人生岁月的阶梯/探索的行程也许已是千山万水/把不朽汗水滴落在寻觅规律的土地/迎着朝霞的思考/绿叶还沾着执着的露水。”诗言志,歌咏言,作者以诗人的语言较为生动准确地点明了潘懋元教授孜孜不倦地攀登科学高峰、探索高等教育规律的艰苦历程与执着精神。

　　就这部文集而言,其美不胜收之处主要表现在深刻、敏锐、严谨和辩证等等方面,限于篇幅,本文不拟将这些方面展开论述,读者自可在阅读中见仁见智细细体会。这里只谈一个问题:功夫在书外。

　　潘懋元教授书外的功夫是什么呢? 要而言之,有两个方面。其一是有丰富的教育实践经验作为治学的基础;其二是敏于观察,勤于思考,勇于创新。

　　潘懋元教授从教 58 年,先后担任过小学校长、中学教务主任、大学教务处长、副校长及顾问、高教研究所所长,兼任国务院学位委员会教育及心理学科评审组

---

　　* 原载《教育评论》1993 年第 6 期。

召集人等多项职务。涉足过小学教育、中学教育,熟悉高等教育的运作,集教学、科研与行政工作于一身。对一个人来说,有这许多工作也许是压力,但是,诚如歌德所说:"谁不能支配自己,谁就是命运的奴隶。"潘懋元教授在工作中学会了"弹钢琴",能够很好地支配自己,把压力化为动力,将动力化为活力,在工作中积累宝贵的知识与经验,硕学有根探骊得珠,在教育实践中不断地吸取养分,充实自己发展自己。于是,他对于高等教育方方面面、里里外外的问题了然于心、登高望远、厚积薄发、条分缕析、有的放矢、鞭辟入里。教育是一项研究人、培养人的事业,社会实践性极强,潘教授的履历是很可以为我们提供一些启迪的。

"海纳百川,有容乃大"。潘懋元教授勇于学习不矫饰,在课堂里、在学术研讨会上,哪怕你是一个名不见经传的无名小卒在发言,他都会专心倾听,不放过每个关键点、闪光点,并适时地提问、不时地做笔记。舟车不忘读书、深宵依然灯明,这些也都是潘懋元教授好学不止的真实写照。与好学相联系的是敏于观察、勤于思考。特别值得一提的是,潘懋元教授总是把高等教育问题放到演进的社会这个大背景中进行观察与思考。功夫不负有心人,他成为中国高等教育学学科创始人并非偶然,他的学术思想视野开阔、见解独到亦非无耕而获。

在高等教育学学科建设方面,早在 50 年代中期,潘懋元教授就和厦大教育学教研室的同事们试编了一本中国最早系统地探讨高等教育问题的教材——《高等学校教育学讲义》。1978 年,他率先领导成立了中国第一个专门的高等教育研究机构——厦门大学高等教育问题研究室;1981 年,他开始招收中国第一个高等教育学硕士研究生;1984 年,人民教育出版社和福建教育出版社联合出版了由他主编的中国第一部《高等教育学》专著,该书后来荣获首批"吴玉章奖"和 1988 年第一批国家教委优秀文科教材一等奖。1986 年,他开始招收中国第一位高等教育学博士研究生。1988 年,他领导的厦门大学高等教育科学研究所被评为全国唯一的高等教育学重点学科点。事实胜于雄辩,潘懋元教授所取得的这些令人瞩目的成就,无不浸透着他追求奋斗的心血。

在学术思想方面,潘懋元教授关于高等教育内外部关系规律的见识、关于新技术革命与高等教育对策的论述、关于高等教育地方化的探讨、关于民办高等教育的提倡、关于高等教育改革与社会主义市场经济的分析,都有一种深思熟虑、言人所未言且掷地有声的气势，立论新鲜富有影响。近半年来，《光明日报》、《中国教育报》、《科技导报》、《新华文摘》和《求是》杂志纷纷报道、刊登或转载潘懋元教授关于高教改革与社会主义市场经济的看法。这些充分说明了他的有关学术思想具有重要价值与广泛影响，并为人们所重视。

高教研究的昨天、今天与明天[*]

　　"事非经过不知难",我国高教研究事业近二十年来筚路蓝缕,才有今天红火景象。全国现有高教研究组织 700 多个,高教研究刊物 500 多份(内刊居多),高教研究的勃勃生机不证自明。但是,透过这些表象,我们很有必要为其把脉:高教研究的"生命质量"究竟如何?

　　高教研究的昨天,无可厚非。虽说"初生之物,其形必丑",高等教育的知识体系毕竟逐步从教育学的"娘胎"中剥离而出,渐渐地变得独立与强大。高教研究热潮经年不衰,且日益朝着科学的高水平的方向发展,本身就说明这门学科正迎来成熟的季节。同时,应该承认,由于高教研究的昨天,主要是在计划经济体制下进行的以及研究队伍处于整合时期,从总体上看,经验之谈与政策诠释多了一些,理论研究与学术争鸣少了一些。

　　大致而言,我们可将进入九十年代的 5 年来视为高教研究的今天。从中可明显看出,"低水平重复研究"的现象虽未绝迹,然而有深度有影响的重要成果逐渐增多,学术争鸣的空气变得浓烈。仅以厦大高教所为例,潘懋元教授的教育内外部规律解说,就是在与北师大孙喜亭教授的相互驳难中越辩越明的;刘海峰教授关于"传统文化与高校招生改革"的看法,受到上海唐安国的猛烈狙击犹然论争正烈;如此等等,硝烟弥漫。活跃的学术争鸣带来"有看头"的理论研究,不同角度探讨问题使我们的认识更加全面、深刻。高教研究的今天,是连接昨天与明天的中间环节,而学术争鸣无疑是这一承上启下环节中不可或缺的亮色,值得肯定。

　　高教研究的明天会是如何呢?

　　世纪之交即将来临,中国正在建立社会主义市场经济,尚待思考、解决的高教

---

　　*　原载《福建高教研究》1996 年第 1 期。

新问题很多。高教研究将持续深入发展。必须注意的应是如下三个问题：

第一，加强高等教育管理学、比较高等教育和高等教育史等分支学科的建设。

第二，理论源于实践，理论指导实践，要注重科学性与可行性的有机结合。

第三，要真正做到教育观念的转变，就应把教育的问题置于社会大背景之中考察，力戒就教育论教育的单向研究。

几年前，有人曾如是评说："活跃的文学，沉闷的史学，幼稚的法学，危机的哲学，混乱的经济学"，有关教育学竟只字未提！现在是否可以给出一个"成长的高等教育学"评语呢？

论高等教育应以学生为本和以教师为主体[*]

随着 21 世纪的到来,基于世界向多极化方向发展,科学技术的进步日新月异和人类知识的新的经济形态(即知识经济)显现强大的生机以及我国包括经济体制、教育体制在内的各方面改革的深入进行,许多高等教育思想观念受到挑战与考验。其中,由于大学生和大学教师是高等学校的主体、高等教育活动过程的主要因素,所以研究新形势下我们究竟应当确立什么样的高等教育学生观和教师观,既有理论上澄清的必要性,也有现实上亟待解决的迫切性。本文拟就以学生为本和以教师为主体这两个观点进行探讨。

一、关于以学生为本的观点

在高等学校里,学生处于什么样的地位,有什么样的权利? 这似乎不成为问题。但是,在不同的体制之下,事实上学生的地位是大异其趣的。我国过去在计划经济体制之下,学校是直接依据国家的计划来办学的。学生从进校一开始就被限定在一个严格的专业之中,除了按部就班地掌握专业已经为他设定好的内容之外,他很少有机会按照个人的意愿和特点去自主学习。加之在计划经济体制下,学生上大学不用交纳学费,学习成本全部都由国家来承担。在这种情况下,“计划”就具有绝对的权威,不仅“计划”到专业的口径、种类与布点,而且“计划”到每一个学习者的头上,教什么,就得学什么;怎样教,就得怎样学。学习者只有忠实地执行计划的义务,而无稍微改变计划的权力。学生在入学时也有选择“志愿”的环节,但是,这种“志愿”从本质上看只不过是个人意愿服从于计划的一种表示,并

---

* 本篇与周川合作,原载《有色金属高教研究》2000 年第 6 期。

不是真正的个人志愿。因此,当严格而又权威的计划与个人的志愿发生冲突时,只能是后者去服从前者,除此别无他途。

然而,进入 21 世纪之后,这种状况将会发生重大的变化。理由如下:

第一,我国市场经济体制的建立与完善,将使利益主体多元化,行为主体个别化,每个单个的人将会获得更大限度的独立性和自主性,能够在更大的范围内选择个人发展的方向和途径。他既可以在形形色色、无所不包的市场需求中选择他的个人意愿,也可以把自己独特的个人意愿体现于形形色色、无所不包的市场需要。他可以通过市场的调节,在个人意愿和社会需求之间建立最大限度的平衡,从而使其个人的愿望得到最大限度的满足,使其个人的能力得到最大限度的开发与实现。

第二,高等教育作为非义务教育,将实行成本分担,学习者必须交费上学,承担部分教育成本。而且在一段时期内,学生分担的部分教育成本还可能会逐渐增加,以至于接近甚至达到完全教育成本(尤其是在一些非公立高等教育机构内)。市场经济体制的建立和学习者分担部分教育成本,这两个方面的根本性变化,为确立学生的主体地位、给予学生以学习的自主性和独立性,奠定了体制性基础,同时也对确立学生为本的观念提出了迫切的要求。

确立学生为本观,首先就要树立这样一个思想:高等学校因为学生而存在,高等学校为了学生而发展。学生是学校的根本。因此,一方面,高等学校要认识到自己的存在离不开学生,没有学生也就没有学校。换言之,培养人才是高等学校的基本任务,否则校将不校。另一方面,高等学校更要意识到自己的基本职责也在于学生,在于通过自己的教育活动,把高深而专门的知识与技术传授给学生,促进学生在思想、文化、心理及专业方面获得充分的发展,从而提升学生的个人价值,使他们在走出校门之后有能力为社会作出更大的贡献,并且在这种贡献之中实现他们的自身价值。为此,高等学校就必须牢固地把一切为了学生作为自己的工作中心,把培养学生、促进学生最大限度的发展作为学校的基本出发点和最终归宿。

确立学生为本的观念,同时也意味着在高等教育中要尊重学生的主体性,重视学生的个体需要,真正地把学生当作学习的主人,给学生以最大的学习自由。

要做到这一点,就要让学生有学什么和怎样学的选择权利。在进一步拓宽专业口径的前提下,不仅在入学前给学生选择"志愿"的机会,而且在入学之后还允许学生在一定的范围内进行调整,使他们有可能根据对社会需求及个人特点的认识而不断地调整自己的发展方向和道路。同时,在质量调控的前提下,通过学分制等教学制度的完善,给学生以更大的学习自由,允许学生根据自己的需要和实际情况,自订学习计划,自己选择合适的学习方式,在自己认为适宜的时期内完成学业任务。大学生毕业就业的"供需见面,双向选择",实际上正是尊重学生主体选择权利的体现。由此可见,确立以学生为本,这是一个涵盖大学生历经的高等教育的"入口"—过程—"出口"的完整全程,而非零碎的或阶段性的观念。

一个需要探讨的问题是:确立学生为本的观念,尊重学生的主体性和独立性,是否就会违背社会的需求呢?从市场的观点来说,尤其是考虑到学生分担了高等教育的相当一部分成本,这个问题也可以迎刃而解。在完善的市场经济体制之中,社会需求将在很大的程度上囊括并体现每个人的个体需求,而每个人的个体需求又在很大的程度上充实与反映社会需求;通过市场的调节在社会需求和个人需要之间达到较高程度的平衡和统一。因此,高等教育强调学生的主体性,强调对学生个性需求的满足,实质上也就是通过对学生个体需求的满足来实现对社会需求的满足。换句话说,学生根据社会的需求和个人的特点来选择高等教育,高等教育直接满足学生的这种需求进而间接地去满足社会的需求。当然,我们强调注重学生的个人意愿和独立性,并不是不要计划。我们实行市场经济,在国民经济建设的基础部门和特殊领域,其专门人才的培养依然要根据国家的计划来实施。同样,在高等教育的内部,教育教学工作也不能没有自己的计划和秩序,尊重学生的学习自由并不是放任自流。在这里,只要计划真正是作为与市场相对应的一种"手段"而不是"目的",那么这种计划就是必要而适宜的,它从根本上与个人的需求是一致的。

二、关于以教师为主体的观点

这里所说的教师主体,主要不是针对教学过程而是就高等学校的办学过程而言。

在高等学校的办学活动中,有多方面的人员,如校长书记等领导者,行政管理人员,教师,甚至还有辅助服务人员。在这些人员当中,谁是办学的主体?我们到底依靠谁去办学?这是我国高等教育在迎接新世纪挑战的时候必须予以回答的问题。

从理论上来说,这个问题的答案是非常明确而单一的:高等学校的办学主体,当然而且只能是教师。高等学校承担着培养人才、发展科学、直接为社会服务的三大社会职能。在知识经济时代,人们还期望高等学校能成为"社会轴心"而引导、带动整个社会的发展与变革。高等学校三大社会职能的实现和"社会轴心"作用的发挥,都必须由教师来履行与完成。高等学校的教师,具有高深而专门的科学知识与能力,具有深厚的文化科学素质,具有较高的思想理论水平,是"培养高级专门人才的人才","是文化科学的传递者,又是文化科学的创造者",同时"又是社会活动家,以其专家、学者的身份,对科学、文化、经济、政治的远见卓识,参与社会活动,直接为社会服务"。[①]

正因为教师是高等学校三大职能的承担者,是高等学校教学科研活动的执行者,因此,教师理所当然地是高等学校办学的主体力量或称"第一要素",是高等学校质量与水平的重要标志。清华大学前校长梅贻琦先生在 30 年代有一句名言:"大学者,非谓有大楼之谓也,有大师之谓也。"[②]诺贝尔物理学奖金获得者温伯格也说过:"在大学中,专家和研究工作者是皇帝。"[③]这些见解值得我们认真回味。

教师作为办学主体虽然在理论上是明确的,但是在实际中有许多人却尚未充分认识到这一点。一方面,我国高等教育四十多年来,形成了政府办学的体制,高等学校在职能上成为政府的附属机构,在性质上也就相应带上了较多的行政色彩。在高等学校内部,形成了众多的独立于专门教学科研系统之外的管理部门,

---

① 潘懋元.新编高等教育学[M].北京:北京师范大学出版社,1996:175-179.

② 周川.百年之功:中国近代大学校长的教育家精神[M].福州:福建教育出版社,1994:360.

③ 滕大春.英国大学领导和管理[J].辽宁高等教育研究,1982(3).

产生了庞大的独立于教师之外的管理干部队伍。这些管理人员理应在高等学校中成为政府主管部门和教师之间的中介角色，起着上通下达的服务作用。但是，由高等教育管理体制上行政权力过大、包揽过多的特点所决定，高等学校的这些管理者不可避免地主要是以自上而下的方式进行工作，以行政权力取代学术权力。他们更多地体现了上级主管部门的意志，成为上级主管部门的代言人，上通不足而下达有余。加之他们都拥有一定的办事权力，因此，在相当一部分人的观念中形成了不正确的自我意识，自以为是学校办学的主力和运作的核心，误把办事当作办学，误把服务当作领导，常常以居高临下的态度对待教师，并且在管理行为上也程度不同地染上了衙门作风。另一方面，在这种体制之下，一部分教师也由于多种限制而看不到自己的主体力量，忘记了自己的主人翁地位，滋长了无所作为的思想，并且对专门的管理者产生了一定的抵触情绪。

因此，为了更广泛地确立教师是办学主体的观念，我们首先要通过高等教育管理体制的改革，淡化高等学校中的权力关系，减少高等学校的行政色彩，从而破除高等学校的官本位意识，破除管理者高高在上的感觉，使管理者在遵守国家教育方针和宏观指导的同时，成为教学、科研活动的服务者，成为广大教师的代言人，形成尊重教师、服务于教师、以教师为主人翁的局面。事实上，在已经出台的《教育法》、《教师法》和《高等教育法》中对教师权利、义务和责任都有明确的规定。我们现在所需要的是具体实施与操作。其次，还要通过体制改革和舆论的宣传，帮助教师树立主体意识，养成主人翁精神，使他们充分认识到自己从事的教学与科研活动，是高等学校办学的根本，是高等学校生存与发展的关键所在，正是他们自己的高水平的教学与工作，决定着学校的命脉，决定着学校的发展。

为了更好地确立教师主体的观念，在当前我们还应该正确对待另外一种关系，即人与机的关系。随着自动化技术和信息技术在高等教育中的广泛运用，教师原先所承担的部分工作正在被新型的教学技术所代替。因此，有一部分人认为，教师的职业受到新教学技术的严峻挑战，教师在高等学校的主体地位正在动摇，有朝一日教师的工作有可能被新教学技术全部取代。这种观念显然是错误的。新教学技术越来越先进，这是事实。但是，无论是人与机的单向式对话，还是人与机与人的交互式对话，都永远无法代替人与人的全方位对话。新教学技术的作用主要只限于一般的知识传授,并不能胜任能力的培养和方法的训练,更难以胜任情感的陶冶、品德的培养和人格的塑造;教学机器只能代替教师的部分繁重琐碎的机械性劳动而无法代替教师的创造性、个性化劳动。只有性格才能培养性格。因此,培养学生的能力与才干,培养学生的情感与意志,培养学生的品德与人格,仍然需要在群体之中,通过人与人的交往,尤其是通过师生之间的亲身接触才能实现。因此,新技术适当合理地应用于教育过程,不但不会削弱教师的办学主体地位,不会取代教师,相反,倒是会更好地体现教师的主体地位,更好地发挥教师既为经师又为人师的作用。这是因为新技术应用于教育的重大优点之一就是它们能使教师们从一心传授知识的工作中摆脱出来,使它们能够更好地致力于他作为一个教育家所应负的使命。

不变与应变及其如何变

——我国高等教育思想若干问题探要 *

　　何谓高等教育思想？中国高等教育思想的历史与现状如何？面向 21 世纪的中国有哪些高等教育思想必须转变，又有哪些不宜或不能转变和转变高等教育思想的核心问题是什么以及如何促进转变？这些问题都是我们在讨论和研究中国高等教育思想转变之时不可回避的问题。

一、何谓高等教育思想

　　关于教育思想是对教育这一社会现象的反映，已成共识。在这一共识之下，有如下几种不同的看法：(1)教育思想是由教育工作应如何(包括教育目的、教材、方法和体制等)所引起的关于教育方法方式的直接议论和答案；[①](2)教育思想就是人们对教育领域中根本问题的基本认识；[②](3)教育思想的实质就是一个国家、民族教育文化中的深层次的教育意识；[③](4)教育思想是与经济思想、政治思想、军事思想和文艺思想等并列的概念，内容复杂层次多，是人们对教育的认识或看法；[④](5)教育思想与教育观念有层次高低和范围大小之分。教育思想是对教育这一社会现象的认识，是比较自觉的、系统的和理性的认识，并成为办教育的指导思

---

　　* 原载《有色金属高教研究》1999 年第 1 期。本文被人大复印报刊资料《高等教育》2000 年第 2 期全文转载；2000 年荣获福建省第四届社会科学优秀成果三等奖。

　　① 大河内男.教育学的理论问题[M].北京：教育科学出版社,1984.

　　② 滕健.教育思想讨论的思考[J].教育科研通讯,1987(3).

　　③ 张琦.论教育现代意识的基本特征、内涵和形成过程[J].教育评论,1989(1).

　　④ 黄宇智.现代教育改革论[M].汕头：汕头大学出版社,1993.

想,而教育观念则是自发的、感性的和不系统的。①

由上述可知,措辞的不同只有表达上的区别,并无本质上的差异。"观念"就是思想意识,是客观事物在人脑里留下的概括的形象;"认识"也是指人的头脑对客观世界的反映。因而,从广义上说,高等教育思想、高等教育观念和高等教育认识这三个说法是一码事。"高等教育思想"简明定义应是:人们对高等教育这一社会现象的认识和反映。进一步看,高等教育思想源于高等教育实践并反过来指导高等教育实践。高等教育作为社会大系统中的一个子系统,高等教育思想与社会发展及变革密切相关。恩格斯曾经指出:每一时代的思维方式"都是一种历史的产物,在不同的时代具有不同的形式,并因而具有非常不同的内容",②我国高等教育思想的历史与现实都印证了这一深刻的论断。

二、历史与现状

如同教育的本质是"培养人"一样,高等教育思想的核心问题也是"培养人"。纵观古今中外形形色色的教育思想,无不围绕"为什么培养人"、"培养什么人"和"怎样培养人"而论争。研究表明,"诸种冲突的背后有一种起统合与支配作用的教育价值观,这就是理性主义与功利主义"。③ 理性主义与功利主义之争、大学教育中以个人为中心的价值观(或称个人本位论)和以国家为中心的价值观(或称社会本位论)之争、高等教育哲学(思想)中认识论与政治论之争,④其实都是相同的问题之争。

总的看来,由于受文化传统和社会形态的影响,我国高等教育思想始终是由功利主义占上风。当然,随着社会历史的发展变化,理性主义也曾短暂地占过上风。

---

① 姚启和.转变教育思想与深化教育改革[J].高等教育研究,1997(3).
② 马克思恩格斯选集:第三卷[M].北京:人民出版社,1972:465.
③ 邬大光.理性主义与功利主义的冲突与选择:西方高等教育思想演变的理论反思[M]//高等教育论文集.厦门:厦门大学出版社,1989:98.
④ 布鲁贝克.高等教育哲学[M].杭州:浙江教育出版社,1989.

中国古代学校教育，一直以培养统治者为要旨。西周大学的教学内容以"六艺"中的礼、乐、射、御为主，其原因就在于当时统治者要求统治人才必须具备统治奴隶的才能和作战的本领；孔子崇尚"学而优则仕"，他理想中的教育正是贤能的"士"、"君子"、有本领"安百姓"的统治者，目的在于由教育培养出来的人才由"修己"而"教民""治人"行"仁道"，最终实现"大同世界"，"孔圣人"的教育思想对中国两千年的封建社会学校教育产生了巨大而又深远的影响；自隋唐开始的科举考试也同样是统治者"取士"和读书人登科受禄的具有双向性的教育制度。

中国近代学校教育，以国家为中心的价值观仍然是主旋律，同时也不乏注意人本身的发展的呼声——例如梁启超关于求学的目的在于求"立人""达人"的言论，如蔡元培关于"养成完全之人格"的教育观。

1949年后，我国的教育思想建立在马克思主义基础之上，倡导培养德、智、体全面发展的人，即身心、心智得到充分自由发展的人。不能否认的是，在实际运作过程中，我国高等教育总是滑入功利主义的轨道，包括"文革"时的"政治化"倾向和"文革"后一段时期的"经济化"倾向，都证明了这一点。

80年代中期，我国开始注意到重新探讨与确定高等教育思想的重要性。《中共中央关于教育体制改革的决定》指出：在高等教育体制改革的同时，按照理论联系实际的原则，在辩证唯物主义和历史唯物主义的思想指导下，改革教学内容、教学方法、教学制度，提高教学质量，是一项十分重要而迫切的任务。这句话的实际含义正是对转变高等教育思想提出要求。十几年来，关于高等教育思想的诸方面问题，我国高教界都进行了讨论、研究，且有不少真知灼见。但是，由于传统力量的巨大惯性、由于所涉及的问题充满复杂性，我国至今仍未能形成一套完整的高等教育思想体系，行政思想取代教育思想的现象长期存在。一方面，我们必须承认，多年来，功不可没的高等教育改革与发展，并非没有一定的高等教育思想在指导；另一方面，我们也必须指出，这些高等教育思想常常是零碎的、不配套的甚至是相互矛盾的，这就自然要导致我国在对待高等教育体制和高等学校教学进行一定时期、一定程度的改革之后，不得不认识到"转变教育观念是先导"，从而再次引发关于高等教育思想的大讨论。

以国家为中心的教育价值观占优势，正在不断探索高等教育思想，这就是我国高等教育思想的理论与实际现状。

可以肯定,随着社会生产和生活越来越发达,两种教育价值观将经历一次又一次越来越高层次的冲突与融合。在目前及今后相当长的时期里,像中国这样的发展中国家以社会本位论作为主要的价值选择,在客观上有着不可抗拒与不可超越的合理性。

三、不变与应变

面向 21 世纪,说到底是面向未来高度信息化和高度市场化的世纪、面向高速发展的高科技以及既冲突又融合的多元文化将给高等教育带来的一系列变化。在转变高等教育思想之前,首先要认识人的认识活动,转变那种非此即彼的简单思维和计划经济的思维方式。如何有所为有所不为、如何以变应变和以不变应万变,这是值得深入探求的方向性问题。与此紧密相关的是,我们应该如何促进转变,从而使"应当转变"真正转化为"正在转变"和"已转变",这是迫切需要研究清楚的策略性问题。

转变高等教育思想,必然要涉及高等教育价值观、发展观和人才观这三大方面。以下只就高等教育人才观这一高等学校"培养什么人"的核心问题进行讨论和分析。

在高等学校的培养目标中,最值得深思的是如何处理好三对"人才"的关系,即精英人才与一般人才、学术人才与实用人才、通才与专才的关系。

高等教育的特点之一是:建立在普通教育基础之上,培养高级专门人才。因此,高等学校把培养精英人才作为培养目标所追求的最高层次,这无可非议,毕竟它是高级专门人才区间的上限。不过,这里有个认识问题,即 20 世纪也好,21 世纪也好,任何时代具有突出的智能水平和品德要求的人之精英总是少数的(都是"精英"就无所谓"精英"了),高等学校必须把培养一般人才(在知识、智能以及品德方面能够满足某种或相关的复杂劳动职业的基本要求且富有成效的人才)作为培养目标的最基本层次。学术人才与实用人才的关系和精英人才与一般人才的关系类似。此处我们不能转变的思想是:对于精英人才或学术人才的培养,是高等教育的神圣职责与追求,基础科学应有的地位不可抛弃,否则"高等"就徒有虚名。同时,我们必须转变的思想是:既然整个高等教育体系存在多种不同标准,相应地高等教育培养人才的层次性也必须多样化。事实上,精英人才与一般人才之间、学术人才与实用人才之间并没有不可逾越的鸿沟。过于重"高"轻"低",不仅将使"精英"的整体水平下降,更严重的是必将对社会经济的发展乃至整个高等教育的发展产生负面影响。美国和英国一百多年来高等教育的两种走向所产生的两种不同效应,就是很能说明问题的历史证明。包括研究生教育在内,我国高等教育在实际培养人才的过程中,的确普遍存在偏重学术理论而轻视实用技术、重知识传播而轻能力发展、厚研究型人才而薄应用型人才,一味追求高层次、高重心的培养目标,高等学校之间盲目"升格""攀高",这些思想与做法都必须得到改变。

至于通才与专才的关系,是一个不能离开一定的社会背景和教育背景而论的问题,争论颇多。在科学社会化和社会科学化的今天,面对学科在高度分化的同时又高度综合,"既通又专"自然地成为现在及 21 世纪高等教育培养人才的目标。问题在于:以什么标准来衡量和认定"通"? 现代知识的庞杂与艰深以及学科的高度分化,已远非古代学问不分科的浑然一体所能同日而语。我们应该转变的思想是:"通才"只是相对而言,没有"专"何来"通"?

以为一个人可以"通"所有的知识技能,不仅肤浅而且不可能。"通才"的本质含义应是"通"于基础理论、一般能力和一般方法。因此,"完全用通才教育代替专才教育不如改进我们的专才教育"①。目前,问题的关键不在于受教育者本身,而在于我们的观念是否转变和师资力量(包括师德、业务水平和教育教学理论素养)是否达到要求。

四、如何促进转变

高等教育思想有的需要转变,有的不可转变。那么,该转变的又当如何促进转变呢? 这个问题主要涉及人(谁来转变)和事(怎么转变)两大方面。

---

① 潘懋元.高等教育文集[M].北京:新华出版社,1991:186.

在谁来转变的问题上,又有层次之分和程度之分。层次之分包括从国家及省市地方领导(或称政府领导人)到高等学校领导、系一级领导直至高校教师和大学生以及社会其他各界人士,上上下下方方面面,都有转变高等教育思想的任务。中国高等教育史表明,自上而下或自下而上一头热一头冷地转变高等教育思想并进行变革,效果总是不理想。因而,必须上下贯通形成合力。其中,由于政府决策者具有重要而又巨大的号召力与影响力,最应成为转变教育思想的先驱;大学教师是转变思想与实施改革的主力军,是各个层次中最基本、最重要的决不能忽视的一个层次。程度之分主要指转变思想与实施改革的深度如何。片面地甚至是错误地转变思想,不科学不完整地实施变革或浅尝辄止,势必与真正意义上的改革深度与实效相去甚远。

在如何转变的问题上,主要解决的是方法与步骤问题。如果说"转变"是战略,那么"如何转变"就是战术。这一"战术"又可分为两种。其一,如何从旧的高等教育思想转变为新的高等教育思想。"人的思想不是从天上掉下来的",由旧而新地转变高等教育思想,无一例外地必须通过高等教育改革实践的启迪和促进以及高等教育理论研究宣传与指导两条途径。我国教育法原来滞后于教育的实践,而后经过理论研究,迄今有关教育法规陆续出台(出台量仅次于经济法规),并且依法治教的思想逐渐浓厚,充分证明了这两条途径的必然性。其二,如何把新的高等教育思想付诸实践。从思想理论到实践的过程中至少必须经过如下三个中介环节,即应用研究(开发研究)、政策(常指宏观方面)和操作性措施。中间环节如果解决不好,则正确的思想难以贯彻或贯彻变形甚至实践与思想背道而驰。为什么我国多年来提出培养"全面发展的人"之后又提出"素质教育",提出"素质教育"之后又茫然无所措?原因就在于对中介环节缺乏研究与制定,从而难免一再陷入"理论下不来,实践上不去"的怪圈之中。好的思想需要好的政策,好的政策需要好的操作。为使转变高等教育思想不至于成为虚言空语,我国高教研究与实践不能不在中介环节上多下功夫。必须强调的是,"操作性措施"这一中介环节上承思想下启实践,是关键点也是难点,是高等教育从宏观到微观的思想与实践转变的必经之路和"磨合"之处。这一环节中的评估体系、操作程序与内容等等问题,值得高度重视与深入研究。另外,思想转变要先行,决不能就此乐观地认为高等教育改革的突破口在于转变高等教育思想。正如军事思想和军事要地不可混为一谈一样,转变高等教育思想和选择高等教育的某一重要方面进行改革实践不能相提并论。更何况,由于高等教育的广泛性、复杂性和多样性以及其内容之间的内、外部之间的非线性关系,高等教育改革难有"突破口"可言。

综上所述,高等教育改革如果缺乏系统的与时俱进的高等教育思想作指导,必将失败或很不成功。然而,有了转变了的思想,并不意味着改革就能一蹴而就。历史和现实的经验教训告诉我们,面向 21 世纪的高等教育改革,应在总体思想的指导下,有所不变有所变。在变革中,应重视"中介环节",应富有深度地各个击破,从而以点带面、分阶段分步骤地实践完整的高等教育思想。贪大贪快地在广度上全面拉开战线进行改革,并非明智之举。

参考文献

[1]潘懋元,王伟廉.高等教育学[M].福州:福建教育出版社,1995.

[2]潘懋元.高等教育理论研究必须更好地为实践服务[J].高等教育研究,1997(4).

[3]胡建华,周川,陈列,等.高等教育学新论[M].南京:江苏教育出版社,1995.

[4]文辅相.面向 21 世纪大学教育思想的变革[J].高等教育研究,1997(3).

[5]沈灌群.中国古代教育和教育思想[M].武汉:湖北人民出版社,1956.

试论大学校训的应有之义[*]

大学校训是一所大学独立思想、传统精神和办学特色的集中表述,是一所大学锤炼的对全校师生员工具有导向性、规范性、勉励性的训示、号召与要求,是一种赋予大学以生命、品格并深刻体现了其办学旨归、治学传统、文化底蕴、团队精神、社会责任和学校个性化特色的校园精神文化形态。"解读大学校训,成为研究中国大学校园文化和办学特色的一把钥匙。"经典的大学校训可以使人们一看就可以了解到一个学校源远流长的文化底蕴,了解它有别于其他学校的教育目标、办学理念和办学风格。

一、经典校训解读

何谓经典?比较"经典"一词在汉语、英语、法语、德语和俄语中的含义之后,可得出"经典"一词在各种语系中具有共同的含义,即第一流的、最优秀的、特别典型的、格外重要的和著名的以及历史悠久的。^① 换言之,只要具有其中一种属性就可以被称为经典,如果兼有则经典性更是自不待言。

综观近现代中外著名大学的校训,经典的大学校训主要有以下三类:

1. 揭示学校的发展历史和独特的校园文化传统

创建于 1636 年的哈佛大学,其经典校训为"真理",体现了哈佛求实崇真的立校兴学宗旨,精确地概括了哈佛人对人与自然、人与社会、人与人关系的深刻认识与辩证的处理方法。此后哈佛大学的历届领导者都坚守着学校探求真理、寻求知

---

* 本文与杨琛合作,原载《赣南师范学院学报》2007 年第 2 期。

① 胡怀亮,刘丽波.关于"经典"一词[J].内蒙古电大学刊,2005(9).

识的办学宗旨。例如1933年柯南特出任哈佛大学校长时说道，"如果我们试图用一句话来概括高等教育的目标的话，那么最好的概括就是寻求真理""今天大学的主要任务是寻求真理，这也一直是大学的主要任务"。1970年德里克·博克出任哈佛大学校长时说道："大学是为达到特定的目的而设的机构，它们的使命在于发现和传播知识。"①这一积淀在师生血液中的校训世代传承，陪伴着哈佛走过了360年的历史，使哈佛不仅执美国大学的牛耳，而且是世界上最负盛名的大学之一，其影响力已经远远地超越了美国国界，成为其他国家特别是发展中国家研究的对象，也成为各国莘莘学子向往的深造之地。

清华大学也是一所历史悠久的学校，其创建可溯至1911年的清华学堂，它是利用美国返还的庚子赔款办教育的产物。翻开清华的校史我们可以清楚地看到这个历经磨难的老校是如何在"自强不息、厚德载物"的校训指引下，一步步在逆境中跌倒、爬起又再前进。1911年2月颁布的《清华学堂章程》中规定："本学堂以进德修业、自强不息为教育方针。"②虽然此时校训未定，但自强不息的清华精神已经成形。1914年冬，梁启超应邀到清华大学做题为"君子"的演讲，他引用《周易》中的"天行健，君子以自强不息；地势坤，君子以厚德载物"两句话并作了发挥，激励清华学子崇德修学，发奋图强。在他演讲后不久，清华遂以"自强不息，厚德载物"为校训，并作图制徽。这句校训内涵深厚、意义重大，有"法天象地"的气势。君子"法天"是要养成和天道运行不息同样的奋斗不息的高尚品德；君子"象地"是要养成和宽广的大地一样的博大胸怀。此后的清华人用自强不息的精神，用博大宽厚的胸怀创造着一个又一个的辉煌。清华精神是每一个清华园人一生的财富，正如清华大学原校长刘达在纪念清华80周年校庆时所写的那样："如果有人问我，你最留恋清华的是什么？我会毫不犹豫地回答，我最留恋的就是清华的精神。一种百折不挠、追求真理的精神，一种严谨、勤奋、求实、创新的精神，一种自强不息、奋发向上的精神！"③从这里我们可以看到清华的校训已经不再只是简单的八

---

① 刘保存.哈佛就是哈佛：哈佛大学办学理念探析[J].教育发展研究,2004(2).

② 吴洪成.论20世纪30年代清华大学的校园文化精神[J].大学教育科学,2005(5).

③ 刘海峰.厦门大学校训、校歌与校史的特色[J].教育评论,2004(1).

个字,随着时间的推移它融入了师生的血液之中,成为维系学校理念和悠久传统的纽带。

厦门大学的校训"自强不息,止于至善"激励着一代又一代的厦大人自觉地为了尽善尽美而永不懈怠、永不停息地追求。厦门大学是由爱国华侨陈嘉庚先生一手创办的,也是中国第一所由华侨独资创办的大学。建校伊始,校主陈嘉庚就期望将其办成"南方之强"。为此陈嘉庚捐出家中的全部积蓄用于学校的建设,还聘请了鲁迅、林语堂等一大批著名学者到厦大任教。即使在经济最不景气的时候,陈嘉庚宁可卖掉自己的产业作为维持厦大的经费也不愿厦大易主。黄炎培评价陈嘉庚先生时说:"发了财的人肯全拿出钱来办教育,只有陈先生。"据统计,陈嘉庚用于兴学的资金超过一亿美元,几乎等于他的全部家财。① 此后厦大的发展中虽然几经周折,例如1940年的"易名风波"和20世纪50年代、90年代的院校合并和调整,但是厦大人凭借自强不息的精神克服了重重困难,使厦大的实力日益增强,无怪乎"除了厦门大学,没有任何一所校龄超过80周年的中国大学从未改过名"。②

2. 体现学校的性质和专业特色

典型的有北京师范大学"学为人师,行为世范"的校训。它紧扣"师范"二字,包含了学与行、理论与实践、做学问与做人、做一般人和做老师之间的辩证关系,概括了北师大作为中国第一所现代高等师范教育学校以培养"人师"为己任的崇高理念,它不但孕育了几十万品学兼优的高水平师资,也内化为广大知识分子尤其是教育工作者恪守的行为准则。2001年4月,朱镕基在视察上海国家会计学院时,为该校题写了"不做假账"的校训;同年10月,在视察北京国家会计学院时又题写了"诚信为本,操守为重,遵循准则,不做假账",末尾的四个字定为该校校训。"不做假账"简明易懂,内涵丰富,体现了《会计法》的本质特征和一个会计人员应该具备的职业操守。中国海洋大学的校训"海纳百川,取则行远",既凸显了该校的专业设置特色,又与其独特的地理位置相匹配。"海纳百川"反映了海大百川汇

---

① 罗玲.陈嘉庚:散尽家资为教育[J].教育与职业,2006(7).

② 刘海峰.厦门大学校训、校歌与校史的特色[J].教育评论,2004(1).

海、志存高远的宽阔胸襟和魄力。

3. 昭示了受教育者应该具备的人格品质、应该承担的社会责任和应该拥有的人生追求

北京林业大学的"养青松正气、法竹梅风骨",就是期望受教育者能够形成岁寒三友"松竹梅"那种傲雪斗霜、刚正不阿的品格。再如南开大学校训"允公允能、日新月异",这里的"公"指公德、品德,即爱国、爱民;"能"指能力、才干、技能;"允公允能"可以解释为期望受教育者既具备爱国爱群的品质,又有为社会服务的能力。随着时代的发展,为社会、为国家服务的理念在校训也得体现,例如,普林斯顿大学的"为国家服务,为世界服务";西点军校的"责任、荣誉、国家";我国国防科技大学的"厚德博学、强军兴国",后一句话体现了军校保家卫国的崇高责任。

二、大学校训应该具备的四个特点

1. 古典性

一般而言,为了反映大学具有深厚的文化底蕴和人文精神,校训按其劝学、励志之要旨,讲究引经据典有出处,尤其是中国的大学校训。例如,清华大学校训"自强不息、厚德载物"语出《周易》;复旦大学校训"博学而笃志、切问而近思"语出《论语》;中山大学校训"博学,审问,慎思,明辨,笃行"语出《中庸》;中国政法大学校训"厚德、明法、格物、致公"语出《周易》和《大学》,并略加改造等等。

再如,福建省龙岩学院作为新建本科院校,其新近确定的校训为"厚于德,敏于学",语出《周易》的"厚德载物"和《论语》的"敏而好学""敏于行",并略加改造,其含义抓住了大学办学的本质,即培养品学兼优、德才兼备和内外兼修的高级专门人才,同时反映了闽西客家民德归厚、崇文重学的核心价值观(这也是中华文化的核心内容之一)。必须指出的是,我国不少建校历史不足半个世纪的大学校训,匆匆而定,譬如"创新"一词在这些大学校训中比比皆是,其校训本身既无创新又不能体现悠久的中华文明的雍容与隽永,既无个性又无传承性,底气不足,实属应景之作。当然,随着社会的发展、时代的进步,大学校训的构思也要与时俱进,并非都必须因循"古典性"这一"一般而言"的特点。

2. 稳定性

这里的稳定性主要有两个含义：一是指校训在字面表达上的前后一致，不轻易更改。哈佛大学最初校训为"真理"，后因宗教等原因有过更改，美国建国后又将其恢复为"真理"至今。再如成立于 1209 年的剑桥大学，其校训"从大学里，我们可以得到知识"，从 1600 年开始使用，至今未变。国内的如南开大学的校训始于 1934 年，清华大学的校训始于 1914 年，这些高校的校训从启用之日起一直沿用到今日。二是指一种相对稳定性，即校训在使用过程中有过改动和变化，但是校训所反映的高校文化的核心价值观依然未变，本质未变，所变的是核心价值观的外在表现形式。如南京大学的校训"诚朴雄伟、励学敦行"积聚了该校四个时期的校训精华。南大最早的雏形是两江师范，学堂监督李瑞清提出了"嚼得菜根、做得大事"的校训，倡导俭朴、勤奋；后以"诚"字为校训，凸显诚信；易名为东南大学后，郭秉文校长实施"训育、智育、体育"三育并举，要求学生养成"钟山之崇高，宣武之恬静，大江之雄毅"的国士风范；发展到中央大学时期，罗加伦校长提出以"诚朴雄伟"四字为校训，而南大另一重要源头金陵大学则以"诚真勤仁"为校训。1949 年以后，原"中央大学"更名为南京大学，2002 年该校喜庆百年华诞，决定新的校训为"诚朴雄伟，励学敦行"，这是基于对历史的继承和尊重，表明承上接下之意。再如上文提到的北师大校训"学为人师，行为世范"，源自它的前身京师大学堂的师范馆 1902 年提出的"办理学堂，首重师范"的理念，现在的校训是启功先生在 1997 年北师大 95 周年的校庆上为其题写的，沿承该校师范性的核心理念价值观。

3. 时代性

高校办学具有目的性，而这目的性必然受到当时的社会条件和历史背景的影响。"高校办学如果脱离当时的社会实际，就很难获得发展，甚至连生存都是问题。"1949 年后建立起的一批高校的校训一般都带有鲜明的时代特色，如中国科技大学的"红专并进、理实交融"，体现了那个时期党和国家对人才培养的要求和作为一个理工科大学对科学技术的探索和追求。成立于 1991 年的香港科技大学的校训"着眼世界"具有典型的新时代色彩，从建校起它就将自己的发展定位于全球视野当中，要建立一所在国际上有影响力的研究型大学，在师资引进、课程设计、学科专业的设置等方面都是以国际标准来要求自己，在该校《策略发展计划

2005—2020》中,其目标就是发展成一所杰出的高等教育学府,成为国际学术领头羊。

4. 特色性

大学校训反映的本质内容就是该校办学理念和文化传统,这也是一所学校区别于其他院校的本质特征,校训应该体现出学校的特色和个性。一些专业性比较强的理工科院校和师范院校更能体现这一点,如上文提到的北京师范大学、上海和北京的国家会计学院;哈尔滨工业大学的"规格严格、功夫到家"体现了学校的治学传统是培养基础理论扎实,动手和实践能力强的学生和高级技术专门人才。此外,兰州商学院"自由之精神,独立之人格"的校训在我国众多大学校训中独具一格、富有特色。再如,以工程教育闻名于世界的麻省理工学院,其校训"手脑结合"体现了学校既重视学生心智的开发,又要培养学生实际的操作能力。

确立一个响亮明确、朗朗上口而又意义深远的校训对充分体现学校的教育理念、精神境界和价值追求有着极大的导向性,一个好的校训可以发挥内聚人心、外树形象的作用,还可以带动学校其他软件的建设,对教风和学风起着正面引导作用。但是,目前国内高校的校训还存在着不少问题:其一是雷同现象比较严重。有学者曾对中国高校的校训用词作过统计(使用频率居前 10 位的词),如表 1 所示:

表 1   对 229 所中国高校校训用词的统计表

用词	创新	求实	团结	勤奋	博学	求是	严谨	笃行	厚德	进取
次数	83	69	49	45	38	25	23	21	17	10
比例	36%	30%	21%	20%	17%	11%	10%	9%	7%	4%

资料来源:李鋆.我国大学校训的历史:演变与发展走势[J].高等教育研究,2005(1).

从表 1 可以看出,其一,在 229 所高校的校训中,"创新""求实""团结""勤奋"这四个词的使用已经到了泛滥的程度,甚至该专家还指出有 15 所高校的校训是完全相同的这四个词,而且其中 12 所连次序也完全相同。究其原因,这些高校大多数是在 20 世纪 50 年代和恢复高考后的七八十年代建立的,受计划经济体制下大一统的教育模式的影响比较严重。"这样的校训与其说是一校之训,不如说是对那个时代整体价值观念的响应。"①其二，个别学校的校训或者内容比较空洞，无深厚的底蕴，有口号式的嫌疑；或者太过于通俗，不能起到学校灵魂和旗帜的作用。这些校训或许能体现其个性和特色，但寓意不深，缺乏哲理性，很难起到校训应有的聚人心、树形象的功能，其导向和教育功能也难以发挥。

三、大学校训的应有之义

校训在学校的文化建设和长远发展中具有独特的引领作用，其影响的广度和深度是其他学校文化载体所不能比拟的。在物化层面上，它是一所学校校园文化建设的重要组成部分。因为校训经常被镌刻在石碑、建筑物上或者被誊写后悬挂于各系、所的教学楼内，所以校训的教育力量是潜移默化地迁移到受教育者的身上，它虽然不能时时刻刻让人感受到它的存在，但却无时不在、无处不在，只要人一进入这个环境就可以立刻感受到它散发的无形的精神感染、吸引和改造。在意识层面上，它是大学精神的核心元素，是大学精神的外在表现，大学精神一旦形成便会为一所大学的持续、稳定、健康发展提供源源不竭的动力，而校训正是凝练大学精神的最直接、最简明、最深刻的方式。纵览中外经典校训，结合当前社会发展对高等教育提出的新要求，校训的应有之义主要该包括以下三个方面：

1. 继承性与创新性的统一

"校训是一所大学独立思考和传统精神的集中表述，它最能反映一所大学的办学传统和特色。"②从南京大学校长蒋树声教授这句话中，我们可以看出作为学校优良传统的和悠久历史的浓缩，校训本身就带有稳定的继承性。校训一旦形成就不能随意地更改，尤其是那些历史悠久的已经渗透到学校各个层面的，并为在校的师生和已经毕业的校友所认同的校训。要更改校训时一定要慎之又慎，因为更改校训意味着对原有的办学理念更改和否定，是对学校历史某种程度上的亵渎。同时，继承性也是相对稳定的，而非僵化，可以根据时代的发展和学校自身的

① 李晖.我国大学校训的历史:演变与发展走势[J].高等教育研究,2005(1).
② 刘发生,谢小刚.论高校校训对大学精神形成的影响[J].江西师范大学学报,2005(11).

改革需要进行创新和改造,赋予它一定的社会时代感和现代精神。在上文中我们也提到过改造校训只能是改变体现学校核心价值观的外在表现形式,其精神内涵不能改变。更改后既能体现回归传统又能体现与时俱进的校训,不仅不会对学校的声誉和地位造成影响,反而会使人更加了解学校的发展历史和现状,博得更多的赞许和认同。如上文中南京大学四次修改校训就是继承性与创新性结合的一个范例。

2. 共性与个性的统一

校训的共性是指无论校训的句式是二言八字、二言四字还是四言十六字,也无论构成校训的词语组合形式是几十种还是几百种,它对各所高校都有几乎相同的功能和意义。但是各个高校由于所处地理位置、文化传统、学科特色、治校理念不同,必然要求所立校训各具特色。如前所述,纵观国外的大学校训尽管很多都强调真理和光明,强调为社会服务,但鲜有雷同。我国校训雷同的现象比较严重,从上文的统计中就可以看出。随着 20 世纪 90 代年以来国家逐步对高等教育办学自主权、管理权的松绑和下放,有些高校抓住这个契机,及时用能够体现本学校办学特色的校训取代了口号式校训。如华中科技大学的新校训是"明德厚学、求是创新",中国政法大学是"厚德、明法、格物、致公",北京中医药大学是"勤求博采,厚德济生",这些新的校训都体现了他们不同的办学特色和办学理念。然而,还有一大部分高校并没有认识到树立特色校训的重要性。尤其是近年来高等教育的大众化使各大学的入学人数大大增加,不少高校只忙于造大楼、扩校区、增专业,却忽略了创立特色校训这个体现学校办学理念、提升学校内涵的重要因素。的确,"一所大学的特色,既体现在校园规划、校舍建筑和自然景观方面,更体现在校训、校歌和校史、校风方面"①。

3. 前瞻性和现实性的统一

这一点对还没有确立校训的建校历史一般都较短的新建本科院校、民办高校和高职高专学校尤为重要。通常一所大学的校训应该是该校传统精神的集中表述,是在长期的办学历史中形成和不断升华的。诚然,新建本科院校中有不少是

---

① 刘海峰.厦门大学校训、校歌与校史的特色[J].教育评论,2004(1).

有着较长历史的专科学校升格而来的,但是学校的层次和定位变了,旧的校训恐怕也很难再体现学校今后的办学宗旨和办学理念。这部分高校应从现实出发确立体现自身特色的校训。同时,由于高等教育的周期性长和社会多元化、快速化发展,各种新的大学理念层出不穷,上述各高校还要预见自身今后发展的方向、速度和规模,以免校训朝立夕改。总之,脱离现实性的校训好似空中楼阁,空口号一句;缺乏前瞻性的校训则容易陷入时代发展的窠臼之中。只有将前瞻性和现实性有机结合,才能使校训发挥引导学校稳健、持续地向前发展的功能和作用。

文化传承创新功能与大学三大功能的关系[*]

自 11 世纪初意大利博洛尼亚大学首开人类高等教育先河以来,历经千载,大学已从"人类的精神家园"逐渐走向人类社会发展的"动力站",大学的功能也经历了一个不断丰富与拓展的过程。从初期单一的"人才培养"功能到洪堡时期的"科学研究"功能的增加,再到美国"威斯康星思想"时期的"社会服务"功能的拓展。至此,大学"三大功能"便成为世界范围内对大学功能的共识。正如克拉克·克尔对大学极为中肯的评价所言:"大学在维护、传播和研究永恒真理方面的作用简直是无与伦比的;在探索新知识方面的能力是无与伦比的;综观整个高等院校史,它服务于文明社会众多领域方面所作的贡献也是无与伦比的。"[①]然而,当社会进入21 世纪后,高等教育面临着更为复杂的环境,原有的三大功能论无法完全解释当前大学的地位和作用,许多学者提出了诸如"国际交往""文化引领""预警""创业"等功能。2011 年 4 月,胡锦涛同志在清华大学百年校庆大会上的重要讲话中提到:"不断提高质量是高等教育的生命线,必须始终贯穿高等学校人才培养、科学研究、社会服务、文化传承创新各项工作之中。"应该说,这不仅是对高等教育规律的新的重要认识,同时也是对大学作为一种社会组织所具有的功能的一种调适。因此,厘清新功能的出现与旧功能之间的关系显得尤为必要。本文拟就大学新旧功能间的内在统一性、新旧功能在大学发展中的不同角色关系等方面,进行一些探讨分析。

---

* 本文与林培锦合作,原载《福建江夏学院学报》2011 年第 2 期。
① 克拉克·克尔.大学的功用[M].南昌:江西教育出版社,1993:29.

一、大学新旧功能间的内在统一性

大学自从诞生之日起,就一直汇聚着众多的文化与知识精英,无论是人文社会科学还是自然科学,从事这些高深知识研究的精英者们通过对知识的传承与创新,不仅直接发挥着文化育人的基本功能,同时也间接地影响着社会的方方面面。因此,在经典的三大功能之外,大学还"具有与生俱来的、更为独有的、影响更为深远的引领文化的功能"①。更确切地说,文化的守护、传承、创新是大学必须和应然的新功能。然而,新功能的出现并非是对原有功能的否定,也不可能特立独行,它们之间必定存在某些内在的共同点。

1. 每种功能的出现都是满足时代需要的产物

布鲁贝克在论及高等教育哲学问题时认为:"高等教育哲学的许多方面都是以满足各自所属的历史时期的不同程度的需要来获得各自的合法地位的。"②事实上,大学各种功能的出现并最终取得人们的认可也是如此。考察大学功能的拓展与演进的历史可以发现,大学每一种功能的确立,均有其历史缘由和逻辑上的必然性,它清晰地反映出大学发展与社会发展之间的紧密关系。确切地说,是社会发展需求的不断变化和大学不断适应这种需求变化的结果。早在中世纪的古典大学时期,大学基本上按当时社会上的职业划分进行专业教育,主要培养牧师、律师、医生、教师等人才。此时的大学主要是"培养专业人才的职业学校,只是在有限的意义上可以说它是为学习本身的概念而存在的。大学在满足专业、教会和政府对各种人才需要的过程中不断发展"③。

接下来,随着工业革命所带来的生产方式的极大变化,各国政府把大学作为生产技术革新的一支重要力量。1810 年洪堡创办柏林大学,正式将"科学研究"作

---

① 赵沁平.发挥大学第四功能作用　引领社会创新文化发展[J].中国高等教育,2006
(15):1-4.

② 约翰・S.布鲁贝克.高等教育哲学[M].杭州:浙江教育出版社,2001.

③ 伯顿・克拉克.高等教育新论:多学科的研究[M].杭州:浙江教育出版社,1998:45.

为第二功能而引入大学,从而扩大了大学在社会发展中所承担的职责和所起的作用。20世纪以后,随着社会经济发展对科学技术依赖的日益强烈,社会要求大学通过科学研究直接为社会服务的紧迫性愈来愈明显。1904年范海斯"威斯康星思想"的提出,使"社会服务"真正旗帜鲜明地成为大学的第三大功能。

二战后,尤其是近几十年来,伴随着高等教育规模扩张展以及科学主义思潮的迅速发展,功利主义的工具性在大学的活动凸显出来,随之而来的学术诚信、学术道德等问题的冲突加剧。由此,大学的文化建设显得尤为必要。换言之,"守护、传承、创新软实力(文化),已是大学必须承担的新功能,也即大学应有的第四大功能"①。并且,从某种程度上说,这个功能的实现如何,不仅决定着大学的水平与质量,也决定着其对国家和民族的意义。

2. 知识是四种功能运行的共同基本要素

知识,尤其是高深知识,处于大学的核心地位。大学任何形式的活动都是围绕"知识"而展开的。大学四种功能的运行与发挥也不例外。诚然,知识的内涵与外延随着社会发展而不断变化。中世纪大学的知识是服务于所谓"上帝"的经院哲学,即"关于人的本性,关于宇宙及关于祸福的知识,并且这些知识大多数都以形而上学的或者神学的术语表述"②。18世纪末19世纪初,以实验为基础的科学知识进入大学殿堂并逐渐占据了主要地位。此时的知识具有了可检验性的特征,即对知识的认知"不是笼统的、有歧义的普遍性规范,而是在一定条件下可接受实验的检验"③。20世纪以后,大学的社会服务功能得到确立和扩展,尤其在斯坦福大学的"硅谷模式"出现后,大学的知识又增添了应用于现代社会经济发展的相关特征。然而,无论知识的内涵发生怎样的变化,高深知识始终是大学功能运行与发挥的最基本要素,只不过不同的功能对应的知识处理方式不同而已。大学的人才培养功能(教学)是知识的传播,大学的科学研究功能是知识的创新,大学的社

---

① 徐显明.文化传承创新:大学第四大功能确立[J].中国高等教育,2011(10):10-11.

② 约翰·S.布鲁贝克.高等教育哲学[M].杭州:浙江教育出版社,2001:128.

③ 王骥.论大学知识生产方式的演变:理想类型的方法[J].科学学研究,2011(9):1299-1303.

会服务功能是知识的运用,而大学的文化传承创新功能则是知识的升华。

大学文化传承创新功能的提出,目的就在于通过对知识深入人心、提高品性的升华,使知识人变成文化人,使知识共同体的大学变成文化共同体的大学。

3. 大学四种功能间作用发挥的互为补偿性

大学的各种功能并不是一种互不关联的绝对独立的个体。事实上,它们之间在根本上是一种有机统一体,并且在功能的作用发挥上存在着互为补偿性特征。人才培养固然以教学为主,但仍需要科学研究、社会实践、文化引领与之相结合。

历史上,在洪堡将科学研究引入大学之后,大学的学者往往将科学研究的最新成果搬上讲台,或者与学生共同研讨科学研究的新问题。当时所倡导的seminar 教学方式便是教学与科研结合在一起很成功的实践形式。哥伦比亚的一位经济学家这样描述道:"没有 seminar,大学教学就不是完整的;有了 seminar,且加以正确实施,任何大学都能够实现其主要目标。"①同理,要有效地发挥大学的社会服务功能,必须紧紧借助于人才培养和科学研究两大功能的有效实施。首先,培养社会各行各业的人才本身就是一种社会服务形式。其次,科学研究的成果是科技转化为生产力的前提与基础。如果不依靠前两种功能,社会服务从何谈起?而文化传承创新功能也不例外。它不仅为其他三种功能的发挥提供思想与价值的引领,同时,就自身功能的发挥而言,必须依赖于前三种功能作为具体的实施载体。否则,谈文化传承创新功能就会显得空泛。

二、新旧功能在大学发展中的不同角色关系辨析

如何正确认识大学的文化传承创新功能与原有的三大功能之间的关系?除了分析它们之间的内在统一性之外,还必须对它们在大学发展中所扮演的不同角色进行探讨。作为大学的文化传承创新功能与原有三大功能(人才培养、科学研究、社会服务)之间无论在形态上还是在作用上来看,其在大学发展中都扮演着不同的角色。

---

① 贺国庆.德国和美国大学发达史[M].北京:人民教育出版社,1998:163.

1. 形态上,隐性功能与显性功能的关系

文化是人类社会物质文明和精神文明的总和。它通常被划分为物质文化、精神文化和制度文化三个层面。然而,作为大学的功能的文化传承创新,其在形态上又极具隐蔽性,以至于常常被忽略或者较少受到关注。这与大学的其他三大功能(职能)的显性特征形成鲜明的对照。文化传承创新功能的隐蔽性是由如下三个方面决定的。

首先是目的上的模糊性。诚然,文化以周易"观乎人文,以化天下"为本意,本身就极具教育的目的性。但是对于要传承创新什么样的文化,要将大学生培养成什么样的文化人,大学要引领什么样的社会文化等诸如此类的问题,又是相当模糊和泛化。

其次是手段上的间接性。大学的文化传承创新并不能通过自身实现,它必须借助和依赖于大学的各种活动,尤其是大学的教学、研究和社会服务三种基本的功能性活动来实现。

再次是进程上的缓慢性。文化形成不是一朝一夕之事,必定是缓慢而长期的。与其说是营造文化,不如说是积淀文化,"积淀"是文化形成中最本质的特征。纵观中外有文化底蕴的大学,都是经历几十年甚至几百年悠久历史的积淀而逐渐形成的。

因此,文化传承创新功能是一种隐性功能。但值得一提的是,功能的隐蔽性并不意味着地位的不重要。相反,在某种层面上,它比显性功能还更具关键价值。事实上,认清文化传承创新功能的隐蔽性,恰恰可以引起我们足够的重视与关注。大学也只有将显性的功能与隐性功能摆在同样的位置与高度,协调发展,才能最终办好大学,实现大学教育的终极目的。

2. 作用上,思想引领与实施载体的关系

自英国人类文化学家泰勒 1871 年在《原始文化》一书中对"文化"所下的第一个定义以来,众多学者已从不同角度对文化一词有着很丰富的解释。而这些丰富的解释也充分地说明了文化对人类社会发展的重要性,因为它决定着人类社会的价值取向和行为标准，诚如梁漱溟先生认为的那样，文化乃是"人类生活的样法"①。因此，文化不仅对人类社会的活动起着规范与约束作用，同时也起着思想引领和价值导向的作用。作为大学的一个功能，文化传承创新自然也对大学的各种活动（包括大学的三大职能性活动）具有思想引领的作用。徐显明教授认为："文化的基础是道德，文化的核心是价值，文化的高度是思想"②。这些"道德、价值、思想"是文化功能对大学乃至社会起引领作用的前提条件。无论是大学的教学活动、科研活动还是直接为社会服务的活动，没有道德、价值和思想的引领就有可能走歪路。现今各大学中师生道德素养的滑坡、科研诚信与道德的缺失以及在社会服务活动中的利益冲突等问题恰恰反映出了文化功能的缺失或不健全。

因而，当前提出把文化传承创新确立为大学的新功能不仅是必需的，而且是紧迫的。另外，文化传承创新功能的发挥无法通过自身独立实现，诚如前文所述，它必须借助于大学的三大职能作为实施载体来有效运行。

三、大学新旧功能间关系结构图的构建

世界上的任何一所大学，由于其语言的民族性、育人的目的性、与知识发生联系的生活方式以及其组成者对至善的追求等因素，决定了其必然具有文化传承创新功能。只是与其他三大功能比较起来，由于文化功能的隐蔽性等特征导致了其常常被忽略。然而，每一种新确立功能必定与原有的功能之间有着密不可分的关系。通过对大学新旧功能的内在统一性以及各自在大学中不同角色的分析，我们粗略地构建了大学新旧功能间的关系结构图，如图1：

鉴于上述之大学的文化传承创新功能和原有三大功能的关系，可以表明：

其一，文化是大学的立校之本。我们必须意识到，在今天的大学中，文化传承创新与科技发展同等重要。因此，大学应充分重视和建设文化传承创新功能。

其二，大学每一种功能的确立，并非对已有功能的漠视或否定，而是彼此间的

---

① 梁漱溟.东西文化及其哲学[M].北京:商务印书馆,1999:60.

② 徐显明.文化传承创新:大学第四大功能确立[J].中国高等教育,2011(10):10-11.

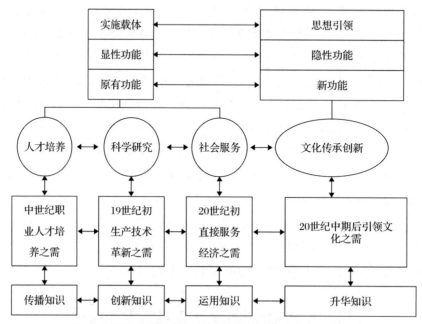

图 1　大学的文化传承创新功能和原有三大功能的关系图

互补和相互促进。比如,当洪堡把"科学研究"确立为大学的第二功能时,不仅弥补了大学原有的单一的人才培养功能所不能承载的职责,同时也因为"教学与研究相结合"的原则使得教学在科学研究的促进下改进了教学法与模式,提高了人才培养的质量。

其三,文化传承创新功能也具有对原有三大功能的提升与促进作用。

至于是否将这一新功能论断为大学的"第四功能",我们认为这是一个正在探讨的逐渐成为主流认可的问题。可以肯定的是,在这种文化的思想引领下,有助于大学的三大功能形成合力,共同地而非相互割裂地朝着一个积极、健康、向上的方向前行。唯有如此,大学才能在真正意义上成为有思想、有灵魂的学术共同体。

高校转型发展应厘清的三个重要问题[*]

近十年来,新建地方本科院校向应用型的转型发展,一直是福建省力倡力行的方向。大量事实表明,"为什么转""如何转""转什么"并非新问题。现在的问题是:转型发展成功与否的标准是什么?

"转型"的标准是什么? 有人曾经问:校内搞个企业、弄个商店就算转型? 这就涉及"转型"的标准究竟是什么。转型无非是:改变过去从书本到书本的传统教育教学方法,注重学中做、做中学,适应地方经济社会发展对应用型人才的需求,培养出来的毕业生应是实践能力强、应用基础实、综合素质高,而且在地方上留得住、用得上、干得好。龙岩学院以"应用型"为指向,多样化地接地气开展教学、科研和社会服务,如:成立"闽台客家研究院",开展闽台合作研究;与龙岩市辖区各县(区)签订校县战略合作协议;与龙工集团合作的"龙工学院"等等。在转型发展的实践过程中,悟出一个道理,这就是:不能机械、简单、浅层次地迎合所谓"企业急需",必须正确处理眼前急需与长远需要的关系,既适应地方经济社会发展的需求,又符合教育发展规律,深刻对接才富有生命力。可以这么认为,由国家教育部门组织专家对地方院校进行评估,检验这类院校转型发展的优劣,是现阶段和今后较长时间比较科学公正的评价标准。

"转型"的重点是什么? 人才培养方案、教学计划、课程设置和实践环节等直接关系到人才培养质量的问题,是转型的基础和重点。有人提出"转型的深处是课程",诚哉斯言! 因为这才是转型发展的要穴,直逼"脱胎换骨",是真正的内涵建设与发展。如果只关注二级院(系)怎么调整、怎样合并,那就是"脱毛去屑"而已,是忽视全校一盘棋地舍重求轻。转型切忌"休克疗法",从升本开始,转型至少

---

* 原载《中国教育报》2014 年 7 月 15 日第 7 版。

要有 5～10 年的转型期。而盯准"应用型"抓住"课程"这一重点,则是抓住转型发展"牛鼻子"的不二法门。今天强调"转型发展",不应该否定过去所做过的努力,不应该将"应用型"狭隘化、片面化,而是应该在传承中更进一步持续深入地彰显地方院校的应用性。

"转型"的模式是什么? 地方院校至少还可分为三类:第一类是"工科型",主要由原来就是工科类的专科学校升格,这类学校具有应用型的天性、遗传基因,转型不成问题;第二类是"师范型",由原来师专升格,培养基础教育师资是在"人"而非"机器"层面上的应用,所以说师范教育也是应用型教育,也是一种职业教育,其转型应该因地因校制宜;第三类是"混合型",即由既有师专又有原来工科类的专科学校合并升格,这类学校的转型呈现分流的情况比较明显,有的整体向工科转;有的并不"工科化",而是突出应用型地适应地方需要和学校优势与特色转型发展,因为文科也有很多专业是社会需要的,同样属于应用型。应用型本科院校并非低人一等,定位为什么样的学校,并没有高低、好坏之分,只是分工不同而已,学校的办学类型只是反映了其在高等教育系统中的分工而已。

要言之,响应国家要求,结合自身实际,深化转型发展,是今天地方本科院校不可回避和推卸的重要使命。

发展研究篇

高等学校与政府关系的两个问题[*]

在教育界,"体制改革是关键"这句话,人们耳熟能详。高等教育体制是关于高等教育事业的机构设置、隶属关系和职责、权益划分的体系和制度的总称,它主要反映了高等学校与政府、社会之间的关系,这也是高等教育活动的基本构成要素。在高等教育体制改革中,管理体制改革是重点所在、核心所在。管理体制的改革应分成三个层次,一是政府与政府的关系,也就是中央与地方、集权与分权的关系;二是政府、社会和高等学校的关系,也就是政府宏观调控、社会积极参与、大学自主办学的关系;三是高等学校内部的校内管理体制(微观),也就是学术权力与行政权力之间的关系,其中,第二层次的问题特别复杂。高等学校在处理与政府和社会的关系过程中,高等学校办学自主权问题是其重点与核心。本文将密切联系这一核心问题对高等学校与政府关系的若干问题进行探讨。

一、政府与高等学校双方关系的特性

1. 双方关系具有不对等性

高等学校与政府之间的关系,有一个重要的因素不可忽视,即双方地位的不平等,或称双方的关系具有不对等性。政府是对全社会各方面的活动进行协调与控制的机构;高等学校是培养高级专门人才、进行科学研究的专门机构。

政府作为关系的一方,在与高等学校发生关系时,以国家的名义出现并行使

---

* 原载《厦门大学学报》2000年第4期;被人大复印资料《高等教育》2001年第1期全文转载。2003年获厦门市第五届社会科学优秀成果一等奖,2003年获福建省第五届社会科学优秀成果三等奖。

广泛的职权,对高等学校产生直接的、权威性的促进或限制作用,占据主导地位。高等学校作为关系的另一方,当政府不履行职责之时,只能请求其履行或通过向有关国家机关提出申诉或诉讼等办法寻求解决(就高等学校在本系统内的行政力量来说,从逐步出现到日益强大,并取得了自身与学术力量相对而言的独立地位,而且在国家主义的政治环境的支持下,逐步上升为控制学术力量的主要因素,这就导致了高等学校并存着学术力量和行政力量。但是,权力构成已发生了变化,行政力量总是占据主导地位和起决定作用,从而形成了高等学校管理的行政力量主导模式)。双方地位的不平等,决定了作为关系一方的高等学校在争取办学自主权方面总是处于被动地位,所获得的自主权也是相对的、有限的。

欧洲中世纪大学那种高度自治的社会性组织,已成为遥远的如烟往事。现代社会高等学校层次多种,形式多样,结构复杂,规模庞大,无论是中世纪行会式大学还是洪堡时代的德国大学,都无法与之等量齐观。从系统论的角度看,现代社会的高等学校系统,是整个社会大系统中的一个有机的子系统。社会母系统越来越直接地为这一子系统提供其存在所需的教育经费、房地产和政策与法规等有形及无形的资源。在市场经济体系中,为了生存,为了发展,为了增强在社会中、同行中的竞争力,高等学校一方面力争拥有更多的办学自主权,另一方面却不由自主地比过去任何时候都更注重政府在社会各种子系统之间的协调作用。否则,高等学校将无力把握当代社会高等学校正常生存与发展不可或缺的种种因素。迪特里希·戈尔德施米特直率地指出:"一个更具有根本性的观点是:教学和科研在成为完全自治的活动中或受到严格监督的时候,它们都会受到损害。"[①]这种情形,导致自由和控制矛盾关系的奇特的二律背反:"就大学为了追求和传播知识需要自由而言,当种种控制力量软弱分散时,大学知识之花就开得绚丽多姿;就大学需要资源维持办学,并因此依赖富裕、强大的教会、国家或市场支持而言,当种种控制力量强大时,大学在物质上就显得繁荣昌盛,但是这种力量可能——也的确常常——以各种有害于教学和研究的方式实行控制。因此,便出现了这种奇怪现

---

① 伯顿·克拉克.学术权力:七国高等教育管理体制比较[M].杭州:浙江教育出版社,1989.

象：当大学最自由时它最缺乏资源，当它拥有最多资源时它则最不自由。……大学的规模发展到最大时，正是社会越来越依靠政府全面控制之日。"①当然，从理论上说，也不排除高等学校在某一时期或某一重要领域，以自己敏锐的、先进的精神武器影响并制约政府的决策与举措。

2. 双方基点具有不一致性

如果说，在政府与高等学校的关系上，双方地位的不平等是第一个特性的话，那么，由此又可产生双方关系的第二个特性。这就是：基于高等学校的任务既不同于经济组织又不同于中小学教育，高等学校对于办学自主权的要求在市场经济条件下强烈而又迫切；政府方面则进退自如，把是否给予、何时给予和给予多少高等学校办学自主权的主动权牢牢掌握在手中。

虽然如此，当代社会发展显示了这么一种事实：高校与政府、高校与社会相互依赖的程度越来越高。当代的高等学校，决不再是游离于社会之外或社会边缘的机构组织。相反，随着生产力和科学技术的发展，高等学校在经济和社会发展中的地位和作用越来越突出。尤其是在经济知识化和知识经济化日渐成为时代潮流的今天及未来，高等学校能否全方位地、不断地促进社会经济科技文化进步，直接影响到一个国家的强弱兴衰。于是，在涉及高等学校办学自主权的问题上，由于立场不同而产生两种不一致的观点：

站在高等学校的立场上，从上述的相互依赖的关系出发，有理由认为：高等学校发展的主要力量"是每个大学自身的内在逻辑"。因此，高等学校必须拥有必要的办学自主权，政府不宜事事干预。从理论上说，在市场经济条件下，社会对高等教育的需求往往通过市场机制发生作用，政府也可运用市场机制的作用来管理和协调高等学校，高等学校办学自主权顺理成章地就较大。高等学校办学自主权的扩大，在有利于自身生存和发展的同时，也有利于国家、社会的发展与进步，从而形成"双赢"的局面。近年来，学术界重新界定政府对高等教育的职能和作用的论点不少，其中有一种观点具有代表性："非义务教育阶段特别是高等教育阶段，教育已不属于纯的公共物品，私人物品属性与市场竞争性较强，个人收益率超过社

---

① 伯顿·克拉克.高等教育新论：多学科的研究[M].杭州：浙江教育出版社，1988.

会收益率,因此政府主要负责制定教育市场规划和相关政策。"①

　　站在政府的立场上,看问题不会如此直线与简单。高等教育发展的历史告诉我们:正是高等学校与政府、高等学校与社会的相互依赖关系日益加强与扩大,政治的和社会的对高等学校的需求也同时在增多,政府也就必然增加对高等学校的干预。这是一种正相关的关系,也是社会发展及高等教育发展的一条规律。至于干预的形式与内容,尽管因为不同国家的政治、经济制度和历史文化传统不同而不同,然而在基本面上却有共同性。例如政府制订国家的教育方针、政策,政府规定培养人才的基本要求,政府调控高等教育的合理布局和高等教育发展的速度与规模,协调各部门和各组成部分之间的关系。关于这一点,从事高等教育工作50多年的美国著名学者布鲁贝克也认为:"高等教育越卷入社会的事务中就越有必要用政治观点来看待它。就像战争意义太重大,不能完全交给将军们决定一样,高等教育也相当重要,不能完全留给教授们决定。"②的确,高等教育作为国家头等重要的事业,它的活动原则必须符合国家需要和为人们所广泛接受的社会标准。由于高等学校在实行自主办学之时,有可能只注重按自身的学术规律进行活动,而漠视社会的种种变革,高等学校也就有可能出现脱离社会、封闭保守甚至抵制必要的社会变革的倾向。因此,政府在重大目标问题上完全有必要对高校进行适度控制,给高校以足够大的外力,促使高校在自主办学的过程中认真考虑对国家对地区的社会发展所承担的责任,同时,充分重视政府的影响力和社会的需要。

　　此外,高等教育经费短缺是个世界性难题,这一现实也正在引起政府与高等学校的关系发生变化。随着现代高等教育的规划、内容、范围和形式的日益扩大,高等教育经费也迅速膨胀。所有的高等学校都面临着:一方面,事业在发展;另一方面,陷入教育经费越来越短缺的窘境。尤其是近一二十年来,由于人们对高等教育需求的持续升温,以及与此同时政府承担高等教育经费的能力的相对减弱,世界各国出现程度不一的高等教育财政危机。为此,联合国教科文组织在1998年于巴黎召开的世界高等教育会议上呼吁:各国政府和议会应当实行有关高等教

---

　　① 　胡鞍钢,施祖麟.高教改革力度还应加大[J].瞭望,1999(7-8):81.

　　② 　约翰·S.布鲁贝克.高等教育哲学[M].杭州:浙江教育出版社,1987:29.

育的改革和新的政策,必须采取措施以扩大进入高等教育的机会,使之越广泛越好。国家应当继续承担筹措资金的主要责任,不断增加给教育的拨款,同时鼓励资金来源的多样化。目前,我国的政府财政性教育支出只占国民生产总值的2.5%,距《中国教育改革和发展纲要》关于4%的规定还存在相当的差距;我国政府预算内财政拨款在高等教育的经费支出中,按全国平均统计,目前一般占70%左右,但下降迹象日显。经济学家分析认为,高等教育的"卖方市场"是长期计划经济体制下短缺的延续,反映了教育改革与发展的滞后。其实,从目前世界各地的情况来看,政府投入是主要的、支撑性的。欧洲国家教育收费很低,甚至不收费,主要靠政府投入。市场化程度最高的美国,其高等学校收费最多也只占总收入的1/5左右。进入90年代以来,美国联邦和州政府开始削减教育投入,立即引起许多大学(包括一些著名大学)财政窘迫,赤字大涨,债台高筑。高等学校普遍提高学费,向学生家长转嫁财政危机,引起社会强烈不满。这也说明,教育包括高等教育即使在美国也是要靠财政投入的。试图用有限的学费或争取不具稳定性的社会捐赠来解决教育经费短缺问题是不现实的,高等教育在市场经济条件下应当面向社会、面向市场,而"推向市场"的做法却是不可取的。因此,解决我国教育经费不足的根本出路在于确保和增加政府投入。当然,这里还有一个如何提高教育资金使用效益,实现教育的投入与产出、质量和效益平衡的问题。高等学校办学自主权的落实,显而易见需要政府对高等学校投入的支撑。在这个问题上,政府转变观念、依照法规办事尤为必要:在给予高等学校必要的办学自主权的同时,不放弃对高等学校的关注与支持;此外,政府也不可借此机会对高等学校内部事务横加干预。"如果资金的附加条件与高等教育的基本目的相悖或者妨碍高等教育目标的实现,学院和大学是否还应该接受呢?高等学府自己一定要把握这一点。高等学府有道德义务拒绝任何侵犯学术自治的捐赠。"①政府对于高等教育经费支持能力的下降,加上无论是公立还是私立的高等学校学生的学费在高等教育支出中的比例明显增长,这两种不同的趋势从教育经费的"硬件"上,需要高等学校在办学中具备一定的灵活性和必需的竞争机制与办学自主权。

---

① 约翰·S.布鲁贝克.高等教育哲学[M].杭州:浙江教育出版社,1987:117.

　　由上述可知,高等学校办学自主权,的确不能由高等学校自身来决定,它只是政府对于这一问题的认识程度和放权力度在高等学校中的反映,此其一。其二,历史发展到今天,无论为高等学校的生存与发展计还是为整个社会的进步与强盛计,政府越来越重视管理高等学校,海内外概莫能外;政府责无旁贷,这无可厚非。其三,大学是一个"按照自身规律发展的独立的有机体"[①]这一内在逻辑,是高等学校要求办学自主权的基本依据。高等学校要求自主办学,而政府却不仅不放弃而且加强"必要控制",这是一对矛盾。在经济、科技、文化、社会一体化过程加速发展的当代,大量的法令法规加强了政府的地位,提高了政府控制高校的能力,但高校及教师们的自主权则不断受到挤压。"在规章的洪流面前,大学失去了自我控制的能力,始终为上面所左右。"[②]其实,现在世界上许多国家联系当前高等教育发展趋势,往往是从几种不同的政府与高校的协调模式中吸取对自己有用的经验。西方国家的高等学校由于与社会联系日益增加,正在从传统的"自治"走向自觉地接受政府的干预。而我国高校却为免于政府的过多干预而追求办学自主权。两者的演化过程呈相向而行的态势,目的都是为寻求一个合理的"度",从而使得政府与高校(及社会)的关系协调与平衡。还必须注意的是,在政府控制和高校自治之间,有些事情不能完全置于政府的控制范围内,又不能完全由高校自主。例如,学制问题是一个带有重要社会意义的问题;另一方面,学制问题涉及大学教育的起点,涉及大学中整个教学计划的安排等等。因此,"在'政府控制'与'高校自治'之间,存在着一个'弹性区'而不是一条'分界线'。需要政府与高校双方进行认真的相互尊重的协商,一方面尊重学术、尊重知识,另一方面关注社会责任"[③]。

---

　　① 　约翰·S.布鲁贝克.高等教育哲学[M].杭州:浙江教育出版社,1987:15.

　　② 　约翰·S.布鲁贝克.高等教育哲学[M].杭州:浙江教育出版社,1987:43.

　　③ 　林正范.自主管理与管理效率:香港高等教育管理体制[M].杭州:杭州大学出版社,1991:188-189.

二、政府控制高等学校的限度问题

1. 政府的职能与"必要控制"的限度

正如高等学校办学自主权应该是有限度的道理一样,政府的"必要控制"也同样必须是有限度的。重要的问题不是争论政府要不要控制高等学校,而是政府如何把握对于高等学校控制的分寸。

实际上,政府对社会事务承担着两种职能,一是管理职能,一是服务职能。在市场经济条件下,政府应当从经济、社会和教育发展的需要出发,更多地考虑公众的需求,以最有效最便捷的形式来履行公共服务管理职能,从服务出发进行管理,或者说管理的目的是更好地服务。古典经济学认为政府只应起一个"守夜人"的作用,管得越少越好。由此导致有些经济学家认为政府在转轨过程中只要放手不管,市场的自发力量自然而然地会把各种事情安排好。其实,许多事实证明,不发挥政府在市场经济、社会中应有的职能同样会对社会、教育发展造成极大的消极影响。在转轨过程中,政府的作用岂是一个"放"字可以了得?政府插手干预经济、教育太多不好,撒手不管也不好,这是一个需要平衡的问题。换言之,政府对于高等教育的管理应实现三个转变:由直接管理转变为间接管理,由具体管理转变为整体管理,由刚性管理转变为弹性管理。

在集中统一的计划经济体制下,我国政府对高等学校的控制无处不在,无时不有,高等学校成为政府教育主管部门的附属机构。高等教育的组织形式采取"政教合一",超经济的行政垄断和办学垄断合为一体,高等学校的任何活动、任何方面都是由上级主管部门所颁发的形形色色的条文框定了的,学校领导仅仅是循规蹈矩的执行者,办学自主权无从谈起,政府的所有控制都被视为是必要的。在国家化的高等教育管理体制下,国家既是举办主体又是管理主体还是投资主体。这种典型的"供给型"而非"谋生型"体制,全方位地压抑着高等教育多种功能的活力。高度计划的集权化、国家化特征,在实行了 30 多年后,随着经济体制的变革而开始发生微妙的变化。政府教育主管部门的主要领导是"校长的校长",在变革的现实中也逐渐受到质疑与批评。

"学校自身的问题,要由学校中人来解决。"①这种有别于"官本"的"校本"思想的产生也就不足为奇了。

概言之,政府对高等教育的必要控制与管理,必须是适当的、合理的。

2. 政府管理的内容与方式

现实的问题是:政府对高等教育究竟管什么、怎样管？这是一个十分重要的具有实质性意义的问题。

在分析急剧变化中的高等教育所面临的六种矛盾现象时,联合国教科文组织在巴黎世界高等教育会议的一份题为"21世纪的高等教育展望和行动"的文件中指出,第四个矛盾可以归结为一句简练的格言:有时(国家)管得太多,有时(国家)管得又不够。事实上,当出现下列情况时,就是(国家)管得太多:考虑到它在高等教育事业上的投资金额时,国家就想控制这些资金的使用(这也是国库的钱),同时,将自己的规章强加给学校,并胡乱地干预教学大纲、大学生招生和教员的招聘(比如,施加压力要求接受某个学生,或任命和晋升自己的支持者)、资源的分配,甚至不信守各种诺言和义务,包括不按规定期限拨款,将学校的正常管理搞得一团糟。在以下情况下,又是(国家)管得太少:国家忽视密切结合当地、本国、地区和国际的实际背景情况,制定本国明确的发展政策;政府当局和学术当局之间不进行任何真正的商议,以确定高等教育机构在发展中应发挥的作用;没有任何长期远景规划,国家基本上是在实行一种"日常的、反应式的、就事论事的管理",也就是说基本上是短期行为;当任职期限的前景压倒集体的长期利益时,当某些政府不将实际意义上的教育放在优先地位时,就会出现政府管得太少的现象。

我国高等学校与政府的关系有自己的独特性,这就是我国高等学校必须接受执政的中国共产党的领导。中国共产党坚信自己代表中国先进文化的前进方向,并一直为此而努力。尽管如此,"首先应该承认的是,无论中西,高等学校与政府的关系的基本点是相似的,高等学校是政府值得借重的社会力量,政府是高等学校最主要的支持者和指导者;高等学校同样把政府作为中介与社会发生各种联

---

① 郑金洲.校本:教育改革的新走向[J].中国教育报,2000-05-06(4).

系,发挥各种职能"①。无论是借鉴国际上高等教育管理的成功惯例,还是吸取1949年以来高等教育管理的经验教训,以及根据《中国教育改革和发展纲要》和《中华人民共和国高等教育法》的精神,可以断言两点:

其一,政府不应直接管理和控制高等学校内部的运行环节与过程,不应插手、干预高等学校内部的日常事务,不应在学术领域里滥用长官意志和行政命令。

其二,政府的管理职能应该主要地体现在高等学校系统内外部的宏观关系方面,体现于高等教育事业的方向和质量标准方面。概括而言,政府的必要控制或称管理,应该主要地体现在如下三个方面(当然还有其他一些方面):

一是规划与立法。这是政府宏观管理、全面管理的必然内容与必要手段,也是国际惯例。没有规矩,不成方圆。政府依照有关规划与立法,协调与指导高等教育的发展,使之与社会经济发展相平衡、相适应。

二是教育经费的划拨与控制。这是政府管理高等学校的有效手段。美国等世界上不少国家政府在这一方面的成功做法,证明了政府对于教育经费运用得当,就意味着较好地掌握了指挥棒,就能运用经济手段体现国家意志并发挥政府的导向作用。

三是高等教育评估。评估的本质在于价值判断,评估的作用在于引导和监督、激励与约束。政府既要确定高等学校办学方向和办学水平的权威性评估机构,又要组织有关社会组织对高等学校进行各方面的评估,从而健全对于高等学校的评估体系。政府牵头进行的对高等学校的评估与高校办学自主权不是对立的,而是对立统一的,是一种服务与引导以及支持。

宏观管理是政府的职责,政府应该办教育而非办学校。反之,政府如果醉心于微观管理,则必将削弱以至于损害政府的宏观管理功能,同时也削弱和损害高等学校应有的学术自由与办学自主权。高等学校办学自主权的落实与否,与政府管理功能如何发挥,两者之间具有紧密的、必然的因果关系。政府该管的管、不该管的不管之日,就是高等学校办学自主权落实之时。"只要政府把重点放在制订发展规划等大方向上,同时注重维持专业人员的质量,并且通过权力重心层层下

---

① 韩骅.高校政府市场:对高等学校与社会关系的比较研究[J].教育研究,1996(8):36.

移的协调形式——即前面分析的权力重心按层次的不同依次从政府向教师偏移的管理模式——来监督整个系统,政府的引导最终将发挥效力。"①从我国改革开放以来的实践来看,高等教育管理新旧体制摩擦的主要根源就在于政府职能的转变滞后于高等教育的改革。当前,旧体制的退位和新体制的建立,与社会主义市场经济体制相适应的高等教育体制的构造,高等学校办学自主权的进一步落实,必须抓住转变政府职能这一关键,理顺各种关系。在这一问题上,有一项基本原则应当确立下来,即政府的行政职权和学校的办学权必须分离。要而言之,高等学校所有权、办学权和管理权的划分,即高等学校和政府的责权利关系,决定了高等学校是否拥有办学自主权,包括发展方式选择权。研究表明,高等教育可分举办者、办学者和管理者,三者不可混淆。同样,高等教育必须明确这样一种管理体制:所有权归国家,办学权归学校,管理权归政府。政府的管理主要体现在执法、规划、协调、监督和服务等方面。高等学校作为有独立法人地位的办学实体,行使办学自主权。

明确了政府应该管什么和不应该管什么之后,还必须探讨的一个问题是:政府有中央政府和地方政府之分,由哪一级政府来管理高等学校?一般而言,政府管理高等学校不外乎如下三种管理模式:中央政府集权型、地方政府分权型和中央政府与地方政府合作型。在论及世界高等教育管理体制时,人们通常把这三种模式称为三种类型,即集权制、分权制和混合制。这几种类型和模式各有利弊,究竟哪一种模式(类型)最好并无定论。这主要是因为一个国家高等教育管理体制的确定,受到许多相关因素的影响,诸如国家对高等学校的政治需要、教育经费投资比率对高等学校的需求与制约、高等学校与政府之间关系的协调程度、历史文化传统对高等学校的影响水平,等等。

1949年后的30年间,我国政府对高等教育的管理,从总体上来说属于中央政府集权型。近20年来,则以中央政府与地方政府混合型为改革的重要方向,并逐渐将中央与地方两级管理、以省级管理为主的体制变为现实。与此同时,高等学

---

① 伯顿·R.克拉克.高等教育系统:学术组织的跨国研究[M].杭州:杭州大学出版社,1994:294.

校"面向社会、自主办学"也成为改革的主旋律——尽管在实践中还存在较大的差距。

既然高等教育管理体制的类型不存在绝对的好坏之分,我们不妨对现行我国高等教育管理体制作一简要评价:从经济体制而言,我国正从计划经济向市场经济过渡;从地理状况而言,我国幅员广阔,沿海与内地、东部与西部之间的发展很不平衡;因此,实行混合制的高等教育管理体制,符合我国国情。一方面,它有利于减少中央政府的管理幅度,从而集中精力管理高等教育的大政方针和为数不多的代表国家标准和特殊性质的高等学校。另一方面,实行以省级为主的高等教育管理体制,体现了管理层次的下移,有利于高等学校更好地为地方经济建设作贡献。各地各高校都做好为地方经济建设服务这篇文章,中国高等教育的"科教兴国"在整体上就显示出巨大威力。管理层次的下移,并不意味着"地方集权"取代"中央集权"。相反,它从逻辑上、从理论到实践上,都应是高等学校办学自主权的落实具有的良好时机。总而言之,只要理顺了政府与高等学校的关系,无论是中央政府还是地方政府来管理高等学校,都没有大的本质的差异。也只有理顺了政府与高等学校的关系,处理中央政府和地方政府与高等学校三者之间的关系,以及处理高校与高校两者之间的关系,才会有正确的出发点和合理的定位。由于政府与高校具有各自不可替代的相对独立的作用与影响,又由于政府与高校双方关系的特性所决定,在政府宏观管理、社会积极参与、学校自主办学这一运行机制中,要使之有序地形成合力;要使高等学校办学自主权真正落实,关键在于政府行为。

我国高等教育学学科建设：
基本轨迹及未来取向[*]

　　高等教育学是一门正在走向成熟的学科，分析我国高等教育学学科建设的基本脉络，探讨其未来发展取向，对促进高等教育学学科建设具有理论价值和现实意义。

一、学科发展的两个层面：学科理智发展与学科制度发展

　　学科发展包含学科理智发展和学科制度发展两个层面。"学科发展史是学科理智史和学科制度史的双重动态史"[①]。

　　从知识发展的历史来看，学科是人类知识发展到一定阶段的产物，是知识分化的结果，是特定研究领域走向成熟的一种具体表现形式。"称一个研究范围为一门学科，即是说它并非只是依赖教条而立，其权威性并非源自一人或一派，而是基于普遍接受的方法和真理。"[②]在这个意义上，学科发展表现为某一领域的知识和理论体系创建、发展和完善的过程。学科知识和理论体系即为学科理智，它强调知识的内在逻辑。从学科理智层面考察学科发展有多种确定的线索或策略，如：学科编年史或者学科通史、学科中学派的形成和演变、确定时间段学科研究主题的变换，以及权威教科书的内容变迁等。[③]

　　但"称一门知识为一门学科，……此名称并未揭示知识是透过对知识生产者

　　*　本篇与赵凤娟合作，原载《中国高教研究》2010年第3期，《中国教育报》2010年5月4日第4版"期刊看点"要点转载。全文收录于2010年CSSCI。

　　①　方文.社会心理学的演化：一种学科制度视角[J].中国社会科学，2001(6).
　　②　华勒斯坦，等.学科·知识·权力[M].北京：生活·读书·新知三联书店，1999：13，14.
　　③　方文.社会心理学的演化：一种学科制度视角[J].中国社会科学，2001(6).

的规范或操控而生产的，也没有说明门徒训练会产生普遍接受的学科规训方法和真理"①。事实上，学科(discipline)一词还有"规范""规训"的意思，学科本身还蕴含着制度的含义。在这个意义上，学科发展表现为学科制度的进展。

学科制度是规范特定学科科学研究的基本理念和准则体系以及支撑学科发展的物质结构体系。前者为学科内在制度，后者为学科外在制度。学科内在制度主要表现为学科的学术标准和学术准则，这种标准和准则隐含地弥漫在整体的科学共同体中。学科外在制度强调学科的组织机构等物质层面的社会建制，有其实体性物质载体，它在学科演化过程中有明显的指标标示着学科的建立、发展和完善。这些指标包括：专业化的研究者和研究机构、学术组织和团体、固定的教席、规范的培养计划的设置、专业期刊和书籍、资金资助渠道等。

学科理智的发展和学科制度的发展是相互依赖、相互促进的。学科发展依赖于学科理智和学科制度的共同发展。要从整体上认识和促进一门学科的发展，必须将学科理智和学科制度两个层面结合起来。

二、我国高等教育学学科发展的基本轨迹

国外一般将高等教育研究作为一个研究领域，而我国高等教育研究则是学科指向。这种学科指向的高等教育研究发展路径既是我国特殊国情使然，又对我国高等教育研究的发展起到了巨大的促进作用。我国高等教育学学科发展同样包括学科理智发展和学科制度发展这两种相互有别而又相互依赖的动态过程。只有从学科理智和学科制度两个层面综合考察，才能勾画出我国高等教育学学科发展的基本轨迹。

1. 学科理智层面

如上所述，从学科理智层面考察学科发展有多种确定的线索。我们选取"较有影响的著作的内容体系变迁"和"确定时间段学科研究主题的变换"两条线索，考察我国高等教育学学科理智发展的轨迹。

① 华勒斯坦，等.学科·知识·权力[M].北京：生活·读书·新知三联书店,1999:13,14.

　　我国高等教育研究是与近代高等教育的产生相伴而生的。清末民国时期即有许多关于高等教育的探讨。1949 年后高教界对新中国高等教育发展中的一些问题进行了探讨,特别是 1957 年厦门大学教育学教研组编写的《高等学校教育学讲义》,在建立高等教育学方面进行了初步探索。1978 年,潘懋元教授呼吁"必须开展高等教育理论的研究"①。1983 年,潘懋元编写的《高等教育学讲座》出版,这是我国第一部公开出版的以"高等教育学"为名的专著。但该书是一本高等教育学的选讲,并没有形成较为系统的体系,考虑到一部学科专著所应具有的系统性,潘懋元教授本人也没有把它视为我国高等教育学的第一部专著。

　　我国第一部高等教育学系统专著是 1984 年出版的潘懋元主编的《高等教育学》。其后陆续出版了 20 多部高等教育学著作。我们选择几个有代表性的文本,剖析其内容体系,考察我国高等教育学学科理智进展的轨迹。1984 年潘懋元主编的《高等教育学》运用普通教育学的学科范式,根据高等教育的基本特点提出了一个初步的模型,形成了一个高等教育学的知识体系,虽未形成成熟的学科体系,但它初步奠定了我国高等教育科学研究的理论基础,是我国高等教育学科的奠基之作。1990 年田建国的专著《高等教育学》跳出普通教育学体系,构建了一个包括基础理论、宏观高等教育和微观高等教育三部分的体系。这是对高等教育学科理论体系的一次大胆探索,该体系相对接近于理论体系,但基本上仍是经验体系。1995 年胡建华等人所著的《高等教育学新论》,按照历史—现实—未来的纵向思路,用学科、历史、逻辑、价值、目的、结构、过程、未来、研究这九个网上之结而构成经纬,建构了一个新的体系。正如潘懋元在本书序言中所指出的,该书朝着完整的科学理论体系这个目标跨过一大步,但如果按照学科科学理论体系的要求,该书还只是属于高等教育原理一类的专著。1995 年潘懋元与王伟廉主编的《高等教育学》力图在学科体系上进行新的尝试,在各章节的安排上遵循"从古到今、从国外到国内、从宏观到微观、从基础理论到应用理论"的逻辑顺序,并尽可能体现问题之间的逻辑关系,理论性较强。但正如编者在后记中所言,这本书也是从过去

---

　　① 潘懋元.必须开展高等教育的理论研究:建立高等教育学科刍议[J].厦门大学学报:哲学社会科学版,1978(4).

经验形态（或称经验体系）的高等教育学向理论体系的高等教育学迈进的一种"过渡性"的著作，仍然没有摆脱经验性的描述。2001年薛天祥教授主编的《高等教育学》以"高深专门知识的教与学"为逻辑起点，以专业为中介概念，以高等教育为中心概念，以高等教育的目的与途径为逻辑终点，构建了一个新体系，这是迄今为止在逻辑体系上相对比较严整的一部《高等教育学》，但在内容上距离科学理论体系仍然有一定的距离。以上分析显示：目前我国高等教育学的科学理论体系尚未形成，基本上还处在经验体系向理论体系过渡的阶段。

除了在学科理论体系方面的进展，以解决高等教育改革和发展实践中的问题为目标的"问题研究"在一定程度上推动了学科理智的发展。这种"问题研究"是围绕着高等教育改革和发展的内容而进行的，其"确定时间段的研究主题"随着经济与社会及高等教育自身的改革发展而变化。如：20世纪80年代，高等教育与商品经济的关系成为研究的主题；20世纪90年代初期，高等教育与市场经济的关系、高等教育体制改革等成为研究的主题；世纪之交，高等教育与知识经济、高等教育发展规模与速度、高等教育大众化、民办高等教育等成为新的研究主题。可以说自20世纪70年代末以来，追逐热点问题、以热点问题作为研究对象成为我国高等教育学学科发展的主线[①]。比较而言，国外高等教育研究的主题则较为集中。比如，根据泰特的观点，欧洲高等教育研究主要集中在四个方面：高等教育的定量和结构方面、知识和课程方面、教学和研究以及与个体相关方面、组织和管理方面[②]。高等教育学作为一门社会科学，关注实践，为解决实践中的问题提供指导，这是理所当然的。但我国高等教育研究中的许多"问题研究"往往忙于解决各种各样的具体问题，没有对实践中的问题进行去伪存真、由表及里的科学建构，因而难以摆脱就事论事的工作讨论模式，失去科学研究应有的理论深度，对学科理智发展的贡献非常有限。因此，毋庸讳言，单从学科理智的角度来看，学科指向的我国高等教育研究并不比研究领域指向的欧美高等教育研究更接近于一门真正的学科。

---

① 胡建华.我国高等教育学学科发展的特殊性分析[J].教育研究,2003(12).

② 马尔科姆·泰特.高等教育研究:进展与方法[M].北京:北京大学出版社,2007:7.

2. 学科制度层面

我国高等教育学学科建设从一开始就重视学科制度尤其是学科外在制度建设。1978 年,中国第一个以高等教育作为研究对象的专门研究机构——厦门大学高等教育科学研究室成立。1979 年,厦门大学等 8 个单位开始筹备组建全国高等教育研究会。1981 年,厦门大学高教研究室招收国内第一个高等教育学专业研究生;1982 年,厦门大学高教研究室制订出国内第一个高等教育学专业研究生培养方案。1983 年,国务院学位委员会公布的学科专业目录将高等教育学正式列为教育学的二级学科。同年,中国高等教育学会正式成立。1984 年,潘懋元主编的中国第一部高等教育学系统专著《高等教育学》(上下卷)出版。1984 年、1986 年,我国第一个高等教育学专业硕士点和博士点相继在厦门大学建立。至此,我国高等教育学学科外在制度基本确立。此后,学科外在制度逐步发展、完善。

经过 30 年的发展,我国高等教育学学科外在制度逐步完善。专业研究队伍不断壮大,全国高等教育专业研究人员达到 3000 名左右;专业研究机构不断增多,全国高等教育研究机构在 800 个以上;学会组织不断扩大,目前,中国高等教育学会所属机构达到 107 个;人才培养发展迅速,据粗略统计,目前全国招收高等教育学博士生的专业或方向的单位已达 14 个,高等教育学硕士授予单位 60～70 个,每年培养的博士数以百计,硕士数以千计;专业期刊和专著不断增多,继第一部高等教育学专著出版之后,陆续出版了各有特色的高等教育学著作 20 多部,高教研究刊物前后出版 600～700 种,后经整顿、合并有所减少,但仍有 300 种以上;资金资助逐渐稳定和扩大,以全国教育科学规划课题为例,高教方面的课题从"六五"规划的 11 项增加到"十五"规划的 410 项。①

相较于学科外在制度的逐步发展和完善,高等教育学学科内在制度建设不尽如人意。学科的深层理念、学术标准、学术准则等方面的建设比较欠缺。这固然与高等教育学学科建设中对学科内在制度建设重视不够有关,但更大程度上可归因于我国整个社会科学学科的内在制度有待健全。

综合来看,30 年来,我国高等教育学学学科建设取得了巨大的成绩,但也存在

---

① 刘小强.学科建设路线与高等教育学的选择[J].江苏高教,2008(1).

许多问题。学科制度层面，学科外在制度迅速建立并逐步发展、完善，但学科内在制度建设尚需加强。学科理智层面也取得了一些重大成果，但总体上还比较薄弱，离科学理论体系的形成尚有很大距离，难以获得学科内外的科学共同体对高等教育学学科地位的认可，高等教育学的学术性还有待加强。换言之，我国高等教育学虽已获得了形式上的"独立"，但实质上"自主性"缺乏。因此，未来我国高等教育学学科建设应更加关注学科理智建设和学科内在制度建设，增强高等教育学的"自主性"，提高高等教育学的学术地位，使高等教育学能够真正屹立于学科之林。

三、我国高等教育学学科建设的未来取向

展望未来，我国高等教育学学科建设应以"学科自主"为基本目标取向，加强学科理智和学科内部制度建设。为实现"学科自主"的目标，需要坚持路径取向上的"开放性"和价值取向上的"实践性"。

1. 目标取向：自主性

何谓高等教育学的学科自主性？笔者以为，这个概念包括两个方面的含义。第一，独立性。作为学术场域的高等教育学应有别于其他场域，自主地对外部世界进行反思、批判和建构；作为一门学科的高等教育学在与其他学科的相互作用中应保持独有的个性和品质，能够与其他学科平等"对话"。第二，独特性。作为一门学科，高等教育学具有不同于其他学科的、不可替代的特性和功能；作为一门社会科学学科，我国高等教育学应当是本土的，具有"中国特色"。

首先，根据布迪厄的场域理论，作为学术场域，高等教育学与社会经济等分属不同场域，具有不同的场域价值观，遵循不同的场域逻辑。高等教育研究需要关注和考虑社会政治、经济和高等教育现实，但绝不能将自身"锁定"为政策的诠释者和实践的辩护者，否则高等教育学就会失去自主进行理论批判和知识建构的能力。为此，在高等教育学学科建设中，一方面要根据学术逻辑建设高等教育学的学科内在制度；另一方面，高等教育学学科研究中科学地构建研究对象，不能随意地简单将那些对社会、政治、经济及高等教育实践具有重大意义的经验现象作为

研究对象,而是必须经过去伪存真、由表及里的思维过程,使之成为一个科学问题。

其次,目前,我国高等教育学学科研究中,对其他学科的借鉴存在较严重的简单"拿来主义"倾向,"他学科"概念和理论广泛渗透到高等教育学科中。然而,"学科的制度化进程的一个基本方面就是,每一个学科都试图对它与其他学科之间的差异进行界定,尤其是要说明它与那些在社会现实研究方面内容最相近的学科之间究竟有何分别"①。因此,必须使高等教育学摆脱对其他学科的单向性依附,从概念建构和方法强化的角度形成高等教育学科的独特性,建立与其他学科平等对话的基础。

再次,我国高等教育学是在我国本土产生和发展的。后来,随着国际学术交流的增多,开始在一定程度上受到国外尤其是美国高等教育研究的影响。甚至有一些高等教育学的分支学科,如高等教育经济学等,是从国外引进之后才开始研究的。这对于高等教育学学科建设尤其是学科理智的发展起到了促进作用。但在"与国际接轨"的倡导下,一些研究者自觉不自觉地认可学科的"西方中心主义",盲目追求理论与方法的国际潮流,成为"依附理论"的追随者。高等教育学是一门社会科学,其发展应立足于我国高等教育的实际。如果我国的高等教育研究过度依赖于西方理论的"辐射",那么,中国的高等教育学科就可能被边缘化。我们要建立的是有中国特色的高等教育学学科,即使开始时是从国外引进的分支学科,也应立足本国,发展"中国特色"。

当然,"自主的概念不是一个实体性的概念,而是一个相对的和有条件的概念"②。以"学科自主"作为高等教育学学科建设的目标并不意味着要建立学科壁垒,不是将高等教育研究与社会经济等和高等教育实践隔绝开来,也不是要杜绝国外有关理论和成果。事实上,高等教育学学科自主性的构建有赖于路径上的开放性和价值取向上的实践性。

---

① 华勒斯坦,等.开放社会科学[M].北京:生活·读书·新知三联书店,1997:32.
② 埃德加·莫兰.方法:天然之天性[M].北京:北京大学出版社,2002:227.

2. 路径取向:开放性

路径取向的开放性包含两重意思:第一,高等教育学学科建设应面向其他学科开放,采用多学科研究方法,吸引其他学科研究者进入高教研究领域,促进高等教育学科的学术积累;第二,高等教育学学科建设应面向世界开放,在立足国内的同时,借鉴外域,走向世界。

正如社会学家迪尔凯姆所言,"当一门学科正在产生的时候,要想取得进步,必须借鉴所有现成的学科,将这些学科中的宝贵经验弃之不用,显然是不得要领的"①。作为一门正在走向成熟的学科,高等教育学的学科建设必须向其他学科开放。面向其他学科开放包含了两重意思:一是高等教育学科研究中采用多学科研究方法;二是吸引其他学科的学者与学生进入高等教育研究领域。一方面,高等教育学的研究对象——"高等教育"与社会政治、经济、文化等方方面面的关系越来越密切、复杂,高等教育现象和问题越来越难以在单个学科范围内得到诠释,必须从多学科的角度进行分析和认识;另一方面,当前,"多学科(multi-disciplinarity)"、"跨学科(cross-disciplinarity)"、"科际整合(interdisciplinarity)"和"开放社会科学"、"否思社会科学"、"重建社会科学"等呼声日隆,传统社会科学学科边界日益模糊。在这种趋势下,高等教育学科建设的路径不宜再遵循传统社会科学学科的形成路径,而应主动向其他学科开放。需要强调的是,采用多学科研究,必须坚守高等教育的立场,防范高等教育学成为"别的学科的领地"。对于吸引其他学科的学者进入高教研究领域,目前还缺乏制度化建设,若能从制度上保障本学科的建设者与继承者的多学科性,对高等教育学科的发展将具有重大意义。

我国高等教育学学科建设还应面向世界开放,加强国际交流与合作。一方面,努力把我国的高等教育理论研究成果推向国际学术舞台,使其为国际上更多的同行熟知和认可,为我国高等教育学学科建设创造良好的国际环境;另一方面,及时了解世界高等教育研究动态,引进国外先进的理论成果,借鉴国际学术规则和规范,开阔研究视野,为我国高等教育学科发展提供滋养。当然,必须强调的

---

① 迪尔凯姆.社会学研究方法论[M].北京:华夏出版社,1988:118.

是,我们要建设的是具有中国特色的高等教育学,对国外的学习和借鉴是"本土守望"基础上的"外域吸收",而非依附发展。

3. 价值取向:实践性

以"学科自主"作为高等教育学学科建设的目标,并不意味着认为高等教育学是一种"纯粹的"的知识,与高等教育实践毫无关系,与社会、政治、经济毫无干系。而是恰恰相反,高等教育学"学科自主"目标的实现必须坚持价值取向上的实践性。

价值取向上的实践性是我国高等教育学科建设的基本经验。我国高等教育学科建设自始即从学科外在制度建设着手,这是从我国高等教育管理制度和学科专业制度的实际出发做出的合理选择。高等教育学学科理智建设也坚持了价值取向上的实践性。对学科理智进展起过重要推动作用的"高等教育学研究会"前3届研讨会都是围绕"高等教育学学科理论体系问题"的探讨而展开。1997年第4届研讨会将高等教育研究重点转移到了"高等教育理论研究如何更好地为高等教育发展与改革实践服务"上来,从而促使高等教育研究更加注重与高等教育实践结合起来。

价值取向上的实践性是由高等教育学的学科性质决定的。高等教育学就其总体来说是一门应用性学科,它的发展不能单纯地依据逻辑推导来实现,也不能仅仅以是否符合逻辑来检验,而必须源于实践、归于实践、服务于实践。高等教育学学科理论体系的构建必须从实践出发。高等教育学学科理论体系如果脱离了实践,无法得到实践验证,无法解释与预测实践,所谓的体系必然是苍白的。高等教育学的逻辑起点虽然在形式上好像一个先验的结构,但它不是闭门造车、冥思苦想的结果,而是在充分的实践材料的基础上的产物;其基本概念和理论必须从实践中来到实践中去,并随着实践的发展而发展;高等教育问题研究也必须源于实践、归于实践、服务于实践,所研究的问题必须是实践中的真问题;研究过程应坚持"理论联系实际""理论与实践相结合"的方法论原则;研究路径应该是根据所要研究问题的性质选择适当的立场、方法和手段;应加强理论向实践转化的中介环节的研究,强化理论工作者与实际工作者双方的合作,使研究成果真正服务于实践。高等教育学学科制度建设也应从实际出发、为实践服务。

论我国高校"大学""学院"名称的由来、现状及走向[*]

一、问题的提出：我国高校"大学""学院" 名称使用不够规范的现状

1."大学"与"学院"名称的趋同与模糊

众所周知，"大学"与"学院"都是实施高等教育的机构。对于一所高校应该称为"大学"或"学院"的问题，我国自民国时期起就有严格的规定标准。这表明，中国近代以来的"大学"与"学院"之间是有区分的。高校由"学院"改称为"大学"，标志着一所高校在办学规模、师资力量、教学水平、学科建设和社会影响等质的方面的提高。因此，我国高等教育整体发展水平有了很大的提高之后，部分院校将"学院"升格为"大学"也是情理之中的事情。对于"学院"名副其实地改称"大学"，我们应该加以提倡和鼓励。正如 20 世 90 年代初的英国将多所多科技术学院升格为大学的做法一样。然而，在自 20 世纪 90 年代中后期兴起的"更名改姓"的狂潮中，有些高校却无视"大学"与"学院"的区别，费尽心思地想把"学院"改称"大学"。为能够升格为"大学"，一些"学院"不惜代价地去迎合"大学"的条件，使原本有限的力量更加分散，其规模虽然变大了，但质量却变差了。在短短的几年间，我国"大学"数量快速增加，人们脑海中"大学"与"学院"的区别也越来越模糊，以至于有些人开始认为"大学"与"学院"只是称谓不同而已。"大学"正在一点一滴地丧失着其实质的意义，"学院"也失去了其原有的特色。这不得不引起我们的深思。

---

* 本篇与孙曙光合作，原载《国家教育行政学院学报》2007 第 7 期；被人大复印资料《高等教育》2007 年第 12 期全文转载。

笔者认为,第一,没有必要一哄而上地将"学院"改称为"大学"。在国内,"学院"改称"大学"似乎都有一个冠冕堂皇的理由,那就是"学院"之名已不能反映学校的规模、教学水平、师资力量等实际情况,不改成"大学"之名就会制约学校的进一步发展。果真如此吗?难道"学院"真的比"大学"低一等吗?在教育部部属重点大学中不是也有中央音乐学院、中央戏曲学院等"学院"吗?在国外,除了有哈佛大学、剑桥大学等著名"大学"之外,不也有麻省理工学院、加州理工学院等闻名遐迩的"学院"吗?中国高等教育的发展需要"大学",同样也需要"学院"。第二,要严禁不够格的学校称为"大学"。教育部门明文规定,"大学"主要实施本科及本科以上教育。而现实却是专科层次的学校尤其是一些民办专科学校也纷纷称为"大学"。我国高校"大学"名称使用不够规范由此可见一斑。

2. "学院"名称公私不分、本专不分

近年来,我国民办高校异军突起,而且多数民办高校都称之为"××学院"。他们与公办"学院"交织在一起,让人难以辨认。单依校名而言,公办"学院"与民办"学院""你中有我,我中有你",给人们的判断带来许多不便。

需要说明的是,笔者并无歧视民办高校之意。相反,早在1998年笔者就认为,我国民办高等教育必将大发展;[①]现在我们依然认为,中国高等教育的发展离不开民办高校这一"重要组成部分"。但是,这种"公""私"不分的"学院"给考生的选择和家长的判断带来了困难,给人们带来了许多不应有的谜团。在提倡知情权、透明度的今天,"公"与"私"的"学院"还是以区分为好。只要学校办得好、培养的学生能够得到社会的广泛认可,姓"私"的学院也照样能够得到考生的青睐,甚至学生还会以自己所在的民办高校为荣。那种以公办"学院"之名行民办"学院"之实的学校,一方面会造成"劣币驱逐良币"的不良效应,另一方面迟早会被社会所淘汰。

另一种情况是,本科与专科层次的"学院"大量涌现。更有甚者,一些中专学校,甚至民办培训机构也堂而皇之地称为"学院",令人犹如雾里看花。据笔者统计,在中国校友会发布的"2006年中国民办大学排行榜"百强中,本科层次的学

---

① 李泽彧.论我国私立高等教育必将进一步发展[J].辽宁高等教育研究,1998(4).

校共有 26 所、占 26%,专科层次的学校占 74%。其中,以"××学院"命名的占了 97%,以"××大学"命名的有 2 所,取名为"××高等专科学校"的仅有一所。换句话说,以专科层次办学为主体的民办高校,绝大多数称为"××学院",只有极少数的以"××高等专科学校"来命名。

与"大学"一样,"学院"主要实施本科及本科以上教育,专科层次的高校称为"学院"确实欠妥。值得一提的是,我国公办专科层次中的高校以"××高等专科学校"命名的还占有一定的比例。这与民办专科层次的高校急于自称"学院"的情况相比,应当值得肯定。

二、历史的回眸:我国高校"大学""学院"名称的由来及发展

1. 始自民国时期的"大学""学院"名称

民国时期是我国近代以来大学教育形成和发展的重要阶段,"大学"与"学院"等名称随之而来。1927 年 7 月,国民政府颁布的《大学组织法》规定,"大学分文、理、法、教育、农、工、商、医各学院","凡具备三个学院,始得称大学。不符合上述条件者,为独立学院,得分两科"。同年 8 月,国民政府教育部公布的《大学规程》规定,大学各"科"改称学院,凡具备三学院以上并包含理学院或农、工、医各学院之一的,才得称大学;不符合条件的,称为学院,得分两科[①]。

事实上,国民政府公布《大学组织法》与《大学规程》前后即 20 世纪 20 年代末 30 年代初,中国的高等学校就进行了一次较大规模的调整与改组。凡是不符合《大学组织法》与《大学规程》的大学,有的加以改组,有的降格为独立学院;不够条件的高校,当时的教育部就令其停办。

可见,我国高校"大学"与"学院"等名称自民国时期就有明确的规定,并且那一时期的执行标准也相当严格。因此,"大学"与"学院"是有严格的分野的。研究民国时期的"大学"与"学院"等名称,对于新时期我国高校校名使用具有借鉴作用。

---

① 邓岳敏,张亚群.探析民国时期大学设置标准的演变[J].交通高教研究,2003(6).

2. 1949 年后院系调整出现的院校更名

新中国成立后,对"大学"和"学院"的区分没有严格的学科数量规定,因此出现了一些单科型大学。在苏联教育思想的影响下,我国高校在 1952 年进行了一次变革性的院系调整。一方面,这次院系调整合并和撤销了一些不具备条件的大学和学院、调整了一些大学或独立学院的科系设置,值得肯定;另一方面,在调整过程中,把中国正在发展与有待充实的多学科综合性大学都拆成实际只有文学院和理学院的所谓的大学,又把综合性大学的学院变成一个单一的独立学院的做法值得反思。在 1952 年以后的几十年间,我国基本上没有一所学科设置完备或较为完备的多学科综合性大学,而多数的独立学院因离开了大学母体文理学院的支撑,最终也都成为技术性的学院。所以说,这次全国院系调整与我国高校"大学"与"学院"名不副实的命名有很大关系。

3. 20 世纪 90 年代以来高校合并重组、升格变迁带来的新校名

改革开放后,我国经济发展进入快速道,高等教育也有了很大的发挥空间,为了使高等教育更好地为社会主义经济建设服务,1986 年 12 月 15 日,国务院发布了《普通高等学校设置暂行条例》。条例规定:称大学的,主要培养本科及本科以上的专门人才,并且须符合下列规定:在文科(含文学、历史、哲学、艺术)、政法、财经、教育(含体育)、理科、工科、农林、医药等八个学科门类中,以三个以上不同学科门类为主要学科;具有较强的教学、科学研究力量和较高的教学、科学研究水平;全日制在校生计划规模在五千以上。如果处在边远地区或有特殊需要,经国家教育委员会批准,可以不受此限。称学院的,主要培养本科及本科以上的专门人才,并且须符合下列规定:在文科(含文学、历史、哲学、艺术)、政法、财经、教育(含体育)、理科、工科、农林、医药等八个学科门类中,以一个不同学科门类为主要学科;全日制在校生计划规模在三千以上。艺术、体育及其他特殊种类或有特殊需要的学院,经国家教育委员会批准,可以不受此限。

到 20 世纪 90 年代中后期,随着社会的进一步发展和我国经济实力的增强,当时的高等教育规模已不能满足社会发展和人民群众的需求,高等教育大规模扩张成必然之势。其中,高校合并、院校升格以及民办高校的繁荣就是高等教育规模扩张的具体体现。高校命名不够规范的现象随之而来。因当初部分不规范的命名未得到有效控制,久而久之,导致"大学"与"学院"等名称的使用越来越不规范。

三、国外的做法:以美、英高校名称为例

1. 美国有世界一流的"大学",也有世界一流的"学院"

美国是一个多元化的国家,美国大学的多样性远远超过其他国家。一般而言,其高校分为三类,即研究型大学、应用型大学和社区学院。这些不同类型的高校定位很明确,它们在发展中特别注重塑造自己的个性,用自身的个性和特色争取一席之地。譬如,创办于 1970 年的马萨诸塞州的威斯利学院(Wellesley College)就是一所私立的四年制学院,至今仍保持着其一流的女子学院的传统,办学成就斐然,赢得了广泛的社会声誉;加州的深春学院(Deep Spring College)自创办以来,每年只从数百个申请者中招收几名学生,在校人数始终为 26 人,但其录取学生的 SAT(学术评价测试)却在 1400~1500 分之间,甚至还超过了知名研究型大学莱斯大学(Rice University)1320~1500 分的 SAT 分数线。[①] 目前,美国高等教育机构已达 3271 所。其中,社区学院有 1100 所,占高校总数的 34%左右,每年就读的学生达 100 万之多,占美国大学生总数的 44%[②]。研究发现,这些社区学院绝大多数称为"××College"或"××Community College",而以"××University"命名的并不多。另外,据笔者统计,在《美国新闻与世界报道》对 2005 年度美国高校进行综合排名的前十位的名单中,就有麻省理工学院、加州理工学院、达特茅斯学院三所"学院"。可见,美国的高校并不以名称论水平高低,既有世界一流的"大学",也有世界一流的"学院"。美国没有"社区学院"改称"大学"的现象,也不存在高校升格的狂潮。所以,尽管美国高等教育机构繁多,但他们的名称却井然有序。这是值得我们参考的。

2. 英国高校的更名按相关法律行事

20 世纪 90 年代,英国同样有一些高校将"学院"改称"大学"之经历。1999

---

① 2005 美国大学排名公布(NEW)[DB/OL].http://www.ruf.rice.edu/instresr/ricefacts/students.html.

② 陈欣泽.领导未来的美国社区学院[J].中国高等教育,1999(19).

年,英国政府发布高等教育白皮书——《高等教育的框架》。梅杰首相在为白皮书作的前言中写道:"在高等教育方面,我们的改革主要是结束大学与多科技术学院和其他学院之间日益严重的人为区分。"①次年,英国议会通过了《1999年继续教育和高等教育法》。此法案中有条款规定:制订相应的标准,使愿意采用"大学"名称的多科技术学院改称"大学",符合这些标准的其他规模较大的高等院校也可易名。②依据此法令,英国34所多科技术学院以及部分其他学院改称为"大学"。但是,此后英国高校更名并没有出现"盲热"的情况。在英国《卫报》(Guardian)公布的2006年英国大学综合排行榜中,仅次于牛津大学和剑桥大学位列第3~7位的分别是伦敦经济学院、伦敦大学学院、帝国学院、亚非学院(伦敦)、国王学院等5所"学院",占了前十位的"半壁江山"。③笔者认为,英国高校虽然出现了更名的现象,但并不盲从、混乱。这与英国高校的更名按相关法律行事不无关系。可以说,有关法规保证了该国教育事业的顺利发展。

四、未来的走向:我国高校"大学""学院"名称的制度规范

1. 走向规范的高校命名

为了做好高等学校的设置工作、保证普通本科学校的设置质量,2006年9月28日,我国教育部发布了《普通本科学校设置暂行规定》(教发〔2006〕18号)。规定要求,本科层次的普通高等学校称为"××大学"或"××学院"。称大学的,全日制在校生规模在8000人以上,在校研究生数不低于全日制在校生总数的5%,在人文学科(哲学、文学、历史学)、社会科学(经济学、法学、教育学)、理学、工学、农学、医学、管理学等学科门类中至少应拥有3个以上学科门类作为主要学科且其每个主要学科门类中的普通本科专业应能覆盖该学科门类3个以上的一级学

---

① 顾明远,梁忠义.世界教育大系:英国教育[M].长春:吉林教育出版社,2000:537,539.
② 顾明远,梁忠义.世界教育大系:英国教育[M].长春:吉林教育出版社,2000:537,539.
③ 《卫报》2006年英国大学排行榜[DB/OL].http://www.bbc.co.uk/china/studyintheuk/story/2006/05/060502_06guardianunileague.shtml.

科,每个主要学科门类的全日制本科以上的在校生数不低于学校全日制本科以上在校生总数的 15％且至少有 2 个硕士学位授予点,学校的普通本科专业总数至少在 20 个以上;称学院的,其主要学科门类中应能覆盖该学科门类 3 个以上的专业。

这次发布的《普通本科学校设置暂行规定》,时隔上次发布的《普通高等学校设置暂行条例》正好 20 年。在这期间,我国的高等教育形势发生了翻天覆地的变化,因此它是新形势下我国高校设置标准的重新调整。有了标准之后,关键要看如何执行。应把不够格的"大学"降为"学院",令滥用"学院"之名者改名或停办。

2. 高校必须遵守教育部门对学校名称的相关规定

高校要想求得发展,一味地将"学院"变成"大学"是没有实际意义的。高校要戒除这种虚荣心理和从众心理,要在加强师资队伍建设、提高教育教学科研水平以及人才培养质量上扎扎实实地下功夫。其实,只要办出特色、办出质量,"学院"一样能办得很好,甚至可以超过"大学"的影响。校名是一所高校的无形资产,是用以区别其他高校的代表符号。一个校名如果被长期使用,它就会具备相对的稳定性,并在某种程度上包含了人们对该高校声誉、形象等方面的认可等。高校与其挖空心思地让"学院"变成"大学",不如集中力量发展自己的强势学科。这既可避免更名带来的无形资产的流失,又会使学校得到真正意义上的发展。一个不争的事实是:麻省理工学院一直抱住自己"学院"的金字招牌不放,不是照样誉满全球吗?

我国高校"大学""学院"更名之所以混乱,原因之一是缺乏对"校名"问题的研究。高校在现代社会组织当中具有十分重要的作用,其名称与企业的品牌一样已越来越引起人们的关注。因此,加强对我国校名理论的研究既非常必要也迫切需要。

3. 完善相关规定,规范高校校名

笔者认为,应在 2006 年教育部发布《普通本科学校设置暂行规定》中加上一条规定:高校校名前须有"国立""省立""市立""私立"等字样。即部属大学就加"国立"二字,如国立北京大学、国立北京师范大学、国立厦门大学等;省属大学就加"省立"二字,如省立河北大学、省立辽宁大学、省立福建师范大学等;市属高校就加"市立"二字。对于民办高校而言,本科层次的一律称为"私立或民办××大学",如民办仰恩大学、民办黄河科技学院等等;专科层次的民办高校一律称作"私立或民办××高等专科学校"。如此,人们一看校名,就能知晓它是"公立"还是"私立"及其办学层次,从而既能规范校名又易使人们辨认。

试论大学人才培养模式的发展趋势[*]

教育必须解决三个根本问题,即为什么培养人才,培养什么样的人才以及怎么样培养人才。当人类进入 21 世纪之际,培养和造就什么样的人才已成为世界各国普遍关注的问题。其中,"怎么样培养人才"的问题,即重新构建人才培养模式处于十分突出的地位。世界许多国家都正在不同程度上探索和构建新的人才培养模式,以期在未来的竞争中立于不败之地。如何立足国情,面向 21 世纪构建新的人才培养模式,也已成为我国当前十分迫切的任务。

一、21 世纪大学人才培养模式面临的挑战

与世界其他国家一样,中国高等教育在 21 世纪初面临着一些挑战,这些挑战具有共性方面,也有自己特殊的国情,它们对人才培养观念的影响,具有深远的甚至是决定性的意义。概而言之,中国高等教育目前面临两大挑战:一是知识经济的挑战,二是经济体制转轨的挑战。

1. 知识经济对大学人才培养模式的挑战

21 世纪是知识经济时代。作为一种新的经济形态,虽然它目前还只是初显端倪,但是作为站在知识前沿的高等学府必须正视这一趋势。第一,知识经济是建立在以知识进行生产、使用、分配的经济基础之上,知识经济是一种不断创新的经济。江泽民同志说,"创新是一个民族的灵魂,是一个国家不竭的发展动力",创新是 21 世纪大学的基本任务。第二,知识经济是以人为本的经济。与以往传统的农业经济、工业经济不同,知识经济的到来对人力资源的要求以及人力资本的投

---

* 本篇与薛成龙合作,原载《高教研究与探索》2000 年第 4 期。

资将超过以往任何一个时代。高等教育大众化在一个侧面反映这一发展趋势。第三,知识经济时代是科学技术迅猛发展的时代。科学院老院长卢嘉锡以令人信服的材料分析了当代科技进步的四大特点:一是知识积累加快,二是重大变革不断涌现,三是科技成果转化为产品的速度加快,四是科学技术综合的趋势加强。由此可见,知识经济是一种全新的经济形态,它的彰显不但改变了人们的生产方式、生活方式、思维方式,也改变了人们对人才质量、规格和层次以及人才培养模式的种种看法。

2. 市场经济体制转轨对大学人才培养模式的挑战

与世界其他国家相比,中国在进入 21 世纪之时的大学人才培养模式变革还有自己特殊的国情,这就是我们的经济体制正从计划经济转向市场经济。经济体制的转轨使人才资源配置方式也从计划调节转向市场调节。这种人才资源配置方式的转变使大学传统的人才培养方式面临着另外一种挑战,这种挑战是源于人才培养相对较长的周期性与市场要求的多变性之间的矛盾。大学不知道学生将来将在何种具体的岗位上工作,学生也迫切希望增加知识面,拓宽视野以增强自身的社会适应能力。因此,经济体制的转轨使大学人才培养模式不但要遵循人才培养的特殊规律,亦要主动适应市场经济的需要,参与市场对人才的调节作用。

3. 挑战之下的大学人才培养观念的转变

面对上述挑战,大学在人才培养观念上亦发生了深刻的变化。首先是从单纯的专业教育观转向素质教育观。素质教育最初是针对中小学的应试教育而提出的,随后,针对大学过窄的专业设置,大学亦提出人文教育与科技相整合的素质教育。特别是进入 21 世纪之际,有关素质教育的内容,不仅包括人才培养目标的创新,同时也涉及教育体制、教学方法与课程体系的创新等等。其次,从静止的一次性教育观转向终身教育观。由于知识经济的崛起,科学技术的飞速发展,传统本科四年的人才培养模式已不能适应未来社会对人才的需求。那种认为大学四年学习就可以一劳永逸已经一去不复返,代之而起的是终身教育思想。本科教育只能作为培养高级专门人才的"毛坯",仅仅是高级专门人才培养的开始,而不是结束。再次,人才培养质量观从统一走向多样。伴随着知识经济及高等教育大众化的趋势,传统精英教育的人才培养质量观受到挑战。显然,试图把所有的大学或大学中所有专业都朝着精英教育的方向发展是徒劳的。然而,高等教育大众化又必须保证一定的质量基础,而不能通过降低质量标准来实现人才培养的多样化。

二、21 世纪人才培养模式的发展趋势

我国与世界其他国家一样,在进入 21 世纪时,都在积极构建新的人才培养模式,并逐渐出现了一些共同的趋势,大致有四个方面:人文化、基础化、综合化、多样化。

1. 人文化

从历史的角度看,近代科学技术的发展及其广泛运用极大地改变了人们的生产方式、生活方式及思维方式,拓展了人们的社会生活空间。同时,对自然科学技术的无限扩大加剧了人与自然、个人与社会以及人的物质生活与精神生活的分化与对立,由此形成了当前人类社会的各种"现代病",诸如环境、资源、气候、生态等各种问题。面对上述这些问题,世界各国不得不正视科学技术与现实的对立并转而把解决问题的焦点集中于大学的人才培养,他们试图在寻找科学精神与人文精神的整合中重新构筑新的人才培养模式。1979 年,美国哈佛大学发表《核心课程报告》,其核心内容就是学生除必须主修课程外,必须选修一定量经过精心设计的人文社会课程。日本自二战后学习美国模式,建立了普通教育与专业教育相结合的四年制本科大学,在普通教育阶段,学生要修习相当数量的人文课程。英国针对自然科学与人文科学的严重分裂,提出在高等学校改革中,加强文理交叉,剑桥专家指出现代文科与理科的裂缝必然用科技人文来粘合。我国大学的人才培养模式从 20 世纪 50 年代重知识、到 60 年代重能力,到 90 年代知识、能力与素质并重。这一转变的过程中,文化素质逐步被提到应有的位置。特别是近年来,可持续发展的高等教育的提出,给予人文教育以更多的关注。目前,国内许多理工科都把人文学科的发展纳入到学校的总体发展规划中,例如,同济大学成立了文科发展委员会以统筹规划人文社科专业的发展。清华大学提出要发展"小而精,有特色、高水平的人文社会科学"。当然,大学人才培养人文化的趋势不应误解为大学偏废科学教育,它只是针对过去大学人文精神失落的一种纠偏,人文化是在更

高层次上寻求大学科学精神与人文精神的重新整合。

2. 基础化

基础化是当前世界人才培养模式变革的又一大趋势。以中外工科人才培养模式比较为例,虽然世界各国大学对工科人才培养模式基础化强调的重点不同,但在不同程度上朝着这一方向发展。美国学院联合会,经过大量的研究,提出8个现代社会生存和发展所必须设置的一些基础性、通识性课程:(1)基础文化课程;(2)抽象的逻辑性和批判性;(3)理解数据、描述数据;(4)历史知识;(5)科学;(6)价值;(7)艺术;(8)国际和多元文化经验。在此基础上,进一步深入学习某一学科[①]。相对于美国,日本的高等工程教育给人的印象是"专且深",但是理工学部要求学生在掌握专业的同时要掌握人文、社会、自然科学领域和一定经营管理的知识。澳大利亚也非常重视工科学生的综合基础知识,例如,昆士兰大学机械工程系在课程设置上十分重视对学生经济、管理、人际交往、再学习能力等方面的素质培养。法国巴黎理工大学的预备班学生第一年为军训,二、三年级学习科学基础和应用科学,学校开设经济、人文和社会科学、外语、体育等课程。[②] 所以,从世界范围看,本科教育大都朝着基础化的方向发展。1949 年后,我国大学人才培养模式学习苏联模式,按二级学科建系,按三级学科设置专业,形成大量的单科性大学及少量的多科性大学和文理综合大学。这种学科建制下所形成的人才培养模式在一定程度上适应了当时国民经济对大量专门人才培养的需求,但是其缺点是过于专门化,造成学生知识面窄、基础较为薄弱、后劲不足。随着经济体制的转轨,这一问题亦显突出。有鉴于此,近年来我们提出了厚基础、宽口径、强能力、高素质的人才培养模式,在一定程度上反映了我国人才培养基础化这一趋势。

3. 综合化

人才培养模式综合化是一个与人才培养模式基础化密切相关的过程。综合化内容包括学科的融合、专业的综合,以及课程的综合等不同层面。为了实现学科间的综合交叉发展,国外相继出现了许多按学科群建立"学院",例如德国的"学

---

① 邵书慧,张惠芳.论高校人才培养模式的构想[J],高等农业教育,1999(5).

② 樊耘,王颖.中外工科人才培养模式比较研究[J],比较教育研究,2000(1).

域"、日本筑波大学的学群制度,它们打破了传统教学和科研的行政建制,承担了过去学院的教学和科研工作,置人才培养于教学与科学研究之中。近年来,我国相当数量的大学通过院系合并或联合组建二级学院,按大类设置专业,在一定程度上为学科间的综合交叉发展创造了有利条件。课程的综合化是人才培养模式综合化的核心层面,目前,国内外高等学校在课程综合化方面已经探索出数种相对有效的模式:一是大型综合课程。围绕某一领域从多学科进行组织教学内容。例如,美国缅因州贝茨学院(Bates College)所开设的文化遗产课程,综合了古希腊到 19 世纪的文化史、文学、科学、宗教、美术等方面的伟大著作所包含的各种知识和所反映的各种思想。二是系列概论课程。这类课程是教师通过加工的手段,使各科知识变成速成概要,使学生在有限的学习时间里,学习到最主要的有关人类社会、文化与自然科学等方面的知识。三是与专业有关的"卫星课程"。围绕学生所习专业开设与此相关的人文、社科和自然科学的课程。四是旨在介绍学科方法的研究报告课,让研究人员详细讲解某一学科的片段,使学生了解该学科的思维方式。五是集合课程。围绕学生未来直接从事的职业和个人生活的一些价值问题,将专业课程与通识课程有机地结合起来。①

4. 多样化

多样化是针对单一的人才培养模式而言。纵观世界各国大学的人才培养,无论从培养目标或是培养过程方面,均呈现出多样化的特征。例如,法国的高等工程教育既有以培养高级人员为目标的大学技术学院,也有以培养文凭工程师和工程博士为目标的大学校。不仅不同的大学人才培养呈现多样化,同一所大学,甚至同一学科或专业人才培养目标都有可能不尽相同。1994 年麻省理工学院院长 Moses 教授提出要树立"大工程观",用"集成"的思想重新构筑工程教育,并引导美国的工程教育从科学向工程回归。为此,麻省理工学院重新确定工程人才培养目标,一类是生产第一线的工程技术人才,另一类是有工程背景的其他领域的人才,如法律、金融、医学,这样把技术教育和非技术教育融合在一起,极大地拓宽了工程教育的人才培养目标。我国自 1949 年后,学习苏联人才培养模式,设置专

---

① 许建领.我国大学本科课程综合化改革的研究[D].厦门:厦门大学,1997:26-27.

业,统一教学计划、教学大纲,这种人才培养统一而又单一,"千校一面"、"千人一面",既不能满足学生个性的发展,也不能适应社会人才需求多样化。有鉴于此,近些年我国的人才培养模式将趋于多样化方向发展。作为老牌的北京大学素以培养基础性人才而著称于世,但是在面对市场经济的挑战时,也主动面向经济建设的主战场,培养大量应用型与技术型的人才。南京大学提出,要培养高层次、高质量、少而精的基础性人才,同时瞄准国际前沿,培养大量的高科技人才,以及大批优秀复合型人才。从当前人才培养模式的发展情况看,我国已经形成了多层次、多规模、多方向的分类培养等不同的人才培养模式,如主辅修制,双学位制,硕博士连读制,在培养过程中也形成了大类培养、联合培养(产学合作)、分段培养等类型。

三、立足国情、全面构建 21 世纪人才培养模式的几个问题

面对着如潮的变革形势,如何立足国情,构建 21 世纪的人才培养模式,这是我们今天特别关心的问题。这里仅讨论两个问题,以期抛砖引玉。

1. 关于人才培养目标定位

人才培养模式是在一定教育思想、教育方针的指导下,为实现人才培养目标而形成的相对稳定的组织形式及运行机制。[①] 因此,人才培养目标是实现整个人才培养过程设计及运作的科学性与可行性。

人才培养目标的设计与专业的设置紧密相连。专业作为人才培养的基本框架,有它特定的历史意义。但是长期以来,人们对专业的认识一直模糊不清,导致在人才培养目标上无法进行正确定位。众所周知,中国旧制大学只有科、系、组而没有专业,"专业"的出现是 1949 年以后的事,我们学习苏联模式,按二级学科建系,按三级学科设置专业。所以,从没有"专业"到出现"专业",反映了人才培养主导思想的变化,即从原来的以学科来培养人才为主转向以国民经济生产各部门相对应的专业来培养人才为主。潘懋元教授曾指出,"高等教育是建立在普通基础

---

① 阴天榜,张建华,杨炳学.论培养模式[J],中国高教研究,1998(4).

教育之上的专业教育"。显然,这一"专业教育"的"专业"是与社会各部门相联系的"专业"。但是,中国旧制大学最早是学习日本模式,以后又转向学习美国,美国又源于欧洲大陆,大学培养学术性人才的思想在人们心中根深蒂固,这样无形之中把大学学术性人才的培养置于专业性的人才培养之上,并人为地把他们划分为两个不同等级。特别是在专科出现之后,把专业性等同于职业性,把专科与本科分成两个不同的层次,而不是把它看成是同一层次的两种不同性质的人才培养模式。事实上,在西方,把从事某种专门而非普通工作的人才,通称为专业人才或专业人员(professional)。同时,把专门职业分成两类,一类叫 practicing profession,可译为实际专业,一类叫 academic profession,可译为学术专业。前者如医师、律师、工程师,后者则专门从事科学的研究或者教学与研究的,以及专门从事文艺的多数称为"家"一类人的职业。这两类人才在不同大学甚至在同一大学里都存在着。所以,在确定人才培养目标时,应对专业概念有个清晰的认识,专业不仅包括学术性专业,也包括了职业性的专业,并且两者都可以有学士、硕士、博士不同学位。例如,近些年来,我们试设工商管理硕士学位,实际上是对原有专业教育的一种大胆、有益的探索。

2. 关于"厚基础、宽口径、高素质、强能力、广适应"

"厚基础、宽口径、高素质、强能力、广适应"是目前人才模式的五个基本要求。它比较全面地概括了当前人才培养模式发展的特征与趋势。因此,在构建创新的人才培养模式中应正确把握这五个方面的内在联系。厚基础、宽口径是人才培养的前提,是手段。高素质、强能力、广适应是目的,它们之间的内在联系统一于基础性和适应性之间的辩证关系。

人才培养模式的基础性与适应性是一对矛盾。厚基础、宽口径是针对过去过窄的专业设置、学生过弱的基础知识而言,从理论上讲,强调基础是为了拓宽学生的知识面、增强学生的社会适应能力。但是在实际操作中,往往强调基础性,就难于照顾到适应性,强调适应性,却又无法做到基础性。例如,在制定教学计划时,基础课所占学时比例过多了,选修课的比例就显得少;或者选修课所占学时的比例分量增加了,就必然挤压基础课学时。其实,出现这种矛盾并不是理论上的问题,而是认识上把基础性与适应性人为对立起来。什么是基础,学生的基础到底要多厚,口径要多宽,这些问题只有与人才培养目标联系起来,才能得到比较满意的解释。人才培养目标规定了基础的深度与广度,基础既有面上的基础,也有点上的基础(专业基础),面与点的结合也就是通常所说的通专结合。现在,一般把基础教育与专业教育、专业教育与素质教育结合起来,这是比较确切的提法。所以正确处理基础性与适应性的关系就是要正确处理基础教育与专业教育之间的关系,专业教育基础知识与非基础知识之间的关系,课堂教学与课外活动之间的关系、理论教学与实践教学之间的关系。处理这些不同层次的关系,重要的是要精简教学内容与课程,因为任何层次的关系最终都要通过教学内容与课程体系来体现。如何精简课程,这既受体制方面因素制约(如教师工作量制度),也有认识方面因素制约,当前主要是认识方面,显然精简课程的重点不是在简,而是在精。在科学技术突飞猛进,知识信息日新月异的今天,精简课程的意义在于从庞大的知识体系中提炼出具有相对重要性、稳定性的知识组成教学内容与课程体系。这样精简课程就不是一门一门课程的局部优化,而要求从整个学科体系,从整个人才培养目标出发对整个课程体系进行整体优化。只有教学内容精简下来,基础性与适应性的矛盾才能解决。

以上是对人才培养模式粗浅的看法,当然,在构建 21 世纪人才培养模式时,还有其他方面的问题值得研究,例如,如何处理继承与创新、共性与个性、统一与多样、整体与局部之间的关系等。限于时间与篇幅,这里不作详细阐述。

略论大学生创造性思维的培养[*]

时代迫切需要各种各样的人才,以加快人类文明车轮向前转动。毫无疑问,只有创造才能使时代的整体水平不断超越过去走向未来,没有创造性人才,超越便无从谈起;而创造性人才是必须具备创造性思维的。大学生正处于青年时期,在一定意义上说,他们是社会精英,能量极大,影响深远。可见,研究大学生创造性思维的特征及其培养,大有必要。笔者拟就此命题试加探讨,祈望前辈、同行多多指教。

一

我们知道,"思维"为多义词:有时指人类的全部认识,即意识;有时指与自然界相对而言的精神。本文所论的思维则专指:在表象、概念的基础上进行分析、综合、判断、推理等认识活动的过程。所谓创造性思维,顾名思义,即指人们在认识活动过程中,不受一般性思维界限的约束,超出原材料的范围,找出客观事物之间的联系,有所发现,有所创新的思维方式。这种创造性思维,一方面对社会有贡献,一方面还具有自我发现的意义。

值得说明的是,创造性思维既包括发散性思维,又包括集中性思维。近年来不少人过于强调发散性思维在创造性思维过程的作用。实际上,创造性思维过程并不随着弥漫发散的许多新联想、新假设和新的解决方法的出现而结束,在创造性思维过程完成之前还要产生集中性思维,或单项或综合地确定众多假设或解决方法中的最佳方案。从本质上说,发散性思维就是最优化选择过程,创见、创造等

***

*　原载《广西高教研究》1988 年第 1 期。

等正是最优化选择的结果,而这一结果的定型,又恰是由集中性思维来完成的。过分强调求异思维或求同思维,都是不科学的。只有将二者恰如其分地糅合在一起,最大限度地发挥各自的以及合二为一的作用,作为统一体的创造性思维才可能真正显示其价值。

质言之,大学生的创造性思维特征与我们平常所谈的创造性思维特征是没有多大差别的。即使有差别,也只是大学生的创造性思维在"不唯书,不唯上"方面,显得更加突出。笔者将大学生创造性思维的特征划分为如下四个方面:

1. 独立性

从一定意义上来看,没有怀疑就没有创造。怀疑是独立思维最早出现的信号,从此它可能挣脱常规思维的束缚,踏上创造性的道路而迅跑。因为不同凡响,因为蔑视"权威"和陈词滥调,难免遭到非难、压制等等,从而在具有独立性的创造性思维过程出现了抗压因子。怀疑因子和抗压因子互有联系,但无绝对的因果关系。

2. 轻灵性

它的内涵较广,包括思维的求异性、多向性。多向性中又包括想象性,跨越性和自变性。

求异思维是创造性思维的最重要因素。有求异,才可能有新思维的被创造。求异的特点犹如一条红线,始终贯穿在创造性思维的过程之中。

多向性思维,是指一种生动活泼的思维方式。它具有三种形式,即:纵向思维、横向思维和逆向思维。这三种形式依赖于"发散机智"、"换元机智"、"转向机智"和"创优机制"等思维品质。单向思维是常规思维的陋习,思维的多次转向和不断选择恰恰避免了这种呆板的缺陷,有效地加快创造性思维的推演过程。思维的想象性、跨越性和自变性,都派生于多向性思维。

3. 集中性

它具有"智慧杂交"、"思维统摄能力"和"辩证分析能力"等因素,是多向性思维的必然后续手段。如前所述,集中性思维是创造性思维不可或缺的一个特征。

4. 突然性

它就是我们通称的"灵感",基础是直觉思维,它不像抽象思维或形象思维那样有个渐进的过程，而是以"迅雷不及掩耳"之势出现。"突然"，仅仅是明显特征，实际上它是创造性思维和心理因素协同活动的结果。

二

在日新月异的现代社会里，不进则退，不创造就注定要落后。无疑，对于经过普通教育的青年来说，在大学阶段接受和自我进行创造性思维能力的培养，的确是至关重要的。而引起教育界对"创造"这一问题的重视，则是在布鲁纳和奥苏伯尔两人提出"为创造性而教"这个口号之后。我们的大学教育在这方面虽有所注意，努力程度及其效果却远不能尽如人意。显然，这是一个亟待妥善解决的重大问题。

具体地说，培养大学生的创造性思维能力的途径大致有以下几点：充分发展大学生的非智力因素，改革课程设置，不断充实和搞活教学内容，改进教学方法。

1. 充分发展大学生的非智力因素

相对而言，当今教育比较倾向于发展大学生的智力因素，对发展大学生的非智力因素，如情感、意志和信念等都不是那么重视。无数事实证明，一个真正有成就的创造者，其个性心理品质必须有许多闪光点，其自觉性、果断性、坚韧性、自信心和进取心等等必定优于平庸者。一个大学生如果缺乏"进攻性"的素质——这里当然不是指人际关系的进攻，而是指人对自然、事物的思维的"进攻"，那么他将抱残守缺，一生成为书本的奴隶。本来，博闻广记并非坏事，问题是不能陷于"死读书、读死书"的困境之中，从而扼杀了创造性思维。书本的知识毕竟是前人创造的，学习不只是为了获得知识，更重要的是赢得智慧。大学生应该有自己的智慧的"溜冰术"。知识是死的，智慧是活的，有智慧，才会有创造。流连徘徊于前人开拓过的道路是可悲的，只有敢于怀疑和抗压，敢于在学问途中"越雷池"的人才会有所创造。

由此可见，培养大学生创造性思维能力，在某种程度上非智力因素的作用大于智力因素。这就需要大学教育无论在课内还是在课外，都应重视充分发展大学生的非智力因素。进一步说，也就是：在意志方面，要培养他们勇于创新、敢于开拓的百折不挠的精神;在情绪品质方面,要培养他们对创造充满热情,情绪热烈而又稳定持久;在兴趣与动机方面,要培养他们对创造有着强烈的好奇心与旺盛的求知欲,既有间接的远景性学习动机又有直接的近景性学习动机,既有广泛兴趣又有中心兴趣。一个没有强烈的发现问题意识的人,是无法很好地开动脑筋提出创见的。

大学生正处于青年时期,他们的非智力因素还有相当的可塑性。我们的大学教育,应在培养他们的创造性思维能力方面多下功夫。毋庸讳言的是,大学生的自我意识相当强烈,自我教育是发展他们自身非智力因素的一个必不可少的环节。

2. 改革课程设置

课程设置之于大学生,犹如食品营养之于一个人。不难想象,课程设置的合理与否,直接关系到大学生知识结构和智能状况的优劣,关系到大学生轻灵性的创造性思维是否有基础、是否有"后劲"等问题。笔者认为,大学应该科学地设置如下三种课程:第一种是不可或缺的必修课;第二种是以扩大知识面、训练创造性思维能力为主的专题课;第三种是实践性较强的、以创造制作为主的实习、设计课。简言之,第一种课程包括公共基础课和专业基础课。第二种课程包括各种专题课和选修课,这种课程必须对大学生的创造性思维能力的培养有着直接意义,近年来我国一些大学实行的短学期制,是与此目的相吻合的。第三种课程包括调查研究、创造设计和毕业论文等等,从某种意义上说,大学生从思维到实践,做自己以前从未做过的事,这就是进行创造,根据信息论的反馈原理,它有助于培养大学生的创造性思维能力。三种课程的关系是相辅相成的,缺一不可。目前我们的大学课程设置不是没有这三种课程,问题在于从未在观念上高度重视第二种课程。关于大学生能力培养问题的讨论也曾十分热闹,但是在实际工作中却没有什么得力的措施。即使开设了第二种课程,也多是满堂灌的填鸭式教学,很少体现这种课程所必须具有的生动、活泼、深刻和开拓思路的特色。就目前我国的大学课程的设置情况来看,笔者认为第一种课程开设太多了,应该适当减少。与此同时,适当增加第二种课程。有人也许会不赞成这一观点,认为这样做冲击了基础课的学习。试想,选修课和专题课,难道不是基础课的有机组成部分吗? 没有创造性思维能力的大学生,难道不是背负知识包袱缺乏活力的人吗？一个人一生几十年,在大学里只有四年,从长远的眼光来看,这四年的深远影响力却是不可低估的。如果大学教育对他的创造性思维能力的培养毫无或很少起过积极作用,那么可以断言:如此大学教育乃是误人子弟,是不成功的高等教育。

究竟三种课程的比例如何才最适当？这里有个最优化的问题。概言之,从总体上看,似乎第二种课程应稍多于第一种,第一种又应多于第三种。有人具体地依次把三者比例划分为 2∶3∶1,主要在第二种课程上大做文章。这一见解乍看未免有些偏颇,在笔者看来却很有见地。因为只有这样,大学生的创造性思维才能得到更好的培养,从而使创造性思维特征更充分地在大学生身上得到展现。

3. 不断充实和搞活教学内容

"流水不腐,户枢不蠹",大学教育必须不断充实和搞活教学内容。在这知识激增的时代里,大学教师传授给大学生的知识,是应该具有现代色彩的。现代的种种知识,不正是灿若群星的创造性思维的结晶吗？在这绚丽斑斓的现代知识宫殿里,大学生聆听着、欣赏着、体会着,创造者智慧之光照亮了他们的心灵,不仅激起他们的创造动机,而且也给他们以极大的启发。"三人行,必有我师焉",何况有如许众多的智者？

诚然,讲求不断充实和搞活教学内容,并非只要支离的现代新知识,确切地说,现代新知识内容是一切学科基本知识的必要补充和延伸部分。"问渠那得清如许,为有源头活水来"。所谓充实,正是此意,所谓搞活,也正是强调光有基本知识是远远不够的,必须跟上时代的脚步向前发展,必须多多重视大学生创造性思维能力的培养。众所周知,树木越往上茂盛地生长,它的根必定越往下扎得深。同理,培养大学生的创造性思维能力,既要使其看得远,同时要使其站得稳。在基本功扎实的情况下,如何"茂盛"地生长就显得格外重要了。因此,只有充实和搞活教学内容,大学生才能"根深叶茂""耳聪目明",才可能清楚地了解现代科学知识的发展情况,站在知识的最前沿,并且拥有创造性思维特征,寻找创造的目标,进行创造的活动。

4. 改进教学方法

好的教学方法,不仅是科学的课程设置和教学内容得以实践的必要手段,而且有一种使之升华的作用。一个好的大学教师,必定有好的教学方法。好的教学方法,必定能促进大学生创造性思维的发展。

毋庸讳言,填鸭式教学容易把学生变成"书呆子",变成惯于求同思维、懒于思索的人。这样,要让大学生具备创造性思维特征,就很困难了。创造性思维特征要求我们,教学方法最忌的莫过于僵化、死板。反之,启发式教学和教学方法的多样化,能潜移默化地使学生成为书的真正"主人",能使他们思路敏锐,敢于独辟蹊径。

进一步看,笔者认为,一堂课的好坏,并不取决于教师授予多少知识,而是看他教给学生什么样的思维方法。传授知识是必要的,然而如何讲授和讲授的效益却更重要。也就是说,发展大学生的智能比起传授知识来,应该放在首位。"不愤不启,不悱不发",这些都是很好的教学原则和方法。给大学生一把刀子和解剖方法,也正是大学生所热心期待的。如何给呢?以系统而又新颖的知识和巧妙的教学方法吸引学生,启发他们积极思考、大胆设想、主动想象,引导、提倡而不压制他们进行独立的、求异的、多向的思维。让他们相互提问、讨论,使思想的交锋不断地碰撞出富有创造性的火花,哪怕只有星星点点也是可贵的收获。要做好这些,教师从中起着主导作用,必须为人师表。教师自己首先应该在教学活动中,在求知和教学方法方面有"创作冲动",以创造之情动人,以创造之理服人。唯有如此,我们大学的课堂教学才不至于与培养大学生的创造性思维的目标背道而驰。

总而言之,创造性思维是一种身心的综合劳动。创造虽难,知难不难。套用系统论的基本观点,笔者认为,培养大学生的创造性思维,也是一项浩大的艰巨的系统性工程。只让他们具备发现问题的自信心和自觉性等非智力因素是不够的,这里还需要信息的积累,更不能缺少方法的掌握。就目前我国高等教育的现状而言,这是一项亟待认真细致解决的、意义重大而又深远的工作。

关于大学生的创造性思维能力的培养问题,学术界尚有许多不同见解,争论本身就包含了探索者创造性思维的痕迹,这是好事。笔者学识疏浅,冒昧作此文,权当引玉之砖。

我国高等教育直面入世大考的五个问题[*]

一、正确认识入世的利与弊，转变思想观念是主动应对入世的先导

众所周知，入世的确是机遇与挑战并存。在 WTO 成员中既有因开放高等教育而受益不小的，如美、英等国每年都能从留学教育中获得巨大的经济利益；也有曾因开放高等教育而一度受挫的，如新西兰政府曾因过高估计自我竞争能力，贸然大幅度开放教育市场，结果导致严重影响国家教育发展战略的实施。我国在承诺开放高等教育服务市场之前，应当广泛讨论加入 WTO 对我国高等教育的影响，让全社会知其利弊，寻找对策，积极应对。我们既不能犯 WTO 恐惧症，错失良机，也不能盲目乐观，贸然行事，而应当客观分析，合理决策，扬长避短，这样才能使我国高校在 WTO 的运作中立于不败之地。

应对入世要有紧迫感，不能因为目前我国高等教育服务市场还未开放就放松思想，等待观望，而应未雨绸缪，适度有序。高校应当根据中央有关精神，积极主动地分析、预测开放高等教育服务市场后的形势，制定本校的相应措施，为将来我国高等教育服务市场的开放做好准备。凡事预则立不预则废，只有进行充分的准备，我国高校才能正确地面对入世的挑战。

WTO 的基本法律原则之一是互惠原则，规则适用于所有成员。因此，应对入

---

　　* 本篇与唐拥华合作，原载《中国地质大学学报》2002 年第 3 期，被人大复印报刊资料《高等教育》2002 年第 8 期全文转载；被 SSCI 于 2004 年全文收录；被中国地质大学学报评为 2004 年度该刊最佳作者。于 2005 年荣获第六届厦门市社会科学优秀成果一等奖。

世还要正确确定高校的发展观。入世并不会给我国高等教育带来一朝一夕的繁荣昌盛,也不会使我国高等教育一下子陷于混乱之中。毕竟,我国入世的承诺是随着承受能力的变化而分阶段的,不同阶段履行的义务是有变化的。有人说:与其高喊"狼来了",不如抛弃"羊姑娘"的懦弱并将自己变成"虎先生"。这一比喻虽然未必准确,但它所表达的意思却是正确的。入世后,我国与国际教育界的联系将更加紧密,交往将日益增多,高等教育的竞争将会在国内和国外两个战场进行。我们不但欢迎国际教育进入中国,向他们借鉴先进的经验,同时也要主动出击,推出我们的优势项目、"拳头产品",勇敢走出国门,主动参与国际竞争,向世界介绍、推广中国有特色的、有代表性的高等教育。

二、深化高教体制改革,强化依法办学观念具有十分重要的意义

WTO是一个建立在市场经济基础上的、以通行的国际惯例与规范为"游戏规则"的国际经济组织。我国是在努力建立具有中国特色的社会主义市场经济体制的大前提下入世的,入世对于我国加快实现现代市场经济的步伐,具有十分重要的意义。与此相适应,我们应加强对高等教育发展规律的认识,深化高教体制改革,强化依法办学观念。

入世后,我国的多元经济将有较大发展,外国资本将进入中国。即使在目前的规定下,其中的一部分也可能进入高等教育领域,使该领域的办学主体与投资渠道呈现多元化;中外高校间的交流与合作将进一步加强,教育的国际化趋势日益明显。进而,随着我国高教服务市场开放程度的提高,外资教育机构、投资机构进入中国市场后,必将按照《WTO服务贸易总协定》关于市场准入的有关规定,要求我国政府按照国民待遇原则、按照WTO通行的教育服务的国际惯例下放办学权利,在招生规模、聘请教师、收费标准和颁发文凭等方面与国际接轨,由市场决定学校生源、质量和声誉。海外机构对高等教育的介入,将使我国现行的有关教育政策受到严峻考验。

面对入世的挑战,我们应该本着"符合国家法律法规的办学形式均可大胆实验"的精神,打破单一的办学体制,通过对部分高校的转制,鼓励发展民办高校、逐

步开放境外组织来华办学的途径，探索国(公)立高校、公立民办高校、民办高校、中外合作高校等多种办学形式；借鉴国际著名大学的办学经验，深化高校办学体制与管理体制改革，真正按教育规律、市场规律办学；进一步对高校放权，使高校在人员聘用与收入分配、学科建设与专业设置、招生与教学计划、对外合作与国际交流等方面享有充分的办学自主权，使高校真正成为面向社会自主办学的独立法人。

应对入世还必须完善教育法律法规，逐步强化依法办学的观念。我国现行的高等教育法规有的已经跟不上时代发展的需要。一些法律法规，比如境外组织及个人在中国境内办学的规定，境内公民出国留学、研究、学术交流或任教的有关规定，境外个人来华学习、研究、学术交流或者任教的有关规定，境外教育机构颁发的学位证书、学历证书及其他学业证书的相互承认的规定等，都是根据当时的情况而制定的。加入WTO之后，我国在高等教育的管理上将会遇到一些新问题，如：国外教育机构如何在我国办学？其资格审定、质量监控、入股方式以及相关的权利与义务如何确定和实施？外籍教师的资格认定、招聘、录用、报酬等事项如何处理？国外教育评估机构能否及如何介入我国高等教育？能否及如何使用国外教材？等等。面对这样一种新局面，完善有关法律法规以加强管理就显得特别重要了。我们应借鉴国外通行的规则对之进行必要的补充和修订，还应适时地废除及颁布一些相关法律法规，既保护投资办学者的利益，又规范他们的办学行为，保证我国高等教育沿着正确的轨道健康发展。

三、加快教学改革步伐是培养国际型人才的必由之路

我国产业结构将要进行新的重组和升级，有的产业可能萎缩，有的产业会得到较快发展，还可能会出现一些新兴产业。另外，发达国家的企业、银行、保险公司以及其他服务机构也会大量进入我国，对我国人才市场提出新的要求。这些变化将对我国高等教育产生巨大的影响。

这些影响将集中体现在人才培养上，具体表现在两个方面：一是人才结构。英语、计算机、金融、财会、商贸、旅游、法律等涉外专业将会逐步走俏，特别是国际

经济贸易或涉外专业人才的需求上升将会使这类专业更加红火。二是人才培养目标。国际型人才将日益成为高校的培养目标。国际型人才是一种复合型人才，这类人才除掌握本行业知识技能外，还应掌握娴熟的外语（特别是英语），具备国际政治经济的基本常识、国际经济贸易、法律的基本知识与技能。

长期以来，我国高等教育在专业设置、课程结构方面变化缓慢，专业设置与经济结构不相适应，教学内容陈旧，教学方法单一，培养出来的学生知识面狭窄，适应性差，创新能力不强，缺乏与国际交往、参与国际事务的知识、技能。在这样一种严峻形势下，深化我国高校教学改革势在必行。

首先，要改变目前高校专业目录过细过偏的弊端，鼓励学科渗透，培养宽口径、厚基础的复合型人才。其次，要下放专业设置权，让高校在专业设置、学科建设方面有更大的选择余地和自主权。鼓励高校紧密联系经济建设的实际需要以及学校自身的办学条件，灵活设置一些跨行业的热门专业，培养适销对路的人才，办出自己的特色。再次，要改革课程内容。加入 WTO 后，我们应具备全球性和开放性的挑战眼光，对国际性的社会问题，诸如环境问题、能源问题、贸易问题、和平问题等给予更多的重视和关注，进一步拓宽学生的知识面，积极推动使用外语进行公共课和专业课的教学，特别是在信息技术、生物技术、新材料技术、金融、法律等专业以及国家发展急需的专业教学中开展双语教学，把 WTO 运作的基本常识和外语、计算机一样作为各专业的必修课，不断提高学生的适应力、创新力和对外交往能力。

四、加强校企合作、整合学科优势是提高
高校研发能力的紧迫任务

高校是重要的研究开发中心。2000 年全国高校共承担各类科技项目 108491 项，投入人力 220620 人，支出经费 864162.1 万元，其中承担 R&D（研究与开发）项目 92575 项，占高校科技项目总量的 85%，R&D 项目经费支出 61.9 亿元，占高

校科技项目总经费的 71.6%[①]。

高校在研究开发方面具有明显的优势:一是学科的综合性。高校类型众多,层次多样,学科齐全,从基础研究、应用研究到科技开发,呈现出高度的综合化特点。二是具有基础研究、跨学科研究的优势。高校是传授知识、创造知识的场所,由于教学与科研相结合,同时也由于研究人员的兴趣、知识结构、设备条件等原因,高校,特别是那些学科齐全、学术水平高的国家重点综合大学在开展基础研究和跨学科研究方面具有强大的优势。三是信息的集中性。高校是智力高度集中的地方,能够较快掌握和集中各种有关科技发展动向和经济建设需求的信息,同时还具有开发信息资源的条件和潜力。

但高校在研究开发方面也有很大的劣势:一是高校学科划分过窄,虽然学科众多,但力量分散,难以形成整体优势,难以承担重大科技攻关项目。二是高校 R&D 经费缺乏,1996 年 R&D 经费中,高校仅占 5.52%,科研机构占 46.3%,企业占 48.2%,[②]导致高校的优势难以发挥。

提高高校的科技开发能力需要对高校的各学科进行重组,以核心技术学科为龙头,跨学科组建科研开发队伍,整合科技优势,形成研究与开发的学科群、技术群,同时也需要制定相关政策引导、推动和加强企业与高校、科研机构之间的技术合作。入世为我国利用好国外科研资源,促进技术研究与开发工作提供了有利条件,有助于我国高等院校与跨国公司在技术与开发方面的合作和优势互补。目前,一些著名的跨国公司已陆续在我国一些高校设立科研"基地"或"实验室"。入世后,西方跨国公司会进一步利用我国高校科研人员素质高、待遇低的优势,以及现有的科研设备等有利条件,加大对我国高校的科研投资,或建立实验室,或直接资助科研项目,以期利用我国人力资源,为其开发高技术产品。

入世后,我们既要把握好当前以跨国公司为主导的国际技术转移的机遇,利用好国外 R&D 投资,加快我国高等院校的科研基地与重点实验室建设,提高我国

---

① 高校 R&D 资源清查研究课题组.高校承担科技项目的现状与发展趋势[J].中国高等教育,2001(22).

② 薛天祥,周海涛,姚云,等."入世"对中国高等教育的影响[J].高等教育研究,2001(1).

技术研究与开发能力,同时,又要防止一些国家重点实验室在外国投资的影响下成为发达跨国公司的"附属机构",影响我国重点科研项目的研究与开发。为了避免加入 WTO 对我国教育与科研发展造成负面影响,政府应进一步加大教育、科研投入。作为发展中国家,目前我国教育经费应不低于 GNP 的 4%,科研发展经费应不低于 GNP 的 1.5%。[①]

五、逐步开放高教服务市场是加强国际交流与合作的重要步骤

根据 WTO 协议,教育服务贸易的提供方式主要有四种:跨境交付、境外消费、商业存在和自然人流动。跨境交付,在教育方面可以通过远程教育和函授等方式实现;境外消费,一般指学生去国外求学或培训;商业存在,是指在服务消费国设立办学机构,或与其办学机构合作办学,以机构身份进驻服务消费国;自然人的流动,是指教师到服务消费国任教,以个人身份参与教育服务。四种方式中最典型的教育服务贸易就是出国留学,对于派出留学生的国家来说,是教育服务进口;而对接受国来说,就是教育服务出口。境外教育机构对于进入中国是早有打算,日本和美国已经有明确的意向到中国来办大学,开发中国的高等教育服务市场;澳大利亚、加拿大、英国、瑞士、新西兰、新加坡为了抢滩中国高等教育市场,放宽了接收中国留学生的政策。近几年,我国每年约 2.5 万人自费出国留学,每年大约有 40 亿元的教育投资流向了国外。

面对国际教育机构的挑战,我们一方面需要扩大我国高教规模,创办世界一流的和国内外知名的高水平大学,适应社会经济、文化发展的需要,满足国民对接受高等教育日益增长的需求。另一方面高校也要积极开展留学生教育,不断改善办学条件,不断提高教学质量,吸引国外学生来华留学。我们应当鼓励和支持有实力的高等教育机构到国外开辟市场,设校办学。目前一些高校已经在澳洲、欧洲等地区开设了一些办学机构,主要是中医传播、汉语教学等,将来可以进一步拓

---

① 驻纽约总领馆教育组."入世"对我国高等教育事业的挑战及对策[J].中国高等教育,2000(19).

宽办学渠道与专业内容。

国际交流与合作也是一种国际服务贸易输出方式,同时也是高等教育国际化的具体体现和发展趋势。WTO规定:成员国之间相互承认学历、学位,支持专业人才流动,减少移民限制,这为我国高校开展国际交流与合作提供了更为广阔的空间,增加了教育资源供给的多样性和选择性。面向世界的中国高等教育,应积极借鉴世界先进大学的经验,进一步加强国内外校际的联系,合作进行研究与培训,互派留学生和访问学者,建立学历、学位、学分的互认制度,共享电子信息资源,邀请海外知名学者特别是世界一流大学的学者来华任教或进行短期讲学与研究等。

入世后,随着高校与企业之间、国内外高校之间交流与合作日益频繁,下列几个问题可能是高校将要面临的新挑战:

其一,竞争加剧。当前高校间已经展开一场不见硝烟的人才争夺大战,各高校纷纷提出优厚的待遇吸引人才,如某大学为院士提供专家别墅,提供安家费20万元,配偶及子女随调,提供科研启动200万元(理工类),年薪15万至18万元;某大学给特聘教授享受年薪20万元,另外提供小汽车一部、120平方米的住房一套、100万元的科研经费[①]。入世后,人才争夺战将出现新的变化:一方面,人才的争夺将不再仅限于高校之间,外企、银行、保险公司、国际著名大学也将加入这场大战之中;另一方面,人才流动的方式也将从国内高校间的流动发展成为校企间、国内高校与国外高校间的流动,这样,高校将面临一个重大而现实的问题:如何稳定师资队伍,避免优秀人才的流失? 如何吸引国内国际人才来校任教? 如何吸引留学归国人员来校创业、任教? 如何整体优化本校师资队伍? 等等。

其二,国际化与本土化的问题。高等教育国际化的过程应当是吸收、借鉴世界各国先进经验,发展并完善我国高等教育的过程。但是,目前国际高等教育的现状对中国高等教育的国际化极为不利:传统的学术中心主要集中在北半球说英语的国家(美国、英国、加拿大)和澳大利亚,以及欧共体中的大国(最明显的是德国、法国,另外也包括意大利、西班牙),它们的实力和影响与日俱增,这些中心国

---

① 陈雅芳.加入WTO对激活我国高等教育投入体制的思考(上)[J].教育育人,2001(2).

家的规范、价值观、语言、科学革新和知识产品排挤了其他国家的创意和实践,发展中国家特别是小国穷国几乎没有自主权和竞争力。因此,在国际交流与合作的过程中,如何学习西方先进经验,同时又保持和发扬中国优秀传统,坚持本土化,避免全盘西化,怎样在国际高等教育的竞争中传播中国优秀文化,弘扬民族特色,将是中国高等教育面临的严峻考验。

其三,德育工作面临新考验的问题。入世后,大量涌入中国的不仅仅是外国的各种商品、各种服务,还有西方的各种价值观、生活方式,其中有积极向上的,同时也有颓废、腐朽的。在新形势下,如何坚持社会主义办学方向,如何引导大学生正确认识西方的各种价值观念、生活方式,怎样抵制西方腐朽生活方式的影响、避免西方自由民主化思潮的影响,将是高校德育工作面临的新挑战。这些问题都是我们在入世大考中必须直面并予以很好解决的问题。

论高校办学特色的若干关系问题[*]

办学特色是指一个地方或一所学校在办学过程中所形成的教育特色。办学特色主要是指教学方面的特色及学科建设与发展方面的特色,同时也包括科研特色,为社会服务的特色,校园文化中精神层面的特色以及校园建设中具有文化积淀的有形的建筑符号等物质层面的特色。办学特色具有四种特性,即:独特性、稳定性、持久性和发展性。[①] 一所高校的办学特色并非孤立存在,它与学校建设与发展的其他方面联系紧密。本文旨在探索办学特色辐射作用的重要性。

一、办学特色与办学定位的关系

一所高校办学定位的决定因素主要有以下几个方面:办学层次与类型、办学历史、办学特色、办学条件和办学的地理环境等。这些方面的综合,在很大程度上对一所高校的办学定位起决定性作用:是教学型还是教学研究型,抑或是研究型?是基础理论研究见长,还是以培养应用型人才为主?是平平庸庸还是"人无我有、人有我优"的特色彰显?办学特色与办学定位是相辅相成的关系,二者具有紧密联系但不能画等号:科学准确的办学定位,可以为凸显和发挥办学特色提供良好的决策依据和运作平台。反过来,办学特色,既是办学定位赖以产生的重要基础之一,又是办学定位的具体体现,对于一所高校确定和实施《学校总体发展战略规

* 本篇原载《龙岩学院学报》2006 年第 2 期。教育部人文社会科学重点研究基地重大项目的成果之一;被人大复印资料《高等教育》2006 年第 7 期全文转载。于 2009 年荣获第四届闽西文化奖社会科学类一等奖。

① 李泽彧.关于大学办学特色的探讨[M]//中国高等教育管理研究会.2001 中国高等教育管理:现实与理想.沈阳:东北大学出版社,2002:275.

划》、《学科建设和师资队伍建设规划》和《校园建设规划》等三大规划,具有十分重要的现实意义。

一般而言,从办学历史来看,新建本科院校多是从高等师范专科学校升格而来(也有从高等职业技术学校或几种不同类型学校合并后升格),都有一定历史的专科性质的办学经验,但本科院校的办学历史较短,而且目前多是本专并存、师范教育与非师范教育并存;从办学条件观之,与其他老本科院校具有雄厚的师资力量和精良的教学科研设施相比,新建本科院校当然无法与之相提并论,但从发展势头来看,在地方政府和社会各界的支持下,在与地方企业产学研合作过程中,新建本科院校"以服务求支持,以贡献求发展"、以特色求品牌,办学条件逐步改善和办学特色正形成百花齐放的初始状态,并已逐渐成为我国各地高等教育不可小觑的生力军,这是不争的事实;从地理环境而论,正如"橘生淮南则为橘,生于淮北则为枳",新建本科院校因地域不同确实各有特色。以上几点,昭示了新建本科院校的办学特色,必须围绕地方性、应用性和师范教育等方面来进行。具体而言,例如,龙岩学院已有的全省高校中唯一的采矿工程专业,龙岩学院紧密结合地方经济发展的已有的畜牧兽医专业,以及已有的"古田会议精神研究所"、"客家文化研究所"和"南方不稳定煤层开采研究所"等等,都可考虑作为办学特色加以重视。又如,武夷学院(筹)以著名风景区武夷山为依据,大力培育与发展旅游和环境保护等专业的特色。"定位后再进一步就是特色。每所学校能够生存,能够发展,能够出名,依靠的主要是特色,而不是大,因为大不等于强。"①可以断言,只有办学定位与办学特色和谐统一,办学特色才能出色,出色就是质量。

二、办学特色与"有所为,有所不为"的关系

管理学"木桶理论"和"后木桶理论"告诉我们:"木桶理论"揭示了一个木桶的容水量取决于最短的那块木板,因此在管理中要注意弱项对整体的危害性,要把弱项变强项。而"后木桶理论"强调的是一个木桶的容水量取决于环绕木桶之间

---

① 潘懋元.中国高等教育的定位、特色和质量[J].新华文摘,2006(5):123.

木板之缝隙,缝隙太大可能导致滴水不存。从高等教育管理学的角度和高校办学特色的建设发展来看,"木桶理论"和"后木桶理论"的真谛就在于:必须重视事物之间的相关性,重视学科之间的联系性,防止"短木"更短或一成不变和"缝隙"产生或变大而使办学特色受到损害。

具有鲜明办学特色的学科专业需要重点建设,是为"有所为"。具有办学实力的、有发展前景的、社会需要的、生源充足的、有特色潜质的学科专业,也许一时办学特色并不鲜明,同样应该加强建设,亦所谓"有所为"。那些与上述"有所为"相悖的、投入不产出的学科专业,可作为"有所不为"之列。换言之,看不到甚至无视学校学科专业建设的"短木"和"缝隙",在教育经费普遍紧张的情况下,撒胡椒面式地面面俱到,必定对办学特色的培育与壮大发生负面影响。尊重历史并不等于鼓励固步僵化、按部就班,"伤其十指,不如断其一指",学校财力有限更显办学分清轻重缓急的重要性与紧迫性,因此必须"有所为,有所不为"。例如,2004 年泉州师院在分析该校"优势专业、特色专业不明显,难以体现地方特色。专业重复设置多,缺乏区域特色专业"后,提出其对策之一是"根据优胜劣汰和市场需求原则,或加强、扶持、发展,或减招、转并、停办,并在加强特色专业的过程中,培育出品牌专业"①。

"有所为"不易,"有所不为"更难。"有所不为"难在哪里?难在一个或若干个学科专业的新建或任其自生自灭甚至直接予以废除,涉及学校管理者预测的准确与否、决策的正确与否,原有师资人员的去留与再分配和对于办学特色的有利与否等等多方面问题。黑格尔的"存在即合理"理论与"奥卡姆剃刀定律",②都可成为意见相左的各方据理力争的思想武器。质言之,处理办学特色与"有所为,有所不为"的关系问题,是考验高校管理者办学能力与办学水平的一块试金石,它能明白地反映出一所高校的办学者和管理者的智慧与勇气。尤其是在高等教育迅猛

---

① 陈笃彬.调整与优化:新建地方性本科院校专业结构调整和人才培养模式改革探索[M].厦门:厦门大学出版社,2004:10-12.

② 12 世纪,英国奥卡姆的威廉主张唯名论,认为那些空洞无物的普遍性概念都是无用的累赘,应当被无情地剔除。如无必要,勿增实体,是为管理经典理论之一的"奥卡姆剃刀定律"。

发展的今天,如何应对理论性与应用性、学术性与行政性、长远性与短期性等复杂关系,使高校办学特色这一"木桶"的木板变高及木板之间不留漏水缝隙,成为摆在我们面前的一大重要课题。

三、办学特色与高等教育国际化的关系

高等教育国际化,主要指的是高校在办学过程中,要注意与国家需要接轨,使得所培养的人才具有国际视野、具有适应国际经济形势发展和科学文化发展所需的素质与能力。"联合国教科文组织(UNESCO)所属的国际大学联合会(IAC)指出:'高等教育国际化是把跨国界和跨文化的观点和氛围与大学的教学、科研和社会服务等主要功能相结合的过程,这是一个包罗万象的变化过程,既有学校内部的变化,又有学校外部的变化;既有自下而上的,又有自上而下的;还有学校自身的政策导向变化'。"[①]从表面上看,办学特色似乎与高等教育国际化关系不大,其实不然。实际上,办学有特色,恰恰是"国际化"的内涵之一。事实表明,越是民族的或越有特色的事物,就越具有国际性意义,此准则同样适用于高等教育。泉州师范学院的音乐学南音方向就是一例:南音作为有着闽南特色的古老的音乐,申请"世遗",说明其特色是有世界意义的;闽西客家土楼富有特色的建筑及其所包含的多层面历史文化内涵,吸引众多中外建筑专家和观光者,从另一个侧面证明了这一点。否则,在高等教育大众化的今天,每所高校都盲目追求所谓"学科门类齐全""争创一流大学",必定有违高等教育分类分层次宏观发展战略,办学特色便无从谈起。"多样化的社会需求与单一化的发展目标的矛盾,成为当前高等教育事业发展中突出的问题。"[②]

与高等教育国际化相对应的是高等教育本土化(或称"地方化")。与高等教育本土化紧密联系的也正是高等学校的办学特色。诚然,新建本科院校作为国家

---

① 张树泉.我国高等教育国际化的若干对策[J].江苏高教,2006(2):54.
② 潘懋元,吴玫.高等学校分类与定位问题[M]//中国当代教育家文存:潘懋元卷.上海:华东师范大学出版社,2006:216.

高等教育事业的组成部分,《中华人民共和国高等教育法》第十二条明确写道"国家鼓励和支持高等教育事业的国际交流与合作"。但从总体上看,由于办学实力与办学层次等原因,新建本科院校在大步迈往高等教育国际化的道路上,尚待时日。虽然如此,只要新建本科院校的办学办出特色、办出水平,就能在国内产生影响力的同时,面向世界地与国外同类学科专业进行交流与合作。从这个意义上来说,新建本科院校的办学特色是其高等教育国际化的突破口。如前所述,龙岩学院生物技术、动物医学等有关专业由于在办学上有特色,由校方出面,2005 年已先后与乌克兰农业大学和巴西国家农业研究院签订了合作意向书和谅解备忘录,这为学校今后进一步开展国际交流与合作奠定了一定的基础。其他不少新建本科院校已在这一方面程度不一地走向国际。

四、办学特色与"可持续发展战略"的关系

办学特色的四种特性中,且不论"独特性"、"稳定性"、"持久性"和"发展性"四分天下有其三。在提倡"可持续发展战略"的今天,办学特色中的稳定性、持久性和发展性的要求是与"可持续发展战略"相吻合的。

世界高等教育发展历史表明,任何一所大学办学特色的形成,都要经过一定时间的历史文化积淀和凝练。19 世纪初德国的洪堡大学将科研引入大学,从而形成其鲜明的有别于以往任何大学的特色,并且具有世界影响力,为高等教育除了培养人才之外注入了"科学研究"的又一社会职能;20 世纪初,美国的威斯康星大学注重与社会联系、为社会服务,也形成了其鲜明的特色,"社会服务"亦成为继培养人才、科学研究之后的高等教育的第三个世界公认的社会职能。

由此可见,既然高等教育具有培养人才、科学研究和为社会服务这三大社会职能,我国新建本科院校履行此三大职能概莫能外。值得思考的是,新建本科院校一般是教学型院校,要突出其办学特色,首先必须在培养动手与实践能力强的应用型人才方面下功夫。又由于新建本科院校一般是地方性高等学校,因此还必须在地方的经济建设、科学文化发展等方面做文章。在"教学科研化,科研教学化"的高等教育发展趋势面前,加强科学研究也是新建本科院校的必由之路。换

言之,一要着力培养应用型人才,二要积极为社会提供智力服务,三要不断提高科研水平,其重要性依次排列。无论是哪一种,都应牢牢抓住"办学特色"不放松,并使之具有稳定性、持久性和发展性,这既是高等教育"可持续发展战略"的题中之义,也应是新建本科院校办学策略的明智抉择。缺乏特色则难以发展,特色鲜明就能可持续发展。

五、办学特色与校园建设的关系

如前所述,办学特色包括"校园建设中具有文化积淀的建筑符号等物质层面的特色"。诚然,梅贻琦说过:大学者,非谓有大楼之谓也,有大师之谓也。但是,在现代大学中,既有大师又有大楼,软件与硬件俱佳,岂不更好? 在这个问题上,不必陷入非此即彼的窠臼。没有良好的办学设施难以引来大师,同样有大师却无大楼也留不住大师。当前,大学城、大学新校区建设比比皆是,大有汹涌澎湃之势,

然而真正能将象征学校办学特色的建筑符号融入校园建设的高校并不多,这一点往往被人们所忽视。

"长长的连廊和庄重的列柱也将是对学生教育的一部分,四方院中每块石头都能教导人们知道体面和诚实。"美国斯坦福首任校长约旦如是说。[1] 厦门大学漳州新校区的校园建设,注重传统与现代的结合,按照包括"红屋顶、斜屋面、大台阶、罗马柱、拱门和连廊"六大要素的嘉庚建筑风格进行建设,增强了人们对其是厦门大学重要组成部分的心理认同感。作为新建的本科院校,龙岩学院东肖新校区的建设,以闽西客家土楼的圆形建筑为主要建筑符号,加上开放的现代建筑理念,使校园建设融传统与现代于一体地既富有人文气息又具有鲜明的地方特色。此二例,对于我们思考和理解办学特色与校园建设的关系,不无助益。

总之,高校的办学特色是一个涉及从形式到内容、从物质层面到精神层面、从历史到现实的高等教育的重要问题。高校的办学定位,"有所为,有所不为"的办

---

① 周逸湖,宋方泽.高等学校建筑规划与环境设计[M].北京:建筑工业出版社,1994:79.

学思想,高等教育国际化和高等教育的可持续发展战略以及校园建设等问题,都与办学特色具有紧密的关联性,具有相辅相成的耦合关系。作为科学文化的继承者、传授者和创造者,高等学校理应在妥善处理与之紧密相关的各种问题的过程中,培育、坚持和发展独特的、稳定的、持久的和发展的办学特色。特别是新建本科院校,以特色立足、以特色发展、以特色取胜,尤为重要。

中国高等教育改革与发展特点的历史透视[*]

以史为鉴,可知兴替。把 1949 年前后中国共产党领导下的高等教育有机地联系起来比较系统地加以思考,追索其历程,分析其特点,这是一项颇有意义的课题。本文拟在这一方面进行研究探讨。

一、1949 年之前的回顾:革命战争时期高等教育的特点及其影响

1911 年辛亥革命爆发,清朝灭亡,中国 2000 多年的封建统治也从此寿终正寝。从 1912 年中华民国成立至 1949 年中华人民共和国成立,在这近 40 年的时间里,中国社会的变迁纷繁冗杂扑朔迷离,高等教育亦随社会历史潮流的汹涌而动,大致可以划分为以下几个阶段:民国初期资产阶级革命民主派进行的教育变革;北洋政府统治时期的复古教育;中华民国国民政府时期的教育。此处我们着重研究:在国民政府时期具有特殊意义和深远影响的中国共产党领导下的高等教育,或称之为革命战争时期的高等教育,它与新中国高等教育的历史联系是如此密切,以至我们不难看到新中国高等教育多少印有这段历史或外显或内隐的痕迹。

从 1924 年第一次国内革命战争开始至新中国成立,在这 25 年中,中共领导的高等教育随着革命形势的需要而产生,随着革命形势的发展而演进。中央苏区、陕甘宁边区和敌后根据地以及解放区高等教育的兴起壮大,有力地说明了这些高等教育不可等闲视之。客观上,它们属于非常时期的非常高等教育,虽然不是那么正规,但它们在政治、军事等方面为推翻旧世界培养造就了成千上万的人才,其功不可没。纵观这些高等教育,主要有如下几个特点:

---

[*]　原载《福建高教研究》1993 年第 2 期。

首先,相对于当时国民政府所办的高等教育而言,它们始终是以马列主义为指导,这在其时的社会大环境中堪称异军突起独树一帜。

我党首先明确提出教育方针,当属 1934 年毛泽东在《对第二次苏维埃代表大会的报告》中高度概括的苏维埃文化教育的总方针,其中第一条就是:"以共产主义的精神来教育广大的劳苦民众。"这一方针贯穿于革命战争时期中共领导下的高等教育之中。最有代表性的莫过于久负盛名的中国人民抗日军事政治大学。该校教育方针的第一句话便是:坚定正确的政治方向。其教学内容相应地以马列主义为主体之一。此外,较早在四川重庆开办的中法大学,学生主要是青年团员和要求进步的青年,主要课程里就有"共产主义 A·B·C"。其他学校亦如是,不一而足。

其次,特别注重理论与实际十分紧密地相联系,主要表现在政治思想和军事教育上。这一特点的形成,是与当时革命形势不断需要一批又一批党政干部和军事干部分不开的,从"一切为了苏维埃"至抗日救国到"打倒蒋介石,解放全中国",这一特点从未间断。

以工农红军大学为例,该校的教育方针十分明白:"理论与实际并重,前方与后方结合";教育内容,也极具"倾斜":从政治和军事任务出发,一方面开设"党的建设""红军政治工作""野战条令"等课程,另一方面学生也到前线收集总结作战经验和参加教导团及查阶级等工作。这些学生中有后来成为著名的共产党人的韦国清、彭雪枫、宋任穷和程子华等。实际上,工农红军大学是中共领导下的第一所高等军事院校,由该校更名发展而来的抗日红军大学、抗日军政大学(简称"抗大")、东北军政大学,后来也都不折不扣地承继和发扬了理论与实际并重办学这一特色。据统计,抗大总校在 8 年抗战中培养了万余名党政军干部,加上各分校共培养了 20 余万名抗日军政干部;东北军政大学在解放战争时期,培养了数万名军政干部。这些高等教育学用结合的行之有效,由此得以证明。

这一特点也同样表现于其他学校,例如:在抗战初期设立的可与抗大相媲美的陕北公学,其主要教育内容都与抗战有直接关系,课程名称有的干脆叫作"抗日民族统一战线与抗战工作""游击战争与军事常识"等等,学生也进行民众运动演习和游击战争演习。论及比较正规的延安大学,一样强调培养目标必须与抗战和边区建设的需要相结合,课程设有"中国革命史""根据地情况和政策""敌后研究"等等。

又次,革命时期的高等教育办学不拘一格,与时局的发展变化几近同步,讲求短、平、快。这一特点与上述的理论紧密联系实际特点是相配套的,或者说是更加具体化。

短,指学习期限较短。譬如,1933年苏维埃大学的成立是为了适应根据地政治、经济和文化等建设的迫切需要,培养各种有关的高级干部,它分设土地、教育、司法等8个特别班,学习期限只有半年。另外还有普通班,学习期限也无严格规定。抗大于1936年6月在瓦窑堡举办第1期学员开学典礼,因"西安事变"之后抗日民族统一战线的形成和发展,急需大批干部投身抗战热潮,所以首届学员的学习至该年12月底即告结束,学员的学习时间前后总共也只有半年。1948年成立的华北大学的学生更是经过3至6个月的短期学习,便分配工作。

平,指招收学员和办学形式的平民化。关于招生方面,苏维埃大学的入学资格就很简明,规定特别班招收的学员,不分种族和性别,年龄在16岁以上,在根据地有关部门工作半年以上表现良好者即可入学;陕北公学招收第一期学生时,全国各地和来自东南亚的许多爱国青年纷纷前来报考;全国解放在即,1949年一年中就有20余万人到各大行政区设立的人民革命大学就学。关于办学形式方面,可谓因陋就简因事制宜。比如,早先的工农红军大学校址便设于江西瑞金郊区的树林下,由学生自己动手建造校舍;抗大实行"知识分子工农化,工农群众知识化"的方针,学生们边学习边抗日,还参加各项生产劳动;其他有的学校还以自动学习法、互相帮助法和集体研究法等来解决师资不足的问题。

快,指快速反应地办学,快速培养人才以应急需。这与战争时期讲求"兵贵神速"的精神是相符的。如前所述,工农红军大学→抗日红军大学→中国人民抗日军事政治大学→东北军政大学,这一学校的演变、发展和及时地适应形势,足以充分说明问题。

再次,较为著名的大学的校长多由党的领导人来担任或兼任。这一情况绝非偶然,它与以上几点有着互为因果的关系。吴玉章先后当过中法大学和华北大学的校长,劳动学院的院长是邓中夏,毛泽东先后担任苏维埃大学校长、抗大教育委员会主席、中共中央党校校长,陕北公学的校长是成仿吾。

分析以上史实,我们不难得出这样的看法:严格而言,这些高等教育真正名副其实称得起现代意义"高等教育"的只有极少数,而这极少数的高等教育最多也只能算是专科水平的教育。但是,战争年代的特殊做法无可厚非,我们不能苛求历史。正是这些"土高教",作为中共领导下的一支生力军,为20余年革命战争的最终胜利,删繁就简、学以致用地培养造就了方方面面的人才,作出了青史垂名、堪称奇迹的重大贡献。其办学特点及成效,值得后人认真加以研究总结。当然,毕竟是此一时彼一时,在充分肯定其历史地位与作用的同时,它们对新中国建立后的高等教育所产生的正面与负面影响,我们亦应以公允的态度对待之探讨之。

说到正面影响,有坚持以马列主义对学生进行思想政治教育、理论紧密联系实际、培养全面发展的人才等等,这些众所熟知自不待言。

谈及负面影响,主要表现在某些适用于战争时期的做法却不适当地嫁接到建设时代,由此产生出许多短期行为。例如,高等教育向工农开门的方针本来并不错,但在一段时期内诸如"手上有老茧"等登峰造极的入学条件却大失科学性;中华人民共和国成立初期,国家迫切需要大量理工科人才,因而格外注重这方面高级专业人才的培养,这本来也是对的,但因此顾此失彼地忽视文科政法乃至财经科类人才的培养,留下不少"后遗症",令人心痛。

诚然,笼统地把新中国高等教育的失误,归咎于革命战争时期高等教育所带来的副作用,这样过于片面,毕竟还存在着许多现实原因。然而,历史是不可割断的,在肯定优良传统得以弘扬的同时,由于外部条件有了巨变,传统的误导也必须明智地指出。"前事不忘,后事之师",这才符合历史唯物主义和辩证唯物主义。

二、1949 年至今的考察:各个时期高等教育改革 与发展的特点及其评价

从新中国宣告成立至今,已历 40 余年,在这数十年中,高等教育的起落基本上是与社会大环境的兴衰休戚相关。因此,新中国高等教育可作如下分期:社会主义改造时期的高等教育,开始全面建设社会主义时期的高等教育。这两个时期

也可合并为一，即俗称的接管、改造、发展的17年。接下来便是十年"文革"中受到严重摧残的高等教育；再来是改革开放新时期的高等教育。1992年10月中共十四大召开后，中国实行社会主义市场经济体制，高等教育的改革与发展随之进入一个崭新阶段。可见，除了十年"文革"这一非常时期，改革与发展一直是新中国高等教育的主题。

概括地说，除旧布新、十年"文革"、拨乱反正和开创未来，这就是新中国高等教育所走过的道路。

关于除旧布新，系指1949年至1957年社会主义改造时期的高等教育之基本特征。简言之，这段时期的高等教育是在中外两种经验之下进行改革与发展的：一是继承和发扬革命战争时期的教育经验，二是学习和借鉴当时苏联的教育经验。前已略有所述，革命战争时期高等教育以马列主义为指导、紧密联系实际的经验，此时又得以充分体现：废除了国民党设立的"党义""公民"等旧课程和旧教材，开设了"新民主主义论""社会发展史"等新课程；结合抗美援朝、土地改革和镇压反革命等时事，进行爱国主义、无产阶级国际主义教育；实行"向工农开门"的方针；等等。高等教育在学习当时苏联经验方面，主要表现在两件事情上，其一是推崇当时苏联的教育理论与经验，移植该国的教学计划、教学大纲和教材等；其二是1952年下半年开始的高等学校院系调整。

的确，中华人民共和国成立初期百废待兴，况且中国缺乏建设社会主义高等教育的经验，有必要引用过往有效的经验以及时称"老大哥"的先进经验，历史事实也证明了这些经验对于当时中国的高等教育起过相当重要的不可抹杀的积极作用。然而毕竟时代不同了，国情也不同。平心而论，我国当时的一些做法确也存在生搬硬套之弊。以院系调整为例，其目的是改变旧中国高教结构不合理的状况，以华北、华东、中南地区为重点，实现全国一盘棋，并以培养工业建设人才和师资为重点，发展专门学院，整顿和加强综合大学。但是在实施过程中，矫枉过正地调整在旧中国法律、文科比重太大的高等教育，砍掉了一些在经济建设中具有重要作用的文科专业，导致财经、管理和政法等专业严重萎缩。并且，出现了文科与理科、理科与工科相互割裂的现象，不少高校专业设置过细、专业面过窄，即通常所说的"口径"太小。这些偏差的前因后果，是值得反思的。而且还可以这么认为,这些前因与后果的影响,一直不可忽视。

1958 年至 1966 年全面建设社会主义时期的高等教育,其实是"除旧布新"的后一阶段。这一阶段高等教育的主旋律是调整,其中也有两件事情最为重要和著名:一是高教工作与经济工作一样,贯彻执行"调整、巩固、充实、提高"的八字方针;二是总结了 1949 年以来教育工作正反两方面经验教训而试行《教育部直属高等学校暂行工作条例》(简称"高教 60 条")。在 1961 年至 1963 年的大幅度调整中,高等院校由 1960 年的 1289 所裁并为 407 所。在校生由 96 万人压缩到 75 万人。经过调整之后的高等教育,可以说是前一阶段布新之布新,并得以稳健发展,在质量上有一定程度的提高。

客观而言,这一阶段尤其是前期也存在不少问题。例如,反右扩大化伤害了一大批知识分子,相应地对高教事业造成了不小的创痕;1958 年发动的以勤工俭学、教学与生产劳动相结合的所谓"教育革命",又错误地批判和伤害了一批知识分子,高教事业再遭挫折,而且这场与"大跃进"、人民公社化运动交织在一起的"教育革命"维持了 3 年之久。"左"倾错误使师生们过于频繁地参与生产劳动和政治运动,高教质量的下降也就不可避免了,而狂热地提出 15 年左右普及高教的主张,更导致了高教事业之盲目、畸形地发展。60 年代初的大力调整虽有收获,却也未能根治"左"倾错误。可以断言,"文革"中高等学校所发生的许多违反教育规律的做法,可从这一时期所存在问题中看到先兆。

所以说,1966 年至 1976 年"文革"期间高等教育受到严重破坏,十年浩劫,高等教育能超然物外独善其身吗? 不用再列举那些众所周知不堪回首的事例了。此段非常时期的高等教育,不拟展开论述。

关于拨乱反正和开创未来,是对 1976 年 10 月粉碎"四人帮"尤其是 1978 年12 月中共召开十一届三中全会以来至今高教改革与发展的简要总结,这也可视为新时期高等教育的主要特色。

拨乱反正的头绪甚多,举其大端有如下几个方面:确定了教育是社会主义现代化建设的战略重点;强调要提高教师的政治与社会地位,同时明确提出中国的知识分子绝大多数"已经是工人阶级的一部分";在高等教育的科类方面,从 1980 年起开始逐步增加政法、财经和工科中轻纺、食品等科类的招生比重,其后几年又增加了高校文科的比重,并兴办了一些职业大学,同时加强了成人高教、研究生培养和留学生教育等工作;1985 年《中国中央关于教育体制改革的决定》出台,引发了高校改革招生和分配制度以及扩大办学自主权;另外,民办高等教育也适应社会需要开始显示其生命力。如此等等,不一而足。据统计,1991 年我国普通高校数为 1075 所,成人高校数为 1256 所,二者的在校生数加起来多达三百五十几万人,高等教育为改革开放做出的成绩有目共睹不言自明。从发展的角度而论,1977 年至 1982 年是恢复发展,1983 年至 1988 年是加速发展,1989 年至 1991 年是稳定发展,1992 年起是积极发展。总的来看,从社会主义计划经济体制到社会主义有计划的商品经济体制至社会主义市场经济体制,在这一渐进的深化改革的社会政治经济形势下,高等教育遵循外部规律不断进行开创未来的工作,形成了具有一定规模、多形式多层次多渠道办学的高教体制。如今,高校面对新形势,贯彻"规模有较大发展,质量上一个新台阶,结构更加合理,效益有明显提高"的发展方针,开拓事业异彩纷呈,实难一言以蔽之。有一点却是可以肯定:没有高等教育拨乱反正的昨天,就没有高等教育开创未来的今天。拨乱反正与开创未来的意义之重大、影响之深远,历史自有公论。

回顾近 14 年来高等教育的改革与发展,我们在欢欣之余,切不可一味乐观,应保持清醒的头脑。例如,在调整高教科类结构的过程中,是否有矫枉过正而忽视理科之嫌?高等教育的宏观管理及有关立法应如何更好地与高等教育的现实相配套?高等教育的进一步改革怎样才能避免低水平地重复既往做法?高等教育是否也应与经济一样加快发展,发展的速度如何为宜?这些问题都值得我们深思。

温史晓今,证映未来。最近,经过 4 年的反复研讨、修改,经中共中央政治局会议讨论并原则通过的《中国教育改革和发展纲要》,制定了 90 年代我国教育工作的纲领和蓝图。高等学校有形的和无形的围墙正在纷纷拆除,中国高等教育的改革与发展必将走出一条新路。

中国高等教育近代化历程
及其发展迟缓原因分析*

1840 年,英殖民者凭借"船坚炮利",打开了中国久锁的封建国门。1842 年,中英签订《南京条约》。从此,中国开始沦为半封建半殖民的国家。帝国主义的文化教育紧随其炮舰入侵。西方的学校制度,也就在 19 世纪被引进到中国来。清末近代(1840—1911 年)的高等教育,深深地打上这种痛苦辛酸的历史烙印。

一、初创阶段(1862—1894 年)

1860 年第二次鸦片战争失败以后,清政府在外交、军事、商业上与外国人打交道日益频繁,迫切需要有自己可靠的翻译人才。为此,清政府于 1862 年 7 月在北京设立了京师同文馆;仿同文馆例,又陆续在上海、广州设立广方言馆。同文馆的产生,是当时外交政策的结果,它起初不过是总理街门的附属机关。

同文馆是一所培养译员的专科学校,即外国语学堂。学制八年,前几年偏重语言文字,后来逐渐加上一些科学知识。开始仅招收十三、十四岁以下八旗官学子弟。最初只有英文馆,学生十人。至 1866 年学生人数逐渐增加到 120 人左右,入学者必须具有科名和牢固的中文基础。1867 年又增设了天文算学馆,招取三十岁以下、科举出身的五品京外官员入馆学习,专学天文、数学,课程内容也逐渐由文科向实科发展。从此以后,京师同文馆就成了一所综合性的专科学校(1902 年并入京师大学堂)。同文馆的课程绝大部分是崭新的,能反映正在萌芽中的资本主义要求,如"微分积分""航海测算"等。[②] 而且在中国近代史上,它最早采用班级

---

* 原载《福建学刊》1988 年第 6 期。于 1994 年荣获厦门市第二届社会科学优秀成果二等奖。

② 朱有瓛.中国近代学制史料:第一辑[M]上海:华东师范大学出版社,1983:71.

授课制。根据上述史实及高等教育的特点,我们认为同文馆的产生应视作中国近代高等教育的发轫,它是我国近代第一所过渡性高等学校。所谓"过渡性"有两个含义:一是相对于后来的天津中西学堂、京师大学堂等较正式的大学而言;二是它自身逐渐从文科向实科发展,变成多科性学校,最后演变为正式大学。

同文馆设立之后,一些具有中专性质的近代学堂在洋务派的支持下也陆续建立起来。如福建船政学堂、上海机器学堂、天津武备学堂以及刘铭传1887年在台湾设立的西学馆等等。

从历史的观点来看,洋务教育办同文馆,开了创办新学校的先河。同文馆等新学校在教学内容、方法等方面有些改进,促进了我国近代大学的发展,培养了我国近代早期的科技人才,同时对外交、政治等方面的发展,亦具有一定的推动作用。

然而,不可忽视的是,同文馆也存在一些弊病:

(1)带有浓厚的封建色彩。如同文馆特别注重对中国传统的封建礼教习惯的培养。这一情况充分反映了教育必须受一定社会的政治、经济、文化科学所制约,并为一定社会的政治经济等服务的教育的外部规律。

(2)洋务派兴办的同文馆等,实际上是受外国人控制的。它们经费的主要来源为海关拨款,许多学校的校长和教员都是由当时海关总税务司赫德(英国人)介绍去的。同文馆或多或少地留下了鄙视中国文化而盲目崇拜外国的奴化教育之痕迹。

(3)同文馆的学风极差。据《皇朝道咸同光奏议:变法类、学校》载:"学生等在馆亦多任意醋嬉,年少气浮,从不潜心学习。间有聪颖异人者,亦只剽窃皮毛,资为谈剧。乃至三年大考,则又于洋教习处先行馈赠,故作殷勤,交通名条,希图优等。"①

---

① 陈景磐.中国近代教育史[M].北京:人民教育出版社,1983:83.

二、形成时期（1895—1911 年）

1. 天津中西学堂

1895 年,中日甲午战争以中国的失败而告终。"四万万人齐下泪,天涯何处是神州。"①有识之士开始认识到只学西方的语文、技术,不研究学术不改革政治,难以图强。维新派李端棻指出:"夫二:年来……诸学皆徒习西学、西语、西文,而于治国之道、富强之原,一切要书,多未肄及。"②于是,近代中国开始从学西文、西艺发展到学西政、西学,从办理专科学堂到多科性大学。天津中西学堂以及后来的南洋公学、京师大学堂等学校的创立,就是这种认识发展的结果。

1895 年,津海关道盛宣怀在天津创立中西学堂。它分头等、二等两学堂,是为"继起式学校"。头等学堂即"此外国所谓大学堂也"。二等学堂属预科性质,修满四年后升入头等学堂。学生毕业后,"或派赴外洋分途历练,或酌量委派洋务职事"③。

就教学内容来看,中西学堂除了学习"中学"外,特别注意学习机械和法律等科目,并以学习外语和先进的科技为主课。这完全有别于以"儒学"为主课地位的旧式学校。就教学形式来说,"汉文不做八股试贴,专做策论,以备考试实在学问经济"④。中西学堂废除八股考试,要求学生以世界或国家大事为题发表自己的观点和意见,从而培养学生掌握真才实学。这些措施与当时光绪帝开始锐意革新密切相关。中西学堂的开办是由盛宣怀奏议,光绪帝亲自批准的,由国家举办。学校经费来源于国家收入。学生一切费用也是由国家负担。⑤ 因此,天津中西学堂成为我国近代第一所公立大学。

继中西学堂之后,新式大学纷纷建立,如求是书院(浙江大学的前身)、京师大

① 谭嗣同.谭嗣同全集[M].北京:中华书局,1981:540.
② 朱有瓛.中国近代学制史料:第一辑[M]上海:华东师范大学出版社,1983:593.
③ 舒新城.中国近代教育史资料:上册[M].北京:人民教育出版社,1981:137.
④ 舒新城.中国近代教育史资料:上册[M].北京:人民教育出版社,1981:140.
⑤ 麦仲华.皇朝经世文新编:第六册[M].上海:上海译书局刊行,光绪二十四年(1898 年).

学堂(北京大学的前身)、山西大学堂(山西大学的前身)等。可见,维新派推行西学,积极地促进了我国近代高等教育的发展,而作为天津中西学堂和上海南洋公学两校的创办者盛宣怀,对近代中国高等教育的发展作出了贡献,有着重大的影响。

2. 京师大学堂

1898 年 5 月京师大学堂正式成立。1900 年由于义和团进入北京,随即八国联军也侵占了北京,学堂停办。1902 年 1 月 10 日,清政府正式下令复办。1912 年 5 月改名为北京大学。

京师大学堂第一个办学章程规定:京师大学堂不仅是全国的最高学府,而且是全国教育的最高行政管理机关。"各省学堂皆归大学堂管辖","各省会暨外府州县所有已设立学堂,均须将学堂章程、教习姓名、学生数额,咨送大学堂,以便核考"。① 这样,京师大学堂实际上代替了国子监的作用。至 1905 年科举制度被废除,国子监也正式裁废,教育行政责任转归同年成立的学部所管。学部是中国近代最早设立的中央教育行政机关。

章程还明确规定了京师大学堂的办学方针,主要是两条:"一曰中西并用,观其会通,不得偏废;二曰以西文为学堂之一门,不以西文为学堂之全体;以西文为西学发凡,不以西文为西学究竟。""本学堂以实事求是为主,固不得如各省书院之虚应故事,亦非如前者学堂之仅袭皮毛。所定必当严密切实,乃能收效。"② 根据这些方针,大学堂设置普通学科和专门学科。普通有经学、理学和文学、体操等等,各科为全体学生所必学。专门科有高等算学、政治学、工程学和商学、卫生学等。因戊戌变法失败,京师大学堂未能照此方案办理,但它到 1905 年正式设预科,1909 年发展成为设有经学、文学、法政、工、农、商、医、格致共八科的多科性大学。各科除经学科由各省保送荐贡考入外,一律以预科及译学馆毕业升入。至此,京

---

① 大学堂关于呈报各地学校章程,教习姓名与学生数额以便考核的咨文[Z].北京大学档案室藏,1988.

② 军机大臣、总理衙门.送筹开办京师大学堂折,附章程清单[M]//舒新城.中国近代教育史资料:上册.北京:人民教育出版社,1981:133.

师大学堂才算具有世界各大学的雏形。它虽然不是中国近代第一所公立大学,然而却是近代中国最著名、最正式完备的公立大学。

显然,京师大学堂是戊戌百日维新运动的产物。那么为什么戊戌变法失败后,几乎各种新政措施大都被取缔,它却得以保留呢?原因是:京师大学堂"以萌芽早,得不废"[①]。西太后还要以此装装门面,与此同时又特别注重经学科。

除了中西学堂、京师大学堂这些较为著名的大学以外,维新派也办了一些为人熟知的具有高等教育性质的学堂,如:康有为于 1891 年在广州创办的万木草堂,严复于 1894 年在北京创办的通艺学堂,梁启超和谭嗣同于 1897 年在长沙创办的时务学堂等等。这些学堂主要是鼓吹资产阶级民主思想,传播维新运动思想,也讲求经世济民之术,兼习一些实科。

1909—1911 年国立大学仍是三所,其他学校数变化不大。值得比较的是:日本此时已初步形成帝国大学群(东京、京都、东北、九州)。而且私立大学也蓬勃发展,如:早稻田大学、庆应大学等等。相形之下,偌大的中国仅有三所国立大学,落后是显而易见的。

三、发展迟缓原因分析

中国高等教育近代化进程迟缓的原因是什么呢?无疑,基本原因是经济上小农经济的生产方式和政治上腐败的封建中央集权统治,这些我们过去谈得太多了,此处不赘述。这里要研究的是心理因素和政局因素这两个主要而又直接的原因。

1. 心理因素

如前所述,清政府洋务派尽管经历了两次鸦片战争的失败,开始有了危机感。但是,他们对于教育治国的重要性以及如何真正地学习西方先进经验,仍缺乏清

---

① 罗惇曧.京师大学堂成立记[M]//舒新城.中国近代教育史资料:上册.北京:人民教育出版社,1981:158.

醒深刻的认识。他们办同文馆,仅仅是为了"不受人欺蒙"。[①] 这种单纯以避害意识为基础对西学产生的作用,本身缺乏向西方高等教育以及其他方面学习的内在动力。在他们的内心里,交织着精神上的民族自大狂和物质上的民族自卑感。"中体西用"的教育思想就是一个明证。这种矛盾源于中国千百年来不断地由内向外辐射状传播华夏文化,并总是成功地同化和融化了僻远落后的"四夷"部族,因此产生了一种自我中心意识和把文明由内向外辐射传播视为文化传播唯一形式的观念。这种观念集中表现在古代孟子所概括的"吾闻用夏变夷者,未闻变于夷者也"。近代这一心态比较典型地反映到教育上,据清末王之春《国朝柔远记》记载,大学士倭仁抵制创办京师同文馆的奏议,他认为:"立国之道,尚礼义不尚权谋。根本之图,在人心不在技艺。今求一技之末,而又奉夷人为师。无论夷人诡谲,未必传其精巧,即使教者诚教,所成就者,不过术数之士。古今未闻有恃术数而起衰振弱者。"

让我们再看看日本的情况,由于其由外向内选择吸附型的文化传播模式和高度敏感的心理,使其教育的近代化开始早且进程快。早在 1855 年它就兴办了外语学校"洋学所"(中国的同文馆是 1862 年才兴办的);1862 年它就派遣赴荷兰留学生(中国直到 1872 年才有首批赴美留学生);1877 年它建立了国立新式大学"东京大学"(中国直到 1895 年才建立第一所国立新型大学"天津中西学堂")。

毕竟,近代洋务派曾国藩、李鸿章等人深受儒家思想的熏陶,所以在学习西方的时候,难免产生一种"屈尊"的心理。这种心理带有普遍性。所以我们也就不难理解,为什么 1862 年士大夫中极少有人愿意报考同文馆,为什么报考者甚至遭到众叛亲离的惩罚。在这种沉重的历史背景下,中国要真正地学到西方高等教育的先进经验,其艰难是可想而知的。心理障碍,是影响清末近代大学的产生与发展进程的重要内因。这一点决不可忽视。概言之,由于当权者未将西方入侵的外部刺激变成自身发展的新起点,文化心理惰性和麻木不仁的思想精神状态使清末近代中国失去了一个大力发展高等教育的好时机。这种心理定势在辛亥革命前仍

---

① 恭亲王等.奏设同文馆折(附章程)[M]//舒新城.中国近代教育史资料:上册.北京:人民教育出版社,1981:115.

然很有市场,可以说它在清末始终处于主导地位。

因此,当时即使有个别的杰出人士,也不能发挥极大而又实际的社会作用。更何况以西太后为首的顽固派始终把持着领导权。高等教育要在这种迟钝阴暗的社会心理下得以迅猛发展,无疑是寸步维艰的。

2. 政局因素

当时政局动荡,战争频频,如:两次鸦片战争、太平天国运动和捻军起义、祺祥政变、中法战争、中日甲午战争、戊戌政变、义和团运动和八国联军入侵北京等等。清政府内外交困,大学堂纷纷关门。天津中西学堂、京师大学堂这些著名学校都是立了又毁,毁了又立。反反复复,更遑论其他学校了。不言而喻,在如此多事多难的国度里,在如此风风雨雨的政局下,清末近代的高等教育要超越社会的大环境而特立独行,显然是不可能的。

尽管如此,清末近代高等教育从同文馆到天津中西学堂再发展到京师大学堂等,毕竟逐渐有所进步,对当时社会产生过一定影响,并发挥了其重要的作用。

简论中、美多校区大学形成过程的特点 *

一、引言

　　"多校区大学"(multicampus university)的概念在中国和美国有不同的理解。在中国,多校区是相对单个校区而言的,是由一个以上独立校区组成,只有一个统一的法人办学实体的大学。[①] 例如:1994 年天津对外贸易学院和南开大学组建成新的南开大学。在美国,由两个或两个以上四年制分校组成,只受某个单极的管理委员会合法管理,管理委员会(或大学行政总部)与各分校之间重要职责关系明确。[②] 本文所要讨论的多校区大学是在前面概念的基础上,指由两个或两个以上独立的校区组成,受大学行政总部统一管理的大学。例如:美国的加州大学、伊利诺伊大学、休斯敦大学等;中国的浙江大学、北京大学等。多校区大学强调设在不同地方的各种学术群落尽管学科性质、学术水平等诸方面存在差异,有时甚至相互矛盾,却能共存。几乎所有的多校区大学都可视为巨型大学,原因在于多校区大学除了包括类似于巨型大学的分校区外,还拥有其他各种校区。

---

　　* 本篇与姚加惠合作,原载《高等理科教育》2003 年第 5 期。本文是本人主持负责的全国教育科学"十五"规划(国家一般课题)"我国巨型大学的管理与组织模式研究"研究成果之一。于 2005 年荣获厦门市第六届社会科学优秀成果三等奖。

　　① 陈运超,沈红.浅论多校区大学管理[J].清华大学教育研究,2001(2):111.

　　② KERR C,GADE M L. The guardians:boards of trustees of American colleges and universities[M]. Washington,D C:Association of Governing Boards of University and Colleges,1989:35.

二、中、美多校区大学形成过程的特点

中、美多校区大学的形成与两国特定的历史背景是分不开的。中国的多校区大学是在高等教育管理体制为适应市场经济和自身发展的需要而进行改革的浪潮中蓬勃发展起来的。美国多校区大学的形成则归因于 50 年代苏联卫星上天对美国的冲击和当时急剧增长的人口对高等教育需求的压力。以加州大学为发端，美国多校区大学迅速发展起来。通过对中、美多校区大学的形成过程进行考察与比较，我们发现两国多校区大学的形成过程具有以下几方面的特点：

1. 中美发展多校区大学的初衷：前者为了提高办学效益，后者为了实现普遍入学

长期以来，中国的高等教育实行条块分割的管理体制，存在低层次重复办学、学校规模小、效益低、资源难以优化配置等状况。为彻底改观，中共中央、国务院颁布的《中国教育改革和发展纲要》及其《实施意见》明确提出，"逐步改变高等学校条块分割，'小而全'的状况，优化高等教育的结构与布局，提高办学效益"。在改革的诸多形式中，合并是实现这一目标的最佳形式。以 1998 年为分界线：之前，高校合并基本上是为改变重复建设，提高资源的使用效率而进行的。之后，江泽民总书记在庆祝北大建校 100 周年大会上提出"我们要有若干所具有世界先进水平的一流大学"。在此精神的指导下，以新浙江大学的成立为首，启动了第二轮的高校合并。不言而喻，合并后的高校自然就成了多校区大学。可见，不论是为了改变高校布局结构不合理、低层次重复办学的状况，还是为了建设世界一流大学，发展多校区大学都是为了提高办学效益。

在美国，由于 20 世纪 50 年代末 60 年代初人口急剧增长和战后经济的复兴，刺激了人们掌握文化知识的激情，使大学在招生问题上承受巨大压力。尽管美国政府没有统一的政策指导多校区大学的发展，但从各个州多校区大学发展的具体情况来看，不难发现，它们是以满足民众的入学要求为根本目的。以加州为例，当时加州人口的增长速度在全美国最快，大学在招生问题上承受的压力也自然最大。针对这一状况，加州制定了《1960 年高等教育总体规划》（The 1960 Master

Plan for Higher Education），它是 20 世纪后半期加州公立高等教育发展的指导性文件。按照规划的要求，加州大学"必须在加利福尼亚公立中学毕业生中最高的 12.5％中挑选学生，而州立学院必须从分数最高的约 33.3％中招生。"①在规划的指导下，加州多校区大学迅猛发展，到 1992 年，加州大学已发展成一个为 16.5 万学生服务的包括 9 所分校的系统，加州州立大学已发展到为 36 万名学生服务的 20 所分校。② 可见，其发展多校区大学的初衷是为了满足民众接受高等教育的需求。

2.中美多校区大学形成的动力：前者主要来自政府，后者主要来自社会

在中国，多校区大学基本是源自高校之间的合并。从合并过程来看，主要是从各个高校主管部门达成统一共识而进行改革，并且改革过程自始至终存在政府行为。具体表现为：一是政策指导。在高校合并之前，政府就提出了"共建、合作办学、划转、合并和协作办学"等多种改革形式；在合并过程中，"共建、调整、合作、合并"八字方针等精神相继下达，全过程引导高校合并。二是推进合并。在合并过程中，政府既采取了行政手段努力促成高校之间的合并，如：原机械部所属的三所高校，即哈尔滨科技大学、哈尔滨电工学院、哈尔滨工业高等专科学校，在机械部的努力促成下于 1995 年实现合并；又利用经济手段引导高校间进行合并，例如，同济大学并校改革时，上海市拨给 1500 万元的启动经费，国家计委落实了 8800 万元的专项经费，上海市又配套了 1000 万元，学校取得了相当数量的启动经费。三是解决问题。高校合并涉及利益的调整，出现不少的矛盾和冲突，这原本是要依靠合并院校自身加以解决，但在并校改革的非常时期，政府也参与了其中。如南昌大学校领导班子中其校长和党委书记都是由江西省委省政府直接任命的。总之，在整个合并的过程中，几乎都存在政府行为。

在美国，多校区大学作为一种新生的事物，是根据社会发展的需要，从简单到

① 克拉克·克尔.高等教育不能回避历史：21 世纪的问题[M].杭州：浙江教育出版社，2001：152.

② 弗兰斯·F.范富格特.国际高等教育政策比较研究[M].杭州：浙江教育出版社，2001：65.

复杂,从低级到高级逐步形成的。在这方面,加州大学表现得尤为突出。它既根据地区的需要设置校区,又根据市场的需要增设校区。首先,根据地区的需要设置校区。例如:在加利福尼亚南部的里弗塞德地区,由于气候宜人,土壤肥沃,有利于柑橘生长,加州大学便在这里设立柑橘实验站,并从事农业研究。后来逐步发展成为加州里弗塞德分校。其次,根据市场的需要增设校区。例如:在加州大学成立之时,洛杉矶还只是个拥有 1000 多人口的小镇,这里的学生需要跋涉 800 多千米的路程到伯克利求学。后来,洛杉矶已拥有 35000 人口,急需建立一所国家资助的高等教育机构以适应当地农业、工业、矿业和商业的急剧发展。经过各方的努力,1919 年洛杉矶州立师范学校并入加州大学成为其南分部。[①] 此外,加州大学的圣地亚哥分校、伊利诺伊大学的芝加哥环区分校等也都是根据市场的需要而设置的。

3. 中美多校区大学的形成方式:前者相对单一,后者呈现多样化

中国多校区大学的形成方式主要有两种:大学设立校外分校、几所大学之间的合并。大学通过设立校外分校而形成的多校区大学为数极少。就目前状况而言,多校区大学主要是通过院校合并而形成的。在合并过程中出现了两种情况:第一种是几所大学合并以后,采用一个全新的校名。如:原华中理工大学、同济医科大学和武汉城市建设学院合并成为华中科技大学。第二种是几所大学合并以后,哪个大学的实力最强,就采用那个大学的校名。如:北京大学与北京医科大学合并成立新北京大学、清华大学与中央工艺美术学院合并成立新清华大学等。不论哪种情况,新成立大学的领导班子基本是由原来各个院校的领导班子经过重新调整所组成,充其量也只是校际的调换,根本没有受某个新的行政中心管理。北京大学原校长许智宏继续担任新北京大学校长,原北京医科大学党委书记、校长王德炳为新组建北京大学党委书记。因此,严格地讲,中国多校区大学的形成基本采取合并方式。

在美国,多校区大学是从土地赠与大学、师范学院和城市大学等发展而来的。由于各自发展轨迹的不同,其形成方式也呈现多样化。最早出现的方式是大学自

---

① 　德万.加利福尼亚大学[M].长沙:湖南教育出版社,1986:161,49.

身拓展出新校区。以加州大学为例。加州大学成立不久就相继从伯克利的老校址拓展出旧金山分校(第二分校)和戴维斯分校(第三分校)。后来由于入学人数的急剧增长,大学便采取兼并其他院校(即合并)以及各个独立的院校集中起来受某个新的中央行政管理委员会合法管理(即联合)的方式组建多校区大学。① 例如:加州大学的圣巴巴拉分校是由原先的圣巴巴拉州立学院于 1944 年并入加州大学而成立的;而休斯敦大学系列是由 4 所分校联合起来于 1977 年由州议会管理的多校区系统。由拓展和合并的方式组成的多校区大学系统称为旗舰系统;由联合方式而形成的多校区大学系统称为联合系统。这样,美国多校区大学系统就一分为二。

4. 中美多校区大学形成过程中各个校区的功能:前者重新定位,后者保持不变

在中国,由合并而形成的多校区大学随着校区的增多,管理领域拓宽了。为实施有效管理,大学总部将原本独立的院校在全校范围统筹规划,对各个校区的功能重新定位,主要有三种模式:一是以学科为基础的学院模式,即每个校区设有一个或多个学科组成的若干院系。新浙江大学就属于这种情况。二是以工作为基础的职能模式。例如:新同济大学将其南校区作为继续教育和对外有偿教学服务的场所,把武东校区定位为新生院。三是混合模式,即某个校区可能具有若干个院系,又有若干工作性能,校区功能的划分只是相对的。② 经过调整,各个校区已不再是原样,有的校区甚至功能完全改变。

在美国,以合并和联合方式形成的多校区大学,其各个校区在教学和行政管理、课程设置、校区功能等各个方面没有因为其是否为大学系统的成员而发生改变,只是总体上受多校区大学系统总部的协调管理。以加州大学洛杉矶分校为例:洛杉矶州立师范学校并入加州大学后,并没有作出任何调整,其文理学院、研究生院等都是随着时间的推移,逐步增设的。以联合方式形成的多校区大学,情况更是如此。这类大学实际上是一种松散的独联体。

---

① LEE E C, BOWEN F M. The Multicampus University:a study of academic governance [M]. New York:McGraw Hill,1971;68,421.

② 陈运超,沈红.浅论多校区大学管理[J].清华大学教育研究,2001(2):115.

5. 中美多校区大学的形成时间：前者历时短，后者历时长

在中国，多校区大学形成的时间较短。首先，从整个高等教育系统中多校区大学总体的形成过程来考察，多校区大学形成的时间跨度不长。1992 年扬州大学的成立开了高校合并的先河，经过了差不多 10 年的改革，尽管合并还没完全结束，但已接近尾声。其次，就某个具体的多校区大学的形成过程来说，历时也较短。以华中科技大学为例：原华中理工大学和武汉科技职工大学于 2000 年 2 月 28 日合并为新华中理工大学。之后，华中理工大学又于 2000 年 5 月 23 日与同济医科大学、武汉城市建设学院再次合并组建华中科技大学，前后间隔约 3 个月时间。

在美国，多校区大学形成则是个缓慢的过程。首先，从全国多校区大学整体发展状况来看，自加州高等教育系统诞生以来至今约有 40 年的历史，美国多校区大学（在校区数目上）还处在不断的发展之中，甚至出现原有多校区大学系统的再次合并。根据科尔和盖德的统计，从 1970 年到 1990 年，美国多校区系统所属的校区总数量增加了一倍。[①] 其次，就某个多校区大学而言，其形成的时间间隔也较大。例如：加州大学最早的分校——伯克利分校成立于 1868 年，而最迟的分校——圣克鲁兹分校则于 1965 年成立，前后历时了近 100 年，基本上每隔 10～20 年增加 1～2 个分校。可见，多校区大学的形成是个漫长的过程。

6. 中美多校区大学形成过程中各个校区的分布：前者相对集中，后者"广"而"散"

中国多校区大学校区数目少，截至目前，通常为 2～5 个，最多也不超过 7 个，校区分布相对集中，基本处在同一个城市。以新浙江大学为例：它是由原浙江大学、杭州大学、浙江农业大学和浙江医科大学等 4 所院校合并而成的，尽管这些院校地处杭州市区的各个方位，可终究没有超出杭州市区。此外，吉林大学、北京大学等其他多校区大学也都是如此。

美国多校区大学则不然，其所拥有的校区数目多，少则 3～5 个，多则近 100 个，地域分布呈现"广"而"散"。首先，多校区大学系统的覆盖面广。例：威斯康

---

① 王均国.美国多校区大学研究及其启示[J].比较教育研究,2002(2):45.

星大学拥有 13 个四年制分校,最北到苏必利尔,最南到帕克塞德,最东到格林贝,最西到里佛沃斯,几乎遍布威斯康星州的每个角落。其次,各个校区间的距离较远。例如:加州大学最北端的戴维斯分校到最南端的圣地亚哥分校总路程达 836 公里。[①] 当然,也有处在同一城市的多校区大学,但各校区间的距离较远。休斯敦城市大学就属于这种情况。

三、几点思考

综观上述两国多校区大学形成过程特点,不难发现,它们既有共同的特点,又有各自的特色。通过比较分析,有以下几点的思考:

1. 共同之处

(1)多校区大学是大学系统实现综合化、多元化的手段

在中国,综合化是 1992 年以来高校合并的主旋律,体现两个层次:一是校际的综合,即某些单科性或多科性合并成真正意义上的综合性大学;二是高校内部学科专业之间的综合,即变口径窄的专业为口径宽的专业,形成大范围的学科群。[②] 合并的结果是变条块分割为条块结合的管理体制,增强高校面向市场和社会自主办学的能力和为社会服务的能力。美国的情况更是如此。李和波温对美国 9 所多校区大学扩张后所带来的经验和教训进行概括。[③] 他们指出,美国的多校区大学不仅适应了学科不断分化和综合的需要,也适应了国家、社会等外部需要。因此,即使是全球性的经济萧条也无法抵挡其迅猛的发展势头。事实上,这是全球高等教育发展的共同趋势。因为当今科技的发展呈现高度分化与高度综合,并以高度综合为主的趋势,要求大学朝综合化方向迈进。同时,随着高等教育从社会的边缘走向社会的中心,"大学不仅需要与科学进行长期、永久的接触,否

---

① 德万.加利福尼亚大学[M].长沙:湖南教育出版社,1986:161,49.

② 卢兆彤.建国后两次高校合并的比较研究[J].清华大学教育研究,2000(2):78.

③ LEE E C, BOWEN F M. The Multicampus University:a study of academic governance [M]. New York:McGraw Hill,1971:68,421.

则就会萎缩退化;而且需要和公共生活、历史事实以及现实环境保持接触……大学必须对其所处时代的整个现实环境开放,必须投身于真实的生活,必须整个地融入外部环境"①。显然,大学没有实现综合化、多元化就无法适应这一需要。

(2)高校合并是多校区大学形成的重要方式

在中国,多校区大学基本上是通过合并的方式而形成的。据统计,截至 2002 年 7 月,全国已有 597 所高校合并组建为 267 所新的高等学校。② 在美国,尽管高校合并不是多校区大学形成的最主要方式,但也是重要方式。根据研究资料显示,到 1990 年,美国已有 23 个州通过合并的方式建立集权的多校区管理委员会。③ 实际上,高校合并作为实现资源重组和优化配置、组建多科性综合性大学、迅速提高高校综合实力的最直接的形式,不仅受到两国的青睐,也是世界上其他许多国家高等教育改革普遍采用的方式。

2. 各自特色

(1)对多校区大学中"校区"的内涵中美两国的理解有所不同

在中国,尽管各个院校在合并之前都是独立的,但合并之后,各成员院校原有的教学、行政单位全部打散,并按学科、工作职能以及混合模式对校区的功能进行重新定位,各个校区是大学不可分割的重要组成部分。尽管某些大学按并入院校的数目,设置相应数量的管委会,但调整后的校区已不同于合并前的独立院校。因此,我国的多校区大学并不是严格意义上的多分校大学。美国的情况则有所不同。在美国,多校区大学就其实质而言,是多分校大学,即某个校区是大学的一个分校,各个分校不管采取何种方式成为大学的一员,其原有的学科组成、校区功能等没有变化,可以相对独立于大学总部而存在。其实,这与两国发展多校区大学的初衷是相吻合的:美国主要为满足民众的普遍要求而发展多校区大学,就无需对各个分校进行调整;我国主要为改变低层次重复建设,优化资源配置和学科结构而发展多校区大学,不对学科结构进行调整,就无法实现这一目标。当然,

---

① 奥尔特加·加塞特.大学的使命[M].杭州:浙江教育出版社,2001:98-99.

② 周济.世纪之交中国高等教育改革与发展[J].中国教育报,2002-07-11.

③ 王均国.美国多校区大学研究及其启示[J].比较教育研究,2002(2):44.

我国多校区大学的形成,对满足人民群众对高等教育的需求也是有着积极的作用。

(2)多校区大学的形成应当尊重其自身发展的客观规律

多校区大学作为一种新生的事物,从哲学上讲,其发展应当遵循事物发展的质量互变规律,即从校区数量的增加,到大学实力的提高,再到校区数量的增加,如此循环反复螺旋上升。在我国,多校区大学(以合并方式)形成基本上是采取一步到位的策略。在短短的 10 年间,由于政府直接推进合并的行为,多校区大学遍地开花,今后这些大学如何按教育规律健康地、可持续地发展,必须进行认真研究并付诸实践。在这一点上,美国的办学经验值得我们借鉴。

(3)根据多校区大学形成的不同特点应采取不同的管理体制

管理体制如何是多校区大学能否健康发展的关键所在。从多校区大学形成的特点,可以看出,中国对组成多校区大学的各个院校的学科进行重组、对校区功能进行重新定位,否则就无法改变单科院校过多、低层次重复建设的局面。可一旦作出调整,有的校区就只剩下一个和几个学科,更需要大学总部在全校范围内统筹管理,才能实现学科的交叉、融合。况且,某些大学为了便于管理,已另辟新地,实行易地集中办学。而广东珠海市创造新的高教模式,广纳国内名校到珠海设校区办学的做法,引人注目并值得认真研究。在这种情况下,应当采取集权与分权相结合的管理体制。美国的情况则不同。美国多校区大学每个校区的功能没有因为其是否为大学的成员而发生改变,而且各个校区分布广而散。因此,适宜采取分权的管理体制。可见,实行何种管理体制,不能盲目地效仿,应视各个国家的具体国情而定。

谈我国教育投入问题

——学习社会主义初级阶段理论的一点体会[*]

十五大报告题目一开始就鲜明地提出"高举邓小平理论伟大旗帜"。邓小平理论内容十分丰富、博大，而其中最重要的内容就是"社会主义初级阶段理论"，它是邓小平理论的基石，是建设有中国特色社会主义全部论述的基本根据。

同样地，正确认识我国现在处于社会主义初级阶段，是我们考虑教育问题的根本立足点。

我们国家的高等教育面临两个主要挑战，即科技革命和市场经济。教育上自从 80 年代以来进行了一系列改革，从我国教育改革的战略方针看，概括起来是四句话：观念转变是先导，增加投入是前提，体制改革是关键，教学改革是核心。这里我仅对"增加投入是前提"作一点探讨。

为了在下世纪综合国力的较量中占据有利地位，80 年代以来，许多国家尤其是发达国家在研究长远发展战略时都对教育投注更多的目光，纷纷制定切实有效的政策，增加对教育的投入，加快改革和发展教育，如：美国、德国、加拿大、新加坡等等。我国的实际情况是："七五"和"八五"期间教育投入的绝对数有所增加，"八五"比"七五"的投资增加了 146％，但是扣除物价因素之后，实际上增加不多。如果对照《中国教育改革和发展纲要》所承诺的到 2000 年教育经费支出要占国民生产总值的 4％，则更令人忧虑。让我们来看一组数据：1991 年占 2.85％，1992 年占2.73％，1993 年是 2.52％，1994 年是 2.62％，1995 年是 2.44％，1996 年是2.46％，很明显，教育经费支出占国民生产总值的比例呈逐年减少的趋势。对此，朱开轩在今年 5 月 15 日的《中国教育报》上颇为严厉地也可以说是颇为无可奈何地指出："造成目前这种局面，有实际问题，更主要是认识不够统一，无明确的落实

＊ 原载《厦门大学校刊》1997 年 11 月 10 日第 4 版。

措施。"为什么这么多年了认识还不够统一？我认为，说到底是有关决策部门与领导的教育思想没有从根本上转变过来。我们承认我国正处在社会主义初级阶段、不发达阶段，教育投入不足好像是很自然的事情，何况教育经费短缺是世界性的问题。但是，请注意：十五大报告要求我们对初级阶段的基本国情"要有统一认识和准确把握"，我们要"实施科教兴国战略和可持续发展战略"，我们要"培养同现代化要求相适应的数以亿计高素质的劳动者和数以千万计的专门人才"，这一切都离不开教育的改革与发展，而教育的改革与发展的前提又是必须增加教育投入。所以，江泽民在十五大报告中强调："要切实把教育摆在优先发展的战略地位"。对这句话是否可以这样理解，过去我们对"教育摆在优先发展战略地位"的工作做得不切实或者不够切实，十五大以后要确切地、实实在在地做好这一工作。回顾历史，可以看出，我们党对教育工作的认识不断提高，党的十二大把教育和科学技术列为社会主义现代化建设三大战略重点之一，党的十三大提出"把发展科学技术和教育事业放在首要位置"，党的十四大进一步提出"必须把教育摆在优先发展的战略地位"。现在，十五大又加上了"切实"这两个很有分量的字眼。

这点体会的结论是：困难与希望同在，挑战与机遇并存。由于社会主义初级阶段是逐步摆脱不发达状态、基本实现社会主义现代化的历史阶段，因此，只看到社会主义初级阶段教育事业的困难而看不到希望，容易丧失信心、消极悲观；反之，容易盲目乐观。总之，要辩证、全面地看待这个问题，只有这样，我们才能有耐心、有信心地脚踏实地努力工作，不断学习、不断落实十五大精神。

简论我国高教投资体制的问题与对策[*]

十一届三中全会以来,我国高等教育所取得的成就是巨大的,积累的经验是丰富的。种种重大举措的出台与实施,数以百万计的大学毕业生走向社会,为我国现代化建设起了重要作用,并为我国高等教育的进一步发展奠定了坚实的基础。但与此同时,我们也要清醒地看到存在的矛盾和困难,例如,原国家教委主任朱开轩在 1998 年教育工作会议上的讲话中谈到,要切实解决教育优先发展战略地位与实际教育投入短缺的矛盾。本文拟就高教投资体制问题及其对策,做一点专门分析。

一

高教投资是高教发展的一个重要指标。在我国实行计划经济时期,国家财政预算是高教经费的唯一来源。随着社会形势的发展,以下 3 个主要因素决定了我国高教投资体制必须改革,必须建立多渠道投资的新体系:一是由于实行社会主义市场经济,原有的单一的国家财政拨款高教投资体制已不适应社会经济发展以及高教自身发展的需要;二是我国人口多、教育规模庞大,在经济发展、财力有限的情况下,发展高教事业所需的经费完全由国家包下来已经不可能了;三是放眼世界可知,即使是发达国家高教经费的构成,也出现了一个多元化的高教经费结构的新趋势。实际上,我国多渠道教育投资的新体系已经逐渐形成。1996 年国家教育经费拨款只占教育经费总数的 53.57%,其余的 46.43% 由学校自筹。1997年国家拨款仅占大学办学经费的 1/3 多,全国各高校的经费情况基本如此,程度

---

[*] 原载《江苏高教》1998 年第 5 期。

不一而已。所以,过去叫"政府拨款",现在改称国家对大学的"财政补助"。从这一点看,高教投资体制的改革为国家在教育经费问题上解决了大难题——很明显,如果再像过去那样光靠国家拨款,则高等教育经费开支难以为继,难以办学。但与此同时,在这一改革成功的背后存在着三大问题。

二

问题之一:根据《中国统计年鉴(1995年)》所载,教育经费占国民生产总值的比例,80年代初全世界平均水平为5%,其中发达国家为5.91%,发展中国家为3.48%,而我国最高水平(1981年)仅为2.74%;到了90年代初,世界平均水平为5.1%,发达国家平均水平为5.65%,发展中国家平均水平为4.32%,我国最高水平(1991年)为3.02%,但是此后却连年下跌,至1996年只有2.44%。不升反降,这是一个与《中国教育改革和发展纲要》要求到2000年教育经费占国民生产总值的比例达到4%背道而驰的实际问题。原国家教委主任朱开轩认为原因"主要是认识不够统一,无明确的落实措施"。国务院总理朱镕基更是直率明了地指出:"钱到哪里去了呢? 政府机关庞大,'吃饭财政'把钱都吃光了。其次,在各级政府干预下进行了不少盲目的重复建设,几十亿、几百亿的一个项目,投产之后没有市场,相反把原有的一些企业挤垮了。这就使得中央的财政和银行都拿不出钱来支持科教兴国的方针。"

国外情况如何呢? 发达国家由于高教管理体制不同,政府对教育的财政拨款也不尽相同。法国、英国和苏联的高教经费主要来自政府拨款,美国公立高校经费开支的近60%来自政府资助。总的说来,发达国家政府对教育的财政拨款大致在教育经费构成中占50%~70%之间,其余30%~50%,一般分别是校企合作所得、学校创收、社会团体和个人捐资以及学生学费。比较而言,我国是发展中国家,从1996年国家拨款占教育经费的53.57%的指标看,还算合理;但从教育经费占国民生产总值的比例只有2.44%来看,教育投入又是偏低的。

问题之二:由于高校长期以来习惯于向国家"等、靠、要",由于计划经济向市场经济转轨时期出现的近似于迷乱的情况,我国高校与企业合作和高校创收等方面的运行机制很不健全,甚至可以说是处于变革时期的无序状态,所以这些方面的经费收入渠道既不稳定也不畅通,并产生一时难以估量的对高教质量的消极影响。于是,高校转而在向学生收取学费上做文章,新问题又随之出现。

问题之三:在世界范围内,由于接受高等教育的回报率有高低之分,各国向大学生收取学费的标准也不一样。不少国家不收学费(私立学校不在此列)。在日本,公立学校学费收入仅占全部收入的 2%～3%;前几年香港向大学生收学费曾达到占大学生生均经费 13%,引起学潮。1994 年国外高校中,学费占生均经费比例较高的国家有:韩国 40%,约旦 31%,智利 25.5%,爱尔兰 25.5%,美国 24.5%,而当时中国仅占 8.5%。1995 年我国高校学费占大学生生均经费突升至 17%,1996 年占 17.9%,1997 年招生并轨所有大学生都须交学费,比例肯定更高。教育部部长陈至立于 1998 年 3 月底在华中理工大学举行的全国高校教学工作会议上指出:现在高校实行收费上学,虽然费用仅占大学生培养成本的四分之一,与发达国家相比更是廉价,但与我国老百姓的收入相比仍很高昂。的确,横向比较,我国高校学费比有些发达国家是廉价的;纵向比较,则我国高校学费涨幅大,可谓昂贵。必须高度注意我国特困生、农村学生和下岗工人子女缴费困难,学费问题事实上影响了他们在校期间的学习和生活甚至能否正常入学。

一些外国学者认为,收学费不影响穷学生入学,相反更有利于学生入学,增加公平因素,从而推广高等教育。这一理论的理由是:如果不收学费,而是都由纳税人通过国家平均地"撒胡椒面",穷人和富人一样享受高等教育,这就没有什么区别了。收学费可改变这种现象,例如贵族学校收 1000 名学生,无形中减轻了政府负担,政府就可为另外 1000 名学生提供入学机会。这一理论有一定道理,但又不完全对。说它不完全对是因为:第一,国情和各国经济发展阶段不同,不可一概而论,何况还有收费标准与限度的问题。第二,我们讨论的范围是在公立高等教育体系之内的收学费,如果与贵族学校这一类私立高等教育的收学费混为一谈,就不科学了。

三

教育是一种公益事业。我国要实施"教育优先发展战略"和"科教兴国战略"，教育投入是前提。既然政府拨款在教育经费中的构成中占大头，那么，我国高教投资的主渠道在目前及今后相当长的时期内仍应是政府拨款。朱镕基说："科教兴国是本届政府最大的任务。……本届政府决心精简机构，减掉一半的人，同时制止重复建设，把钱省下来贯彻科教兴国的方针。"中央政府决心已下，令人振奋。其实，从十二大到十五大都提出教育要优先发展，关键在各级政府必须真正贯彻落实。从理论上说，作为主渠道的政府拨款必须不断加大投资力度，但实际上政府的教育投资在扣除物价因素之后能不减少就不错了。这就需要有其他必要的对策。世界各国高教投资的情况告诉我们，国家出钱办高等教育并非由社会政治制度所决定，而主要是由经济实力所决定的。所以，国家、社会和个人等分担高教经费是完全必要的。高校与地方共建、共管，不失为一种有效的改革模式；在国家财税体制上适时开辟教育税，不失为一项必要的改革措施；实行高等教育基金制，不失为值得探索的改革新路。这是现行高教投资体制下，为保障高教经费投入的对策之一。

对策之二是，高校自主办学必须进一步落实，否则一方面要高校自筹近一半的教育经费，另一方面高校又缺乏足够的办学自主权，势必导致高校在筹资问题上欲做还休和欲罢不能。与此相配套，必须研究和制定学校的自我发展和自我约束机制。《教育法》在原则上已经对此作了规定，现在缺的是如何使操作性措施规范化。实质上，"高校办学自主权就是国家赋予高等学校的能主动适应经济和社会发展要求的自我发展、自我调节的权限，而不是在封闭的系统里自我完善的能力"。有了这种自我发展、自我调节的权限，高校在科技开发与有偿服务、实行各种形式的联合办学、争取社会资助和捐赠等方面的经费筹集才能放开手脚而有较大的作为。

对策之三是，继续完善招生并轨工作，并逐步向上延伸至对研究生收取学费。上学交学费，人们已经认可这一事实与做法。关键问题在以下三方面：其一是要把握好交费的"度",即人们的经济承受力和心理承受力。其二是要科学合理地区别对待:公立与私立高等教育的区别对待;不同层次高校的区别对待;不同科类、专业的区别对待;等等。其三是要完善高校奖学金、贷学金、勤工助学金和学费的"减、免、缓"等多元化资助体系。

对策之四是,逐步改变"学校办社会"的局面,由于高校不是经济生产实体,不直接创造利润,加上事业不断发展而经费开支必然不断扩大,"学校办社会"又加剧了这一矛盾。不过,如何改革"学校办社会"是个重大问题,前期改革可从医疗、住房社会化和退休人员纳入社会保障体系入手。

总之,高校投资体制改革的问题是个涉及面较广的综合性问题。说它涉及面广,是因为它涉及学校经费与国家的财政拨款、学校与企业合作、学校对社会的服务和办班、学校对学生(实际上是对各种层次各个方面的家长)收学费等问题,说它具有综合性,是因为教育经费的多少直接影响高校的生存与发展、教学和科研的水平等问题。所以,在这一方面的改革尤其不能"就教育论教育",必须通盘考虑,真正在思想上认识到这一问题的重要性,在行动上实行稳妥有效的措施。

主要参考文献

[1]中国教育统计年鉴(1995年)[M].北京:人民教育出版社,1991.

[2]季明明.中国高等教育改革与发展[M].北京:高等教育出版社,1994.

[3]朱开轩.在国家教委1998年教育工作会议上的讲话[J].中国高等教育,1998(2).

[4]母国光,翁史烈.高等教育管理[M].北京:北京师范大学出版社,1995.

[5]建设有中国特色社会主义高等教育理论研究课题组.建设有中国特色高等教育理论研究:第二集[M].兰州:兰州大学出版社,1995.

[6]蔡克勇.积极推进高教管理体制改革[J].上海高教研究,1995(5).

关于我国民办高等教育政策
与法规若干问题的探讨[*]

本文就改革开放后我国民办高等教育政策法规所走过的历史道路、取得的进展成就和目前存在的问题进行探讨。

一、民办高等教育政策法规建设的历程

我国民办高等教育政策法规建设经历了三个阶段：

1. 起步阶段（1978—1996 年）

这一阶段，宪法规定了民办高等教育的合法地位，中央提出要建立以政府办学为主体、社会各界共同参与的办学体制，明确了在政策上对民办高等教育给予支持与鼓励，并提出了民办高等教育的管理方针，原国家教育委员会还出台了一些部门规章对民办高校进行管理，但有关民办教育的政策法规只是散见于宪法、教育法、职业教育法等法律或中央出台的其他一些规范性文件之中，还没有制定专门的民办教育法律或教育行政法规，民办教育法规的法律地位和法律效力不高。

这一阶段的民办高等教育政策法规主要有：

1982 年，《中华人民共和国宪法》提出："国家鼓励集体经济组织、国家企业事业组织和其他社会力量依照法律规定举办各种教育事业"，明确规定了社会力量举办各种教育机构的合法性。

1985 年，《中共中央关于教育体制改革的决定》中提出"地方要鼓励和指导国营企业、社会团体和个人办学"，"鼓励各民主党派、人民团体、社会组织、离退休干

＊　本篇与唐拥华合作，原载《民办教育研究》2005 年第 2 期。

部和知识分子、集体经济单位和个人,遵照党和政府的方针政策,采取多种形式和办法,积极自愿地为发展教育事业贡献力量"。

1987 年,原国家教育委员会发布《社会力量办学若干暂行规定》,其中提出:"社会力量办学是我国教育事业的组成部分,是国家办学的补充",对民办高等教育的地位进行了说明。该规定后被国务院 1997 年发布的《社会力量办学条例》所取代。

1992 年春,邓小平南方谈话后,改革开放的步伐进一步加快,教育体制改革也继续深化,1993 年颁布的《中国教育改革和发展纲要》对高等教育的办学体制做了新的规划,提出:"改变政府包揽办学的格局,逐步建立以政府办学为主体、社会各界共同办学的体制。在现阶段……高等教育要逐步形成以中央、省(自治区、直辖市)两级政府办学为主、社会各界参与办学的新格局",同时还提出了"国家对社会团体和公民个人依法办学,采取积极鼓励、大力支持、正确引导、加强管理的方针",这一管理方针在很长一段时间里一直被重申,对我国民办高等教育的发展起到了很好的促进作用。

1993 年,原国家教育委员会出台了《民办高等学校设置暂行规定》,对民办高等学校的设置做了较为全面而细致的规定,这对民办高校的办学质量起到了一定的保障作用。

1995 年出台的《中华人民共和国教育法》、1996 年出台的《中华人民共和国职业教育法》也对鼓励发展民办高等教育进行了规定。

2. 发展阶段(1997—2001 年)

这一阶段,国家在办学体制上继续进行改革,明确要建立以政府办学为主体、社会各界共同参与、公办学校和民办学校共同发展的办学体制,积极鼓励和支持社会力量依法举办高等学校,凡符合国家有关法律法规的办学形式,均可大胆试验,同时,还明确提出土地优惠使用、免征配套费等具体扶持措施,民办高等教育的发展空间更大。这一阶段,国务院还发布了《社会力量办学条例》,这是我国关于民办教育的第一部专门的行政法规,民办高等教育法规的法律地位和法律效力有所提高。

此阶段的民办高等教育政策法规主要有:

1997年8月,国务院发布了《社会力量办学条例》,该条例重申了发展民办教育的十六字方针,规定了发展民办教育的基本原则、行政管理体制,规定了民办教育机构的设立、教学和行政管理、财产和财务管理、机构的变更与解散、政府的保障与扶持、法律责任等内容。

1998年出台的《中华人民共和国高等教育法》明确提出"国家鼓励企业事业组织、社会团体及其他社会组织和公民等社会力量依法举办高等学校,参与和支持高等教育事业的改革与发展",这对于《社会力量办学条例》中所规定的"社会力量应当以举办实施职业教育、成人教育、高级中等教育和学前教育的教育机构为重点……国家严格控制社会力量举办高等教育机构"来说是一次进步,甚至可以说是一次突破,这标志着政府对民办高等教育严格控制的禁令开始解除。

1998年《面向21世纪教育振兴行动计划》提出:"今后3~5年,基本形成以政府办学为主体、社会各界共同参与、公办学校和民办学校共同发展的办学体制。"

1999年,中共中央、国务院《关于深化教育改革全面推进素质教育的决定》提出:"进一步解放思想、转变观念,积极鼓励和支持社会力量以多种形式办学,满足人民群众日益增长的教育需求,形成以政府办学为主体、公办学校和民办学校共同发展的格局。凡符合国家有关法律法规的办学形式,均可大胆试验。在发展民办教育方面迈出更大的步伐。鼓励社会力量以各种方式举办高中阶段和高等职业教育。经国家教育行政主管部门批准,可以举办民办普通高等学校……要因地制宜地制定优惠政策(如土地优惠使用、免征配套费等),支持社会力量办学",这标志着我国在发展民办高等教育方面迈出了更大的步伐,民办高等教育的发展空间更大了。

3. 初步确立阶段(2002年至今)

这一时期国家出台了《民办教育促进法》,这是我国关于民办教育的第一部国家法律,其后还出台了《民办教育促进法实施条例》,诸如产权归属、合理回报等一些在理论界长期争论、困扰民办高校办学多年的重大政策问题基本得到明确。目前我国民办高等教育法律法规体系已经初步确立,国家有关政策也逐渐明确,民办高校依法办学、教育管理部门依法行政已基本有法可依,依法治教已成为一种必然的趋势。当前,人们的目光开始逐渐转向民办高校管理部门的具体执法状况和民办高校在办学实际中所面临的办学环境。

这一阶段的民办高等教育政策法规主要有：

2002 年，国家颁布了《中华人民共和国民办教育促进法》，这是我国第一部关于民办教育的专门法，该法自 2003 年 9 月 1 日起施行，1997 年国务院颁布的《社会力量办学条例》同时废止。《民办教育促进法》共十章六十八条，对民办学校的设立、学校的组织与活动、教师与受教育者、学校资产与财务管理、管理与监督、扶持与奖励、变更与终止、法律责任等各方面作了规定。《民办教育促进法》还对民办教育的性质和地位进行了规定："民办教育事业属于公益性事业，是社会主义教育事业的组成部分"，同时提出了民办教育的管理方针："国家对民办教育实行积极鼓励、大力支持、正确引导、依法管理的方针。"值得注意的是管理方针虽与以前的提法大致相似，而且也还是十六字，但最后四字却由"加强管理"修改成了"依法管理"，两个字的改动体现出更强的法治观念，为今后进一步加强教育管理部门的依法行政、民办高校的依法办学提供了更好的依据。

2003 年国务院出台了《中华人民共和国中外合作办学条例》，对民办高校中外合作办学作出了规定。

2004 年 3 月国务院出台了《〈中华人民共和国民办教育促进法〉实施条例》，对《民办教育促进法》的各项规定进行了细化和补充，该条例于 2004 年 4 月 1 日起施行。

二、民办高等教育政策法规建设取得的进展

经过 20 多年的努力，民办高等教育政策法规建设取得了不少重大的进展：

1. 基本确立了民办高等教育的法律地位

改革开放之前，我国对民办高等教育的政策是取缔、改造。改革开放之初，政府主张举办公立高等教育，对举办民办高等教育则认为是"多余"，其后，随着社会观念的转变，民办高等教育的迅速发展，人们对民办高等教育的认识也逐渐改变，1982 年《宪法》承认了民办高等教育的法律地位，其后，人们对民办高等教育地位的认识又逐渐由教育事业的"补充"发展到现在的"组成部分"（不少学者提出，民

办高等教育的地位不应仅是"组成部分"而已，应当是教育事业的"重要组成部分"），《民办教育促进法》还明确规定"民办学校与公办学校具有同等的法律地位""国家保障民办学校举办者、校长、教职工和受教育者的合法权益""民办学校享受国家规定的税收优惠政策"，民办高等教育的法律地位终于得以确立，民办高校及其教师、学生也在法律意义上与公立高校实现了平等。

2. 民办高等教育的法律法规体系基本建立起来

《宪法》《教育法》《高等教育法》《职业教育法》《教师法》在民办高等教育办学方面都做了相应的规定，《民办教育促进法》则对规范和指导民办高等教育的办学作了全面而详细的规定，这些法律再加上《民办教育促进法实施条例》等行政法规，基本构建了我国民办高等教育的法规体系，为全面实现民办高校依法办学、政府依法治教奠定了良好的基础。

3. 多年来一直困扰民办高等教育发展的一些重大问题基本得以解决

（1）关于产权归属问题

学校产权的归属是办学者普遍关心的问题，产权明晰才能保证学校的正常运行，促进学校的发展。多年来，产权问题一直困扰着民办高校，也一直被广大学者所关注和讨论。在长期的理论研究和实地调研的基础上，《民办教育促进法》为此专门规定："民办学校对举办者投入民办学校的资产、国有资产、受赠的财产以及办学积累，享有法人财产权""民办学校存续期间，所有资产由民办学校依法管理和使用，任何组织和个人不得侵占"。同时还规定在民办学校终止时，"对民办学校的财产按照下列顺序清偿：（一）应退受教育者学费、杂费和其他费用；（二）应发教职工的工资及应缴纳的社会保险费用；（三）偿还其他债务。民办学校清偿上述债务后的剩余财产，按照有关法律、行政法规的规定处理"。

这样，投入者享有其投入资产的所有权（但在民办学校存续期间对其投入资产的所有权与使用权、管理权是相分离的），学校在存续期间则享有对校产的使用权和管理权，既可以保障民办学校的平稳运行，又可以保护投入者的合法权益。

（2）关于合理回报问题

教育事业属于公益性事业，不能以营利为目的。但现实情况是民办高校的办学者捐资办学的为数不多，一般都是利用自筹资金投资办学，能否取得合理回报不但决定着办学者能否收回原始投入，也决定着民办高校能否持续发展，社会资金是否愿意流入民办教育事业。《民办教育促进法》在这一问题上取得了很大的突破，规定"民办学校在扣除办学成本、预留发展基金以及按照国家有关规定提取其他的必需的费用后，出资人可以从办学结余中取得合理回报"。

（3）关于政府对民办高校的鼓励和支持政策

《民办教育促进法》中规定："县级以上各级人民政府可以设立专项资金，用于资助民办学校的发展，奖励和表彰有突出贡献的集体和个人"；"县级以上各级人民政府可以采取经费资助，出租、转让闲置的国有资产等措施对民办学校予以扶持"；"民办学校享受国家规定的税收优惠政策"；"国家鼓励金融机构运用信贷手段，支持民办教育事业的发展"；"新建、扩建民办学校，人民政府应当按照公益事业用地及建设的有关规定给予优惠"。

三、当前民办高等教育政策法规建设所面临的问题

目前民办高等教育政策法规建设中仍有一些问题亟待解决：

1. 继续健全民办高等教育政策法规体系

现有有关民办高等教育的法律只对民办高等教育发展过程中一般性的问题作出了规定，部分条文的规定也是概括性的，要使它能落到实处，必须制定配套的、可操作的法规、政策、条例和办法；同时我国地域辽阔，各地办学环境、办学条件差异极大，各省也有必要遵循有关法律的基本精神和基本原则，针对本省的具体情况，灵活地制定切合本省实际的政策，保障和促进民办高等教育的持续健康发展。

2. 应当将民办高校纳入教育事业发展的总体规划

目前一些教育主管部门对民办高校的地位和作用还认识不够，认为民办高校可有可无，或者仅是弥补一下公立高校的不足而已，没有将民办高校纳入教育事业发展的总体规划，对民办高校间存在的一些无序竞争也缺乏宏观管理，政府出台的一些政策也在一定程度上对民办高校的办学造成极大的冲击，例如近年公立高校举办独立学院的政策就使部分原有民办高校在招生上出现极大的困难。

随着经济建设的加速、产业结构的调整,社会对高级技术人才的需求正在快速增长,一些经济发达地区已经普遍出现高薪难聘高级技术工人的现象,有的地区甚至还出现普通工人也严重短缺的"民工荒"。大力发展定位于高职教育的民办高校已是大势所趋,教育主管部门应当抓住时机,将民办高校纳入教育事业发展的总体规划,对民办高校进行科学的总体规划和宏观管理,使民办高校能正常有序地发展。

3. 急需建立适合民办高校特点的管理模式

面向市场、教学为主、社会筹资、机构精简、人员高效是民办高校办学的特点,而市场主导、灵活办学则是其主要优势。然而目前仍有不少教育主管部门在管理民办高校时继续沿用计划经济时代的观念和管理手段,在招生计划、专业设置、课程及课程内容安排、教学计划等方面对民办高校进行管理,使用统一的方法和标准对待公立高校和民办高校,有的地方政府甚至沿用旧体制的行政管理模式,使民办高校校长在应付文山会海上消耗大量的时间精力,使其教育教学工作受到极大影响,管理模式的弊端使得民办高校的办学优势难以发挥。

因此,教育主管部门有必要转变政府职能,确立为高校服务的理念,充分尊重和保障民办高校的办学自主权,建立适合民办高校特点的管理模式,使其办学优势得以充分发挥。

4. 民办高校的办学环境还有待改善

目前民办高校在办学中还受到许多不公平的待遇,如学校在招生批次、学校升格等方面受到过多限制,在土地征用和税收方面的配套政策难以落实,教师在职称评定、评奖、科研经费、人事档案存放、个人养老金缴纳等方面无保障,学生在假期乘车、国家助学贷款、就业等方面受到严重歧视。政府应当正视这些不公平的现象,积极采取措施,改善民办高校的办学环境,一视同仁地对待民办高校与公立高校,保障民办高校的"国民待遇"。此外,由于民办高校是很少或几乎没有得到国家资助的,因此笔者认为政府也应当在部分政策上使民办高校能享受一些特殊的优惠待遇,以弥补其经费投入上的不足。

总而言之,二十几年来我国民办高等教育走过了一条逐渐向上发展的道路:从"允许存在"到被认为是"有益补充"再到被认可为教育事业的"组成部分",相应的政策法规也不断地跟进出台。民办高等教育在国家"积极鼓励、大力支持、正确引导、依法管理"的方针之下,成就是明显的,有待进一步解决的问题也是不能忽视的。可喜的是,问题的层次也在提高:过去的问题主要纠缠于"能不能办"和"能不能得到回报",现在的问题主要是如何办好、如何完善。政府依法治教、民办高校依法办学,已经成为我国民办高等教育持续发展健康发展的重要保证。

论我国私立高等教育必将进一步发展[*]

一

早在 1988 年,我国著名高等教育学家潘懋元教授就深刻地指出:"三十多年来,我国不复存在私立高等教育体制,乃是经济体制所决定的。……并不是社会主义社会的性质不容许办民办高校,而是作为民办高等教育的经济基础,即全民所有制以外的其他经济成分,缺乏举办高等教育的需要与可能。改革开放以来,由于城乡合作经济、个体经济和私营经济的发展,更由于这些经济成分在生产水平上的提高,民办高等学校的出现与发展就有其必然性。"①将近 10 年过去了,迈向 21 世纪的我国私立高等教育发展趋势又是如何呢?

当前,党的十五大对非公有制经济的新定位——"非公有制经济是我国社会主义市场经济的重要组成部分。对个体、私营等非公有制经济要继续鼓励、引导,使之健康发展"(见十五大报告)是思想上的又一次大突破与大解放,私立高等教育进一步发展于是又有了新的历史条件下之必然性。

从根本上说,私立高等教育进一步发展的趋势与当前国家"稳步发展高等教育"的政策不存在相互对立的问题。理由在于:其一,私立高等教育大发展不能等同于乱发展;其二,政府经费紧张与高等教育日益大众化是一对难解的矛盾,当这一对矛盾越来越尖锐的时候,私立高等教育必然崛起并获得发展,从某种意义上来说,此乃整个国家高等教育稳步发展的必要条件;其三,"趋势"是事物发展的动

---

* 原载《辽宁高等教育研究》1998 年第 4 期。

① 潘懋元.关于民办高等教育体制的探讨[N].光明日报,1988-06-22(3).

向之谓,而"政策"则是一定历史时期的路线性行动准则之谓。可见,"稳步发展高等教育"政策在未来不可能一成不变,它必将在私立高等教育发展趋势的推动下,进行调整甚至变更。

进而言之,私立高等教育进一步发展的趋势必将引起我们高度重视,因为它是 21 世纪我国高等教育种种发展趋势的焦点所在。换句话说,它集中反映了我国高等教育大众化、职业化、终身化、多样化等等趋势。21 世纪是"学习的社会",科学技术的迅速发展既使高等教育终身化成为必要,又为高等教育终身化提供了可能,高等教育终身化与高等教育大众化是一个问题两个方面的趋势,前者解决受教育者时间跨度问题,后者解决受教育者范围广度问题,因此私立高等教育同样与高等教育终身化有着极其密切的关系;高等教育多样化是当今世界各国共同的趋势,内涵丰富,其中私立高等教育与公立高等教育并存是其主要内容之一;概言之,21 世纪我国私立高等教育进一步发展具有社会基础,并与高等教育的其他发展趋势有着紧密的联系。

二

实践上,我国私立(民办)高等教育的重新出现,已有十几年的经验与教训;理论上,有关私立高等教育的不少问题已逐渐在探讨中得以澄清,如:公私立高等教育的界限划分问题,私立高等教育的性质问题,私立高等教育的体制与管理问题等等,此处不赘。在世纪之交,放眼 21 世纪,中国私立高等教育必将进一步发展的依据主要体现在两个方面,试述如下:

依据一:由教育外部关系规律所决定,即由教育必须与社会发展相适应这一规律所决定。

在传统的经济体制下,对非公有制经济采取的是限制、改造、消灭的政策。1978 年党的十一届三中全会承认非公有制经济存在的必要性,促成民营企业的诞生。不久,在北京等一些中心城市中,一批私立高等学校应运而生,是新中国私立高等教育重兴阶段之始。

1982 年 12 月,第五届全国人大第五次会议通过的《中华人民共和国宪法》第

19 条明确规定:"国家鼓励集体经济组织、国家企事业单位及其他社会力量(指民主党派、社会团体和经国家批准的私人办学者)依照法律办各种教育事业",这就以法律的形式确立了私立高等教育的合法地位。(不过,具体依照什么"法律",仍未很好解决。)从 1979 年至 1991 年底,其间虽然经过治理整顿,私立高等学校数量仍然发展到 450 所。换言之,全国平均一个月就有 3 所私立高等学校成立,发展速度甚快。

1992 年邓小平南方谈话指出:非公有制经济是社会主义市场经济的"有益补充"。这就使民营企业如雨后春笋,蓬勃发展。例如,1996 年非公有制经济在国内生产总值中占 24%。[①] 同样,从 1992 年开始,中国私立高等教育进入了一个新的发展阶段。1993 年中共中央、国务院发布的《中国教育改革和发展纲要》指出:"国家对社会团体和公民个人依法办学,采取积极鼓励,大力支持,正确引导,加强管理的方针。"其后几年里,相继出台了《民办高等学校设置暂行规定》和《社会力量办学条例》等。至今,全国私立高等学校已达 1000 多所,其中 20 所取得颁发国家承认的学历文凭的资格,这些学校的招生已纳入国家计划。与前一阶段相比较,从 1992 年至 1996 年的 5 年里,私立高等教育的发展速度更是快得惊人——全国范围内约平均每 2 天就有 1 所私立高等学校诞生。

如何看待我国私立高等教育的现状?国家教委成人教育司前司长董明传在"亚太地区私立高等教育国际研讨会"上的看法颇为中肯,他认为:"目前,中国私立高等教育仍然处在变革、探索的初创阶段,呈继续发展态势。在办学条件、教育质量方面良莠共存、参差不齐。政府正在通过完善法规、加强管理使之走上健康发展的轨道","中国政府认为,私立教育是我国教育事业的组成部分。发展私立教育是加快教育事业发展的重要途径,也是当前教育改革的重要内容"[②]。

现在,江泽民在十五大报告中将非公有制经济由"有益补充"发展到"重要组成部分",可以说这是改革开放以来思想观念上的第三次飞跃,势必为民营企业发

---

① 十五大报告辅导读本[M].北京:人民出版社,1997:112.
② 亚太地区私立高等教育国际研讨会论文集[M].厦门:厦门大学高教所编印,1996:58-59.

展创造出更有利的平等竞争、共同发展的条件。同时,也昭示了中国私立高等教育必将实现由"对立论""补充论"向"共同发展论"的转变。鉴往知来,21世纪中国私立高等教育必将适应社会发展而进一步发展,这一趋势是不以人的意志为转移的,有规律可循、有必然性。当然,不应单纯从数量来谈"发展",必须结合数量和质量来谈"发展",才有意义。与公立高等学校数相比较,现在私立高等学校已然不少,悬殊的差距体现在两者的质量上,主要的问题在于私立高等教育远未充分发挥应有的作用。因此,私立高等教育进一步发展趋势的主流应是质量上的发展,没有质量的发展是没有前途的。

依据之二:由高等教育的现实所决定。

首先,表现在人们接受高等教育的要求日益增长和高等教育无法满足人们求学愿望这一供求矛盾上。这是我国社会主要矛盾在高等教育方面的一个具体体现,因为我国"社会的主要矛盾是人民日益增长的物质文化需要同落后的社会生产之间的矛盾,这个主要矛盾贯穿我国社会主义初级阶段的整个过程和社会生活的各个方面"①。这里使用"社会生产"而非习惯上沿用的"社会生产力",其深远意义就在于把满足人民的"文化精神需要"也包括在内,其中无疑必然包括人们接受高等教育需要这一重要内容。

从国家的角度来说,高等教育"大众化"和"普及化"是世界共同的趋势,中国也不例外地要顺应这一世界潮流。现在中国高等教育仍处于"精英教育"阶段,与发达国家相比差距较大。在国家包办不了高等教育的现实情况下,势必在开发社会力量办学上多下功夫。欲实现"两个转变"——经济增长要实现从粗放型到集约型的转变,经济体制要实现从计划经济向市场经济的转变,这就需要高等教育为社会生产部门培养更多的高级专门人才;欲实现"科教兴国"战略,就必须扩大高等教育规模并注意提高教育质量,否则,当前我国的科教水平及规模难以胜任"兴国"之重任;欲实现"可持续发展战略",就首先要认识到12亿人口文化素质高低对社会发展的巨大影响。在21世纪谁拥有人才的优势,谁就能占领众多的战略制高点,我国人口整体素质的提高离不开高等教育的大众化,这也是"可持续发

---

① 十五大报告辅导读本[M].北京:人民出版社,1997:17.

展"的基础与根本所在。

个人的角度来看,国家统计局提供的情况表明,随着改革开放中收入分配制度的变化,过去一直影响劳动者收入主要因素的年龄、工龄等因素,对就业者收入差别的影响也越来越小。相反,进入 90 年代以来,我国城镇居民收入高低与受教育程度和职称密切相关。这一受教育程度越高回报率越高的情况,也是人们愿意求学上进的一个激励因素。

从社会的角度而论,诸如"农村有大量的高中毕业生,生源甚多,农村经济发展了,也需要较多高等学校毕业生"①,这就说明了高等教育通向农村之日也就是私立高等教育大发展之时。世界高等教育发展规律告诉我们:高等教育必须满足经济发展的需要,这是对高教规模的最低要求;同时,高等教育要尽可能满足社会上人们接受高等教育的需求,这是对高等教育的最高要求,高等教育越接近这一最高要求,就越趋向于理想与功利的统一,也就越有利于资源的开发和高水平生产力的形成,从而促进社会经济长足发展。

种种现实和可预见的未来表明,私立高等教育的发展,乃是时代的要求。

其次,我国私立高等教育必将进一步发展的现实依据表现在中国高等教育经费持续短缺和高等教育事业需要不断发展的供求矛盾上。教育经费短缺是个世界性的问题,中国在这一方面的问题更是尖锐、紧迫。我们一方面要在解决认识问题的同时有明确的落实措施相配套,另一方面必须跳出原有的思想框框给私立高等教育的发展另寻出路。

我们应该借鉴外国做法,让私立高等教育一展身手。以 1994 年为例,日本、美国和韩国的私立高等学校学生数分别占高校学生总数的 73.4%、32.2% 和 74.8%。历史事实鲜明地显示出美国和日本之所以能够先后赶超欧洲各国,其中一个很重要的原因就在于美国和日本两国首先是在高等教育发展上赶超欧洲,尔后才在经济发展上领先于欧洲所有老牌资本主义国家。美、日私立高等教育在这一赶超历程中所立下的汗马之功,有目共睹。

我国台湾地区私立高等教育的发展情况也值得我们借鉴。台湾私立院校半

①　潘懋元,吴岩."走向 21 世纪的中国高等教育"[J].中国高教研究,1996(3):18.

数以上是在 60 年代以后开办的,其产生和发展的原因,一是社会对人才的需求——官办的即公立的高等教育既不能满足这种需求,自身又无力扩充,私立高教于是蓬勃发展;二是台湾当局在大势所趋之下顺水推舟予以支持,采取鼓励政策并制定相应法规,以确保私立高教这突起异军得以健康发展。截至 1993 年,台湾的大专院校共 125 所,私立高校就有 82 所,占总数的 65.6%;私立学校学生数占高校学生总数的 66.9%。研究表明,台湾高等教育的发展,与其私立高教的大发展休戚相关。台湾高教与经济发展相得益彰,具有正相关的互动性,其中私立高教的重要性应予以肯定。目前,台湾继续鼓励私人办学,提供社会对教育的需求,减少"政府"教育经费的负担。[①]

我国私立高等教育近 60 年也曾经起过不小的作用。1937 年,私立大专以上学校 47 所,占当时全国高等院校的 51.6%;抗战后期占 38%;解放初的 1950 年私立高校有 89 所,占全国高校总数的 39%。[②] 如今,当国家财政负担很重,我们必须合理配置教育资源,对过去单一的高教投资结构进行深化改革之时;当我们认识到私立高等院校能够机动灵活地适应市场机制之时;当私立高教有利于发展社会智力与财力潜能之时(财力方面,仅以城乡居民储蓄存款为例:1996 年为 36521 亿元,比 1991 年增加 29411 亿元,年均增长 33%。但从总体上看,居民教育支出所占比例很低,消费结构有待调整)[③];当私立高教的发展有利于公立高教发挥其优势和主导作用,避免公立高教在一般专业介入过多,比重过大,从而陷入教育经费长期短缺和低水平重复建设并存局面之时:我们最需要的是实事求是、解放思想。在新的历史条件下,在 21 世纪即将到来之时,明智的决策应该是:充分认识培养同现代化要求相适应的数以亿计的高素质的劳动者和数以千万计的专门人才的紧迫性,认准私立高教有着进一步发展的新生长点。尽快建立一种既有鼓励又有约束的机制,促进私立高教发展。鼓励是为了发展,约束是为了健康地发展。

① 李泽彧,武毅英,等.战后台湾高等教育与经济发展[M].厦门:厦门大学出版社,1996:8-9.

② 潘懋元.关于民办高等教育体制的探讨[N].光明日报,1988-06-22.

③ 十五大报告辅导读本[M].北京:人民出版社,1997:112.

关于私立高教发展的作用,实际上已表现在上述的理论与现实两大依据之中。简言之,其作用有:

第一,缓解国家高等教育经费持续困难的窘境,同时,可使公立高等教育集中精力和财力发展事业。

第二,适应社会需要,开发社会智力资源——让更多的人有书教和更多的人有书读;利用社会及个人财力资源,让社会及个人消费结构趋向于更正当、合理。

第三,更深层的作用是,遵循教育规律,在社会主义市场经济条件下,展示私立高等教育是高等教育的"重要组成部分"的真正含义,以利高等教育体制的深化改革与良性运行。

再者,根据世界私立高等教育的划分依据类型,如表1,[①]显然,我国私立高教目前基本上仅处于第三级类型,21世纪它应该能跃上第二级类型。

表1 世界私立高等教育的划分依据与类型

划分依据	各种类型		
	第一级	第二级	第三级
数量规模	大量型	中间型	小量型
层次水平	高重心型	双向型	低重心型
地位作用	骨干型	主力型	补充型
发展条件	重视型	过渡型	忽视型

三

总之,从历史发展角度来看,我国私立高等教育经过近十几年来的几经周折,艰难跋涉,积累了大量的正、反两方面的经验与教训;从政治上看,我国私立高教发展具备必要的外部大环境;从经济上看,改革开放以来我国社会物质生产、人民生活水平都有较大的提高,这为私立高教大发展打下了坚实的基础。当然,还有

---

① 魏贻通.民办高等教育立法之前期研究[D].厦门:厦门大学,1994:71.

不少问题需要思考、研究。

思考之一：借用国家"抓大放小"的经济政策，私立高等教育完全可以在"小"字上多做文章，今后我国发展私立高等教育，在相当一个时期内，应着重职业性特点、专科性层次，但也不必作硬性限制，可以提高发展层次，甚至发展私立高等院校的研究生教育。就国家宏观管理而言，在私立高等院校遵守国家教育方针及有关政策法规的前提下，应允许其创造性地大胆探索，不必照搬照套公立高等院校的惯常做法，从而建立与完善我国高等教育公立与私立的二元运行模式。

思考之二：私立高等教育发展既是一种趋势，同时也可作为我国克服完全或主要依靠国家拨款的公立高等教育一元体系弊端的战略。顺应这一趋势，或谓实施这一战略，必须有包括国家劳动人事制度改革在内的完备的法规相配套。国外有许多相关方面的法律法规可以"拿来"，也可以取其精华、弃其糟粕地使之具有"中国特色"。只要对私立高等教育的积极作用和消极作用有着清醒的认识，就能做到有所为、有所不为。换言之，必须尽快改变私立高教立法远远落后于私立高教实践的历史与现状。可以肯定，在正确而有效的立法规范之下，私立高教之利与其弊病相比，终究会大得多且重要得多。

我们的结论是：随着 21 世纪的脚步声越来越近，随着我国改革开放的深入进行，现行的公立高等教育单一体制基本上是已经到了非改不可的地步；计划经济时期形成的发展单一的公立高等教育的思维定式与模式已不适应实际情况；私立高等教育发展是必然的趋势，必须高度重视这一发展趋势，正如我们对非公有制经济所走过的认识过程一样，也应走上承认其存在的必要性→"有益补充"→"重要组成部分"的发展轨迹。

健全民办高等教育的运行机制综论*

任何事物都有其自身发展的客观规律,民办高等教育也不例外,它的产生、发展和运行机制,是有其自身规律的。从目前情况来看,民办高等教育的发展已有相当的规模,影响也日益扩大,然而对这一领域的理论研究仍滞后于实践。为了弥补这一领域理论研究的不足和正确指导民办高教的实践,课题组受国家教委委托承担起"民办高等教育运行机制"这一课题的研究任务。在既定的两年时间里,课题组通过专题研讨、难点攻关、专家座谈和实地调研等形式,对民办高等教育的运行机制进行了较全面、较深入的探讨,不但形成了各阶段性的研究成果,而且也形成了最终的研究成果,即这份总报告。总报告共分两大部分:一是对民办高等教育运行机制相关问题的探讨;二是对民办高等教育运行机制具体内容的阐述。

一、民办高教运行机制相关问题的探讨

(一)概念和关系

所谓运行机制,是指特定系统内各相关要素在运行过程中所形成的相互依存、相互作用、相互制约的关系或由此产生的联动效应。

机制,就本质而言即一种关系,其运行机制则是一种联动或整体效应。民办高等教育运行机制的形成有赖于其内外部关系形成所产生的制衡。为此,要健全民办高等教育的运行机制,就必须从其内外部关系入手,通过改善、加强、削弱和

---

* 本篇与武毅英合作,原载《中国电力教育》1996 年第 3 期。本文于 1996 年荣获河南省教育学会、比较教育专业委员会颁发的河南省比较教育优秀成果一等奖;1997 年荣获厦门市第三届社会科学优秀成果二等奖。

弥补各相关要素间的关系,来达到健全其运行机制的目的。

民办高等教育是教育系统内一个重要的组成部分,在这个系统内,它需要一定的生存和发展空间,因此它需要与高等教育、成人教育和基础教育等各级各类教育发生联系。这种联系或关系便是民办高等教育在系统内运行的客观基础或环境。其发展过程是否顺畅,则与各种关系的处理有关,即与健全其运行机制有关。在充分考虑民办高校的各种内部关系(包括自身内部的关系)后,我们认为应从下述几个主要方面健全民办高等教育的内部运行机制:

(1)健全以董事会为最高决策机构的自主经营机制;(2)健全以平等竞争为基础的自我发展、自我约束机制;(3)健全以特色取胜的灵活办学机制;(4)健全以社会各界广泛参与为主要方式的民主监督机制;(5)健全以严格把关为主要措施的质量检查评估机制;(6)健全以学生为主的多方筹资机制。民办高等教育在求生存与谋发展中,除了应具备一定的内部环境外,还需要具备较为宽松的外部环境。民办高等教育作为一个特定的社会系统在整个社会大系统中发挥其作用,是通过与社会大系统中的各相关要素(政府、市场、社会等)的摩擦、依存、制约和影响而起作用的。其运行方式则主要取决于各方关系所产生的整体效应,其中制衡力量大的一方起决定作用。基于以上考虑,我们认为应从下述几个方面健全民办高等教育的外部运行机制:(1)健全以间接管理为主要方式的政府宏观调控机制;(2)健全以法律为依据的市场运作机制;(3)健全与市场经济相协调的社会保障机制;(4)健全以民间组织为重要沟通渠道的自我协调机制;(5)健全以拨款资助为主要手段的激励扶持机制;(6)健全以平等对待为原则的法律保障机制。

(二)运行机制的特点

由于民办高教在办学机制上突破了传统高等教育观念和制度的束缚,因此其建立的运行机制基本上形成了有别于公立高校的风格与特点。

1. 自发性和偶然性

民办高校的产生与消亡,与国家的控制、社会的需求、市场对资源的配置等有直接的关系,因此它的出现与发展较之公立高校有较明显的自发性和偶然性。民办高教发展的内驱力,主要来自生存方面的压力;其外部动力则主要来自社会。民办高等教育要生存和发展下去,既要有来自内部的凝聚力,又要有广泛的社会基础,因此其生存和发展的压力都较大。

2. 灵活性和适应性

民办高教的层次不仅对应着公立高校的框架体系,同时,公立高教以外的层次和类别,民办高教也兼而有之。由于民办高校施教对象的年龄、智力、文化基础、职业、情趣、阅历、素质、家庭环境、经济等方面存在较大的差异,从而决定了其必须以灵活的学科和专业设置、学习时间、学制、教学方法和内容以及形式去满足就学者的需要。而就学者的需要又往往是社会需求的具体体现,因此,民办高教在其运行过程中除了具备灵活性这一特点外,还同时具备了较强的适应性和实用性:它本着按需施教、专业对口、学以致用的原则,适应市场经济发展的需求,为当地的经济建设和社会发展服务。

3. 独立性和竞争性

民办高校一经政府批准,即成为在社会上独立存在的法人(独立的办学实体),拥有独立的办学权,其一切活动均可在政府和教育部门的宏观调控下独立进行。因其独立性强,依附性小,自主性大,从而决定了民办高校在整个发展过程中必然充满了竞争:有外部竞争,也有内部竞争;有平等的竞争,也有不平等的竞争。平等的、合理的竞争将有利于民办高等教育的良性发展和优胜劣汰。

4. 创新性和开放性

这一特点始终伴随着民办高等教育发展的全过程:首先,民办高校的兴起本身就是相对意义的创造,它面向市场、面向社会、面向高中后的各类人员,其开放程度,远较公立高校强;其次,民办高校在教育思想、教育方法等方面,均能较为自主大胆地打破传统教育观念的限制和束缚;再次,民办高校要生存下去,就要不断地改革创新,要发展下去,就要不断寻求外界的支持与合作。

(三)运行中存在的问题

我国民办高等教育的运行机制,是与社会主义市场经济体制相适应的,有什么样的经济体制,就有什么样的运行机制与之相适应。新体制的建立与民办高校的兴起,都是近十几年来才发生的,因此无论是实践经验还是理论研究,都很欠缺,许多问题还需要进一步在实践中加以摸索和在理论上不断探讨。就目前民办高等教育运行中所出现的较突出的问题来看,有以下这几方面:

1. 民办高教系统内外诸种关系还需进一步理顺

从民办高校与系统内的关系来看：(1)它与公立高校之间在地位、作用、权利、义务和竞争的公平性等方面还存在异议，尤其是在同等水平不同条件下的关系处理更是困难；(2)民办高校之间在优势互补、合作与竞争等方面还缺乏有效的沟通与协调；(3)民办高校自身在用人权与育人权、校长或董事长谁为法人代表等问题上也需要进一步解决与规范。

从民办高校与系统外的关系来看：(1)它与政府间需要理顺的关系：政府应对其直接管理还是间接管理；应由政府发放文凭还是由各校自行发放文凭；经费采用民办自助还是民办公助；(2)它与市场的关系：其资源配置应主要由市场调配还是由政府调配；(3)它与社会的关系：民办高校是依据社会的需求来发展还是依据政府的需求或教育行政部门的需求来发展；社会力量办学是追求长远社会效益还是急功近利，等等。

2. 民办高教在运行中同时受到新旧两种体制的制约和影响

民办高教是一种全新的办学模式：其资源配置方式、管理手段、运行规则等均必须服从社会和市场的直接调节，这是新体制的要求。然而，实际上来自旧体制的影响还十分强大，尤其是政府部门及教育行政部门的直接干预。若不排除这种影响，民办高等教育在发展过程中必然阻力重重。

3."民办高教"与"私立高教"这两个概念还需要进一步界定

目前，政府部门及官方用词均极力回避"私立"两字，因此用"民办"一词来涵盖"私立"。许多文章也用"民办""社会力量办学"代替"私立"。本报告的下文也考虑习惯用法，仍继续沿用"民办高教"一词。但事实上，"民办高教"与"私立高教"的概念是不同的，它不可相互取代。高等学校的"立"与"办"，是两个不同层次的管理概念。公、私立高校的概念是由学校的设立者来划分的，由公共机构设立的即为公立高校，由非公共机构设立的即为私立高等学校。公、民办高等学校的概念则是区分公立高校系统中的学校其经办者是享有国家工作人员工资等待遇的，还是不享有国家工作人员工资等待遇的。前者为公立公办高校，后者则为公立民办高校。至于由非公共机构设立的独立的私立学校，其经办者本就不属于国家工作人员，因此也就不存在私立公办高校与私立民办高校的区分。以上界限不应混淆,否则将造成与高教体制改革实践的脱节。

4. 民办高校的组织机构是否应有别于公立高校的组织机构仍存在争议

民办高校作为非国有资金举办的高校,在办学方面比国家举办的高校享有更多的办学自主权,学校内部的领导体制和管理也应与公立高校有所区别。建立合理的民办高校内部管理体制是保证民办高校正常发展的重要条件。根据各国私立高校发展的经验和我国民办高校的具体情况,民办高校应实行董事会制。董事会是民办高校的最高决策机构和权力机构,其法人代表不应是学校的校长,而应是董事长。这是它有别于公立高校的一个重要方面。

5. 公立高教与民办高教因存在互补与竞争,界线有逐渐模糊的趋势,因此是否可认为彼此的运行机制是可以替代的

关于这个问题,我们是有不同看法的。我们课题组的一些同志,在对国外公、私立高等教育的比较研究中发现,尽管公、私立高校的互补与竞争会使得双方界线逐渐模糊,但由于它们所担当的角色不同,资源配置的方式也不尽相同,故双方的运行机制也不可能完全相同。

二、关于健全民办高教运行机制的构想

（一）从民办高教在高等教育系统中的地位与作用来看，应健全以下内部运行机制

1. 健全以董事会为最高决策机构的自主经营机制

民办高校的领导体制和组织机构不同于公立高校,它实行的是董事会或理事会领导下的校长负责制。民办高校一经政府批准,即成为在社会上独立存在的法人,其法人代表是董事长或理事长,而不是学校的校长。董事会或理事会应成为民办高校的最高权力机构和决策机制。学校一切重大问题均应先由理事会或董事会研究决定,然后再交校长负责组织实施。民办高校一旦成为独立的法人,也就具备了独立自主的经营权,其全部经营活动均应在政府宏观调控下独立进行,教育行政部门不宜采用过多的行政干预。

2. 健全以公平竞争为基础的自我发展、自我约束机制

民办高教是我国高等教育事业的重要组成部分,是社会主义市场经济发展的产物,不论是客观上还是主观方面,都要求民办高校要增强竞争意识,引进竞争机制。只有通过竞争才能扬长避短,增强活力,优胜劣汰;才能谋生存,求发展。要真正使民办高教在竞争中建立自我发展、自我约束的运行机制就必须创设一种以公平为基础的竞争环境(包括办学环境、生源环境、社会保障环境、市场环境、法制环境等)。没有一种相对宽松、公平的竞争环境,民办学校就可能夭折,因此也就不可能健康地成长。

3. 健全以特色取胜的灵活办学机制

民办高校赖以生存的重要条件是以特色取胜。其特色表现为:(1)本着按需施教、专业对口、学以致用的原则,面向市场,灵活办学;(2)不拘泥于传统的办学模式和专业设置框架;(3)造就"适销对路"的紧缺"产品"。民办高校应以培养"质高价廉"的人才为宗旨,融基本知识、基本素质和基本技能于一体,因此其学科和专业设置、学习时间、教学方法和内容与形式,均应有别于公立高校。追求"高深"不应是民办高校所期盼的目标。

没有特色就没有活力,其竞争能力也会大打折扣。民办高校不宜再走公立高校的老路子,而应走自己的路,探索灵活多样的办学模式,闯出一片适合自己生存和发展的新天地。

4. 健全以社会各界广泛参与为主要方式的民主监督机制

民办高校要办出特色,加强管理,健全自我约束机制,克服保守、专断、眼光朝上不朝下的弊端,就必须健全多方广泛参与的民主监督机制。民办高校应以全新的姿态,广泛地与社会各界人士接触,主动地接受各方的民主监督,才能使自己步入健康、良性的发展轨道。民办高校要加强民主管理和监督,主要是通过改善董事会成员结构(增加社会知名人士的比重)、建立校务委员会办公室、完善教职工代表会和学生会的做法,使民办高教中的民主监督制度合理化、制度化。只有这样才能避免重大的偏颇和校长个人的独断专行。

5. 健全以严格把关为主要措施的质量评估机制

高质量的办学是民办高校的立校之本,是竞争取胜的重要条件,是获得社会信誉、扩充生源、发展和完善自己的充分必要条件。为此,健全严格把关的质量评估机制十分必要。一方面可防止滥收费、滥发文凭的现象发生;另一方面又可避免简单"收权"又简单"放权"的干预行为的再现。健全严格把关的质量评估机制就是要在法律许可的范围内,在不直接干预民办高教自主权的权限内,依据国家成人教育宗旨,利用科学的指标和方法,以准确、公正、客观的态度来对民办高校的培养目标、办学方向、办学条件、教学质量、内部管理和办学效益等方面进行评估,并对评估者采取必要的奖励、扶持、引导、责令改正等措施。一般上,民办高校或公立高校的评估程序都是相似的,所不同的是:民办高校的评估目标、方法、标准等方面应有别于公立高校。评估的主体可以是教育行政部门和上级领导成员,也可以是社会有关人士和专家。评估的依据要以国家教委或有关部门颁发的条例、规定和意见为蓝本,然后根据各校的具体情况作出合理可行的评估。就现状而言,现今民办高校主要应进行的是合格评价,至于选优评价则有待发展情况而定。

6. 健全"以学养学"为主的多方筹资机制

教育投资是民办高教赖以维持和发展的物质基础,没有足够的投资(其货币表现即人、财、物的总和),学校的生存和发展就难以为继。从民办高校适应高校办学的情况来看,其经费来源有这几个方面:学费收入、社会赞助、政府适当补助和校办企业收入。其中学费收入是经费来源的主渠道。

社会力量办学应该走以学养学、多方筹资的办学道路,树立长期办学思想,不应以营利为主要目的,而应追求和注重办学的整体效益。尽可能通过多种途径、多种渠道建立固定的校舍和相对完备的设备,以增强自身的竞争能力。教育是一个长远的事业,因此要有长远的规划,营利虽不是办学的主要目的,但社会办学的有偿性也应得到社会的认可。民办高校应通过多渠道集资,创造更好的有利于长远发展的办学条件,坚持以学养学和自负盈亏的原则,才能经受来自各个方面的压力和考验。

(二)从民办高校在社会大系统中的角色和影响来看,应健全以下外部运行机制

1. 健全以间接管理为主要方式的政府宏观调控机制

关于政府对民办高校应采取"严管"还是"宽管"的问题,始终是有争议的。从亚太一些国家和地区的情况来看，一般来说，凡是私立高校多而质量低的国家，人们多主张政府应加强控制；凡是倡导教育自由、办学自主的国家，人们则多主张政府应放宽控制。我们国家目前的情况是：政府对民办高校采取"积极鼓励、大力支持、正确引导、加强管理"的方针。我们认为民办高校是按市场机制运作的一种办学形式，其资源配置方式、用人制度、筹资形式、专业设置框架、人才培养模式等都是按市场规则和社会需求进行的，因此政府不宜直接干预。政府要加强对民办高教的管理，应体现在这几个方面：（1）在办学方针、教育思想和办学质量等方面加强宏观管理；（2）政府对民办高教进行规范，应具体体现在"鼓励"、"支持"和"引导"思想的落实上。规范是政府管理民办高校的重要手段。但规范不应以直接干预和介入民办高校的自主办学为前提。据此，我们认为处理好"规范"与"自主"关系的关键在于：第一，应先规范，在规范中确立自主的范围及方式；第二，应自觉、认真而富有成效地执行规范，才能发挥其约束、引导的作用。只有处理好上述关系，才能真正保障民办高校的自主，并使其自主性充分地体现。自主应是规范下的自主，规范应是自主中的规范。

2. 健全以法律为依据的市场运作机制

自从政府鼓励社会力量办学以来，民办高等教育在发展和完善高等教育事业、改善单一办学形式、适应社会主义市场经济方面发挥了越来越重要的作用。其信誉、地位、质量越来越受到各方的认可。然而其发展过程是艰辛的，道路是曲折的，不断出现的对民办高校的侵权事件以及其内部的弄权谋私事件，已严重干扰了民办高教事业的健康发展。既然国家已赋予了民办高校法人地位，就应该让其受法律的保护和制约，只有这样，才能让它合法地存在、顺利地成长。基于以上考虑，健全以法律为依据的民办高教运行机制，就显得尤为重要。市场经济是一种法治经济。民办高教要顺应市场的发展，就必须遵法、守法和依法治教。

依法治教，是民办高教制度化、规范化、市场化的一个重要方面。依法治教，狭义上讲是指依照国家及地方教育行政机关制定的各种法律、法规进行办学。以国家、政府和教育行政部门的名义颁发的"规定""条例""办法""意见"等，应主要规范民办高教的性质、地位、作用、法人权限、财产属性以及政府、学校和投资者各自应承担的权利、义务和责任。广义上讲，依法治教，还包括了各个学校自行制定的各种规章制度。这些规章制度,则以"规定""制度""办法"等形式出现,虽然对全社会没有普遍约束力,但对各学校内部却具有相对范围的普遍约束力。从这个意义上讲,学校自行制定的规章制度也具有法的性质和特征。依法治教,本质上就是要体现公平与公正,它将是民办高教的必由之路。

3. 健全与市场经济相协调的社会保障机制

民办高教是应改革开放的需要而应运而生的,它是高等教育体系中的一个重要组成部分,而决不是什么"拾遗补缺"、"公立高等教育的补充"、"可有可无"或"利少弊多"。民办高校无论从其规模、质量方面,还是从其作用、地位和办学效益方面,都有一个日臻进步的过程,对其排挤、干预、压制和歧视都是错误的。对民办高教既要一视同仁,又要区别对待。所谓区别对待,主要是指民办高校在用人、规划、资源配置等方面要与市场经济发展相协调;所谓的一视同仁,则是指民办高校的待遇、福利、劳保等也应同公立高校一样得到保障。公立高校一般由国家或政府给予保障,而民办高校则应由社会给予保障。为此,应健全与市场经济相协调的社会保障机制,通过建立基金会、社会保险制度等形式,确保民办高等学校教职员工的合法权益。

4. 健全以民间组织为主要沟通渠道的自我协调机制

民办高校是依靠社会力量举办的,有着广泛的社会基础,其社会性是民办高校的基本属性。据此,社会力量对其的影响与制约作用理应大于政府和教育行政部门对其的影响。在健全以政府间接管理为主要方式的宏观调控机制以及市场经济为导向的自我发展、自我约束机制之后,还需要进一步健全以社会(民间)组织和团体为主要沟通渠道的自我协调机制。只有加强与民间组织的联系与沟通,才能在各方力量的对比中形成制衡格局。民办高校的生存与发展,还有许多问题,如内部管理、用人、规划、优势互补等是要自行协调解决的。而解决这些问题单靠民办高校自己来协调处理似乎又显得保守与盲目。为此,有必要通过社会各界,尤其是有关的民间组织的参与、联络和协调来加以处理。过多地依赖政府或教育行政部门的管理,是不利于民办高校按市场规则或社会需要发展的,同时也会削弱社会力量在制衡中的作用。以下是我们对健全民办高校自我协调机制的几点建议:(1)在与政府、教育行政部门、市场和社会各方的联系中,应主要加强与社会团体、民间组织的联系,以民间组织为中介或代言人在其中进行斡旋和调停;(2)通过民间组织的信息服务和撮合,拓宽民办高等学校的办学路子;(3)通过民间组织的协调、监督和检查,使各校的竞争、收费标准、专业设置等方面更具公平性、合理性和效益性。

5. 健全以平等对待为原则的法律保障机制

许多国家,历来对公、私立学校采取一视同仁的做法。既然我国也已明确了民办高教是高等教育的重要组成部分,而不是"拾遗补阙",那么就应对其在法规和政策上给予平等的待遇。首先,在制定法规时,应体现民办高校的自主权:招生自主权、用人自主权、规划自主权等。其次,在政策优惠和税收问题上应明确:对非营利性民办高校给予政策性优惠;对营利性民办高教实行税收制,但其校办产业税收,应同公立高校一样,实行税收返还以用于学校的发展。再次,在教育基金使用上等同公立高校。要建立民办教育发展基金,为民办教育融资,以资助或贷款的形式扶持民办高校改善办学条件,提高质量,发展特色,鼓励教学。总之,平等对待,是民办高校参与市场竞争的必要条件,是坚持以法治校、政策兴校原则的具体体现。但是也应看到,平等对待只是针对民办高校的权利、义务而言的,至于对民办高校的管理、资源配置、专业设置等方面则需要区别对待。

对策研究篇

关于我国高校扩招与高教质量若干问题的探讨[*]

为了使高等教育与近年来我国经济的持续发展、初中等教育的迅速普及以及社会对高等教育需求的持续增大等状况相适应,1999年以来,我国高校连续大规模扩招。此次扩招增量之大、出台之急、响应之烈,可谓我国高等教育发展史上之最。对此次高等教育大规模发展,社会各界的认识和看法各式各样,其中扩招后的教育质量问题最引人注目。高等教育的质量问题既是世界高等教育发展过程中一个永恒的话题,也是我国高等教育大众化进程中不可避免而必须认真面对的问题。只有科学准确地从整体上认清和把握大众化进程中高等教育的质量问题,并采取相应对策,才能促进我国高等教育事业以质量作为生命线,正确处理规模、结构、质量、效益等关系,沿着大众化道路健康有序地发展。

一、扩招后高等教育质量存在问题之分析

质量下降和质量问题并不是同一个概念,而是一个问题的两个方面。就目前来说,高校扩招是否必然引起高等教育质量下降还是一个有待考证的论题。但由于高校扩招而引起了一些质量问题却是一个不争的事实。虽然高等教育的质量问题并不是高校扩招以后才出现的,但扩招后这一问题愈发凸显,高校扩招在客观上不能不对教育质量产生影响。

1. 教育资源不足

教育资源主要是指教育系统中的直接货币投入和人力与物力投入。高校扩

---

* 本篇与林莉合作,原载《国家教育行政学院》2001年第5期,被人大复印报刊资料《高等教育》2002年第1期全文转载。

招改变了投入教育系统的教育资源的配置从而影响教育质量,其中对教育质量影响最大的教育资源要素有三个:国家财政性教育经费投入、高校基础设备设施和高校师资配置。

(1)关于国家财政性教育经费投入

教育经济学理论认为,教育从本质上来说应该是一种成本递增的产业。我国教育投入长期不足,不断扩大的高等教育经费需求和政府支持高等教育的有限财力之间的矛盾已成为制约高等教育发展的"瓶颈"。随着大规模扩招,这一矛盾将进一步突出。我国高等教育经费以政府财政投入为主,虽然《中国教育改革和发展纲要》明确规定,国家财政性教育经费支出占国民生产总值的比重应达到4%,但实际上这一比例仅在1990年达到3.04%,而1999年仅为2.79%,其中普及九年制义务教育又占去了很大一块,投到高等教育方面只有大约1.9%,加上物价上涨、教育成本提高等因素,高校教育经费短缺本身就成为制约我国高等教育发展的一大瓶颈。在这种的情况下大规模扩招,将使我国高等教育发展目标和可供财源之间的缺口增大。

扩招虽然纳入国家计划,但由于此次扩招最直接的动因是为了扩大社会需求,拉动经济增长,希望老百姓能将银行中存款的一部分拿出来进行教育消费。然而有关部门并没有承诺扩招部分也按原计划给予财政拨款,只是说"适当补贴扩大招生所需的教育事业经费和必要的基础设施建设经费"。因此,许多大学普遍存在着招生人数扩大了但政府的教育投入没有增加甚至减少的情况,教育经费主要还是通过适当提高学费来解决。有观点认为,扩招收费后高校自身建设和发展就有充足的资金,这是脱离实际的理论观点。对每位大学生的培养过程而言,每增加一位学生需要增加基本建设投资3.8万元左右,学生所缴纳的学费仅是其接受教育成本的一部分,仅占生均培养成本的20%~25%。按规定扩招后收费标准只能按照物价部门核定的标准收取,如此一来,每多招一个学生,学校每年得倒贴若干钱,招得越多贴得越多。如果严格按标准收费,则高校自身对经费的筹措又是一大难题。收费并不能解决高校教育经费短缺的矛盾,势必给教育质量带来影响。我国目前财政的投入占普通高校运行成本的60%左右,其余部分要靠学校多渠道筹措。一方面,学校领导要花费大量的时间和精力,采取多种渠道创收才能维持学校的正常运转,这势必分散学校领导抓教育教学质量的精力;另一方面,大部分高校采取办班的形式搞创收,任课教师超负荷运转,也势必分散教师进行正常教学的时间和精力,给正常教学质量带来影响。目前,很多高校之所以对扩招抱有极大热情,是因为:其一,这对提高学校的声誉及扩大学校的影响有好处;其二,学校决策者追求大而全的攀比心态在起作用;其三,不排除某些学校借扩招之机进行乱收费,有利可图。

(2)关于学校基础设备设施

教育设施设备是教育货币投入的物质表现,也是高校办学的基本条件,包括土地、教室、实验室、宿舍、食堂、浴室等设施,教学仪器、图书资料和其他耗材用品等设备。为保证高校具备办学的基本条件,教育部颁布了《核定普通高等学校招生规模办学条件标准》(以下简称《标准》),在校舍、图书资料、仪器设备、服务设施等方面进行严格规定,并对高校进行教学工作合格评估。但是,北京大学一项关于我国普通高校现有办学潜力的研究,抽样调查了616所普通本科院校的各类物质资源配置的状况,结果显示,大多数高校的各类物质资源均处于不足状态,低于《标准》的规定。对于综合性、农业类、医药类、政法类院校来说,各种物质资源均处于短缺状态;工科类院校在教学仪器设备方面尚有一定的潜力可挖;此外,还有一些类型的高校,如林业类、师范类、艺术类、民族院校等在图书配置方面还有一些潜力。但从各类物质资源的综合配置来看,普通高校扩大招生规模的潜力不大。尤其是在校舍方面,不但已无多少潜力可挖,而且已经低于教育部有关办学条件的最低标准。从目前高校的在校生规模来看,扩招后绝大多数高校已经处于"饱和"状态。一些高校学生宿舍拥挤、破旧、简陋;大多数高校基础设施老化,供电、供水、供气设施因为资金短缺而年久失修,存在很大隐患;高校教学用房、图书馆和仪器设备、食堂、浴室及体育活动场所极为紧缺,无法满足扩招的需要。扩招后,许多高校纷纷拟建新校区,然而这些新校区的投入使用尚需时日;校外租用校舍、增加走读生比例等一系列应急措施相继出台,也许生活条件还可以将就,关键在于学生们无法获取应有的接受高等教育的基本训练;部分处于租用校舍的学生得不到校园文化的熏陶,实验实习每组人数的加大使学生实践的机会大为减少,如此等等。我国现有的高校条件是1949年以来建设发展的结果,寄希望于在未来短短几年内便把高校办学条件急剧改变,很不现实,这些也不能不对教育质量产生不良影响。

(3)关于学校师资配置

我国高校的师资配置向来被认为是教育资源使用效率最为低下的领域之一。但高校扩招后,这一状况有了很大变化。1998 年,我国普通高校的生师比为11.62:1,与国际相比属于较低水平。到了 1999 年,由于我国普通高校招生增幅高达 47.36%,而专任教师增幅仅为 4.52%,远远落后于入学人数的增长速度,致使该年度生师比达到 13.37:1。有人认为,这一比例与西方发达国家相比仍处于较低水平(如美国生师比为 15:1),还应该更有效地利用宝贵的教师资源。但我们不能不注意这样一些事实:一是这一比例已经接近国外高校的平均水平 14:1,并很可能在近一两年内超过这一比例。我国是发展中国家,在穷国办大教育的事实面前,我们的各项比较应立足国情,不应以发达国家作为标准,还是与世界平均水平进行比较为宜。二是我国在统计生师比时是把助教计算在内的;而西方国家高校助教工作多由研究生担任,在统计生师比时是不作计算的。三是由于我国的国情和社会制度不同,决定了我国高校的生师比不可能与国外相提并论,主要因为:(1)我国高等学校有一些课程如马克思主义政治理论课、思想品德课、外语、体育、军训等等是无法删减和压缩的;(2)我国师资队伍流动性不强,对教师总数带来一定影响;(3)我国现代教育技术比较落后,办学效率比较低,客观上要求教师总量增加。

总之,高校扩招后,一向被社会认为潜力很大的师资已处于全面紧张的状态,成为影响高等教育质量的一大因素。

2. 学生状况变化

(1)高校扩招以前的 1998 年,我国高等教育的毛入学率为 9.8%。2000 年,已达到 11.7%。在短短的两年之内增加了 1.9 个百分点。这 1.9 个百分点的人群虽然只是在高考录取分数线上低于前述 9.8%的人群,但高考毕竟是目前情况下判断一个人综合能力高低的比较有效而又便于操作的主要方法。因此,从某种意义上说,这 1.9 个百分点的人群的素质较 9.8%的上述人群呈递减态势,在生源质量上不能不对教育质量产生影响。入学后在教学中又容易形成"木桶效应",教师授课面临"就高"还是"就低"的难题,长此以往,整体教育质量必将受到影响。

（2）与此次扩招相伴而来的是高校收费的大幅提高,这也会对学生的学习质量产生影响。主要有三种情况:第一,扩招是在录取分数有所下降的前提下实现的。在合理降分的基础上,有些大学以聚敛钱财为目的出卖录取名额,有的学校甚至从高考录取线下延50分。一方面,这样录取的学生,质量很值得担忧;另一方面,这些信息反馈到中学,对于高收入甚至中等以上收入家庭的学生来说,将影响其在中学时的学习动机。因此相关的知识学习积累准备不足,基础不扎实,势必影响其入学后的学习质量。第二,对于中等及低收入家庭的学生来说,不是所有的学生都能够进入他们希望进入的学校或专业,因为有的学校的收费标准远远高出家庭负担的能力,学生必须根据家庭经济能力做出客观而现实的选择,因此在选择学校、专业时对大学文化属性相关因素方面考虑较少,这样就不能保证这部分学生中的优秀分子进入与他们的能力和水平相适应的学校深造,这也在一定程度上降低了这部分学生入学后的教育质量。第三,高额收费对于贫困家庭的学生来说,影响到他们上大学的决心和积极性,可能扼杀了一批潜在的、优秀人才升入大学的机会。

此外,扩招带来的高收费和学生之间竞争的加剧,将迫使学生更多地考虑未来工作的压力和个人机会成本的补偿。这种过分功利化倾向可能会导致学生忽视文化素养训练,产生急功近利行为。大批学生将很可能会热衷于考证或参加其他社会活动或别的什么更能捞取社会资本的事情,而将忽视自己的基本能力锻炼和素质培养,从而影响教育质量。

3. 教学过程和办学秩序受到冲击

一方面,教学改革滞后,新的教学方式和方法没有及时确立,原有的教育目标、教学计划、专业和课程设置没有及时调整。如一些工科和理科专业由于缺乏基本实验条件而无法扩招更多的学生,而一些文科类专业却大幅度扩招,如此势必造成学科结构严重失调,为以后学生的就业留下隐患。结构性失业的情况已初显杀伤力。特别是一些待调整、待充实的传统专业,由于专业滞后,对扩招学生的培养质量将产生严重影响。

另一方面,办学秩序也受到一定影响,低层次学校举办高层次学历教育的现象有增无减，有的省份出现大批中专学校举办大专班、专科学校举办本科班的现象，严重违反了《中华人民共和国高等教育法》，影响了高等学历教育的声誉，影响了高等教育的质量。

二、扩招后保证和提高教育质量的思考

如何在高校扩招中保持和提高教育质量？这是一个不可回避的重大问题，必须认真地、全面地进行思考。我们的初步探讨如下：

1. 更新观念，确立新的质量观

（1）关于高等教育质量

高等教育质量是一个基本概念，又是一个非常复杂、难以准确定义的概念。当前，国际上对高等教育质量的认识又出现了一些新的观点。如"高等教育的质量是一个多层面的概念，应包括高等教育的所有功能和活动：各种教学与学术计划、研究与学术成就、教学人员、学生、校舍、设施、设备、社区服务和学术环境等"，"高等教育的质量还应包括国际交往方面的工作：知识的交流、相互联网、教师和学生的流动以及国际研究项目等，当然也要注意本民族的文化价值和本国的情况"。可以看出，这里指的高等教育质量不仅包括高等教育的产品（学生）的质量，而且包括高等教育的"所有功能和活动"，这是对以往高等教育质量概念的一个重要突破，反映了高等教育与社会、高等教育质量与人才培养质量以及人才培养的过程与结果的相互关系。所以"人才培养质量"只是"多层面"中的一个层面，并不代表高等教育质量的全部，但必须强调它仍是高等教育质量的主要标志，对高等教育质量的其他方面起主导作用。道理很简单，培养人才是高等学校的基本任务。因此，有必要对人才培养质量这一层面做进一步分析。单从人才培养这一层面来说，其内部又有一个"多层面"的问题。我国著名高等教育学专家潘懋元教授曾对培养人才的多层面问题作过精辟的论述："所谓'多层面'，包括博士、硕士、本科、专科等纵向层次，也包括研究型、理论型、应用型、技能型等横向层面。对于纵向层次的质量要求不同，人们比较清楚，而对于横向层面的质量标准不同，则往往被人有意无意地忽视。但是，从精英高等教育走向大众高等教育，分辨横向层面

的不同质量标准却是高等教育大众化能否顺利发展的要害","即使是还未进入大众化阶段,只要是多种形式办学,就不能用原来全日制普通高校本科教育(它是传统精英教育的主体)的准则来规范成人高等教育、高等职业技术教育、高等教育自学考试;不能用学历教育的准则来规范非学历教育;不能用课堂教学的准则来规范各种远距离教育,如此等等"。这些思想和观点十分有助于理解和把握高等教育质量的本质。

(2)关于高等教育的质量与数量

关于高等教育质量和数量之间的关系问题,不少学者认为,在高等教育的发展中,量的增长与质的提高两者之间是一对永恒的矛盾,二者往往交替成为矛盾的主要方面,在同一时期很难兼顾。在数量大发展后就需要有一段调整时期,也就是注重质量的时期。质量的提高又为数量的进一步增长打下了牢固的基础。例如,我国台湾地区在20世纪60年代经济起飞的同时,高等教育规模也随之飞速扩张直至有过热之嫌,从而导致高教质量下降,于是70年代中期台湾高等教育进行了从重数量转向求质量的改革。有人甚至认为这种"纠错式"发展是一种"永恒"的正常模式,是高等教育自身发展规律的要求和表现。

事实上,高等教育量的增长和质的提高本来就不是也不应是对立的,而是对立统一的,量的增长是"有质"的量的增长,质的提高是"有量"的质的提高。另外,二者的协调还共同受制于一定的内外部条件。当内外部条件不能满足需要时,二者的分离或不能同时兼顾便容易出现。因此,并不是二者不可协调,而是促使其协调的内外部条件如经费、管理等尚未得到满足,从而引起二者的相对立。

质言之,在数量与质量及数量增长与质量提高的关系问题上,我们要坚持数量与质量相统一的可持续发展,一手抓数量增长,一手抓质量提高,两手一起抓,两手都要硬。只有这样,高等教育才能达到真正意义上的发展。

2. 充分利用教育资源,保证和加大投入

解决教育质量不足的问题,主要有两个途径:一要优化资源配置,提高有限的教育资源的使用效率;二要保证和加大投入。

因此,一方面要进一步优化资源配置,积极挖潜,充分利用现有的教育资源,提高使用效率,避免浪费。如充分挖掘现有校舍、食堂、教室、实验室等设施的潜力,延长诸如图书馆、实验室的开放时间,提高各类设施的利用率。采取走读的方式和利用学校周围社会闲置房屋作为学生公寓的办法,缓解学校学生宿舍严重不足的矛盾。对现有教师的工作进行科学合理的安排,鼓励教师充分利用现代化教学手段提高单位时间的讲课效率等。当前,高等学校尤其应花大力气解决"在资源匮乏的同时资源浪费"这一实际存在的悖论。

另一方面,要增加国家财政性教育经费投入,力争达到国家早已承诺的教育投资占国民生产总值的 4%,发挥国家财源的主渠道作用;明确学生的高等教育成本合理分担比例,适度收费;面向社会多渠道筹资;地方政府与高校的"共建"在互利互惠的良性互动中可持续发展,而非"一锤子买卖",甚至将共建停留在协议上;坚持办学标准,完善基础设备设施;加快高校后勤社会化改革进程。

3. 加强管理,规范办学,完善高教质量保障及监控体系

从制度层面来看,进一步完善奖、贷、助、补、减、免制度,可以切实保证家境清寒的子弟顺利完成大学学业。当然,广义的制度远不止这一点,它包括招生制度、教学制度、管理制度等等,都需要有的放矢、与时俱进地进行改革和完善。

从科学管理的角度来看,必须尽快完善教育质量保障及监控体系。具体内容包括:一是加强教育主管部门的质量评估体系建设,这种建设必须是经过整合的成体系的,力避支离的各自为战。否则,高等教育质量被部门中的部门"切割",致使高校疲于奔命,一时一地的表面成绩掩盖不了不容乐观的后果。二是鼓励和支持具有权威性的学术机构或团体开展高校质量评估,建立完善的社会评价体系。教育主管部门要授权有关的中介机构定期对高校进行教学条件、教学水平、教育质量的检查评估,督促引导高校把不断提高人才培养质量放在重要位置。检查、评估结果要具有科学可靠性和权威性,并向社会公布,接受学生、家长、用人单位和社会的监督。三是加强高校自我评估,高校内部必须建立严格的教学管理监督机制,并加强学科建设,优化教师结构,提升师资水平,使教学过程的每一个环节都能按照高校的培养目标达到基本的直至优秀的质量标准。

最后,从系统论的观点来看,高等教育质量是一个系统工程,其基础工程的好坏取决于普通教育,因此努力提高普通中小学教育质量,提高生源素质,十分有助于抵消由于高校扩招而带来的生源质量下降问题。

参考文献

[1]潘懋元.高等教育大众化的教育质量观[J].清华大学教育研究,2000(1).

[2]房剑森.高等教育发展的理论与中国的实践[M].上海:复旦大学出版社,1999.

[3]唐安国,金忠明,葛大汇."高校扩招"是否"泡沫教育":教育三人谈[J].教育发展研究,2000(1).

[4]黄骏.数量与质量:世界高教改革的艰难选择[J].广西民族学院学报(哲社版),2000(3).

[5]厦门大学高等教育科学研究所.两岸大学教育学术研讨会论文[M].厦门:厦门大学出版社,1998.

关于我国新建本科院校研究动态的探讨

——基于 1999—2006 年"中国知网"的统计与分析*

从 1999 年扩招以来,我国高等教育迅速发展,有一大批专科学校升格成为本科院校,人们通常称之为"新建本科院校"。截至 2006 年,新建本科院校有 200 余所,约占全国 740 多所本科院校总数三分之一,成为我国高等教育研究不能忽视的对象与课题。本文选择"中国知网"收录的 1999—2006 年有关新建本科院校研究的论文进行量化研究,探讨此间新建本科院校研究的焦点和热点问题,分析当前新建本科院校研究动态。

一、研究对象与研究方法

"中国知网"拥有"中国期刊全文数据库""中国博士学位论文数据库""中国优秀硕士学位论文数据库"等权威的数据资源。

本研究主要运用统计分析法,为较全面地搜集资料,笔者在进行多次尝试之后,采用分别对"题名""摘要"以"模糊"匹配形式,"关键词"以"精确"匹配形式对"本科院校"一词,对"中国知网"三个数据库 1999—2006 年间的所有期刊进行搜索,其结果显示:"中国期刊全文数据库"共 5669 篇,"中国博士学位论文全文数据库"4 篇,"中国优秀硕士学位论文全文数据库"217 篇。于是,首先将论文所有的题目复制到电子表格后,对其进行筛选,删除因不同搜索形式得到的重复文本;再将文章题目显示研究对象肯定为非新建本科院校的删除;接着浏览文章的摘要,将确定研究对象肯定为非新建本科院校的删除;最后对在摘要中无法判断的文章

---

* 本篇与陈杰斌合作,原载《教育研究》2008 年第 3 期。本文系本人主持负责的教育部人文社会科学研究重大项目"高等学校内部管理的科学化与民主化研究"研究成果之一。

再从其内容做甄别性确认。经筛选可以作为本文研究对象的"中国期刊全文数据库"840篇,"中国博士学位论文全文数据库"0篇,"中国优秀硕士学位论文全文数据库"15篇。由于"中国期刊全文数据库"的相关文章具有很好的统计价值,因此,本文仅对"中国期刊全文数据库"出现的关于"新建本科院校"的文本的年度数量、论文出处、选题等一一进行统计与分析。

本研究选题的分类以《中国高等教育研究新进展·2004》为主要蓝本。[①] 选题在"高等教育基本理论问题研究"和"高等教育宏观管理体制改革研究"主题之下,具体分七类:高等教育发展的战略与规划研究、高等学校内部管理改革研究、高等学校招生与就业研究、高等学校课程与教学工作研究、高等教育评价研究、高等学校科研工作研究和高等学校德育工作研究。

二、结果统计与分析

（一）"中国知网" 1999—2006 年间每年发表论文的数量的统计与分析

1999—2006年间共有840篇关于"新建本科院校"的论文发表,其中1999—2001年共刊载相关论文26篇,全国年均仅8.67篇;2002—2006年共刊载相关论文814篇,年均162.8篇。在我国高等教育进入大众化阶段之后的五年里,"新建本科院校"的相关研究成果数量剧增,这与新建本科院校逐步成为我国高等教育(本科层次教育)的生力军有着必然的联系。1999年至2006年期间,新建本科院校共205所,"新建本科院校"的相关研究成果增速远高于新建本科院校数量的增长,通过对逐年剧增数量及增加速度的比较也可说明,研究者们已较清醒地认识到,必须深入研究寻找适合新建本科院校自身发展之路。

（二）对论文出处的统计与分析

从表1可以看出,新建本科院校研究成果在论文出处上主要是新建本科院校自己的学报,基本上每年(除2003年)都占半数以上;其他期刊次之,第三位的是高等教育研究期刊,以上两类期刊每年均占一成以上,并且在数量上逐年递增,而

---

① 谢安邦.中国高等教育研究新进展·2004[M].上海:华东师范大学出版社,2006.

且幅度较大;其他本科学报所占比例较小,而且量也不大。这说明新建本科院校学报自我关注程度高。

表1　对论文出处的统计

年份	1999	2000	2001	2002	2003	2004	2005	2006
论文总量	1	5	20	52	78	160	201	323
高等教育研究期刊		5	10	18	23	29	36	
新建本科院校学报		3	12	26	31	91	109	169
其他本科大学学报		1		6	8	9	9	18
其他期刊	1	1	3	10	21	37	54	100

(三)对作者单位的统计与分析

从表2可以看到,研究成果的作者绝大多数出自于新建本科院校,每年均占总数的九成以上;高等教育研究机构人员每年均低于半成,但从量上每年均在递增;其他人员也每年均低于半成。这说明对"新建本科院校"的研究基本上局限于新建本科院校的教师,高等教育研究专业机构人员和其他人员对"新建本科院校"的研究较为冷淡。"新建本科院校"的研究并不是高等教育研究专业机构的一般话题,甚至可以说是高等教育研究专业机构的"边缘话题",当然,在近期开始得到他们的关注。这一方面是因为新建本科院校的历史很短,在"中国知网"中能查到的最早有完整的"新建本科院校"一词出现在"文献标题"、"主题"或"关键词"来表述的是在1998年3月《盐城工学院学报》发表的"新建本科院校发展策略思考";另一方面是因为"新建本科院校"的教师具备得天独厚的研究条件。

表2　对作者单位的统计

年份	1999	2000	2001	2002	2003	2004	2005	2006
论文总量	1	5	20	52	78	160	201	323
高等教育研究机构				1	2	3	5	12
新建本科院校	1	5	19	49	74	155	191	305
其他			1	2	2		5	6

注:本文仅对搜索结果中的论文的第一作者单位进行统计。

（四）对研究成果选题的统计与分析

从表3可以看出，"新建本科院校"研究方向主要是"发展的战略与规划研究"。八年中，"发展的战略与规划研究"的研究成果共计323篇，占总数的38.5%，虽然该比例近三年与前三年相比有所下降，但在量上是逐年递增而且幅度较大，其中这类研究成果在"高等教育研究期刊"上发表的共有66篇，占"新建本科院校"的相关研究成果在"高等教育研究期刊"上发表的54.5%，这说明新建本科院校的"发展的战略与规划研究"是其自身关注和研究的重点与热点话题。和新建本科院校研究的其他选题相比，高等教育研究期刊对新建本科院校的"发展的战略与规划研究"这一选题明显更重视、更感兴趣。

表3 选题的统计

年份	1999	2000	2001	2002	2003	2004	2005	2006
论文总量	1	5	20	52	78	160	201	323
发展的战略与规划研究		2	10	27	42	56	82	104
内部管理改革研究			4	9	15	33	38	61
招生与就业研究							2	3
课程与教学工作研究	1	1	2	10	11	52	51	120
教育评价研究			1	2	1		5	5
科研工作研究		1	3	2	8	11	7	14
德育工作研究			1		1	5	15	11
其他				2		3	1	5

"课程与教学工作研究"选题成果的刊载，每年都占"新建本科院校"研究成果的10%以上，在所占当年比例方面，近三年与前三年相比明显增加，到2006年达37.2%而列所有选题之首，每年在量上都有较大幅度递增，历年成果之和列在所有选题的第二位。教学工作不论什么阶段都是高等学校的核心工作，所以，"课程与教学工作研究"选题排在第二位也就不足为奇了。

"内部管理改革研究"列所有选题的第三位，所有出现相关研究成果的年份其比例均保持在两成左右。由于"新建本科院校"面临从专科层次的学校向本科层次办学的实质性转型,加之近几年的事业单位各项制度改革的驱动,"内部管理改革研究"成果必然成为"新建本科院校"研究的新热点。

"科研工作研究"从量上看处于一个总体增长的趋势,但增长缓慢,近两年所占比例总体呈下降趋势,由1999年的20%降至2006年的4.3%。这也许是因为新建本科院校主要定位是教学型学校,科研工作相对研究选题的前三位来说不是那么迫切需要解决的课题,加之专任教师的科研课题基本上关注本专业的课题,因此,研究者寡。

"德育工作研究"、"教育评价研究"、"现状概况研究"等方面的相关成果在量上逐年增加,说明这些研究领域的受关注程度在逐步提高。

从选题方向来说,在研究时限里选题方向逐年增加,自2005年起各选题方向均有成果刊载。综上所述,"新建本科院校"课题研究人员的注意力主要还是集中在宏观层面,现正往微观层面下移。

(五)对"发展的战略与规划研究"选题的进一步统计与分析

从表4可以看到,新建本科院校"发展的战略与规划研究"选题主要集中在"发展战略与规划"方向,共242篇,占"发展的战略与规划研究"总篇数的四分之三,研究数量上基本上呈逐年上升趋势且幅度较大,这说明"发展战略与规划"方向的研究是当前也可能是今后一段时间内的热点话题;"战略定位"话题近两年的研究成果剧增,所占比例也加大,在2006年这一方向占当年的四分之一强,这说明"战略定位"方向的研究开始得到较高的关注。"发展的战略选择"相关成果则较少,前几年关注在建设与发展的战略思想等较宏观层面的"发展战略的分析"话题关注程度相对较高;近两年发展战略与规划的内涵、内容与步骤及战略管理等属于"发展战略与规划基础"的话题受关注的程度在提高;新建本科院校人才培养策略、科技创新策略、师资队伍建设策略等属于"发展战略规划实施"的话题从统计年度内开始就一直受到关注,在数量上基本上呈逐年上升趋势,成为热点话题,说明这一研究领域开始从一般理论性向可行性发展。其中,"人才培养策略"、"师资队伍建设策略"以及"特色化发展策略"是"发展战略规划实施"研究的主要方向。

表4 "发展的战略与规划研究"选题的进一步统计

年份	1999	2000	2001	2002	2003	2004	2005	2006
发展的战略与规划研究		2	10	27	42	56	82	104
发展的战略选择			2	1	6	7	4	4
发展战略与规划			6	25	31	46	61	73
战略定位		2	2	1	5	3	17	27

(六)对"课程与教学工作研究"选题的进一步统计与分析

从表5可以看到,"课程与教学工作研究"选题的"课程改革研究"与"教学改革研究"两个方面受关注的程度可以说是平分秋色,且成果刊载数量发展的趋势基本相同。在对两个方面进一步统计发现:共有84篇关于"学科与专业建设"的成果,占"课程改革研究"方面的成果近七成,这说明"学科与专业建设"是"课程改革研究"方面的热点,这与新建本科院校需要解决从专科层次升格为本科层次,根据办学要求和学校定位,选好学科带头人、优化专业结构等宏观层面的问题不谋而合;共有76篇"教学管理研究",超过"教学改革研究"课题的六成,这说明"教学管理研究"是"教学改革研究"方面过去和现在的热点。从第一作者的统计分析结果中可见,专任教师的研究成果仅占所有此类文章第一作者的近四成半比例。虽然从对各年份的统计中发现,其在量上逐年增加,而且近三年来幅度特别大,2006年已达到一半,但在"课程与教学工作研究"方面的专任教师并非主角,"随着教学理念、教学思想的变化,由'应试教育'到素质教育,由统一培养到创新性、个性化培养"[①]。教学内容、教学方法、教学手段的改革在不断更新,要求专任老师加强课程与教学改革工作的研究以提高教学质量。可见,专任教师对"课程与教学改革研究"不够积极,这一问题应引起"新建本科院校"足够的重视。

---

① 教育部中外大学校长论坛领导小组.大学校长视野中的大学教育[M].北京:中国人民大学出版社,2004:315.

表 5 "课程与教学工作研究"选题的进一步统计

年份	1999	2000	2001	2002	2003	2004	2005	2006
课程与教学工作研究	1	1	2	10	11	52	51	120
课程改革研究	1		1	5	5	28	25	58
教学改革研究		1	1	5	6	24	26	62
第一作者为教学人员	1	1	0	1	3	20	25	60

(七)对"内部管理改革研究"选题的进一步统计与分析

从表 6 可以看到"内部管理改革研究"方向主要集中在"后勤社会化和其他事务管理"话题,占所有相关研究成果的比例超过四分之三;"宏观管理体系的构建"和"内部管理改革"两个话题仅占一成左右;"内部领导体制改革"及"内部学术管理"话题无人问津;"人力资源管理"虽说占 12.5％的比例,但此类话题主要还是集中在"人力资源管理与开发",而"岗位聘任制"及"收入分配制度改革"话题没有成果刊载。这说明"内部管理改革研究"选题虽然在所有选题中的第三位,但是还有许多专题的研究仍是一片空白。进一步分析"后勤社会化和其他事务管理"的成果可以发现,研究主要集中在图书馆、实验室的资源优化及提高服务水平上,占此话题的八成左右。图书馆、实验室之所以较多涉及,是因为新建本科院校普遍在这些方面的建设基础薄弱且经费紧张,却又必须面对教学工作水平评估,如何优化资源、提高办学水平是新建本科院校急需解决的课题,因此,相关研究较多也是理所当然的。"大学必须及时改革和调整不适应时代要求的管理架构和运行机制,以适应大学地位、功能、规模和自主权的变化,全面增强学校的综合竞争力,为我国高等教育事业的发展,为国家和民族的繁荣与富强做出新的更大的贡献。"[①]大学的内部管理体制研究是一个复杂的系统工程,新建本科院校在大学地位、功能、规模和自主权等与之前的专科层次有明显的变化,而统计表明,相关研究选题相当集中且仅是一种应急的研究而非系统性的研究。因此,"内部领导体制改革"

---

① 教育部中外大学校长论坛领导小组.大学校长视野中的大学教育[M].北京:中国人民大学出版社,2004:41.

"内部学术管理"等诸多"内部管理体制研究"课题亟待进一步全面系统研究,以适应现代大学地位、功能、规模和自主权的变化,全面增强新建本科院校的综合竞争力。

表6 "内部管理改革研究"选题的进一步统计

年份	1999	2000	2001	2002	2003	2004	2005	2006
内部管理改革研究					1	1	3	4
宏观管理体系的构建				1	2	2	2	2
内部领导体制改革								
内部学术管理								
人力资源管理			1		1	3	6	9
后勤社会化和其他事务管理			3	8	11	27	27	46
论文总量			4	9	15	33	38	61

三、结论

由于新建本科院校的逐年增加和社会及新建本科院校本身的认识进一步深入,我国高等教育理论界关于"新建本科院校"的相关研究成果在数量上也越来越多,显示出相关研究的空间正在扩大。就研究选题内容而言,相关研究成果从前几年的"发展的战略与规划研究"等宏观层面向"课程与教学工作研究""内部管理改革研究"等专题发展,显示出相关研究正向纵深发展。但存在研究系统性不足、研究的前瞻性不够,专任教师和新建本科院校之外的研究人员参与研究少,专任教师对"教学改革研究"等微观层面的可行性研究较少等问题。为了使我国新建本科院校这一高等教育的生力军更加健康、科学地发展,有必要在研究的选题和研究人员的组织形式两个方面加以努力。

1."新建本科院校"的研究选题

首先,应着重继续深化从政府、社会与学校的角度研究新建本科院校发展战略;其次,应注重研究新建本科院校什么样的办学规模和发展速度较为合适,高等教育大众化背景下新建本科院校应如何培育与凝练办学特色;再次,应激励专任老师主动参与教育教学改革研究,深入研究如何提高新建本科院校的教育教学质量,培养合格的应用型本科人才。

2. 高教研究机构与新建本科院校之间合作

由于新建本科院校缺乏高教研究专业人员,而多数高教研究专业人员又对新建本科院校的实际运作比较陌生,因此,在研究人员的组织形式上,应大力推动高教研究机构与新建本科院校之间合作进行系统研究,从而切实有效地提升新建本科院校相关研究的水平与质量。

我国高校新校区办学定位的意义与类型[*]

自 20 世纪 80 年代中期以来,高校新校区办学在我国持续升温,时至今日出现了两种不同归属的新校区:一是大学城内的新校区(实行地方政府属地化管理);二是各高校单独开发的新校区(实行属人管理)。此处所要讨论的是第二种,即高校因自身所处地理位置的局限,在异地开辟新校区,如南京大学的浦口校区、中山大学的珠海校区、厦门大学的漳州校区等。另辟新区办学为高校的发展带来了机遇,满足了高等教育规模扩张的需要,使得高等教育管理体制的改革在崭新的天地中得以充分地试验和探索,各种新的投资模式、办学模式、建设模式和管理模式脱颖而出,成为教育创新实践的新平台。同时,异地开发新校区办学存在着定位、安全、协调、畅通、认同等不少具有挑战性的问题。本文就当前新校区办学所面临的首要问题——校区的定位问题进行探讨。

一、新校区定位的意义

高等学校定位是指在科学分析学校外部环境和自身实力的基础上,根据一个或一组定位特征,合理确定学校在某一高等教育系统中的位置。^① 同理,我们可以把"校区定位"定义为:根据学校和校区的实际情况,合理确定校区在一所大学中的位置。新校区定位的意义主要体现在有利于新校区确定发展方向、增强凝聚力

  * 本篇与姚加惠合作,原载《厦门大学学报》2005 年第 5 期。本文是本人主持负责的教育部人文社会科学研究重大项目"高等学校内部管理的科学化与民主化研究"成果之一;被人大复印资料《高等教育》2005 年第 11 期全文转载;于 2008 年荣获厦门市第七届社会科学优秀成果二等奖。

  ① 梁经锐,李业.关于高等学校定位的思考[J].高等工程教育研究,1999(4).

和发挥"一校多区"的整体优势等三个方面。

1. 新校区的明确定位,有利于为新校区确定发展方向

校区的定位犹如"导向仪",决定着校区的发展方向和办学模式。"一所学校最重要的是找到自己的定位,并在自己擅长的领域做到最好,……一所大学必须清楚学校在国家地区和不同阶段的发展情况,比如属于哪种类型,与别的学校又有何区别等等,这些都应考虑在内,才会定位清楚。"[①]美国芝加哥大学前校长罗伯特·赫钦斯所见略同:"大学需要有一个目的,一个最终的远景。如果它有一个远景,校长就必须认出,如果没有远景就是无目标性,就导致美国大学的极端混乱。"[②]同样的道理,新校区作为新生事物只有明确定位,才能找准自己行进的路向,否则就会走弯路、入歧途,甚至半途而废。

2. 新校区的明确定位,有助于形成校区内部群体的凝聚力

组织管理心理学认为,影响群体内聚力的因素有七个,即群体的同质性、外部的压力、群体的规模、对群体的依赖程度、群体的目标、群体的成就和荣誉感,以及群体的领导者。[③] 其中,群体的同质性是指其成员之间有着共同相似性,包括背景、兴趣、动机、信念、价值观的认同等;对群体的依赖程度是指群体成员的归属感。那么,校区的定位是否有利于这些因素的形成呢? 新校区的定位能使校区内的群体有明确的目标,从而形成凝聚力强的团队精神,并有助于新校区内部的广大教职员工形成共同的价值观,这其中包括继承、发扬校本部优秀的价值观,以及形成、传播、保护属于新校区自己的价值认同。有了共同的价值观,校区成员的行动易于一致。因为管理科学的理论表明,一个组织成员行动的一致性,来自他们观念的一致性,而观念的一致性来自人们对组织特有性质的共同理解以及由此建立起来的共同信念。信念是"位于系统不同部门的很多行动者的主要规范和价值观"。[④] 因此,校区的定位还可以成为校区员工的行动纲领,制约或规范着他们的

---

① 吴家玮.世界一流大学要找准自己的定位[N].中国青年报,2001-05-24.

② 眭依凡.大学校长的教育理念与治校[M].北京:人民教育出版社,2001.

③ 徐联仓,凌文辁.组织管理心理学[M].北京:科学出版社,1988:256-259.

④ 伯顿·克拉克.高等教育系统:学术组织的跨国研究[M].杭州:浙江教育出版社,1994:92,307.

行为。毋庸置疑,目标清晰、信念一致、行动统一,校区的办学凝聚力自然就提高。尤其是在一个全新的发展空间,寻求教育模式、学科设置、教学组织等的新突破的新校区办学探索中,势必会碰到许多难以预料的难题,如新校区的管理模式和运行机制的探索、新校区与校本部各机关单位及各院系的沟通与协调、新校区如何创造性地营造校园文化等等,更需要全体师生尤其是校区师生齐心协力,形成强烈的归属意识和强大的凝聚力,使全体员工以高涨的士气投入新校区筚路蓝缕的建设和发展之中。系统理论指明了结构和功能的关系是:结构是功能的内在根据,一定的结构总是表现为一定的功能。结构是指系统内各要素的组合方式、结合方式;功能则是系统作用于环境的能力。系统的功能主要取决于组成该系统的要素之性质、系统内部诸要素的数量以及系统的结构等因素,是"本功能"和"构功能"之和。高校新校区办学意味着高校是由两个或两个以上的校区组成的系统。在这个系统中,各个校区自然成了系统的组成要素。如果各个校区尤其是新校区都能科学分析社会需求和自身情况,准确寻找自己在一所大学中的位置,主动适应外部环境,充分发挥自身的主观能动性和创造性,可视为系统内组成要素自身的素质得到了改善。如此,元功能(一个要素在孤立状态下不依赖整体而具有的功能称为元功能)就得以提高,从而使得整个学校系统的本功能(各个要素的元功能的机械和称为本功能)随之增强。而且,合理的校区定位,还能使学校系统内部的结构得到优化,变得有序,从而产生了"本功能"中所没有的新功能,即构功能(事物结构所形成的功能称为构功能)。自然,学校的整体功能便会产生"部分之和大于整体"的效应。因此,只有各个新校区的合理定位,有利于充分发挥"一校多区"的整体优势校区的合理定位,才能充分发挥"一校多区"的整体优势。

二、校区定位的类型

既然校区的定位有其重要性和必要性,那么,如何确定各校区的定位类型呢?对此,不同的学者从各自的角度出发,提出不同的确定标准,主要有按校区地位的不同、功用的差异和独立性的区别三种标准对校区进行定位,其中按校区用途的差异进行定位是广为采用的定位方式。

1. 三种基本校区定位类型

以校区的用途或功用为划分标准,通常可将校区定位分为按学科定位、按工作职能定位和混合定位三种情况。

按学科定位是指对各个校区的使用按照学科(群)在不同地理位置的布局来统筹规划,就是说每个校区拥有一个或多个学科组成的若干院系,形成各校区的学科特色。[①] 我们可将这种情况称为"竖切型"定位。例如,云南大学的丽江学院校区是旅游文化学院所在地,设有文理科、外语类等系;滇池学院校区开设文、工、法、经、管理学等5个学科的相关专业。

按工作职能定位是指在对各个校区进行集中规划时,以工作职能的差异为标志来划分各个校区,如基础教学区、研究生区、继续教育区、产业开发区等等。我们可将这种情况称为"横切型"定位。以厦门大学为例。厦门大学将其漳州新校区作为本科低年级(一、二年级)学生的教学基地,设有厦门大学漳州校区管理委员会,发挥协调、监督、指导等作用。校区管理委员会下设校区办、学生办、教务办、保卫办、财务办、资产后勤办、教育技术办、图书分馆、校区医院和学校后勤集团校区服务办等主要职能管理机构。这些机构执行学校的"统一领导,职能延伸,条块结合,校区统筹"的管理模式与运行机制。而厦门大学校本部则主要承担本科高年级(三、四年级)学生和研究生的培养,以及全校的科研任务、产业开发等等。可见,新、老校区的职能不同。

混合型定位是指同一个校区具有双重定位,即既按学科定位,又按工作职能定位,如某个校区可能既按学科(群)设有若干院系,同时又作为低年级学生的学习场所,或高年级学生的培养基地,或科研、产业区等等。我们可将这种情况称为横切竖切相结合的"L型"定位。同济大学嘉定新校区的定位就是如此。同济大学嘉定新校区将作为行政服务培训区、公共教学区、二级学院区、研发实训区、体育运动区、生活休闲区和公共绿地区等。其中二级学院是按学科设置的,而公共教学区、研发实训区等是按职能划分的。

---

① 陈运超,沈红.浅论多校区大学管理[J].清华大学教育研究,2001(2).

2. 校区定位的现实选择

在我国高等学校的实际运作中,将新校区定位为一、二年级的基础教学区是较为流行的做法。

首先,从理论的角度来分析,这种定位方式考虑到了文化的传承、管理的整体性以及多学科的交叉融合。

关于文化的传承问题。校区与分校的概念不同。分校相对于整个大学系统而言是相对独立的。校区则是大学在空间上的延伸,是整个大学不可分割的重要组成部分。若按学科定位,校区就有点类似于分校的模式,易于造成文化的割裂,尤其是难以继承和发扬学校的优良传统。

关于管理的整体性。根据管理的整体性原理,即系统要素之间的相互关系及要素与系统之间的关系要以整体为主进行协调,局部服从整体,使整体效果达到最优化。因此,从大学的全局来考虑,新校区的定位必须有利于学校的整体化管理。将新校区作为低年级大学生的基础教学区,新校区中的每个学院都必须在业务上听从校本部相应学院的总体指导,就必然与校本部之间保持千丝万缕的联系。如果按学科定位,新校区安排一个或若干个学科组成的院(系),由于学院原本就有相对独立的建制,无法排除校区中的学院独立性过大,与校本部之间在管理上呈现相对松散的状态。

关于多学科的交叉融合。如前所述,学科型校区通常仅有一个或几个学科,虽说也可实现不同学科间的交叉融合,但程度有限,因为它终究无法囊括全校所有的学科。而作为基础教学区,整个校区拥有全校所有的学科,学科间交叉渗透的跨度大,特别对于实行园区式管理的新校区而言,由于弱化了班级和系,甚至是学院的概念,强化了园区概念,园区内不仅入住了相近学科的学生,而且安排了学科性质各异的学生,如文理科学生、理工科学生等等,这将大大地促进不同学科间的交叉渗透,对于"宽口径、厚基础、多样化"的人才培养大有助益。

其次,从我国高校新校区办学的具体实践来看,其一,新校区周边的环境是影响校区定位的重要因素。高校所开辟的新校区通常远离中心城市,位于偏远地区,周围的基础设施不尽如人意,文化生活更是与城市不可同日而语。如此的环境使得师生普遍不愿意离开老校区而搬到新校区。如果按学科定位,那么,将"哪些学院安排到新校区"便成了十分棘手的问题,因为每个学院对于"到新校区办公"都有不同程度的抵触情绪。而对于刚入学的新生来说,不管是新校区还是老校区,都是需要去适应的新环境,自然不存在抵触的问题。而且,将各个学院低年级的学生都安排到新校区,就各个学院而言,由于校方的"一视同仁",就会化抵触为服从,并在逐渐理顺的管理中认同,从而实现新校区办学的顺利过渡。其二,避免重复设置也是新校区定位不可忽视的因素。与学科型校区相比,将新校区作为基础教学区,还有利于实现资源共享,提高资源的使用效率。例如,一、二年级学生主要修习公共基础课,由于课程的相似性大,所需的教师和设备基本相同,基础教学区的类型定位对于大学生的课程设置与教学以及学校教学设施的配套建设,在规模、结构、质量、效益等方面起到综合的良性作用。

再次,国外大学新校区办学的经验表明:在办学实践中,三种校区定位方式各有市场。

例如,澳大利亚悉尼大学各个校区创办时间虽有先后,但都是按学科定位。其主校区(坎普顿、达令顿校区)距市中心 3 公里,设有文学院、农业学院、农业与自然资源学院、经济与商业学院、医学院、工程学院等;坐落在市中心的圣·詹姆斯校区和沙瑞·西尔斯校区分别设有法学院和牙医学院;位于主校区以西 20 公里外的利德考比的坎伯兰郡校区设有保健学院;位于距新南威尔士中部地区 260 公里以西的地区设有柑橘种植农业学院;等等。当然,也有按工作职能定位的情况。例如,东京大学 3 个校区的定位就是如此。其本乡校区为研究生教学、本科高年级的教学和科研基地,驹场校区为低年级本科生的基础教学区,新开发的六本木校区则作为科研场所。又如,澳大利亚墨尔本大学各个校区的定位三种情况都有,其中按工作职能定位的克里斯克校区也是森林学三、四年级学生的教学场所。国外新校区办学是大学自然拓展的过程,也就是说,大学根据业务(如学科或科研)发展的需要,逐步增设新校区,这与我国开发新校区是为了满足大学规模跨越式发展的需要截然不同。但无独有偶,若按工作职能定位,国内外高校新校区办学都是将本科高、低年级学生的教学区分开。这说明虽然国情和校情不同,但中外高等学校对于新校区的定位却有共同之处。

三、两种关系的思考

如前所述,新校区的定位类型既有理论问题又有实践问题。进一步从一所高等学校的空间发展战略观之,还必须妥善处理统一性和多样性、明确和准确这两种关系。

1. 统一性与多样性的关系

英国诺丁汉大学校长杨福家指出:"不同的学校要构成一个系统,好像是一架钢琴,或是一支交响乐,你要奏出动听的音乐来,必须是由不同的键或不同的乐手发出不同的声音。如果大家都发出一个声音,这个交响乐就奏不出来了。如果自己的定位不准确,一所大学不可能办得好。"[①]在高校新校区办学中,新校区的定位也应如此。既要明确总体思路,又要区别对待,给予各个校区不同的定位。统一性和多样性是事物存在的基本关系。一方面,多样性是统一性存在的条件和基础,统一性寓于具体多样性的发展形式之中。离开了多样性,统一性就没有了生气,是一种毫无价值的自身重复。另一方面,多样性服从于统一性的发展方向。离开了统一性,多样性就会变得紊乱,没有中心,只是众多事物的机械堆积。因而,在高校新校区办学中校区定位首先必须统筹考虑,即从学校的整体出发,综合规划学科专业结构的设置,统一协调新、老校区教育资源的配置,包括教师队伍、实验设施、经费投入等等,尤其是要确保象征大学"灵魂"的学术气氛和校园文化在新校区的充分体现。然后,在此基础上充分尊重各个校区自身的实际情况,如设立新校区的目的、校区地理位置、周边环境等等,并遵循人才培养的规律,以多样化的形式来对新校区进行合理的定位,力求使各个校区的定位呈现"各有所长,功能互补"的状态。例如,中山大学创设珠海新校区时就明确指出:要使珠海校区与广州校区融为一体。珠海校区不是中山大学的一个分校,而是一个"原汁原味"的中山大学校区,把中山大学76年的历史所形成的校风、学风、校园文化精神和

---

① 杨福家.火把、钢琴、大观园[M]//博学笃志:知识经济与高等教育.上海:上海教育出版社,2000:150.

文化氛围移植到珠海校区,并在新的起点上有新的发展。

从资源的配置角度来分析,要使资源达到最优配置,就要对资源在各种可能的用途之间进行选择,以实现资源使用效率的最大化。大学作为一个人才"加工厂",其资源的总存量是固定的,资源的配置方式直接影响到学校整体效益的提高。可以说,资源的配置问题几乎存在于整个大学运行中的各个层次和不同侧面,自然也回避不了资源在各校区之间的协调配置。那么,资源在各校区之间如何配置方属合理呢?经济学上的范围经济理论认为,当一个企业以同一种资源或同样的资源量生产一种以上的产品时,由于生产活动维度的增加,即生产范围在横向上的扩展会带来效益的增进。[①] 该理论给我们的启示是:由于大学资源的总量为常量,用这些资源来生产几种不同的产品比起仅生产一种产品,总体效益要高。由于每个校区都有其自身的特性,假设每个校区生产一种产品,那么,几个校区生产若干种的产品的总效益要大于所有的校区仅生产一种产品的总效益。而生产不同的产品需要给予校区不同的功能定位。因此,在新校区办学中,若要实现学校整体办学效益的最大化,各个校区的功能定位在学校的统筹布局下呈现多样化,不仅科学而且可行。

2. 明确的与准确的关系

在高校新校区办学中,校区定位明确是校区定位准确的必要条件,但不是充分条件。明确的校区定位未必就是准确的校区定位,然而,如果校区定位不明确,那就更谈不上校区定位的准确了。

纵观全国范围内高校新校区办学的情况,不难发现,不管是笼统的校区定位,还是具体的校区定位,或是从笼统到具体逐步细化的校区定位,应该说都是很明确。例如,首都医科大学对其顺义校区的定位就经历了一个逐步细化的过程。校区刚成立时,学校提出了校区的定位就是"三个面向",面向农村、面向基层、面向社区。现在提出:顺义校区在地域上来讲,作为一个校区保留,作为首都医科大学的一个办学区域。校区的功能是"三个面向",至于"校区以什么样的办学体制,以什么样的领导体制,以什么样的管理体制去实现'三个面向'的办学任务",则是今

---

① 孙晓锋.多元化经营与范围经济[J].江苏商论,2003(8).

后需要进一步明确的问题。

　　总之,三种基本的新校区定位类型各有特色也各有利弊。前文已作分析,新校区定位为本科低年级学生的基础教学区,这种举措在高校新校区办学之初,满足了高校规模扩张的需要,使得高校的教育资源得以优化配置,是三种定位类型中优点较多的一种。然而,由于低年级大学生与高年级大学生毕竟总是处于分离状态,这种定位是否为长效性的最佳做法,尚需实践证明。同样,按学科定位的新校区,这种定位最突出的问题是不利于学科间的交叉渗透,会使一个完整的多学科大学因新校区的出现而遭受割裂。混合型定位的新校区,在一定程度上避免了以上两种定位之不足,但终究是支离凌乱。可见,高校新校区从明确定位到准确定位必然是一个逐步探索的过程,甚至可以说是个"吃一堑长一智",逐步吸取经验教训的过程,原因就在于新校区办学本身就是一种探索与试验。从长远来看,从既有利于为新校区确定发展方向、有助于形成校区内部群体的凝聚力和充分发挥"一校多区"的整体优势,又有利于学生的成长、有利于学科的融合和有利于学校的管理等方面出发,按工作职能进行定位和整合,将一所高校的各校区划分为本科生区、研究生区、继续教育区等,既明确又准确,应是高校新校区办学定位的发展趋向。

关于我国高等学校办学自主权的探讨

——历史与特征 *

一、概述

"高等学校办学自主权"这一概念,是我国高等教育理论工作者根据我国高等教育改革和发展的现实,提出的一个具有相对明确指向性的概念。它与西方学者提出的"学术自由""大学自治"概念,既有某种历史的联系性,又有不同的使用范围。

1. 具有"基本的历史联系"的三者

所谓"学术自由",是指在法律规定的范围内,学术探索者随自己意志活动的权利。所谓"大学自治",是指大学除了受所隶属的国家、政府或上级单位领导外,对大学的事务行使一定的权力。所谓"高等学校办学自主权",是指高等学校在办学方面具有主动权,能够自己做主。

在历史上和现实中,这三个概念各有其时代背景和实际含义。正如列宁曾经提出的:对待社会科学问题,必须"不要忘记基本的历史联系。考察每个问题都要看某种现象在历史上怎样产生,在发展中经过了哪些主要阶段,并根据它的这种发展去考察这一事物现在是怎样的。"①学术自由、大学自治和高等学校办学自主权正是有着"基本的历史联系"的三者。

2. 各国普遍重视、多样化的自主权

大学是学生或教师的自治体→教会日益插手大学,欧洲多数大学成为教会的

---

* 原载中国人民大学书报资料中心《高等教育》2001 年第 7 期。

① 中共中央马克思、恩格斯、列宁、斯大林著作编译局.列宁全集:第四卷[M].北京:人民出版社,1972:43.

附属品→随着国家政治实体的不断确立,政府与教会逐渐分离,国家开始管理高等教育①,这是大学自治所走过的基本路线。时至今日,高等学校办学自主权得到各国普遍重视,政府、社会、市场和高等学校的关系正在裂变与重组。这条历史轨迹同时是研究相关问题的重要线索。

"高等教育越卷入社会的事务中就越有必要用政治观点来看待它。就像战争太重大,不能完全交给将军们决定一样,高等教育也相当重要,不能完全留给教授们决定。"②换言之,大学越是远离社会,其自治程度可能越高;反之,大学越是走近社会中心,其自治程度受限制的因素就越多。还有一个堪称十足"硬件"的问题是,完全意义上的自治必然要求高等学校在教育经费上的独立性。从过去到现在,尤其是当代,要让大学获得在教育经费上的完全独立性,这是根本不可能的。可见,教育的社会性始终是大学自治不能成为绝对的重要因素。

政府的强权性决定了在政府与大学二者的关系中,政府起主导作用,大学自治仅仅是相对而言。包括立法机关在内,"既然政府可以轻而易举地居于大学的上风,甚至,如果它愿意的话,可以摧毁大学,那么,对学术自治的某些限制是不可避免的"③。尤其是随着大学职能的不断扩展,大学与政府、社会之间相互依存的关系更加紧密,大学从中世纪时期的传统中继承下来的"反控制"力量日益式微。另一方面,政府与社会干预大学自治的力量却不断壮大。政府对大学进行实质性控制的方法主要有:立法、财政资助与预算、专业评估和规划等。

由于历史时期不同,国情不同、政体不同和文化传统不同,使得大学自治在世界范围内具有多样性的特征。即使在同一国家内,大学自治权在机构上和层次上的表现,也不尽相同。英国的董事会、校务会、评议会和教授会,德国的评议会,美国的董事会、教授会和公理会等等,各有职责各具特色。正如英国教育史学家博伊德所说的:大学自治制度的建立,是大学在各种政治势力之间取得的一种平衡,

---

① 1808年拿破仑在法国颁布《帝国大学敕令》,以法律的形式确立了政府对高等教育的管理。

② 约翰·布鲁贝克.高等教育哲学[M].杭州:浙江教育出版社,1987:31.

③ 约翰·布鲁贝克.高等教育哲学[M].杭州:浙江教育出版社,1987:31.

大学自治更多地表现为各种力量(包括政府、大学、个人及高等教育有关的组织机构)的妥协。大学自治对西方各国而言,是一种大学通过长期抗争而获得的权益。

研究表明:"对大学自治的概念,不同的国家,不同的学者,基于不同的背景,出于不同的目的,着重不同的侧面,其认识既有相同的方面,同时也存在着许多差别。我们认为大学自治是一个相对的、发展的、具有多层次含义的概念。"[①]学术自由和高等学校办学自主权也同样如此:在世界范围内,主题相同而表现形式却因国而异、多种多样。

二、历史回顾

学术自由是大学自由的一个方面,也同样属于自由的范畴,即:高等学校工作环境的条件性自由——高等学校面向社会自主办学的权利,这是学术自由的必要条件。西方的"大学自治"与我国的"高等学校办学自主权",从核心内容的本质上说,并无太大差别。当然,在一些具体问题上,如社会背景,自治或自主的具体运用形式等,存在某些不同之处。可以说,我们称之为"我国高等学校办学自主权"是有中国特色的"大学自治"。

1. 1949 年之前的情况简述

1949 年以前,从总体上看,我国高等学校并无多少"自治"可言。[②] 然而,民国时期前十几年期间的教育改革值得回味。如果从清末 1862 年北京同文馆的建立说起,至民国末年的 1949 年,我国高等学校的"自治"大致经历了从无到有又渐趋式微的历史演变过程。这一演变过程,与社会大环境(包括政治、军事等)息息相关。

(1)清末王朝统治下的中国近代高等学校,在"大学自治"方面,乏善可陈。

(2)中华民国南京临时政府成立后,蔡元培就任第一任教育总长。蔡元培接受西方资产阶级的哲学思潮,在政治制度上,他反对专制主义,赞同议会制和内阁

---

① 唐卫民.西方大学自治的理论分析和比较研究[D].沈阳:沈阳师范学院,1996:2.

② 中国古代具有大学特点的书院,享有高度的自治和比较充分的学术自由,另当别论。

制;在学校体制上,他反对校长权力过分集中,主张民主办学及"教育独立"。在1912年由他主持起草颁发的《大学令》中,就规定了大学要建立评议会、教授会,并对这些组织的权限作了相应的规定。其后,于1922年,蔡元培发表《教育独立议》一文,提出了:教育事业,当完全交与教育家,保有独立的资格,毫不受各派政党或各派教会的影响。教育独立的主张,既是蔡元培教育思想的一个组成部分,也是当时社会的一种教育思潮。这一教育思潮的出现始于辛亥革命失败以后。其时,各派军阀连年混战,北京政府"你方唱罢我登台",政局混乱,经济凋敝,加上帝国主义各国对包括我国教育在内的控制咄咄逼人,我国教育事业风雨飘摇。主张"教育独立"的目的在于独立自主地发展我国的新教育,摆脱封建军阀政府和外国势力的钳制。独立的主要内容有:教育经费独立;教育事务独立;教育离政治而独立;教育离宗教而独立;高等教育之学术独立。其中,蔡元培关于教育脱离政党而独立的主张,是包含教育方法、教育行政和教育经费的独立。质言之,蔡元培所要求的教育独立具体涉及高等教育,就是完全不受军阀政权控制的"大学自治"。这一要求,从当时社会背景而言,包含太多的理想主义成分。因此,尽管在蔡元培治下的北京大学评议会曾多次发表反对北洋军阀政府的宣言,曾数次宣布与北京政府教育部脱离关系,尽管由他为代表提出的实行大学院制和大学区制的改革方案得以实施(1927年6月—1929年6月),但是"教育独立"最终化为泡影。国民党南京政府明确规定中国的教育是"一个主义、一个党、一个领袖"的教育,并通过颁布一系列法令、条例,加强了对高等学校的控制。

2. 1949年之后的发展与演变

1949年以后,我国高等教育领导管理体制在权力集中与权力下放的选择中,颇费周折。而所谓"权力下放"实际上与80年代所谓的"高等学校办学自主权",虽然不是一回事,但在思想逻辑上、体制嬗变过程中,有着紧密的联系。总体观之,1949年后我国高等学校办学自主权问题由来已久,只不过在改革开放之前此问题隐藏于中央与地方政府对高等教育的权力划分背后。简言之,在改革开放之前的1949年至1978年,在计划经济体制下,高等教育管理的基本特征是以政治性的经验决策为基础,以权威的行政指令为主导方式,高等学校办学自主权缺乏必要性、没有可能性。随着改革开放的步伐越来越大,随着有计划的商品经济和社会主义市场经济的建立与发展,高等学校办学自主权的问题浮出水面,而且日益突出,以致在我国于1998年8月29日颁布的《高等教育法》中作为重要内容之一进行法定。

(1)一般来说,1949年至今我国高等教育的领导管理体制,大致可以划分为六个阶段。

第一阶段:1949年至1958年。这一阶段国家强调集中统一管理高等教育,高等学校主要由教育部和国务院各部委直接管理。高度集中是这一阶段高等教育领导管理体制的基本特征,强调全国高等学校以由中央人民政府教育部统一领导为原则。无疑,计划经济管理模式是这种高等教育管理体制权力集中于中央的基本原因。

第二阶段:1958年至1963年。鉴于权力集中于中央,不利于调动地方积极性,这一阶段强调对高等学校的管理,要权力下放、分散管理。因此,下放权力成为这一阶段高等教育领导管理体制的重要特征。

第三阶段:1963年至1966年。这一阶段高等教育领导管理体制在权力是集中还是分散的问题上,采取走中间路线的办法。具体而言,在总结上述两个阶段经验教训的基础上,中央决定实施既能对高等学校有效领导与控制又能发挥地方积极性的领导管理体制——中央统一领导,中央和省(自治区、直辖市)两级管理。

第四阶段:"文化大革命"期间。这一阶段属于非常时期,原有的高等教育领导管理体制遭到严重破坏,失去了其应有的职能和行为规范,从而陷入一种无序的状态。

第五阶段:"文化大革命"结束后至1985年。这一阶段我国拨乱反正,实行改革开放。中央统一领导,中央和地方两级管理的高等教育领导管理体制得到逐渐恢复,我国高等教育领导管理体制的基本结构得以确立。

第六阶段:1985年至今。1985年5月27日,《中共中央关于教育体制改革的决定》颁布,这一文件对于我国高等教育发展具有重要的现实意义和深远的历史意义。为了"在新的经济和教育体制之下,各地将有充分的可能发挥自己的经济和文化潜力,加快教育事业的发展",中共中央对于分级办学作了进一步规定:"为了调动各级政府办学的积极性,实行中央、省(自治区、直辖市)、中心城市三级办学的体制。"

随着高等教育领导管理体制从权力集中向权力分散的改革,高等学校作为办学的一个独立实体,应该拥有什么样的权力?于是,扩大高等学校办学自主权的问题被正式提到议事日程上来。《中共中央关于教育体制改革的决定》提出:"要扩大高等学校办学自主权。在执行国家的政策、法令、计划的前提下,高等学校有权在计划外接受委托培养学生和招收自费生;有权调整专业方向,制订教学计划和教学大纲,编写和选用教材;有权接受委托或与外单位合作,进行科学和技术开发,建立教学、科研、生产联合体;有权提名任免副校长和任免其他各级干部;有权具体安排国家拨发的基建投资和经费,有权利用自筹资金,开展国际的教育和学术交流,等等。对不同的高等学校,国家还可根据情况,赋予其他的权力"。

在建立社会主义市场经济的社会背景下,中共中央、国务院于1993年2月颁发《中国教育改革和发展纲要》,明确了进行高等教育改革,主要是解决政府与高等学校、中央与地方、国家教委与中央各部门之间的关系,逐步建立政府宏观管理、学校面向社会自主办学的体制。这次改革是对整个高等教育布局和结构的调整和重构,是对政府、社会、高校各自角色的重新组合,是对整个高等教育资源配置方式的彻底更动。其内容要点有:

其一,在政府与学校的关系上,按照政事分开的原则,通过立法,明确高等学校的权利和义务。使高等学校真正成为面向社会自主办学的法人实体;政府转变职能,由对学校的直接行政管理,转变为运用立法、拨款、规划、信息服务、政策指导和必要的行政手段,进行宏观管理。建立有教育和社会各界专家参加的咨询、审议、评估等机构,对高等教育方针政策、发展战略和规划等提出咨询建议,形成民主的、科学的决策程序。

其二,在中央与地方的关系上,进一步确立中央与省(自治区、直辖市)分级管理、分级负责的教育管理体制。中央直接管理一部分关系国家经济、社会发展全局并在高等教育中起示范作用的骨干学校和少数行业性、地方不便管理的学校。在中央大政方针和宏观规划指导下,对地方举办的高等教育的领导和管理,责任和权力都交给省(自治区、直辖市)。扩大省(自治区、直辖市)的教育决策权和包括对中央部门指导性学校的统筹权。省(自治区、直辖市)在充分论证、严格审议程序,自行解决办学经费等条件下,有权决定高等学校招生规模和专业设置。设置高等学校,由全国高等学校设置评议委员会评议,国家教委审批。

其三,在国家教委与中央业务部门的关系上,国家教委负责统筹规划、政策指导、组织协调、监督检查、提供服务。中央业务部门要加强对本行业的人才预测和规划,协助国家教委指导本行业的人才培养工作,负责管理其所属学校,包括在国家宏观指导下,决定所属学校的招生规模、专业设置、经费筹措、学生就业等。随着中央业务部门职能转变和政企分开,中央各业务部门所属学校要面向社会,其办学体制和管理体制分别不同情况,采取继续由中央部门办、中央部门和地方政府联合办、交给地方政府办、企业集团参与管理等不同办法。

(2)1949 年以来,我国在教育管理体制上有过几次较大规模的调整与改革,《中国教育改革和发展纲要》的出台,至少在以下三个方面表明这次改革是富有新意的:

第一,以往的改革并未改变政府与高等学校的关系和直接行政管理的做法,仅仅在管理权限上有一些变化。而现在的改革目标是建立政府宏观管理,学校面向社会自主办学的体制,要扩大高等学校的办学自主权,使得高等教育学校变为自主办学的法人实体。

第二,以往的改革仅仅是中央统一管理的权限的下放,地方没有独立的统筹决策可言。而现在的改革是给予地方政府办学的自主性。

第三,一个重要的社会大背景是:以往的权限调整是在中央高度计划统一的经济体制下开展的,地方并无独立的资源基础,所有的资源都集中在中央政府手中。这种经济体制之下,地方和高等学校的权限缺乏可资保障的基础。而现在的改革是与经济体制改革同步的(至少几近同步),所以,地方和高等学校权限的获得具有比较现实的资源基础。① 从这些方面来看,《纲要》对于我国高等教育管理体制改革,对于高等学校办学自主权落实,的确是有承前启后、继往开来的现实作用和历史意义。

变化是从反思开始的,改革需要法律的保障。时至 1998 年 8 月 29 日,《中华

---

① 谢维和.我国教育管理体制改革的走向及其分析[J].教育研究,1995(10):24.

人民共和国高等教育法》经第九届全国人民代表大会常务委员会第四次会议审议通过,并于 1999 年 1 月 1 日开始实施。如果说《中共中央关于教育体制的改革的决定》和《中国教育改革和发展纲要》都具有里程碑意义,那么《中华人民共和国高等教育法》作为《中华人民共和国教育法》的配套法律,更是我国高等教育发展史上一件具有里程碑意义的大事。它规定了高等教育的性质和地位、发展高等教育的基本原则、高等教育的基本制度、高等教育投入和条件保障、高等学校的设立条件、高等学校的法律地位以及高等学校教师和学生的权利义务等内容,尤其是对高等教育的管理体制和办学条件、高等学校的办学自主权等问题作了明确规定,充分体现了教育法和《中国教育改革和发展纲要》的基本要求,规范了高等教育管理和办学活动,大大改变了以往高等教育工作无法可依,单纯依靠政策指导的状况,为依法治教奠定了基础。

1998 年 12 月,在教育部制定的《面向 21 世纪教育振兴行动计划》第 30 条中提到:"切实落实《高等教育法》关于'高等学校应当面向社会,依法自主办学,实行民主管理'的规定,扩大学校办学自主权。"

1999 年 5 月,教育部下发《教育部关于实施〈中华人民共和国高等教育法〉的若干意见》,强调要依法治教,全面落实高等学校的办学自主权:"教育主管部门要尽快制定有关规定,加强分类指导,采取有力措施,依法落实高等学校的办学自主权,促进各类高等学校和其他高等教育机构建立自我发展、自我约束、面向社会依法自主办学的运行机制,保障高等教育事业的继续发展。"历史发展到今天,困扰政府管理部门和高等学校的关于高校办学自主权问题,终于有法可依。然而,有法可依并不意味着相关的过去争论不休的理论与实践问题都已澄清与解决。仅以高等学校法人的基本性质和政府对学校的管理为例:过去我国教育体制改革之所以总是陷入"放权则乱""收权则死"的不良循环,根本原因就是缺乏确立"高校法人地位"这一基础。高校法人地位最基本的特点应包括:高等学校的独立性与自主性,高校法人的独立性和学校法人的具有财团法人的性质。根据这三个特点,高等学校的法人概括而言就是:高等学校具有独立的主体地位,享有独立的法人财产,并可在法律允许的范围内自主地行使权利,并承担相应的义务。这一法律地位是落实高等学校办学自主权的依据和法律基础。法人的本质即是社会组织作为民事活动主体具有的独立人格和自主性质。高等学校法人除具有一般法人的民事主体性质外,还具有教育主体性质,即具有相应的办学权利能力和行为能力,享有办学自主权利。高校法人具有民事主体性和教育主体性的双重性质,表明高校不是民法上的一般法人,而是一种特殊类型的法人,应定性为公法人性质的特别法人。然而,一种观点认为:用法人制度只能解决高校的民事权利问题,而不能解决高校与政府的关系问题。解决这一问题取决于政府在多大程度上放权,是否依法放权,依法管理高校。因此,确立高校法人地位并不等于扩大办学自主权,二者没有必然联系。另有一种看法则认为:高校成为法人,政府将以双重身份与高校发生联系。一方面,政府将以高校的投资者和高校财产委托人等身份,选派代表依法或依合同参与高校财产的内部管理。在此种法律关系中,政府与高校的地位是平等的。另一方面,政府教育主管部门仍代表国家行使教育行政权,即从目前对高校的直接计划管理转化为宏观调控,这种宏观调控是严格依法而实现的。由于我国高校层次、种类繁多,差别很大,其权利和义务要求也必然不一致。政府对高校法人的管理应视不同情况而有所区别。[①]“高等学校法人”只是高等学校办学自主权包含的众多问题之一,单单这一问题,就向教育法学提出了一个众说纷纭的难题。可见,有法可依是一种大进步,同时也存在着如何理解和执行法律的问题。

总之,1949年后对于高等学校办学自主权的认识历程,大致走过了这样的阶段:

一是从乞求式地要求政府“下放”权力,“给学校一点自主权”,到理直气壮地强调办学自主权是高等学校办学应有之义。

二是从直觉地需要具有高等学校办学自主权,到理性地、全面地理解和认识高等学校办学自主权的必要性和可行性。

要言之,要求政府放权让权,仅仅是从高等学校缺乏办学自主权出发,并非真正法律意义上的赋权。从要求扩大高等学校办学自主权到确认高等学校的法人地位,直至比较深入地探讨高等学校与政府的权力分配关系问题,这是一个有关

---

① 王晓泉.关于“高等学校法人地位”问题的观点综述[J].中国高等教育,1993(2):36.

高等学校办学自主权研究问题层层递进的嬗变过程,说明了对这一问题的认识逐渐由浅入深、由片面到全面。

三、特征探讨

特征,是指事物特点的征象、标志。研究我国高等学校办学自主权的特征有助于更加深刻地观察与分析有关我国高等学校办学自主权的问题。纵观世界的历史和现实,可以发现一条规律,即:越是社会大变革时期,高等学校之间和高等学校与外部社会部门为获取更多资源的竞争越是激烈,高等学校关于办学自主权的呼声就越高。这是教育外部关系规律的又一种体现。而高等学校办学自主权的实质意义并不在于如何自主,而在于能不能真正地行使自主权。高等学校拥有了办学自主权,也就意味着它在实质上拥有了自身的生存权和发展权。进一步而言,高等学校只有在政府认可后摆脱来自政府方面不必要、不合理的控制,高等学校办学自主权才有实现的可能。要做到这一地步,取决于社会政治体制与经济体制变革与否以及变革程度。

概言之,我国高等学校办学自主权具有三个特征:模仿性、难产性和过渡性。

1. 模仿性

我国高等学校办学自主权的模仿性问题,可从历史与现实这两个维度进行探讨。

如前所述,1949 年前的 20 世纪 20 年代,我国曾经一度掀起"教育独立"的风潮。

这一风潮的最大背景无疑是清王朝的封建统治被推翻,"旧者已亡,新者未立,怅然无归"(严复语)。在封建势力与外国势力的夹缝中,蔡元培作为我国近代学习西方教育的先进代表,选择了模仿西方所谓的"教育独立"的路线,他关于教育经费、教育事务、大学学术和教育远离政治的主张,深具超阶级、超社会的倾向,因此而成为抽象而又不现实的主张。"是时国内教育界对于美国教育仿效之风正盛,差不多唯美国之'马首是瞻',孟禄、杜威二氏之来华,尤足以助此举之完成。"①

"教育独立"与"高等学校办学自主权"二者的含义决不能等量齐观。然而,在某些方面、某种程度上(如大学学术)二者又有相近之处,有着必然的逻辑关系。正是从这一意义上去追溯历史才有意义。

从现实来看,我国高等学校办学自主权也存在一定的模仿性。

改革开放以来,一方面我国坚持走有中国特色社会主义道路,另一方面提倡要学习和借鉴国外的先进经验。民办高等教育的兴起、学分制的改革、校长负责制的试行等等,既与我国经济体制和教育管理体制改革的大背景密切相关,也与受到"欧风美雨"的影响有关。同样道理,扩大高等学校办学自主权的提出,实际上标志着高校向高度集中统一的高教管理体制提出挑战并要求调整两个关系:中央与省两级高教主管部门之间的关系和政府与高校之间的关系。长期以来,我国深受苏联高等教育管理体制的影响,国家对高等教育管理统得过死,不能很好地发挥地方和学校的积极性。质言之,高等学校办学自主权的目标指向就是让集权走向分权。美国作为当今世界最典型的高等教育分权制的国家,其分权模式在很大程度上影响了我国高校办学自主权的内容。但是,中国有自己的国情,所以这种模式性或称参考性,又夹杂了许多中国本土的色彩。此外,80年代中期企业界实施的厂长(经理)负责制,也在一定程度上促进高等学校办学自主权加快落实的进程。

2. 难产性

(1)十九年的争取和努力

1979年12月6日《人民日报》发表了复旦大学校长苏步青等几位著名大学校长、党委书记关于"给高等学校一点自主权"的呼吁。同时,《人民日报》在编者按语中指出:学校应不应该有点自主权,应该有哪些自主权,教育体制如何改革,才能更好地适应工作重点的转移,这是很值得探讨的问题,希望全社会就此提出建设性意见。苏步青教授等人的这一意见,可视为1949年后关于我国高等学校办学自主权的先声。其后,在有关报刊和各种会议上,"高等学校办学自主权"的论

① 蔡克勇.高等教育简史[M].武汉:华中工学院出版社,1982:136.

述与呼吁不绝于耳。批评"上面"管得太多、太死,要求"松绑",改变高等学校直接附属于行政部门的关系,把高等学校办成"独立的实体",建言纷纷。诸如在 80 年代就有人直率地提出:"当前,高等教育改革的首要一环,是把由于国家化而被剥夺了的高等学校的自主权力交还给它。"①直到 1985 年《中共中央关于教育体制的改革的决定》和 1993 年《中国教育改革和发展纲要》,都将高等学校办学自主权作为重要问题写入文件之中。然而,真正以法的形式规定高等学校"面向社会,依法自主办学"却是在 1998 年。此时,对 1979 年而言,已历经了十九个春秋。我国高等学校办学自主权的难产性特征由此可见。

(2)高等学校办学自主权难产的原因何在?

首先,这与我国发端于 70 年代末的改革具有三大特点的第三个特点是分不开的。

我国的改革开放不是以突变、"休克疗法"而是以渐进为策略。其具体体现在于:十一届三中全会提出"在计划体制框架下,充分运用价值规律";十二届三中全会提出"计划经济与市场调节相结合";十三大提出"国家调控市场,市场引导企业";十四大提出"社会主义市场经济"体制;十五大带来了以"公有制实现形式多样化"为主要特征的经济体制改革的新突破。我国走向社会主义市场经济的渐进性改革,经济体制改革的步伐总是先于教育管理体制的历史进程,是我国高校办学自主权难产的决定性因素。

其次,是与从学术界到政府部门对高等学校办学自主权认识不足与认识不清大有关系。

高等学校办学自主权是必要的,这没有歧见。但是,这种自主权的内涵与外延是什么? 如何处理好高等学校与政府、社会的关系? 什么样的办学自主权是适度的? 随着经济体制的改革,人们对于这些问题略有触及,却难以定论。理论上的困惑,实践中的迷茫,成为高等学校办学自主权难产的又一重要因素。

再次,一个十分重要的原因是几十年来我国强调政府的作用为基础的行政约束高等教育运行的制度有关。

---

① 孟明义.高等教育改革的根本目的是实现社会化[J].高等教育研究,1989(3):8.

长期以来,我国高等教育形成了以集中控制和服从模式为其制度的主要特征。运用经济学的观点来分析,这种模式是一种被控制者(高等学校)丧失了自由进入和自由退出的服从模式。这种强制的结果,使得高等学校的制度形成本来应该是一种重复博弈的结果而变成了一次性博弈的结果。在重复博弈的过程中,高等学校为了实现自身利益的最大化,必须拥有自主权地来调整人和事的办学活动,而追求办学质量与效益的最优的动态过程,其实质就是对办学自主权充分和合理与否的验证过程。而在一次性博弈的状况下,高等学校处在外在强制的压力下,丧失自由进退的选择,它必须按照上级主管部门的意愿按部就班地办学,这就导致高等学校漠视办学自主权倾向的出现,最终导致高等学校办学自主权因外部强制压力和内部缺乏冲动而难产的结果。

此外,我国教育法规建设滞后于教育实践,也是高等学校办学自主权难产的一个外在因素。

3. 过渡性

(1)高等学校办学自主权的过渡性这一特征与整个中国改革路径的渐进性特点紧密相关

我国改革在起始阶段就确定了改革过程所应遵循的基本原则,即"我们的改革要在党的领导下,有计划、有领导、积极而又稳妥地进行",其后又反复强调"要正确地处理好改革、发展和稳定三者之间的关系"。因此,我国改革被称为"渐进式改革道路"。形成鲜明对照的是,东欧、俄罗斯的改革方式是"激进式""大爆炸式""休克疗法",他们认为只有快速破旧才能快速立新,并且这种激进的改革可以摧毁潜在改革过程中的"可逆转性"因素和"可逆转性"势力。其实,我国改革的渐进性特征,并非体现在改革推进速率的快慢上,亦非反映在改革内容选择的先后次序上,而是体现在包括高等学校办学自主权的扩大与落实等几乎每一项改革都具有"过渡环节"这一特征上。换言之,渐进性主要是它具有中间"过渡地带""多步到位"方式和鲜明的演进特征。显然,经过近二十年的呼吁力争,我国高等学校办学自主权终于第一次以法的形式作了规定。"初生之物,其形必丑",这意味着这些规定具有不成熟性,表现在特征上就是过渡性。

(2)"过渡性"包括两个含义

首先,从历史发展过程来看,我国高等学校办学自主权发生与发展的社会背景是改革开放。尤其是社会主义计划经济向社会主义市场经济的转型,成为高等学校办学权问题日益受到重视的主要促进因素。

市场经济区别于计划经济的核心问题是资源配置方式市场化。与此同时,政治权力、行政权力从过去计划经济时期的无限性到市场经济时期的有限性,包括高等学校在内的社会机构及成员由过去完全依赖国家行政配给,到现在逐渐通过市场体系自由竞争、相互依存。政治是经济的集中表现,经济体制的改革势必引起政治体制的相应调整。既然资源配置的基本方式由政府转向市场,就必然要导致生产关系和权力机构相互关系的新的整合,其中,放权与分权就是整合的重要体现。一方面,企业在商品生产与流通领域自主经营、自负盈亏、自我发展、自我约束,使得企业在实现自主权方面远远走在高校的前面,同时为高校提供了性质不同本质相近的经验;另一方面,充分认识市场经济引发了从中央集权到地方分权的改革态势,地方政府成为越来越活跃的经济利益主体,地方的自主权较过去而言大大加强了,也从客观上要求高等学校办学自主权要与市场经济的需要和为地方经济建设服务相适应。而这种相适应需要一定的时间和过程,从这个意义上来说,只要我国社会主义市场经济的建立还未臻完善,只要我国与经济体制在同一性中互存的政治体制改革还不到位,高等学校办学自主权就只能是过渡性质。

其次,从具体内容来看,随着社会形势的不断变化和高等教育的急剧的改革与发展,法规所定的我国高校办学自主权其实也只是纲要式的、不完整的,尤其是在具体实践上,红头文件与法规并存的现象,比较充分地反映出有关高等学校办学自主权的实际上的过渡特征。例如,在《中华人民共和国高等教育法》第四章"高等学校的组织和活动"中,第三十四条规定:"高等学校根据教学需要,自主制定教学计划、选编教材、组织实施教学活动。"而实际情况则是关于高等学校教学方面政出多门,统得过多、自主太少。以教学计划为例,教育部高教司并不强求统一,但是一些有关部门却纷纷下达红头文件,甚至连学时、教学大纲、教研室设置都作统一规定。专业课加上众多的公共基础课,高等学校在教学计划的安排上十分困难。又如,在教材方面,有的部门用行政命令的方式要求学校统一购买其指定的教材,高校不得自选。这些都将造成高等学校自主办学在过渡中演进缓慢。

质言之,高等学校办学权的过渡性特征,所反映出来的是在信息不充分、未来具有不确定性条件下改革活动主体理性认知的有限性特征。从这一点来看,多步到位和"迈小步、紧迈步、不停步"演进可能是解决高等学校办学自主权问题的最为合理的途径。必须明确指出的是,当社会发展到一定程度,当有关法律法规已颁布出台之后,低层次的不合法的小步慢走则可以休矣。历史的经验告诉我们,法制推动了人类社会走向文明,法制调整经济关系促进社会的发展,法制调整政治关系保证国家机器的运转,法制调整社会公共职能使社会达到有序,法制对高等教育的盛衰同样具有重大影响。

论新建本科院校发展的三个问题[*]

20 世纪末 21 世纪初,我国高等教育持续快速发展。根据全国教育事业发展统计公报数据统计:1998 年与 2005 年数据比较,高等教育毛入学率由 9.8% 增至 21%,普通高等教育学校由 1022 所增至 1792 所,其中本科院校增至 701 所,在校生由 340.87 万人增至 1561.78 万人,2005 年各类高等教育总规模超过 2300 万人。这些数据表明,在国家整个高等教育体系中,精英高等教育和大众化高等教育并存,结构层次多元化,我国高等教育已进入大众化阶段。中国已是高等教育大国,但远未成为高等教育强国。[①]

随着 1999 年我国高等教育管理体制改革和布局结构调整迈出关键步伐,高校扩招工作顺利完成。经过近几年发展,经教育部批准由高等专科学校升格的本科院校已达 190 多所,占全国 701 所本科院校总数近 1/3,这批新建本科院校已成为我国高等教育生力军。目前这批院校呈现良好的发展态势,但是办学层次的提高并不代表着办学水平的自然提升,数量的扩张并不代表质量的提高。如何促使新建本科院校科学发展、可持续发展及和谐发展是其发展过程中必须高度重视的三个问题。

* 本篇与黄海群合作,原载《龙岩学院学报》2007 年第 2 期;被人大复印资料《高等教育》2007 年第 6 期全文转载;本文是本人主持负责的中国高等教育协会"十一五"教育科学研究规划课题"高等学校转型:新建本科院校视角"成果之一;本文摘要入选"海峡两岸大学校长论坛"论文集(2006 年 12 月·福州)。

① 潘懋元,刘小强.21 世纪初我国高等教育研究的进展与问题[J].国家教育行政学报,2006(8):35.

一、新建本科院校应定位于应用性，着眼于地方性、行业性乃至特色性、创新性，合理的办学定位是科学发展的重要前提

合理的办学定位是科学发展的重要前提。大众化阶段的高等教育需要多样化的高等学校定位与之相适应。学校要办出特色，首先必须有科学定位。进入大众化阶段，高等教育的一个典型特征就是高等院校类型、结构、功能的分化，以满足社会对不同人才的需要和受教育者的不同需求。新建本科院校应从办学类型、办学层次、人才培养类型、学科专业设置等方面进行定位。

院校类型应定位于专业性、应用型。办学类型和层次定位应遵循高等教育发展的内在逻辑顺序，从两个层面来考虑。一是新建本科院校在高等教育系统中的定位：我国的高等教育体系应是金字塔型，即少量学术研究型大学，一批教学研究型大学，大量以育人为主的地方大学、职业技术学院。地方大学和职业技术学院则承担培养大量的知识型劳动者和提升区域社会文化、生产水平的重任。[①] 其中，新建本科院校更多的是属于地方性高等学校。二是新建本科院校这类高等学校的类型和层次的定位：在统一的高等教育体系下，要科学确定分类的依据。应当依据所承担的主要任务对高等教育进行横向分类，依据人才培养的类型及专业设置的面向对高等学校进行横向分类，依据履行社会职能的能级对高等院校进行纵向分层。[②] 借鉴联合国教科文组织 1997 年修改公布的教育分类标准，我国高等院校根据这一标准可以分为三类：综合性研究型大学，主要是重点大学，培养研究型人才；专业性应用型大学，主要是地方高校，培养应用型人才；职业技能型院校，以职业教育为主，培养技能型人才。因此，新建本科院校应定位于专业性、应用型地方高校。

人才培养目标定位应着眼于地方性、行业性。高等教育的根本任务是培养一

---

① 徐同文.创建世界一流：体系还是大学：我国高等教育发展的战略选择[J].高等教育研究,2006(2):27.

② 潘懋元,陈厚丰.高等教育分类的方法论问题[J].高等教育研究,2006(3):10.

代社会主义建设者和接班人,造就数以亿计的高素质劳动者,数以千计的专门人才和一大批拔尖创新人才。新建本科院校应责无旁贷地承担大量专门人才的培养任务。为此,新建本科院校人才培养的目标既要体现现行本科教育要求的"厚基础、宽口径、强能力、高素质",又要结合当地岗位人才需求的实际,体现应用性,可以说是一类具有系统专业理论知识和相关基础的应用型人才。[①] 新建本科院校中原组建学校有的是主要服务地方,有的是服务于行业。原有学校分属于中央部委或省厅管理,合并升格后,大多成为省属、市属或"省市共建,以市为主"的地方性本科院校,大多数是由地方中心城市根据自身的经济社会发展需要倾力举办的。因此为地方服务应成为学校的生存之基和活力之源。学校要与地方经济、科技、文化等领域建立一种积极双向作用的伙伴关系,立足地方,依托行业,实现产学研结合,把新建地方本科院校建设"成为地方社区发展的思想库,成为地方经济社会所需创新人才的培养和培训基地,成为地方高新产业的'孵化器'和技术改造创新的服务站,成为地区的教育文化中心"[②],为地方经济建设和社会发展培养大批下得去、留得住、用得上的应用型人才。

学科专业设置突出特色性、创新性。一般认为,大学的水平就是指学科专业的水平,大学的特色就是学科专业的特色。围绕应用型人才培养,在学科专业设置上必须突出特色、创新。我国在培养实用型人才方面存在教育与生产实践相脱节的问题,这是我国高等教育人才培养模式改革中必须注意的问题。新建本科院校的学科建设和专业设置布局,因其新,相对而言在这些方面历史包袱轻,具有开拓优势,所以应该也可以尽量贴近当地经济结构和人才需求,紧紧围绕所服务区域的地缘优势、资源优势、产业优势,结合本校实际,在充分发挥自身优势的基础上,着力形成人无我有、人有我优的学科专业特色。对具有鲜明办学特色的学科专业需要重点建设,是为"有所为";对具有办学实力的、有发展前景的、社会需要的、生源充足的和有特色潜质的学科专业,也许一时特色并不彰显,同样应该加强建设,此亦所谓"有所为"。那些与上述"有所为"相悖的、投入不产出的学科专业,

---

① 郭军.关于新建本科院校实现跨越式发展的思考[J].湖南社会科学,2004(6):154.

② 许霆.论新建本科院校的发展战略选择[J].江苏高教,2005(1):42.

可作为"有所不为"之列①。只有如此,才能更好地提升学校的人才培养和社会服务功能的质量。

从北京联合大学这所地方高校发展实例来看,合理的办学定位使其走出一条社会认可、市场接受、学生欢迎、家长满意的特色办学之路。② 1985年,北京市政府将原依托北京大学、清华大学、中国人民大学等高校创办的30多所分校整合后成立该校,该校及时调整办学定位,从20世纪90年代中期开始,"培养应用型人才"成为该校的办学目标和发展方向。2005年7月,北京联合大学将自己的办学宗旨确定为"发展应用性教育,培养应用型人才,建设应用型大学",将办学定位确定为"面向大众,服务首都;应用为本,争创一流",并及时落实:一是从学科改造入手,眼睛紧盯市场,目的就是让学科设置更贴近首都经济社会发展的需要,突出"应用性";二是紧紧抓住行业和企业,强化产学合作,力求培养出来的毕业生能很快适应企业的需要;三是鼓励广大教师在教学方法上大胆改革创新,突出应用特色。

无独有偶,《中国教育报》(2007年1月23日)以《面向地方经济开设新专业成就业"高招"——龙岩学院技能人才走俏市场》为题,报道福建省龙岩学院毕业生就业情况。③ 龙岩学院毕业生缘何如此"抢手"? 这得益于学院面向市场办学、倡导实践育人和技能取胜的人才培养理念。在专业设置上,该校大多数专业与地方产业紧密相连,如龙岩市旅游和矿产资源丰富,学院便开设了旅游管理、采矿工程、测绘工程等专业;在实践环节上,学院共有200多个实践基地,所有学生都要在实践基地完成部分学业,如采矿专业学生要到煤炭一线实习或见习等。这些说明新建本科院校办学的特色与学校合理的科学定位是分不开的。

① 李泽彧.论高校办学特色的若干关系问题[J].龙岩学院学报,2006(2):22.

② 蔡继乐.一所地方高校的"应用"之道[N].中国教育报,2006-10-15(1).

③ 龙超凡.面向地方经济开设新专业成就业"高招":龙岩学院技能人才走俏市场[N].中国教育报,2007-01-23(2).

二、处于转型期的本科院校,教育经费的保障和管理制度的建设与健全,是实现可持续发展的两个关键因素

新建本科院校,既有公办的,也有民办的;既有独立升格的,也有合并组建的。其中,有的是单科或职业性高等专科升为本科,有的是师范类高等专科升为本科,有的是合并升格为本科。这些新建本科院校与老牌本科院校相比,建校时间短,地方性强,地域性差别大,办学经费短缺,在教学、科研、管理等方面基础薄弱、层次复杂,正处在本科教育与专科教育并存并逐步向以本科教育为主过渡的转型期。要保证新建本科院校可持续发展,教育经费的保障和学校管理制度的建设与健全是两个关键因素。

教育经费的保障是关键因素之一。

"哪些大学得到最大数量的金钱,就将有助于决定哪所大学拥有十年或几十年的发展优势。"[①]目前,新建本科院校正处于转型期,从专科教育升格为本科教育,必须提高办学标准,无论从硬件设施还是软件的改善都需要有跨越式提升,都需要大量资金支撑,以保证其可持续发展。

首先,硬件设施投资巨大,包括校园面积的征地拆迁、扩大和新建以及原有基础设施建设的加强。例如,原有的图书馆、体育馆、教学楼等急需部分改造和新建,原有的实验室、教学仪器建设的加强,大量专业性图书资料的配备,这些都需要足够的经费给予保障。

其次,其他方面办学所需资金需求剧增,包括拔尖创新人才的引进和留住、科研经费等一系列优惠政策;原有部分教师的学历水平达标所需的进修和培训费;科研投入的加大以提高全校科研水平;因规模扩大,学校日常运行经费及教师工资、福利等支出的增加,等等。无疑,这些都需要增加经费投入。

20 世纪 90 年代以来,我国对公办高等学校的教育经费来源建立以国家财政预算内拨款为主,其他多种渠道筹措教育经费为辅的多元化投资体制。随着普通

---

① 克拉克·科尔.大学的功用[M].南昌:江西教育出版社,1993:81.

高校招生规模的迅速扩大,我国高等院校开始由低收费向全面收费转变,这种高等教育"成本分担和成本补偿制度",使得高校的非财政性经费来源所占比例在逐步上升,教育经费仍然是制约高校尤其是新建地方性本科院校的"瓶颈"。新建本科院校大多是公办院校,不是国家重点投入对象,所得经费极少;而省级财政因受财力所限一般也爱莫能助,财力重点投向省内少数几家重点建设高校。新建地方本科院校因此对于收费办学的依存度极高,向银行贷款成为普遍行为,区别只在或多或少而已。有人尖锐指出高校可能重演国企倒闭的命运:"高校贷款是用大学收费权做抵押从银行贷的。我知道一所大学有 50 个亿的债务,光利息一年就要 3 个亿。靠招多少个学生才能还上?"①事实表明,新建地方本科院校所在地经济发展水平越高,对这些高校投入多,则它们的贷款就越少。反之,为生存与发展,地方性高校必然要多贷款。

要言之,收入少、开支多,经费少、任务重,这是当前新建本科院校的普遍现状。因此,要保证新建本科院校的可持续发展,除了按规定收取一定的学费之外,必须多渠道筹措办学经费:一是切实保证政府财政的加大投入为主渠道,新建本科院校要经常和举办者(政府)进行沟通,促使学校与举办者达成共识——教育的投资也是一种生产性投资,它将产生巨大的经济效益和社会效益,从而促进举办者(政府)从行动上真正把教育优先发展落到实处,在条件许可的情况下通过各种方式加大对新建本科院校的经费投入;建立长效机制,确立政府对新建本科院校动态补偿性增长的法定拨款项目与数额,是为长久之计。二是主动向社会筹措办学经费,诸如银校合作、校企合作、教育捐赠以及尽力提高学校"自我造血"功能等等。三是"有为才有位""在服务(地方)中求发展,在贡献(才智)中求支持",直接为地方培养所需人才、将科技成果应用于地方经济建设等等,都是新建本科院校定位明确地追求发展得到支持的应有之义。

适应本科高校管理制度的建设与健全是关键因素之二。

从转型期新建本科院校的特点及现状分析可以看出,新建本科院校在高校办学体系中并非处于有利地位。要想提高新建本科院校教育教学质量,办出特色,

---

① 两会语录[N].厦门日报,2007-03-11(3).

使学校在竞争中生存与发展,除教育经费的保障是关键因素外,加强学校管理、狠抓管理制度的建设与健全是另一关键性因素。必须清醒看到,处于转型期的新建本科院校,学校管理观念转变不到位、职责不清、效率低下的现象仍然存在,本科教育教学工作与各项管理工作面临改变人们几十年形成的原有层次办学管理行为习惯的挑战。所以,转变办学观念,进一步解放思想,增强依法治校的意识,通过制度规范管理行为,通过制度来管人、财、事、物,厘清关系,明确职责,不断提高管理水平和管理效能,使学校各项管理制度与本科教育工作相适应,也是新建本科院校发展的关键性因素。

三、面临新校区建设和本科教学工作水平评估等任务,凸显新建本科院校在规模、质量、结构和效益等方面协调统一的重要性与紧迫性,是其和谐发展的必由之路

《中华人民共和国高等教育法》第四十四条明文规定:"高等学校的办学水平、教学质量接受教育行政部门的监督和由其组织评估。"新建本科院校也无一例外地必须接受教育部本科教学工作水平评估。因此,本科教学工作水平评估关系到新建本科院校的生存与发展及广泛的社会影响,自然成为面临评估的学校工作中的重中之重。另一方面,新建本科院校随着规模的扩大等因素,一般都需投入大量财力完成新校区建设。无疑,新建本科院校普遍面临的紧迫任务是新校区建设和本科教学工作水平评估。此类院校如何才能成为一所真正合格的本科院校,实现和谐发展,关键在于如何实现学校在规模、质量、结构和效益等方面的协调统一发展。

关于规模和质量。质量以一定的规模为前提,规模以一定的质量为基础。教育质量是高校持续、健康、和谐发展的永恒的生命线,是关系到学校生死存亡的大事。目前,新建本科院校通常处于一种矛盾的状况:一方面,由于办学经费紧张,使得学校都想通过扩大招生规模来不断增加学校收入和效益;另一方面,不少新建本科院校自身办学条件尚未达到大规模举办本科教育的要求,从而难以保证教学质量的提高,出现了规模和质量的不协调。因此,新建本科院校要以迎接教育

部本科教学工作水平评估为契机,按照"以评促改,以评促建,评建结合、重在建设"的原则,特别注重规模和质量的相互协调,在"做大"与"做强"之间寻找最佳平衡点和结合点,从而进一步加强教学基础建设,改善办学条件,强化质量意识,严格教学管理,全面提升教育教学质量。

关于结构。结构合理与否,对学校的发展具有重要影响。如果把一所高校看作是一个大系统,那么学校内的各个紧密联系、相互影响的子系统就必须在结构上搭配合理,以使子系统之间乃至整个大系统整体运行良好。合理的办学结构既是办学质量提高的保证,也是学校全面协调可持续发展的表现。要将新建本科院校做强,就必须对学科及专业、办学层次、师资队伍等方面在结构上进行优化调整。例如,如前所述,在本专并存的情况下,如何逐步在学生的层次结构上以本科教育为主;在教师的学历结构要求上,是"大刀阔斧改革"还是"有计划分步骤实施"等等,都需要认真研究并采取有效措施。

关于效益。办学效益是学校发展的落脚点,也是学校发展的重要评价指标。必须坚持以质量来保证效益,既要看到经济效益又要看到社会效益。只顾经济效益而不顾社会效益的做法,不符合高等学校有关人才培养、科学研究和社会服务以及文化引领的社会职能的要旨;反之,只讲社会效益不讲经济效益,办学难以为继。在现阶段,完全的高等教育"功利主义"或彻底的"理想主义"都行不通,必须统筹兼顾,正确处理。新建本科院校要和谐发展,应适应当前整个国家高等教育发展趋势,适应本区域高等教育发展的布局,应以合理的规模为基础、以优化的结构为条件、以注重质量提高为主题、以注重效益为保证,这四个方面相辅相成缺一不可。

总之,新建本科院校作为我国高等教育的生力军,要在众多高校中占有一席之地,必须认识到新建本科院校的科学发展、可持续发展及和谐发展是紧密联系、相互交融的,并以实际行动实现科学发展、可持续发展、和谐发展的目标。因此,首先,新建本科院校应明确自身的发展方向,既要适应现实高等教育的发展要求,又要明了学校潜在发展的要求,合理定位于应用性,着眼于地方性、行业性乃至特色性及创新性,从而实现科学发展。其次,新建本科院校应抓住其"转型期"的特点及自身现实条件,着重从内外两个关键因素入手,促进与建立教育经费的保障机制和内部科学合理的管理制度,从而促使新建本科院校可持续发展。再次,新建本科院校应围绕目前面临的新区建设和本科教学工作水平评估等迫切任务,在规模、质量、结构和效益等方面协调统一,实现全面发展,以达到学校整体上的和谐发展。另一方面,新建本科院校还应登高望远,在实现科学发展、可持续发展、和谐发展的基础上,向更高水平的办学目标迈进。

规模与质量：
新建本科院校发展策略的关键抉择*

  众所周知,2006年我国高等教育毛入学率达到22%。而1996年我国高等教育毛入学率仅为6%。[①] 换言之,短短的十年间,我国高等教育毛入学率翻了近3番。截至2006年,全国各类高等教育总规模超过2500万人,比2001年增加1200万人。其中普通本专科在校生数1738.84万人,是2001年719.07万人的2.4倍。我国高等教育规模先后超过俄罗斯、印度和美国,已经排名世界第一。从1999年至2006年,我国新建本科院校共有200余所,占全国现有740多所普通本科高校的三分之一左右,成为我国高等教育体系一支不可忽视的重要力量。随着高等教育规模的扩大(若无特别说明,本文"规模"专指高等学校的在校生数量),规模和质量的矛盾便凸显出来了。规模和质量的问题,是世界各国高等教育大众化、普及化进程中都会遇到的问题,我国也不例外。正确理解规模与质量的关系,是科学把握规模与质量协调并进,实现高等教育持续健康发展的前提。高等教育需要一定的规模,高等教育的质量必须是一定规模下的质量,没有一定规模的质量,是不全面的质量。当然,高等教育的规模并非越大越好,关键是要有一个度,这个度就是要与经济社会的发展相适应,与高等教育系统的结构及高校的承载能力相匹配。[②] 很明显,如何正确处理规模和质量的关系,成为制约我国高等教育进一步发展的关键性问题。对新建本科院校而言,正确处理规模和质量的问题,显得相当重要。

---

  * 原载《龙岩学院学报》2008年第1期。本文是本人主持负责的福建省教育厅A类重点社会科学研究项目"福建省高等学校转型与发展研究"研究成果之一。

  ① 魏新,李文利.中国高等教育需求与规模速度研究报告[DB/OL].[2001-08-27].http://www.edu.cn/20010827/208587.shtml.

  ② 靳宝栓.高等教育大众化:规模与质量应协调发展[N].光明日报,2004-12-08(6).

一、办学质量：新建本科院校当前的重中之重

在经历世纪之交"跨越式"的发展后，中国高等教育已经站在一个崭新的起点上，在规模扩大与质量提高之间追求一种新的平衡。"着力提高高等教育质量"，这是温家宝总理在 2006 年初《政府工作报告》中向中国高教界发出的新号召。2006 年 7 月，教育部部长周济在上海浦东举行的第三届中外大学校长论坛上指出："未来一个时期，中国高等教育发展的重点将进一步集中于质量的保障与提高，把提高质量作为高等教育发展的核心目标，作为大学创新的主要追求。"胡锦涛总书记在十七大报告中明确指出，对发展高等教育的要求是提高高等教育质量。以上种种表明，在政府层面上对高等学校落实科学发展观的要求主要是提高教育质量。在我国高等教育快速发展、整体进入大众化发展阶段的形势下，如何实施有效的质量控制，保证高等教育质量和水平的不断提高，已经成为我国高等教育界关注的突出问题。

高等教育的发展，相当程度上体现着质量和数量的关系。数量的扩展和质量的提高是对立统一的两个方面。马丁·特罗在总结发达国家大众化进程规律时指出，量的增长必然要引起质的变化，包括教育观念的变化、教育功能的扩大、培养目标和教育模式的多样化，课程设置、教学方式与方法、入学条件、管理方式以及高等教育与社会的关系等一系列变化。但是既不能以牺牲质量换取数量的增长，也不能以强化质量为由限制量的扩大，而应以精英教育的质量要求来发展大众教育，以达到数量和质量的统一和提高。① 中国高等教育学会周远清会长认为："经济全球化使中国高等教育的质量面临世界范围的竞争，高教体制改革的突破性进展为提高教育质量开创新的空间，而高校连续几年扩招后提高教育质量的问题更加紧迫。要遵循质量、规模、结构、效益协调发展的这一方针，这才是真正的

---

① 王晓英.刍议高等教育质量观[J].社会主义研究,2006(3):97-99.

发展观,健康成熟的质量观。"①

为了满足高等教育大扩招的需要,新建本科院校最初往往是靠着规模的膨胀追求生存和发展,有学者称其为粗放型或外延式的增长方式,它是以牺牲教育质量为代价的。因此,如何使新建本科院校的发展达到规模、速度、质量、结构、效益的统一成为目前亟待解决的问题。这是新建本科院校在关键时期的一个无法回避的抉择。因为,这不但关系到我国整个高等教育的质量问题,而且是关系到新建本科院校自身能否很好生存发展的关键所在。早在 2005 年第四次全国新建本科院校教学工作研讨会上,教育部副部长吴启迪就指出,新建本科院校要将工作重心由前一阶段高度重视"升本"工作转移到更加注重提高办学水平和教学质量上来。同样,在全国新建综合性本科院校第七次工作研讨会(2007 年,福建三明)上,与会的校长、专家学者们也都纷纷表示,新建本科院校大都已走过了一个规模扩张的阶段,如今应切实把重点放在提高办学质量上。可见,在保证学校规模发展的前提下,提高新建本科院校的质量已成为目前学校工作的重中之重。所以,新建本科院校应该把提高教育质量作为未来发展的主题,坚持规模增长与学校现实办学条件、经费投入和就业状况等相挂钩,加大学科专业结构调整力度,加强经济社会发展急需的学科专业建设,使新建本科院校的办学规模与速度和教育质量达到和谐统一。

二、规模和与质量分析:
基于新建本科院校的资源视角与两种发展假设

有学者认为,高等教育大规模扩张引起高校教育质量的下降,而且多数人认为,质量下滑的原因在于超常扩大的规模超出了教育机构的承受能力,在于教育机构的资源配置、办学条件等等跟不上教育规模的超常扩大,因而使教学质量下滑。毫无疑问,相对于重点大学或老牌本科院校来说,新建本科院校的教学质量

---

① 高妍."树立科学发展观加强教育质量控制:21 世纪中国高等教育质量控制"学术研讨会综述[J].中国高教研究,2004(9):33-35.

问题肯定更加突出。那么新建本科院校形成一定的规模之后，它们的发展之路在何方呢？这已成为有关学者专家、校长们迫切关心的问题。是控制发展速度和办学规模，还是发展规模速度与质量共同发展？早在 10 年之前，就有学者指出，如果不及时警醒，继续片面追求高教规模的扩大，穷国与富国比阔，是祸是福？规模、速度不足虑，质量和效益才是我国高等教育发展应追求的主要目标。① 这是目前新建本科院校发展中所必须面临的需要抉择的问题。在激烈的外部竞争环境威胁和自身不足的情况下，要想保持可持续发展，新建本科院校必须制定科学的发展策略。由于高等教育的"产品"——培养的人才的质量至今没有一个得到公认的评价体系，单从"产品"是无法对高等教育质量进行评估的。因此，人们对高等教育质量的评估，主要集中在高等学校的办学条件上。学校拥有的资源是办学条件的最直观的体现。

1. 基于资源视角的新建本科院校规模和速度与质量分析

（1）关于人力资源

"人力资源"的概念是彼得·杜拉克教授在其 1954 年著的《管理实践》中提出的，他指出人力资源是推动社会经济发展的重要而稀缺的资源。现代人力资源管理理论认为，不论是什么类型的组织，也无论组织规模的大小，组织中的人都将决定组织的兴衰成败。毫无疑问，教师是高校最宝贵的人力资源，师资对一所大学质量的影响往往是决定性的。近几年，由于高等教育跨越式的发展，高校师资存在着一些明显的问题，主要体现在生师比方面。根据教育部公布的全国教育事业发展统计公告，1998 年我国普通高校的生师比为 11.6：1，到了大扩招后的 1999 年提高为 13.4：1，2000 年、2001 年、2002 年更是逐年攀高，分别为 16.3：1，18.22：1，19：1，2005 年和 2006 年才有所回落：分别是 16.85：1 和 17.93：1。生师比过小会引起教育资源的浪费，但生师比太高就会增加教师负担，影响教学质量。尽管新建本科院校在升本之时通过外部引进和内部培养等多种有力的措施，在一定程度上扩大了教师队伍的规模。但随着高校连续几年大规模扩招，新建本科院校教师数量的增加远远赶不上学生人数的急剧增长。从众多新建本科院校网上

---

① 周贝隆.高教发展规模的战略选择[J].高等教育研究,1996(2):29-36.

公布的在校生数与专任教师数量来看,许多新建本科院校的生师比在 20 之上。此外,新建本科院校还存在教师结构不够合理的问题,虽然在合并或升格建校初期教师结构状况有所提升,但与国家对本科院校教师结构的要求还有一定的差距。主要表现在高职称、高学历人才缺乏以及年龄结构不合理,尤其是能够适应本科教学的优秀中青年学科带头人与骨干教师紧缺。因此,如何降低生师比和优化教师的结构成为新建本科院校发展中亟须着重解决的问题。降低生师比,有两个基本途径:其一,增加教师数量。对新建本科院校而言,前期的教师培养和引进已作了大量的工作,加上教师编制的限制等因素,增加教师数量并非万全之策。其二,控制学生规模。新建本科院校应该在此处做文章,合理的招生规模最终将使学生和高校都受益。当然,在合理控制学生规模的前提下,新建本科院校通过合理引进和培养一定数量的高质量的教师还是十分重要和必要的。

（2）关于物力资源

提到人力资源也就不得不提到物力资源。因为只有人力资源与物力资源的有力结合才能很好地推动高等教育事业的发展。新建本科院校作为近几年的新生事物,没有必要的物力条件作为基础和保障,就很难充分发挥人力资源的作用。事实上,新建本科院校深刻意识到物力资源的重要性,所以在升格之时,千方百计充实购置实验仪器、教学设施等物力资源。在极短的时间内,新建本科院校在"硬件"建设方面确实给人带来耳目一新的感觉。但随着新专业的扩容、学生规模的扩张,物力资源又出现总量不足和结构性短缺等问题。

（3）关于空间资源

许多新建本科院校为能顺利升格,都在极力扩建校园规模,加强教室、实验室、学生宿舍等空间资源的建设,在升本评估时基本上都能达到相应的要求。但是,因为升本后的规模扩张,空间资源又出现紧张的现象。

（4）关于财力资源

所有的前述三种资源的建设,都离不开财力。因此,使得新建本科院校在这种"繁荣"的背后却存在一系列问题。新建本科院校收入本来就十分有限,主要靠政府的投入,而有限的财力资源大多投放在了校园扩张和基础设施建设上。许多新建本科院校为了能达到升本或评估的要求,出于无奈而向银行贷款,结果负债累累、压力重重,造成财力资源不足的恶性循环。由于经费上的拮据,导致了：一是教师的收入水平和社会同行业人员相比没有明显优势,甚至处于劣势；二是对教师本身素质提高的投入不足；三是教学经费投入难以满足教学的实际需求等。其结果也必然影响学校的教育教学质量。因此,最后的结果是"硬件"不硬(与老牌本科院校相比),"软件"偏软(教学质量不够理想)。

2. 现有条件下新建本科院校规模发展假设

规模增长与质量提高是现阶段我国高校所面临的一个基本矛盾。近几年我国高等教育规模大幅扩张给我们带来了高等教育大众化目标的实现,在一定程度上满足了国家对人才的需求和人民群众接受高等教育的需要。然而,在我国高等教育的总体规模已位居世界第一之时,高等教育的发展规律告诉我们,高等教育必须走规模与质量并举、内涵与外延并进的发展道路,二者不可偏废。这也是目前新建本科院校在规模发展达到一定程度,进入稳定发展期后所面临的关乎其未来发展的重大问题。下面从正反两个假设来加以论述：

(1)假设之一：不加控制的规模再扩张

新建本科院校一般处于地级城市,当地政府对其财政投入十分有限。而实际情况是新建本科院校随着办学规模扩大、新校区的建设、基本设施改造等方面都需要耗费大量的资金,资金不足已成为制约新建本科院校发展的重要因素。在这种情形下,如果新建本科院校把有限的资源继续投入基础设施建设等方面,无异于杯水车薪,已经解决不了太多的实际问题。相反,却把原本用来引进教师或培养学生的资金也搭进去,这显然不利于教育质量的提高。没有优秀的教师,就很难培养出优秀的学生；没有更多的学生培养方面的投入,学生质量肯定受到影响；如果毕业生长期得不到社会的认可,对于一个还在"襁褓"里的新建本科院校来说,无疑不符合科学发展观。

(2)假设之二：合理控制

新建本科院校的发展要建立在一定的办学基础之上,要考虑现实的办学条件和学校未来的发展方向。在办学条件和经费有限的情况下,对发展规模加以合理控制。对规模加以控制,可以把学校的人力、物力、财力资源重点放在教师培养和引进,提高学校的办学质量轨道上来。一味地追求规模的扩大,忽视质量的提高,不符合高等教育发展规律和要求。最大限度地发挥学校所拥有资源的价值,实现学校规模、速度、质量、结构与效益的统一,这才是新建本科院校发展的科学之路。

基于以上分析,新建本科院校的规模已经基本上达到其所能承受的最高限度,规模和发展速度应该到了要严格控制的时候。为了落实新建本科院校的科学发展观,提高高等教育质量,大多数新建本科院校应维持在现有水平运行一段时间,消除前期高速发展带来的不良影响,积累办学资源和办本科学校的经验之后,再考虑如何科学和谐地进一步规模扩张和发展的问题。

三、新建本科院校规模控制策略

根据教育的内外部关系规律,对新建本科院校规模的控制可分为内部控制和外部控制。

1. 内部控制

内部控制就是新建本科院校的自我控制,主要有以下两点:

(1)合理控制,规模适度

近几年,在校生人数逐年增加,校园建设有所改观。但这种外延式的发展并不能掩盖新建本科院校规模扩张带来的一些问题,例如:教育教学质量有所滑坡、毕业生就业走向不容乐观。很明显,规模的无谓扩张绝非高校健康持续发展之路。尤其对新建本科院校而言,在办学条件有限、办学力量薄弱的情况下,合理控制规模才是学校健康持续发展的先决条件。那么怎样才能做到规模适度呢? 新建本科院校至少要做以下两点:

第一,与当地经济社会发展水平相适应。根据教育的外部关系规律,经济基础决定教育发展的规模和速度,而新建本科院校的经费来源很大比例来自地方政府,所以新建本科院校的发展一定要与当地的经济发展水平相适应,根据教育经费的投入多寡量力而行。万不可置当地经济社会发展情况于不顾,走"泡沫"繁荣的道路。第二,与学校自身办学条件相适应。尽管新建本科院校在由"专"升"本"时,办学力量有了很大增补,办学设施有了很大改善,但由于学校办学历史不长,基础条件较为薄弱,难以满足过大的发展规模与过快的发展速度。新建本科院校不但要考虑自身历史基础条件，还要考虑学校的现实办学情况，在此基础之上制定学校未来发展的长远规划。否则，无异于拔苗助长，不利于新建本科院校自身的健康发展。

（2）加强建设，优化结构

此处所谈的结构优化，主要指学科专业建设方面的结构优化问题。学科专业的设置直接涉及学校培养什么类型的人才以及人才的培养质量如何的问题。教育部在《关于进一步深化本科教学改革全面提高教学质量的若干意见》（教高〔2007〕2号）中，要求各高校"以社会需求为导向，合理设置学科专业；要从国家经济社会发展对人才的实际需求出发，加大专业结构调整力度，优化人才培养结构"。新建本科院校要不断考虑如何通过学科建设、专业的调整等措施，满足当地经济社会的需要。为此，新建本科院校必须做到：（1）调整传统学科、专业，对于学校原有的强势学科专业要尽力保持优势，重点发展之；至于冷门专业或就业形势不好的专业，可以选择性地不发展。（2）发展特色学科、专业，新建本科院校可以根据学校的实际情况，结合当地的经济文化等发展需要，设置独具特色的专业。（3）发展急用型专业，根据当地人才的需求，与用人单位建立联系，培养社会急需的人才。质言之，新建本科院校把现有的强势与急用型学科专业办好，善莫大焉。

2. 外部控制

外部控制指的是政府的直接干预。政府可以通过各高校报送信息的分析或本科教学水平评估等途径获取新建本科院校的信息，通过对其办学条件的指标的分析，来决定新建本科院校的规模与速度，具体可以通过以下三种手段加以控制：

（1）专业设置控制。新专业的建设不仅要有相应的专业师资力量，还需要大量的教学设施、设备，这些都离不开财力的支撑。每新增一个专业都需要消耗大量的资源。因此，新建本科院校新专业的增加速度必须得到控制。按我国现有本科专业的设置程序，所有新本科专业的设置都必须经过教育部的审批，政府若要干预，从专业设置切入是完全可行的。

（2）招生数控制。根据高校现行的学籍管理办法，高校全日制学生要取得学籍，其中条件之一必须是招生计划内统招的学生。我国现行的招生计划是由各高校申报，政府主管部门审批、下达。政府主管部门根据各高校办学条件的信息，通过招生数的控制是控制新建本科院校的规模与速度的最直接、最有效的手段。

（3）经费控制。经费是高校运行的保障。不论是以人员编制形式拨款，还是以每个学生拨款，按一定数额拨款，这都与在校生数有关，基本上是呈正相关的关系，也就是说学生数越多拨款越多（当然，因管理体制不同，各省、各校未必都是如此）。新建本科院校的经费来源基本上依靠政府拨款，如果采取限定最高学生数拨款，超过控制的学生数不作为计算拨款的基数，这样将使新建本科院校失去规模扩张的内在动力，从而达到规模和速度的根本控制。

四、结语

目前，高校竞争日趋激烈，新建本科院校既面临发展机遇，又面临严峻的挑战。在办学资源条件相对不足的情况下，新建本科院校如何保持健康持续的发展，已成为此类院校在发展中必须提到议事日程中的问题。为此，新建本科院校必须做到：

（1）控制办学规模：在校生规模一定要合理适中。

（2）把握增长速度：控制好新建本科院校"外延型"的增长速度，把发展的重点转移到"内涵型"建设轨道上来。

（3）坚持选择做强：首先要清楚地明晰新建本科类院校在我国高教体系中的位置，对新建本科院校有个合理的定位。其次，还要根据新建院校自身的特征制定发展规划，发展强项，凝练特色，弥补不足。

"新建本科院校是我国本科教育的新生力量，没有新建本科院校的发展，很难说我国高等教育发展得好。"①这表明，过去的几年里，在我国高等教育发展的历史画面上，新建本科院校已经涂下了重重的一笔。新建本科院校要走向更加美好的明天，继科学定位之后，进一步科学地正确地应对规模与质量的关系问题，的确是关键之所在。

---

① 吴启迪.新建本院校科学定位是关键[N].中国教育报,2005-11-11(1).

试论我国大学学院制的科学内涵
和实行学院制必须解决的几个问题[*]

一、我国大学学院制的历史回眸

1. 在世界范围内,大学学院制既是一个历史的又是一个现实的概念和制度。大学学院制最早形成于中世纪大学,它以学科知识划分学院,主要有神、文、法、医四类学院,当时实行的是学校、学院共同管理。时至16世纪的英国,学院已不全以学科划分,它履行着大学的职能,大学则是相对松散的组织。19世纪,美国在赠地学院之后,形成了主要是按学科划分,同时又紧密结合社会、经济发展需要的一种比较自由的学院制度。今天,学院制已成为世界上比较通行的一种大学管理形式,这一方面是大学组织继承自身传统的结果,另一方面也受到学科内在发展逻辑和社会需要的影响。从形式来看,当前各国大学学院设置在尊重自己传统的同时,越来越灵活多样,更倾向以新的学科关系组织学院;就内容而言,改革大都力图使学科之间、教学与科研及行政之间、学校与社会之间的有机联系得到进一步的整合;另外,医药类学科趋向于分别设立独立的学院。

2. 中国的大学学院制,最早可追溯至1928年。当时颁布的《大学组织法》中规定大学可以设置文、理、法、教育、农、工、商、医等8类学院;设立3类学院以上的方可称为"大学"。实际上,当时许多大学由于规模小而实行的是一种两级管理制度,学院有较大的自主权。在1952年的院系调整中把大学分为文理大学、单科性大学和单科性学院。此后,在计划体制下,因大学自主权减少,校一级行政管理面面俱到,学院难以形成,系一级权力也微不足道。由于当时学校的规模不大,实行

---

*　本篇与曹迎霞合作,原载《吉林教育科学》1999年第2期。

的是小口径的窄专业教育,以及学科交叉与综合的要求并不强烈,使大学学院制被遗忘成为必然。80 年代以来,随着科学技术的发展和学科综合趋势的加速,社会与市场对复合型人才培养需求的增长,以及学校规模的扩大,原来以单科专业组建的系、所的组织及其有限的权力的管理越来越不适应这一发展的要求;90 年代以来,在经济体制改革和市场经济不断完善的过程之中,学科发展综合趋势加剧,高等教育向更高层次和更大规模发展,因此也就不同程度地冲击大学的校、系两级管理的原有格局,引起校内管理的复杂化。这样,组建学科群,建立学院,由校、系两级管理走向校、院、系三级管理的要求就应运而生。

西北工大、南昌大学、天津大学等规模大的大学率先建立、实行大学学院制,随之,我国大学中几乎找不到一所不设学院的。其模式主要有:(1)以学科群组建的学院。即利用大学内部优势,在具体操作上集系成院,促进学科的横向联合,如经济学院、化学化工学院等(此类学院的操作由于牵涉到多方的利益而难度较大)。(2)系直接升格的学院。实际相当于以前的系(一般作为校级派出的管理机构,缺乏相对独立的实权而成为虚设的学院)。(3)按照社会产业、行业需求集多学科而成的学院。如工学院等。(4)大学与地方政府或企业联合组建新学院。(5)不同性质的大学联合,组建二级学院。如许多公私共办的学院、国内和国际共办的商业性及文化交流性的学院等。(6)行政性的学院。如成人教育学院等(这是大学中另一类型学院,不在本文讨论范围内)。

3. 近年来,在各地大学纷纷建立学院制中出现了许多问题。主要有:第一,学科综合优势不能发挥,难于形成学科群的力量,交叉学科、边缘学科、新技术学科发展受到一定的限制;第二,课程和实验室重复建设,资源得不到最大限度的发挥,不利于提高办学效益;第三,行政管理机构的设置对学科、专业的发挥不相适应,缺乏合理的管理层级,不利于形成管理的机制和改善管理,不利于充分发挥基层单位的积极性和创造性,不利于与国际先进大学交流与合作。问题的焦点是:学院如何设立和操作,即校内管理体制由两级转变为三级之后怎样管理。要解决这一问题,首先必须认清现有学院制的科学内涵。

二、大学学院制的科学内涵

实行大学学院制的宗旨是提高教育质量和办学效益,增强办学活力。在建立校、院两级行政管理体制、推进学院制改革过程中,首要的环节是明确学院制的科学内涵,以科学的理论指导实践。下面从几个角度进行分析:

1. 行政和学术权力的运作视角。权力是管理过程中的一个重要因素,要取得管理的最大绩效,就必须分清大学的权力结构,进一步明确学院在这一权力结构中应有的地位与作用。从整体来说,高校权力结构的基本构成有教师们应有的学术权力和行政管理部门所有的行政权力,这两种权力都有其自身具有的含义和职能、特征:行政权力属于法定的权力,这种自上而下的权力维系着高校的日常运转,它以高效率为追求的目标,以严格的等级制度为依托;学术权力属于一种权威(同时不排斥具有法定性的学术权力),是为推行整体目标而指导和支配他人的权力,是符合大学内在逻辑的权力。其典型模式有:以欧洲及日本的大学为代表的、以学术权力为主的权力结构模式;以美国的一些巨型大学为代表的、实行严格的等级管理而以行政权力为主的权力结构模式;以英国为代表、建立在教授治校制度之上的行政和学术权力均衡的模式。中国的大学实际上是典型的以行政权力为主导的模式,其原因更多的是受政治体制的影响。但是由于高校基本职能是传播、储存、评鉴和创造高深知识,其学术活动的特征又是高度的专业性、独立性、创造性,在决策上学术管理就应优于行政管理,因而,就需要建立学院制这一机制来解决、缓解这一偏向问题。依据其科学内涵,在管理权限上学院应当有较大的自主权,成为集教学、科研、人事、财务等权力于一身的实体性机构;应当充分尊重教授的学术权力;应当在发展上维护大学的整体利益,促进学院间的协商与交流。

2. 学科群体的发展视角。当今学科发展趋势是高度分化的同时又高度综合,而且这种综合趋势日益加速并逐渐成为主导发展方向。从现代科学体系整体结构来看,既有线性学科、相关学科、交叉学科各层次水平学科,又有复杂性、层次性、动态性的学科点、学科群、超学科群、学科群落。因此,原先那种仅仅以线性学科设置学校专业、系别、学院的组织与机制已经不适应形势的发展,学科的交叉与综合必然要求某一学科要在更大的学科空间里才能发展。就现代大学学院制的科学内涵来说,学科群(特别是交叉学科)建设既是进行教学、科研的基础,也是实施学院制的基础,有名望的学校无不重视以重点学科为龙头带动学科群的建设,即以一门和一组学科带动其他学科乃至整个学科发展。而且社会对复合型、开拓型、应用型人才的需求,要求新的人才培养模式要注重多学科的共同联合培养;科技发展的高度综合、分化(并以前者为主)的整体趋势导致了学科专业的拓宽和课程的综合化。在这一态势下,就需要解决学科、专业间的相互独立性和分离性问题,以加强学科、专业的联系与协调。这样,作为大学命脉的学科发展和建设在内在规律上就要求建立学院制,而以上的一些要求都是建立学院制需要考虑的问题,学院制操作的基本原理也正是按照学科分类体系、依托学科力量的逻辑内涵而建立的。因此,学院的设置和改革可以优化大学教育结构和资源配置,提高教学质量和办学效益。

3. 分权和集权的管理视角。经济体制的改革加强了大学与社会的联系,为提高大学整体的竞争力,必须增强基层的办学活力。这使得原有以校级集权管理为特征的大学规模管理受到严峻的挑战。学院的建立和改革就是为了更好地实现这种介于校系之间的大学科门类层面的行政职能,有利于实行集权和分权的结合,缩小管理跨度,分散校级领导的办学压力,调动基层办学的积极性,从而提高大学管理的绩能。而且,在学科群基础上将相关学科的教学、科研、开发协调统一起来的学院一级的办学实力和学科包容,不仅可以对以校级集权的两级校内管理体制的弊病(如专业划分过细过窄、行政上独立而各自为政、资源上小而全、人才培养上难以塑造复合型人才、办学体制上积极性和活力不够的问题)有效地进行解决,也能使其在面对经济主战场上更具有灵活性,对外服务上更具竞争力。

三、对在我国实行大学学院制必须解决的几个问题的分析

1. 设置问题。学院设置应紧紧围绕学科建设这个核心,学院的建立要以加强学科建设为着眼点,发挥现有学科优势,促进现有学科之间的交叉、渗透和联合,以有利于形成新兴学科和高技术科学,逐步建立理、工、文、管、经、法等学科协调

发展的学科布局。就学院制设置的学科发展综合趋势内涵来看,要求具有多学科联合的基础,因此,有较大规模的综合性大学和一些多学科大学适合于建立这一体制;而许多单科性学校和学科发展较薄弱的多科性学校显然不宜采用学院制。所以,每一个学校都要从自己的条件与需要出发,不要出现"一哄而上,一上就乱,一乱就散"的局面。有的学科发展已经成熟,要求建立学院解决矛盾,就可以建立这一制度,设立相应的学院;如果学科发展不够成熟,就可以暂缓设置。学院不一定要覆盖全校各教学、科研单位,小的系因其学科专业等原因可保留作为直属系。有的学科因种种特殊性不一定非得多学科地联合不可,就不要赶时髦匆匆上马建立学院,可以作为直属单位。总之,学院制比较适用于发展水平较高、学科综合性已经较高的大学,并不是任何学校都要实施学院制,也不是在学校中的任何学科、系都要集成和组建学院。在这个问题上,同样应该"非均衡发展"。此外,实践表明:学院规模应该适度。规模过大,达不到资源共享、优化配置的目的;规模过小则无异于换汤不换药。

2. 权限问题。学院制改革的关键是建立校、院两级行政管理体制,目的是使系、所及其他教学科研单位从以往承担的繁杂行政事务中解脱出来,集中精力抓好教学、科研工作,而把行政管理工作集中到学校和学院两级,使学院成为相对独立的办学实体,在合理划分学校与学院的权限的基础上充分提高学院办学积极性。从学术管理和行政管理的协调、分权管理的角度来看,必须给学院以集教学、科研和行政于一体的实体地位,即采取"院实"的模式。这样,在操作中对所设置的学院实行一定程度倾斜,以带动某一可能最有效发展的学科门类;可在任何一级以共建、合作、联办等形式,促进资金的多渠道筹措。虽然学科综合是一个大趋势,但就一个具体的学校来说,其学科的发展有一个过程,因而采取"院实"的模式也需要一个过程。所以,在设置学院的初期并不是非得一步到位,尤其对于那些集系成院的学院,可以应学科发展的需要而"先虚",最后通过行政权力和学术权力的合理分化、学术和行政管理的合理分工达到"院实"的目标。在重视增加学院的办学能力和发挥作用的同时,还要灵活地掌握组建和改革学院的度;在组建和改革的过程之中把握好校、院、系之间的权限,在此基础之上淡化学院的界限,促进各学院的交流,要防止只顾学院利益而不顾大学利益的倾向。

3. 配套问题。学院的设立和改革是牵一发而动全身的工程,它的成功要受到其他改革的制约。要使学院成为办事高效、运转协调、行为规范的精练、高效、统一的机构,整个学校也要进行相应的改革,需要各种机制综合配套、协调统一。

目前我国大多数规模大的大学都是实行校院系三级管理的方式,但却没有完善配套的规章制度和管理措施。校中各层次的机构职能还缺乏明确划分,责权模糊,导致学校的功能和优势得不到充分的发挥,系的功能却相对地受到削弱。怎么办呢? 如前所述,实施学院制要以学科建设为核心,在资源优化配置中有效地促进各院系教学、科研和管理工作协调一致,以整体规划、分步实施、逐步完善运行机制,确保学院制改革工作顺利进行。

主要参考文献:

[1]戚业国.论大学学院制度的形成、发展和改革[J].高等教育研究,1996(5).

[2]曾令初.大学实行学院制后校、院、系基本职能探讨[J].高等教育研究,1997(4).

[3]方耀楣.从分形理论看大学院、系的设置与管理[J].上海高教研究,1998(5).

[4]曾令初.简析学院制管理模式的选择与实施[J].高等教育研究,1998(3).

[5]马陆亭,邱菀华,冯厚植.简析高等学校的三种基本的管理模式[J].高等教育研究,1998(2).

论高校教师专业技术职务聘任条件

——基于地方本科院校制度文本分析[*]

专业技术职务聘任在实践工作中通常称为"职称聘任",它是对教师一段时期内能力、资历和工作业绩等的综合评价,也是基本的覆盖面广且与教师切身利益紧密相关的教师评价。教师是实现高校职能的主体,教师职称聘任条件的"学术型"和"重科研轻教学"导向与地方本科院校教师的能力提升和工作要求不匹配,对此类院校转型和提升教育质量的阻碍作用越来越明显。为此,近年来部分省市开始对职称聘任制度进行改革,希望通过改革来适应社会发展需求、推进地方本科高校转型和提升教育质量。对这一问题进行研究,既有理论价值,更有实践意义。

一、相关改革的概述

本研究中地方本科高校指的是 1999 年扩招之后升本的高校。1999 年以来,未公布改革的职称聘任制度至少有两个主要特征:一是具有统一的省定评审条件;二是要经由省级教育主管部门统一组织评审,其中有的省份已经将副教授及以下评审自主权下放给高校。现有已经公布改革的上海、江西、福建、浙江、湖北等五省市,大致可以分为:一类是在原有制度上考虑不同类型、学科教师对职称聘任条件改革;另一类是改为在省统一要求基础上由高校自定条件、自主聘任。

1. 省统一制定聘任的具体条件

在已经改革的省份中有江西省、湖北省。改革的核心内容是实行教师分类评

　　* 本篇与陈杰斌合作,原载《国家教育行政学院学报》2015 年第 9 期;本文是本人主持负责的国家社科基金全国教育科学"十二五"规划课题"大学学术同行评议研究:利益冲突的视角"研究成果之一。

价体系,即把教师分为教学为主、科研为主、教学科研并重等类型,同时注意到学科不同,开展分类评价。湖北省还有"社会服务与推广"类型,通过构建多元化复合型评价体系,有针对性地促进高校教师科学规划职业发展。"社会服务与推广"类型对应用型地方本科院校的定位与发展具有促进作用。统一的任职条件能确保某一职称具有同一起点的质量,但是较难满足高校的多样化和高校教师多样化的需求,可能形成任务与评价不匹配的局面。教师的能力提升和工作内容主要围绕评审、聘任条件展开,如果没有其他的激励措施,势必造成没有列入条件要求的工作缺少教师去做。从政策的制定和执行角度看,由省级政府制定和执行,虽然有利于政策的推行,但是不利于高校办学自主权的落实。一般而言,越高管理层级的政策应越趋向原则性,越低管理层级的政策应越趋向具体化,省定具体条件显然不适应地方本科院校发展的需求。

2. 高校自主制定聘任的具体条件

已经改革的省市有上海、福建、浙江三省市。这三省市具体改革又有所不同,其中上海市对聘任基本条件有相对细化的标准,对职业院校和广播电视大学有不同于其他类型高校的条件要求;福建、浙江两省由各高校根据《高等学校教师职务试行条例》和省有关规定结合实际自主制定聘任基本条件细化的标准。上海市对聘任基本条件有具体的条件要求,具有上述省定条件引发的特点。福建、浙江两省因具体条件由高校自定,理论上能够满足不同地区、不同发展阶段、不同地方本科高校的发展和教师多样化的需求。高校自主评聘教师职称是落实高校办学自主权和《高等学校教师职务试行条例》的体现,高校可以根据自身发展需要制定和完善制度条件,充分体现了高校的自主权和制度的灵活性。值得一提的是,在实践中,部属高校等重点大学较早实现自定条件和自主聘任,甚至许多985高校将职称评聘权力授予二级学院。评聘权力下放至二级学院是责权的统一,教师的能力和业绩只有二级学院最了解,教师的工作也是由二级学院分配,有利于其树立办学主体的意识,提高办学质量和效益,这是地方本科院校评聘的未来趋势。

二、制度环境的变迁

1. 地方本科高校职能内容的变化

在芬兰,"传统大学主要进行科学、艺术的研究及以科研为基础的教学,而应用科学大学教学主要围绕就业需求、地方经济发展及有助于教学和地方发展的科研活动来提供教学服务"①。"我国新建本科高校在办学定位基本上是:应用型地方本科院校,为地方培养应用型人才,立足本地服务社会。"②"地方性、应用型"是地方本科院校基本定位,这一定位类似于芬兰的应用科学大学,培养人才是其主要职能,为地方服务是重要职能,科研是连接二者的"桥梁"和支撑二者的关键,而职能的具体内容也将随社会需求的变化而变化。社会需求的变化对地方本科院校的职能提出了新要求,作为实现高校职能的主体和执行人——教师能力和工作的要求也应随着社会需求而改变。社会发展要求教师的工作围绕适应新的社会需求开展教学、科研和服务社会等工作,也促使教师选择采用应用学科的知识、课程内容、教学形式。同时,有关教师的评价标准也随之改变。

2. 经济形势的变化

党的十八大报告提出,推动战略性新兴产业、先进制造业健康发展,加快传统产业转型升级。从"微笑曲线理论"的角度解释,也就是传统产业要通过研发、设计、产业服务、技术提升等手段达到转型升级的目标。众所周知,"工业4.0"是德国政府"高技术战略"中十大未来项目之一,被认为是继蒸汽机、电气化和自动化之后,以智能制造为主导的第四次工业革命,它涵盖了制造业、服务业和工业设计等多方面内容,旨在开发全新的商业模式,挖掘工业生产和物流模式的巨大潜力。它的战略核心就是通过 CPS(信息物理系统)网络实现人、设备与产品的实时连

---

① 杨钋,井美莹,蔡瑜琢,等.中国地方本科院校转型的国际经验比较与启示[J].国家教育行政学院学报,2015(2):84.

② 李泽彧等.高等学校转型:我国新建本科院校视角[M].西安:陕西师范大学出版社,2008:184.

通、相互识别和有效交流,从而构建一个高度灵活的个性化和数字化的智能制造模式。在这种模式下,生产由集中向分散转变;产品由趋同向个性转变;用户由部分参与向全程参与转变。上述对地方本科院校教师的影响主要表现在:互联网、工业大数据等应用生产技术要求教师必须具备计算机相关知识和能力、具备跨学科合作研究的能力和团队合作的精神;全球化的特征要求教师应具备本专业外语知识和应用能力;产业的转型升级要求教师围绕产业研发、设计、管理、产业服务、技术提升等方向开展人才培养、科学研究和直接为社会服务,这是教师实现高校职能的方向;社会需求变化的速率提高,对工作人员学习能力、适应社会需求变化能力提出更高要求。因此,培养学生的学习能力和适应社会需求变化的能力理应摆在更重要的位置。

3. 政策要求的变化

《教育规划纲要》指出对高等教育要"改进管理模式,引入竞争机制,实行绩效评估,进行动态管理"。政府是地方本科院校经费投入的主体,高校的决策层基本上是政府任命,更好地完成政府的绩效目标成为各高校及其决策层为之奋斗的目标。教师与高校本是利益的共同体,绩效目标也就成为教师需要完成的任务,这也成为教师职称聘任的主要成果条件要求,最终成为地方本科院校发展的指挥棒。《教育规划纲要》还指出高校"自主确定内部收入分配,自主管理和使用人才,自主管理和使用学校财产和经费"。落实和扩大高校办学自主权是保障高校发展的政策保障之一。高校教师职称自主聘任是落实高校"自主管理和使用人才"的自主权的重要举措,是政府对高校管理发展的必然趋势。

4. 社会文化的变化

劳动力人口的下降和土地资源的减少,生产要素沿着土地、劳动力、资本向技术和知识升级,互联网络技术的广泛应用,导致社会消费形式和产业形势出现新的变化。在互联网和手机时代,消费者从去商业实体消费到网络购买的形式变革,简单易行的操作方式,更低的消费成本、更到位的服务、更多的选择空间,使得通过电子商务平台消费成为未来社会消费的主要形式;媒介工具的变化带来人们对事务追求兴趣结构的变化、用以思维的符号类型的变化以及思想起源的地方——社区本质的变化,推动世界的民主发展进程和政治参与方式,改变人们的社交方式。[①] 这些社会文化的重大变化源于技术变革,推动了商业和社会治理进行针对性的设计、营销、服务转型升级和规则的改变。此外,社会中介机构第三方评价对高校的排名影响高校的声誉,并开始影响到高校招生。社会中介机构评价的指标也开始影响高校的绩效目标,并对高校教师职称聘任的主要成果条件产生导向性的影响。

三、任职基本条件的分析

本研究选取职称聘任制度改革的上海、江西、湖北作为样本省份,选择 2013 年开始实施由高校自主制定聘任条件、自主聘任的福建省 8 所高校(福建工程学院、闽江学院、莆田学院、泉州师范学院、厦门理工学院、龙岩学院、三明学院、武夷学院)作为样本高校进行分析。

1. 任职资历分析

第一,学历、学位条件分析。1 个样本省份、7 所样本高校对越年轻的教师在学历、学位等方面的要求越高,这是明显的趋势。"芬兰的《多科技术学院法》规定,高级讲师需要博士学位或相应证书,讲师需要具备硕士学位。"[②]以芬兰的应用科学大学为鉴,提高教师的学历要求符合我国地方本科院校的总体要求,教师拥有较高的学历能为学校今后发展奠定基础。但是,相对而言,当前大部分地方本科高校教师的待遇不具备较大的吸引力,学历要求的提高可能影响正在行业工作的人员向地方本科高校流动的积极性。

第二,外语能力要求分析。所有的样本均对外语有要求。对外语的要求采用的是全国统一的职称外语等级考试,采取统一大纲、闭卷笔试的形式进行。考试设英语、日语、俄语、德语、法语和西班牙语 6 个语种,每个语种分为 A、B、C 三个

---

① 张学勤.媒介的偏向:文化史视角下的媒介变革与社会发展互动[J].中华文化论坛,2014(9):135.

② 杨钋,井美莹,蔡瑜琢,等.中国地方本科院校转型的国际经验比较与启示[J].国家教育行政学院学报,2015(2):87.

等级,其中,英语划分为综合、理工、卫生 3 个专业类别。这种测试只能测量教师的外语应试水平,难以满足经济全球化和地方本科院校越来越高的国际化水平的要求。教师更需要提升本专业的外语水平和提升用外语交流的能力。

第三,计算机应用能力要求分析。2 个样本省份、1 所样本高校对教师计算机应用能力有要求,其中上海市有专门的计算机应用能力要求,其他的按照现行的全国专业技术人员计算机应用能力考试要求。职称计算机考试也是分级别,一般初级考两个模块,中级考三个模块,副高级考四个模块,高级考五个模块,按照 2014 年的考试大纲,职称计算机常考的 5 个模块是 Windows XP、Word 2007、PowerPoint 2007、Excel 2007、Internet。大多数人认为这些考试内容测量的计算机应用能力已经是所有本科大学毕业生一项基本技能,现在的教师都学过这些计算机课程,已经具备相关的能力。然而,随着社会的发展,"互联网+""大数据"时代的到来,教师在互联网、大数据等方面的应用能力成为教师教学、科研和服务社会的必备工具并对教师工作起着重要支撑作用,应该高度重视这些基本技能。

第四,实践经历要求分析。有 1 个样本省份作为必备条件要求、3 所样本高校作为必备要求、4 所样本高校作为可选要求。业界实践经历逐渐成为地方本科院校联系社会、提升应用型人才培养质量和教师服务社会能力的主要形式之一。其中 1 所高校将"取得工程师任职资格或全国执业资格"作为教研科研业绩的可选项。业界实践经历有利于教师走向业界,加强教师对社会需求的了解,发展教师与业界的人际关系,是产学合作、产教融合的基础,能有效地促进地方本科院校人才培养质量和服务地方水平的提升。将业界实践经历、执业资格作为职称聘任条件,是适应地方本科院校定位的改革创新和亮点。

2. 工作业绩要求分析

第一,育人工作要求分析。1 个样本省份、4 所样本高校把育人工作作为聘任副教授的要求选项,2 所作为必备要求,在聘任教授的条件中只有 1 所将其作为可选要求,2 所作为必备要求。育人工作的条件标准基本上是担任班主任、辅导员等工作 1 年以上。育人工作虽然在高校被提到很高的位置,所谓"全员育人",但是作为职称聘任条件的较少,特别是作为必备条件和晋升教授条件的更少。可见,育人工作还未引起足够重视,有改进空间。

　　第二,教学工作要求分析。所有样本对教学工作量的要求都有一定的标准,跟改革前相比,呈现多样化的特点,可以根据教师的特长分类提出标准;教学质量评价跟改革前相似,要求以定性为主,主要是高校内部评价;有2个样本省份、5所样本高校将指导学生实习实训作为可选项,样本都没有将毕业实习指导作为聘任条件;有1个样本省份、4所样本高校将指导学生课外活动和参加专业竞赛等的教学成果作为教研科研业绩必备要求的选项。

　　教学工作的聘任条件比改革前呈现多样性特点,更重视根据教师的特点和需求进行分类管理。由于一方面教学工作量不是一个问题,教学质量评价相对困难,另一方面科研业绩有相对成熟的质的标准,因此科研业绩往往成为职称聘任的关键,长期的积累导致"重科研、轻教学"的高校比比皆是。可见,只有扎扎实实做好教学质量评价,对定性等级的数量和质量同时要求,才可能对教学质量提升具有实际意义,教学质量与定位契合的表现只能通过教学质量评价指标体系才可能进一步分析得出结论。从实习实训特别是毕业实习的指导要求可以看出,教师数量少、接收单位冷淡等给毕业实习造成困难,地方本科院校对实践教学这一重要教学形式不够重视,许多实践实训基地可能只是摆设,没有落到实处。对于教学改革和学生的第二课堂开始给予更多的关注,但是这些"条件"与地方本科院校定位契合的表现不明显。

　　第三,教研科研业绩要求分析。教研科研业绩条件是改革前后职称聘任的核心内容和教师的门槛,基本上都有明确质量要求的量化指标,是最容易判断教师能否达到职称聘任基本条件要求的指标。

　　关于论文。论文是所有样本高级职称聘任的必备条件,而且都有"质"与"量"的要求。样本高校论文的要求总体不低于改革前。有2个样本省份和3所样本高校有对学科(如艺术等)分类设定不同的条件要求。有2个样本省份根据教学、科研不同比重进行分类,其中湖北省专门设立"社会服务与推广型",虽然与其他类型比较论文要求更低,但是比大部分样本高校的论文要求还高。上海市采用普通教育与职业教育分类,对高等职业技术学校教学、科技成果突出的教师在论文上可以不作为必备条件要求;有1所样本高校根据专业课和基础课进行分类。论文在样本高校职称聘任的条件要求中并没有弱化,总体还有所提高,论文作为评价教师必备条件的"门槛",这与论文在目前高校教师评价中是一个比较容易进行质量和数量评价的条件有关。论文的要求与改革前相比较,更多地关注到学科的差异,作为省份的要求更多关注到不同教师教学、科研的不同侧重的意愿,改革表现出更加人性化。过高、过多的论文质量、数量要求对地方本科院校的"地方性、应用型"定位,完成人才培养这一主要职能,必然产生负面影响。可见,只有对教师合理地分类评价,才有可能将教师更好地导向"地方性、应用型"定位和重视人才培养质量。

关于研究项目。样本的聘任条件中都有研究项目,基本上是作为选项,只有 2 所样本高校将研究项目作为教研科研业绩除论文之外又一个必备的条件。教学研究、纵向课题、横向课题都可以作为研究项目。教学研究、纵向课题主要以项目委托单位的级别作为指标要求,横向课题主要以到校经费多少作为指标要求。研究项目经费、项目数量、委托单位的级别是政府和社会对高校评价的重要指标,列入教师评价条件是理所当然的事情。教学研究、纵向课题项目的级别一般认为可以作为区别教师科研能力的指标,并且具有较好的分级基础,在教师中也有较广泛的认同。"芬兰的应用科学大学教学主要围绕就业需求、地方经济发展及有助教学和地方发展的科研活动来提供教学服务。"[①]因此,地方本科高校进行应用研究是必要的,横向课题应成为研究的主体。横向课题由于水平难以确定,具有一定的造假空间,来源会引发质疑,大多数省份和高校采用到校经费作为控制的手段。采用到校经费来衡量横向课题质量的标准相对片面,采用通过专家委员会答辩的形式,能够更好地判断出教师完成课题的质量。

关于其他教研科研业绩。从改革的样本的选项梳理,主要项目有:教学成果奖、科技成果奖、专著、教材、专利、咨询报告、制定行业标准、指导学生获奖、教师竞赛获奖、师生展演等。就单个项目而言,这些项目基本上是覆盖面较窄或取得较困难,通过多样化的选项使得教师都具有达到条件的可能,也体现教师评价的多样性,总体来说样本高校比样本省份的选项更加多样。从专利、咨询报告、制定

① 杨钋,井美莹,蔡瑜琢,等.中国地方本科院校转型的国际经验比较与启示[J].国家教育行政学院学报,2015(2):90.

行业标准等选项可以看出职称聘任比以往更关注适应地方本科院校职能和定位的要求;从学生获奖、教师竞赛获奖、师生展演等选项可以看出比以往更关注教学、教师成长和学科差异。

四、地方本科院校职称聘任的走向与思考

1. 政府政策

分析表明,样本高校的总体条件要求,并不低于原来省级政府评审的条件。从评价条件与地方本科院校职能匹配的视角来看,总体而言样本高校更能体现定位的要求,更能满足教师多样性的需要。高校自定条件、自主聘任是职称改革的趋势,政府在下放自主权的过程中,不宜有太具体的评审条件规定,如此才能使教师评价满足不同高校的多样性和高校内部教师的多样化需求,从而充分发挥高校自主权的积极作用,促进地方本科高校转型和教育质量的提升。

2. 职称聘任条件

从教师对制度改革的适应性和可行性角度看,样本高校在原有条件的基础上进行适度改革,有利于改革的推进。就地方本科院校而言,虽然是教学型高校,但是学科专业特点、教师的特长不同,体现出不同的需求,应该在原有评价条件类型的基础上增加评价类型,呈现多元评价体系。关于能力条件。根据地方本科院校的职能,教师适应人们生活方式和社会生产形势的变化,传承和引领地方文化及社会发展,服务地方经济社会发展,需要教师具有业界工作经历(行业工作实践经历或行业执业资格);作为职称聘任必备条件,还应考虑基础课、专业课和不同学科教师的特点分别要求。

关于教学工作。教学工作量可以按照教师不同发展阶段的需求,由二级学院确定。对教学质量应有适合地方本科院校要求的评价体系和令人信服的质量要求。专业课教师应有指导学生毕业实习的要求,基础课教师应有教学评价优秀的要求。育人工作是教师教学工作的重要组成部分,教师担任本科生导师从品德、专业、生活等全面引领学生成长可以成为一条主渠道。

关于教研科研业绩。横向课题、应用研究课题可以更好地为人才培养提供平

台,促进地方本科院校在应用型和质量等方面的提升,能直接为地方社会经济发展服务。而且,从契合职能和定位角度看,用横向课题、应用研究课题、教学研究课题评价教师比论文更切合实际,因此,应用研究课题项目(纵向项目、横向项目)可以作为专业课教师必备条件;地方本科院校人才培养是主要职能,教育教学质量是体现办学质量的主要指标,教育教学研究项目、教学成果奖可以作为基础课教师的必备条件。聘任必备选项条件应根据应用型本科院校职能任务要求,覆盖主要工作内容,使得各类任务有教师愿意去完成,体现评价多样化。

总之,职称聘任是对教师的能力、业绩等的综合评价,聘任条件是教师个体发展的驱动力,也是地方本科院校是否真正按照"地方性、应用型"定位办学的试金石。更好地落实高校办学自主权,将对高校发展具有导向性的职称聘任权力回归高校,才可能使得地方本科院校办出特色,从而有效地解决"千校一面"和"同质化"问题。

人力资本和社会资本双重作用下的
研究生就业分析[*]

　　我国研究生教育发展迅速,2001 年全国硕士研究生毕业生人数为 5.49 万人,2009 年增加到 32.26 万人,增长了 4.9 倍。[①] 根据中国人力资源市场信息监测中心发布的 2009 年度全国 115 个城市公共就业服务机构市场供求信息统计分析报告,硕士人才供需比 1∶0.72,供过于求最严重。[②] 可以说硕士研究生就业市场相当疲软。当然,硕士研究生就业问题绝非仅仅是一个社会职业岗位数量不足的简单问题,而是一个与社会经济、政治、高等教育发展、毕业生个体等诸多因素密切相关的复杂问题。[③] 以往人们大多从人力资本的视角关注研究生就业,较少关注社会资本因素对研究生就业的影响。但即使在市场经济较为成熟的地区,社会资本也对个人职业地位的获得起着重要作用,其影响甚至会超过教育等其他人力资本因素。[④] 国内从人力资本和社会资本双重作用和影响的视角分析硕士研究生就业的学术论文极少,赵娟[⑤]和张庆玲[⑥]分别从理论上分析了社会资本对研究生就业

---

　　* 本篇与谭净合作,原载《现代大学教育》2011 年第 2 期。本文是本人主持负责的福建省教育科学"十一五"规划重点课题"大学生就业:人力资本和社会资本作用差异性研究"研究成果之一,于 2013 年荣获福建省第五届社会科学优秀成果三等奖。

　　① 孙百才.西部地区研究生就业状况研究报告:来自甘肃省 6 所高校的调查[J].当代教育与文化,2010(5):37-42.

　　② 佚名.职高技校最吃香硕士人才最疲软[J].领导决策信息,2010(12):26.

　　③ 周建明,高媛.影响我国工科硕士研究生就业的培养因素:以 S 大学 4121 名毕业生为例[J].现代教育管理,2010(11):122-125.

　　④ GRANOVETTR M S.The strength of weak ties[J].The American journal of sociology,1973,78(6):1360-1380.

　　⑤ 赵娟.研究生求职行为中社会资本的质性研究[J].高等教育研究,2005(12):83-88.

　　⑥ 张庆玲,张斌,张宝和.研究生社会资本与研究生就业关系探讨[J].中国高教研究,2007(10):41-43.

的作用和影响。本文从人力资本和社会资本的双重作用视角,采用定量研究方法,分析两种资本因素对硕士研究生就业结果、就业成本和就业满意度的作用机制,并运用调查数据分析目前研究生就业市场中两种资本因素的重要性指数。

一、研究设计与数据来源

(一)因变量与自变量

因变量。对研究生就业结果的测量,采用是否就业为指标,就业结果分为"已就业"和"未就业"二分定类变量,"已就业"包括"已经签约""确定单位待签约""自主创业""升学(读博/留学)","未就业"包括"有单位接受但不想去""尚没有单位接受""其他","已就业"赋值为1,"未就业"赋值为0;就业成本以就业时间成本为代表,分为"1个月""1~3个月""3~6个月""6个月以上",为有序定类变量,"1个月"赋值为0,其他依次赋值1~3;就业满意度分为"满意"和"不满意"二分定类变量,"满意"赋值为1,"不满意"赋值为0。

自变量。自变量主要包括人力资本因素和社会资本因素两大类。人力资本是指人们花费在人力保健、教育和培训等方面的开支所形成的资本。[①] 根据人力资本的定义,本文把研究生人力资本细分为专业类别、学习成绩、英语过级(是否获得四六级证书)、培训经历、兼职/实习情况、获奖级别、职业资格证书获得、政治面貌、性别和学校类别等因素。其中学习成绩、培训经历、实习情况、获奖级别为定序变量,学习成绩分"班级后50%""班级20%~50%""班级前5%~20%""班级前5%",分别赋值为1~4;培训经历分"没有""1~2次""3~4次""5次以上",分别赋值为1~4;兼职/实习情况分"没有""1~2次""3~4次""5次以上",分别赋值为1~4;获奖级别分"没有""校级""市级""省级""全国",分别赋值为1~4(其中,"校级"和"市级"视同市级而赋值一样)。专业类别、英语过级、政治面貌、职业资格证书获得、性别和学校类别为定类变量,专业类别分"经济学"和"教育学"等11大学科门类,以教育学为参照组;英语过级分"通过/未通过四六级考试",以"未

---

① 李宝元.人力资本与经济发展[M].北京:北京师范大学出版社,2000:19.

通过四六级考试"为参照组;政治面貌分"中共党员/非中共党员",以"非中共党员"为参照组;职业资格证书获得分"获得/未获得",以"未获得"为参照组;性别以"女性"为参照组;学校类别分"普通公办本科院校"和"985/211 院校",以"普通公办本科院校"为参照组。

学界至今未能给出规范统一的社会资本概念,认为,社会资本和其他形式的资本一样,社会资本是生产性的,是否拥有社会资本,决定了人们是否可能实现某些既定目标。而与其他形式的资本不同之处在于社会资本存在于人际关系的结构之中,它既不依附于独立的个人,也不存在于物质生产的过程之中。① 格兰诺维特的嵌入理论认为人的行为是嵌入在社会关系之中的。② 因此,本文对社会资本的定义是指研究生个体拥有的社会关系网络资源,包括研究生家庭社会资本和研究生自身积累的社会网络关系。家庭社会资本包括父亲职业、家庭收入、父亲工作单位和家庭所在地,研究生自身社会资本包括参加社团活动、社会关系积累、同学交往度等。其中,家庭收入、社团活动、社会关系积累和同学交往度为定序变量,家庭收入分"低收入家庭""中等收入家庭""高收入家庭",分别赋值为1~3;社团活动分"从不参加""有时参加""经常参加",分别赋值为1~3;社会关系积累分"很不广泛""不太广泛""比较广泛""非常广泛",分别赋值为1~4;同学交往度分"很不广泛""不太广泛""比较广泛""非常广泛",分别赋值1~4。父亲职业、父亲工作单位和家庭所在地为定类变量,父亲职业分"城市无业、失业、半失业者""农业劳动者""产业工人""商业服务人员""个体工商业者""办事人员""专业技术人员""私人企业主""经理人""国家与社会管理者",以"城市无业、失业、半失业者"为参照组;父亲工作单位分"国有企事业单位""国家政府部门""集体企事业单位""外资/合资企业""私营企业""农村""其他",以"国有企事业单位"为参照组;家庭所在地分"城市"和"农村",以"农村"为参照组。

(二)模型设计

研究两种资本对研究生就业结果和就业满意度的作用机制,因变量就业结果

---

① 詹姆斯·S.科尔曼.社会理论的基础(上)[M].北京::社会科学文献出版社,1999:354.

② 马克·格兰诺维特.镶嵌:社会网与经济行动[M].北京:社会科学文献出版社,2007:1.

和就业满意度为二分定类变量,因此采用二元 Logistic 回归模型进行计量检验。研究两种资本对研究生就业时间成本的作用机制,因变量时间成本为有序多分类变量,故采用有序多分类 Logistic 回归模型进行计量回归检验。

回归模型为:

$$\text{Logit}(y) = \alpha + \Sigma\beta_j X_j + \varepsilon$$

(三)数据来源

本文数据来源于课题组于 2010 年 5 月中旬至 6 月底在全国 12 个省和直辖市的 29 所高校 11 个学科门类进行的大学生就业问卷调查,调查对象为 2010 年应届毕业生。东部地区包括五省 13 所高校,中部地区包括四省 9 所高校,西部地区包括三省 7 所高校。本次调查共发放问卷 6500 份,回收 5217 份,回收率为 80.3%,有效问卷 4147 份,有效率为 79.5%。包括专科、本科和硕士研究生三个学历层次,其中研究生有效问卷 853 份,占有效问卷总数的 20.6%。男性 487 人,占 57.1%;女性 366 人,占 42.9%。已就业 636 人,占 74.6%,未就业 217 人,占 25.4%。本文以研究生样本为分析对象,采用 SPSS16.0 进行计量分析。

二、两种资本因素对研究生就业作用机制的多角度分析

(一)两种资本因素对研究生就业结果的作用机制

如图 1 所示,人力资本和社会资本对研究生就业均存在一定的作用和影响。通过显著性检验的人力资本因素有职业资格证书的获得、培训经历、性别、学校类别和专业类别几项。从回归系数的纵向比较看,专业类别和学校类别的回归系数最大,说明这两项变量对研究生就业的作用和影响力最大。在分别控制其他变量的情况下,工学研究生是其参照组教育学专业研究生就业实现概率的 5.2 倍,经济学专业研究生就业实现的概率是其参照组教育学专业研究生的 3.0 倍,文学和理学专业的研究生就业实现概率分别是其参照组的 2.0 倍左右。专业类别在研究生就业中之所以处于非常重要的位置,是因为研究生学习专业性较强,因此跨学科和专业就业的情况不多。在我国培养研究生的高校主要是 985 或 211 重点院

校,普通公办本科院校也培养部分研究生,"学校力"①是研究生就业市场中一个很重要的甄别标准,重点院校研究生就业实现的概率是普通院校的 3.0 倍。

	B	S.E.	Wald	df	Sig.	Exp(B)
职业资格证书获得	0.405	0.193	4.396	1	0.036	1.500
培训经历	0.330	0.118	7.764	1	0.005	1.390
社会关系积累	0.292	0.127	5.322	1	0.021	1.339
性别(以女性为参照组)						
男性	0.511	0.174	8.600	1	0.003	1.668
学校类别(以普通公办本科院校为参照组)						
985/211 高校	1.097	0.224	24.032	1	0.000	2.994
专业类别(以教育学为参照组)						
经济学	1.095	0.470	5.428	1	0.020	2.990
文学	0.875	0.281	9.737	1	0.002	2.400
理学	0.669	0.331	4.078	1	0.043	1.953
工学	1.642	0.269	37.115	1	0.000	5.164
Constant	−1.827	0.367	24.752	1	0.000	0.161
Cox&Snell R Square=0.134			Nagelkerke R Square=0.197			

图 1 两种资本对研究生就业结果的回归分析结果

男性研究生就业实现的概率是女性研究生的 1.7 倍,说明男性研究生在就业市场具有较大的优势。有研究表明,随着研究生中女性比例的日益提高,研究生就业中的性别歧视更趋严重。② 中国政法大学宪政研究所发布的一份《当前大学生就业歧视调查报告》显示,有 68.98% 的用人单位对大学生求职者的性别有明确

---

① 刘海峰.高考改革的统独之争[J].教育发展研究,2006(21):47-50.

② 周小红.研究生就业歧视现状分析及建议[J].漳州师范学院学报(哲学社会科学版),2010(4):153-156.

要求。① 当然,这里的调查数据并不完全是属于性别歧视的现象,但是一定程度上说明男性在就业市场中较女性具有较强的就业优势。类似的研究同样表明,学校声誉(即学校力)和学生性别对求职有显著的影响。②

职业资格证书的获得与否也是作用于研究生就业的一个重要因素。培训经历为定序变量,回归系数为正,说明在控制其他变量的情况下,参加培训的经历越多,找到工作的概率越大。在就业市场中,职业资格证书的获得和参加职业培训一定程度上可以作为是否具有工作经验的甄别作用,说明在研究生就业市场中工作经验是一个比较重要的作用因素。

通过显著性检验的社会资本因素仅有社会关系积累,研究家庭社会资本因素均未通过显著性检验。说明在研究生就业市场中,研究生自身社会资本的作用和影响力要大于家庭社会资本。研究生就业专业性较强,以及研究生就业跨区域的现象比较多。因此,在就业岗位的获得过程中,家庭社会资本不一定能够起到直接或间接的帮助作用。家庭社会资本在研究生就业过程中更多的是一种情感上的支持,即林南提出的社会资本"表达性行动"的作用。③

(二)两种资本因素对研究生就业成本的作用机制

两种资本因素对研究生就业成本的作用分析,我们以就业时间成本为代表,具体的回归分析结果如图 2 所示,表中 Estimate 为回归系数估计值。通过显著性检验的人力资本变量有性别、专业类别和政治面貌三项。通过显著性检验的社会资本变量有社会关系积累和父亲工作单位两项。

在研究生就业中,男性就业时间少于女性就业时间,且显著性水平较高(P＝0.001)。政治面貌在模型中的回归系数为正,且显著性水平较高(P＝0.002),说明党员研究生就业时间要长于非党员研究生,政治面貌变量体现出人力资本因素对就业的负功能作用机制,即人力资本因素具有提升就业期望值从而阻抑就业的

---

① 佚名.超四成大学毕业生认为就业歧视严重[J].知识窗(教师版),2010(7):49.

② 岳昌君,文东茅,丁小浩.求职与起薪:高校毕业生就业竞争力的实证分析[J].管理世界,2004(11):53-61.

③ 林南.社会资本:关于社会结构与行动理论[M].上海:上海人民出版社,2005:57.

作用。

专业类别仍然是影响研究生就业时间成本的一个较重要的因素,与参照组教育学专业相比较,在分别控制其他变量的情况下,文学、理学、工学、管理学和医学专业研究生就业时间成本均要少于教育学专业研究生。

	Estimate	Std. Error	Wald	df	Sig.
社会关系积累	0.202	0.111	3.334	1	0.068
性别(以女性为参照组)					
男性	−0.449	0.141	10.094	1	0.001
专业类别(以教育学为参照组)					
文学	−1.107	0.471	5.517	1	0.019
理学	−0.870	0.320	7.395	1	0.007
工学	−0.837	0.304	7.570	1	0.006
管理学	−0.814	0.348	5.474	1	0.019
医学	−1.215	0.548	4.925	1	0.026
父亲工作单位(以国有企事业单位为参照组)					
国家政府部门	0.571	0.270	4.462	1	0.035
私营企业	0.509	0.297	2.939	1	0.086
政治面貌(以非中共党员为参照组)					
中共党员	0.451	0.146	9.491	1	0.002
Cox&Snell=0.094			Nagelkerke=0.105		

图 2　两种资本因素对研究生就业时间成本的回归分析结果

社会资本变量中的社会关系积累回归系数为正,说明研究生社会资本存量越丰富,就业时间成本越多。体现出该变量对就业时间成本的负功能作用机制,即研究生自身社会资本越丰富,就业期望值越高,就业时间越长。父亲工作单位变量中,与参照组国有企事业单位相比较,父亲工作单位为国家政府部门和私营企业的研究生就业时间成本多于参照组研究生。

（三）两种资本因素对研究生就业满意度的作用机制

如图 3 所示,在两种资本因素与就业满意度的回归模型分析中,通过显著性检验的人力资本变量有实习情况和专业类别两项,通过显著性检验的社会资本变量仅有家庭收入一项。实习情况变量的回归系数为正,说明在控制其他变量的情况下,实习次数越多,工作经验越丰富,就业满意度越好。在专业类别变量中,文学、理学和工学专业研究生就业满意度要高于参照组教育学专业研究生。从前面就业结果、就业时间成本的回归分析中我们知道,文学、理学和工学专业研究生就业情况明显要好于教育学专业研究生,因此,这三类学科专业的研究生就业满意度自然会好于教育学专业研究生就业。

家庭收入变量回归系数为正,说明家庭收入水平越高的研究生,就业满意度越高。家庭收入水平高,更有条件动员家庭所拥有的各种社会关系网络,更容易获得令自己满意的工作。同时家庭收入水平越高,也更有条件为孩子提供职业搜寻成本。这与前面就业时间回归分析中的结果是一致的,父亲工作单位为国家政府部门和私营企业的研究生就业时间成本多于参照组教育学专业研究生,国家政府部门和私营企业收入水平一般较高,因此能够给孩子就业提供的资金支持也较多,虽然在求职时间上可能会长点,但会有更多的找到满意工作的机会。

	B	S.E.	Wald	df	Sig.	Exp(B)
家庭收入	0.663	0.265	6.240	1	0.012	1.940
实习情况	0.312	0.145	4.660	1	0.031	1.367
专业类别(以教育学为参照组)						
文学	1.126	0.462	5.934	1	0.015	3.083
理学	1.282	0.576	4.957	1	0.026	3.602
工学	1.829	0.400	20.901	1	0.000	6.226
Constant	−0.050	0.418	0.015	1	0.904	0.951
Cox&Snell R Square=0.072			Nagelkerke R Square=0.133			

图 3　两种资本对研究生就业满意度作用回归分析结果

三、两种资本因素在研究生就业中的重要性指数分析

从前面的分析中我们可以知道,在研究生就业中,人力资本和社会资本因素都会产生一定的作用和影响,但我们还很难从各个回归方程的分析中看出到底是哪种资本因素在起着主要的作用和影响,也很难以判断出目前研究生就业市场的培育程度。因此,为了更加清楚地探析出两种资本因素对研究生就业的作用力大小问题,我们采用调查问卷中的其他数据来加以分析。在问卷调查中有一道题需要学生作答:"在寻找工作的过程中,您认为下列影响因素有多重要?",我们共列出了与人力资本和社会资本相关的 20 种因素,让学生分别对其重要性做出评价,重要性分为完全不重要、不太重要、重要和非常重要,四个等级分别赋值为 1—4。通过所有研究生在寻找工作过程中的切身经历和体会,我们可以更加清楚地判断两种资本因素的作用力大小,以及研究生就业市场的培育程度。

在统计中采用重要性指标统计方法(Importance Index),对重要性的四种指标进行加权,分别计算各因素的重要性指数,并对重要性指数进行排序。各因素重要性指数的计算公式[1]如下:

$$重要性指数 = \sum_{i}^{4} a_i Y_i / 3$$

如表 1 所示,对 20 种相关因素的重要性指数进行排序后发现,百分数排在前五位的因素分别是所学专业、学校声誉、工作经验、学历层次和社会关系积累,表示研究生自身社会资本积累的因素排在第五位,所有表示研究生家庭社会资本的因素排在较后的位置,如家庭经济条件、父母职业和父母文化程度分别排在第 18、19 和 20 位。因此,从两种资本因素整体的重要性指数排序结果看,在目前的研究生就业市场中,人力资本因素的作用力是最主要的,研究生就业的竞争主要是人力资本的竞争。研究生自身社会关系的积累在研究生就业中的作用力要大于家庭社会资本因素。

---

① 刘自团.我国不同群体大一学生的择校原因差异之调查研究:以 2007 级为例[D].厦门:厦门大学,2009:86.

表 1　两种资本因素在研究生就业中的重要性指数排序结果

因素	占比/%	排序	因素	占比/%	排序
所学专业	75.4	1	男女性别	52.1	11
学校声誉	70.9	2	相关职业培训	49.2	12
工作经验	69.2	3	奖学金获得	47.8	13
学历层次	68.2	4	容貌长相	45.4	14
社会关系积累	63.9	5	学校就业指导	43.3	15
外语水平	62.8	6	兴趣爱好	38.7	16
学生干部经历	56.9	7	政治面貌	38.5	17
职业资格证书	55.2	8	家庭经济条件	33.5	18
学习成绩	53.8	9	父母职业	29.4	19
校友资源	53.1	10	父母文化程度	25.5	20

所学专业、学校声誉和工作经验因素的重要性指数分别排在第一位、第二位和第三位,这与前面的回归分析中的结果基本上是一致的,学校声誉类似于学校类别因素,三种因素在就业结果、就业时间成本和就业满意度中分别通过了回归方程的显著性检验,尤其是专业类别在三种回归方程中均通过显著性检验。这些足以说明所学专业、学校类别和工作经验在研究生就业中的重要性。

整体而言,我们可以得出的结论就是,目前研究生就业市场培育程度较好,研究生就业竞争主要是人力资本的竞争。这个结论与以往的研究结论是相呼应的,徐晓军认为,在高校毕业生中,本科以上,人力资本的就业贡献率占主导地位;[①]李寿泉认为,在理论上,低人力资本的个体就业中,社会资本将发挥重要作用,但随着人力资本量的积累,人力资本发挥的作用越来越大。[②] 我们的调查结果也正好证实了这一点,在我国大学生就业市场上,硕士研究生的求职过程中,社会资本的

————————————

[①]　徐晓军.大学生就业过程中的双重机制:人力资本与社会资本[J].青年研究,2002(6):9-14.

[②]　李寿泉.浅析人力资本与社会资本对应届大学毕业生就业的影响[J].大学生就业,2006(14):24-25.

作用和影响是次要的,其作用是辅助性的。

四、小结

从整体上看,在研究生就业市场中,人力资本因素的作用和影响力大于社会资本因素,研究生就业竞争主要是人力资本的竞争,说明目前我国研究生就业市场培育程度较好。针对以上结论,提出以下几点思考:

第一,专业是研究生就业中最为重要的因素,因此,研究生在学期间的专业选择和专业基础知识的学习就显得非常重要。

第二,研究生在学期间要注重工作经验的积累。除了通过在校期间学习专业知识来积累人力资本,通过与专业相关的实习和工作来拓展能力和素质,也是对毕业生求职的积极准备。[①]

第三,社会关系网络作为大学生潜在的社会资本,对大学生的校园生活、学习和工作以及未来人生都具有重要意义。[②] 而且,大学生社会资本既是就业能力的内在要素,又是就业能力的重要影响因素。[③]

第四,正确认识人力资本和社会资本对就业作用的正负功能机制,确立恰当的就业期望值,防止两种资本因素阻抑顺利就业的负功能作用。

---

① 马莉萍.高校毕业生求职中人力资本与社会关系作用感知的研究[J].清华大学教育研究,2010(1):84-92.

② 何邵辉.大学生社会关系网络的建构及其特征[J].山东省团校学报,2007(2):15-17.

③ 谭净.大学生就业能力概念辨析[J].江苏高教,2010(4):81-82.

略论高等学校与公共关系[*]

　　一般地说,人们往往从表面上漠视高等学校与公共关系这一新课题。然而,随着高等教育研究的逐步深入以及高等学校实践的多姿多彩,随着公共关系学在我国的方兴未艾,必须深刻认识到,高等学校与公共关系具有特别紧密的相辅相成的有机联系。值得一提的是,由于"公共关系"一词在使用中存在多义现象。所以此处简明界定其定义为:一个组织运用信息传播等手段,持续不断地协调、完善组织与自身内外公众之间关系的活动。本文主要侧重于探讨高等学校与外部公众之间关系之活动的有关问题。

一、高等学校的职能与公共关系的基本特征

　　众所周知,高等学校职能之演变是一个不断丰富的历史过程。概而言之,从"内向型"向"外向型"发展,从单一型向复合型转变,这就是高等学校职能转变的轨迹。回眸高等教育史实,我们可以看到:中世纪大学的职能只是培养人才;柏林大学革新的影响使大学的职能有了新的内涵,即科学研究;威斯康星大学的产生、发展及其思想的广为传播,使得大学有了第三个职能,即直接为社会服务。当代高等学校具有这三大职能,早已为人们普遍认同。由此可见,高等教育作为社会公共事业,伴随时代的发展进步,其与社会各方面的联系日益紧密,可谓千丝万缕,你中有我,我中有你。另外,教育的外部关系规律明确告诉我们:教育必须受一定社会的经济、政治、文化等所制约,并对一定社会的经济、政治、文化等的发展

---

　　*　原载《辽宁教育学院学报》1996 年第 2 期。本文于 1996 年荣获中国高等教育管理研究会公共关系专业委员会颁发的第二届高校公共关系学术研讨会一等奖。

起作用。

毫无疑问,当前高等学校作为一种独立的社会组织(部门),它必须处理好与上级主管单位、合作部门、用人单位及学生家长等等的社会关系,而且大家的利益是以互惠、一致为前提的。高等学校在所有有关的活动中,无不以建立良好的高等学府声望为鹄的,而要做到这一点,又离不开教学质量靠得住、毕业生受到普遍赞誉和优美的校园环境以及催人向上的校风学风等等。十年树木,百年树人,高等教育尤其注重循序渐进、全面而又长期的发展壮大。高等学校开展公共关系活动的重要性于是日渐凸显,而公共关系活动的六个基本特征,恰是最好的诠释:其一,从公共关系的职能看,是处理社会组织与其公众的社会关系问题;其二,从公共关系活动最基本的前提看,是与公众利益的一致性;其三,从公共关系活动的目标看,是塑造组织机构的形象;其四,从公共关系所使用的手段看,主要是信息传播;其五,从公共关系活动的形式看,表现为一种持续不断的过程;其六,从公共关系活动的效果看,表现为全面、长期和稳定。高等学校与公共关系之间的天然融合力,实为不证自明之事。

由上述可知,高等学校的职能与公共关系的基本特征,决定了高等学校开展公共关系活动在理论上具有科学性。高等学校办学传统惰性的误导,人们对"公共关系"一词及其活动的误解,既需要在理论上进一步澄清,也需要在实践中加以纠正。

二、高等学校管理内容的广博性与公共关系的基本功能

高等学校职能的发展,说明了高等教育活动渗透到其他各种社会活动的必然趋向。因此,高等教育管理必须加强与政府及社会各行各业的联系。尤其是随着科学技术的迅猛发展,高等教育规模急剧地扩大了,并且出现了新的教学、科研和生产联合体的办学模式,校际联合、共建大学和国际联合等的范围和内容也有了新的突破,高等教育对促进社会各方面的发展与进步日益发挥更大的作用。譬如,美国以斯坦福大学为发端的闻名全球的"硅谷"、英国以剑桥大学为依托而形成的电子工业中心,日本围绕着筑波大学建立起来的科学城,无不承担着规模庞

大、结构复杂、功能综合、因素众多的重大项目和工程,牵涉到各行各业、四面八方的各种问题。不言而喻,高等教育管理绝不可能再仅仅局限于去构造那种与世隔绝的精致的象牙之塔了,而必须包括一切已经或可能纳入到高等教育教学和科研及为社会服务的活动中来的各式各样问题,以利于高等教育事业顺应时代潮流地健康发展。

另外,现在高等教育出现了运用各种现代化通信设备从事教学与科研的现象,如广播电视大学、面授大学、信息高速公路热浪滚滚涌动于大学之中,产生了从学制到设置都冲破了传统束缚的、比较重视实际的、努力缓和各种矛盾的新型大学,如开放大学、短期学习班等等,所有这些,都前所未有地呈现出高等教育管理的广度和难度。

所以说,高等教育管理内容具有广博性。高等学校的管理特别广博,除了大学的内在逻辑之外,各种学科与人才汇聚于一校,在中国的"学校办社会"等等,对于高等学校管理都是较之其他组织更为特殊的严峻考验,要求高等学校管理必须主动适应新的形势、运用新的方式。应该说,开展公共关系活动,正是开启这把"锁"的重要钥匙。我们知道,公共关系活动具有五大基本功能:一是对社会组织环境的监察守望功能;二是对社会组织内外公众关系的协调功能;三是将社会组织的文化传统、科学技术、管理思想等社会遗产进行普及传播的教育功能,四是使公众得到游戏、消遣、愉悦和享受的娱乐功能;五是使社会和社会组织得以增进收益的效益功能。高等教育发展好坏,与此五大基本功能休戚相关,其中教育功能是高等学校本来职责,自不待言。根据高等学校管理内容特别广博的特征,目前最需要注重的,无疑当推协调功能。

作为外显度最高的一个功能,公共关系活动的协调功能主要具有传播沟通和影响舆论、咨询建议和参与决策、协调咨询和争取谅解等三大作用。高等学校管理内容的广博性以及根据的复杂性、评价的模糊性、过程的延续性、方式的灵活性和手段的先进性等各种特性,恰恰皆需公共关系的协调功能发挥不可或缺的多向作用。

三、当前我国高等学校面临的问题与公共关系的三大构成要素

我国高等学校在向国家财政"等、靠、要"数十年之后,当此新旧体制转型之际,加上我国人均国民收入低、人口增长过快等原因,国家增加对高校的财政拨款已是心有余而力不足,由政府把高等教育全包下来的时代已经成为过去。因此,当前我国高校面临的三大实际难题是:教育投入、教师待遇和教师住房。归结而言,三大难题其实就是经费不足这样一个问题。"211 工程"的发起,从某种意义上说,其实质就是为高等学校经费问题解困,许多高等学校走上产业活动之路,是面对拮据现实的一种合理抉择;多形式多渠道多方面的联合办学,其重要意义之一就是在一定程度上解决高等学校经费问题。无论如何,必须清醒地看到,解决高等学校经费困难的问题尚有很多工作要做。路漫漫其修远兮,如何上下而求索地理解和运用公共关系的三大构成要素,对于我们思考这一问题大有助益。

关系的构成要素是主体、媒介、客体,反映在公共关系上,则三大构成要素分别为社会组织、传播和公众。

作为一个社会组织,高等学校的运行是在一定的现实条件和环境之下进行的,在运行过程中必然要涉及多方面的因素。高等学校既要保证自身的质量,又要解决经费不足的问题,势必妥善处理与各方面的关系,以获上下左右多方位的支持,从而处于良性运转之中。仅以厦门大学为例,对此作个案分析地进一步说明。作为国家教委直属高校,厦门大学在计划经济时代曾一度与地方疏离。近年来,厦门大学注重沟通上上下下方方面面的联系,先后与福建省政府联合办学成立政法学院和艺术教育学院,目前正在筹建海洋与环境学院;与省科委联合成立抗癌研究中心;与厦门市共建新技术学院,并筹备成立医学院;仅 1994 年和 1995 年两年的时间里,厦门市在财力十分紧张的情况下,共拨出 5100 万元支助厦大这一所高校,用于共建、联建、解决特区补贴和教师住房,如此等等。可以断定,如果缺乏公共关系活动的有效开展,厦门大学在经费问题上将同样窘迫困扰。

人与人,人群与人群通过传播形成关系。公共关系作为关系的一种,自然也是通过传播来传递信息、协调公众,塑造良好的组织形象。再以厦门大学为例,该

校于 1990 年和 1995 年先后两次制定校园总体建设规划,1994 年 11 月通过了国家教委组织的校园文明建设检查评估并被授予"文明校园"称号。自 1984 年以来,该校相继被评为"厦门市花园单位",福建省和厦门市"全民义务植树绿化先进单位""爱国卫生先进单位",全国和全省"高校伙食工作先进单位"以及福建省"优等保卫组织","创安先进集体"。另外,教学科研设施较为齐全、人才辈出多次荣获各种奖励表彰等等,此不赘述。喜人的成绩,通过各种渠道的传播,得到了良好的回应。1979 年至 1994 年,海外捐赠及国内外企业团体捐赠金额多达 4789 万元,使学校办学的各种功能区和设施趋于完备。作为公共关系中构成要素之一的传播的效能,由此可见一斑。

任何关系都由主客体双方构成,公共关系活动的客体是公众。社会越是发展,公众对社会组织的影响和制约越大。仍以厦门大学为例来作说明。改革开放以来,该校致力于办学体制改革,逐步形成了以国家拨款为主,多渠道筹借办学资金的新格局,具备了较强的自我发展能力。从 1979 年至 1994 年,多渠道集资近 4 亿元,占总收入的 48.52%。此外,学校预算外收入占全部经费的比例逐年增加,其中 1991 年至 1994 年预算外收入都超过了国家计划内拨款。尤其是 1993 年和 1994 年,由于该校力争进入"211 工程",加大了开展公共关系活动的力度,有关领导走出校门跨出国门,多方奔走、宣传、争取,使得"共建"工作走在全国委属高校前列,也赢得了海外人士的瞩目及捐款增加,于是预算外收入增幅大,这两年都达到总收入比例的 63%,充分显示出公众对该校事业发展的关心与支持。

以上所述仅仅是以厦门大学为个案略作分析,事实上,国家教委领导在工作过程中,也同样十分注重社会组织、传播和公众等公共关系三大构成要素的作用,他们再三呼吁全社会都来重视教育,做好与财政部、计委及新闻单位的沟通联络工作,无一不深深地体现这一点。换言之,"就教育论教育"是行不通的。在社会主义市场经济条件下,要妥善解决好当前我国高等学校面临的经费严重不足的问题,卓有成效地开展公共关系活动是一条必由之路。

世事洞明皆学问。综合本文所谈,我们得出以小结:

第一,高等学校职能的发展演变和公共关系的基本特征,说明高等学校与公共关系二者之间的联系十分密切,极具天然的融合力,从而有利于我们从科学角度来进一步认识和体会高等学校开展公共关系活动的正确性。

第二,高等学校管理内容的特别广博与公共关系的基本功能,说明高等学校的有序有效管理与公共关系功能的正常发挥不可分割,从而有助于我们从理论及现实上更有力地论证高等学校开展公共关系活动的必要性。

第三,当前我国高等学校的经费问题与公共关系的三大构成要素,说明高等学校健全发展机制和约束机制绝非孤军奋战即可成功,需要社会各方的关心和支持,公共关系中的社会组织、传播和公众等构成要素正是解决问题的极为重要的因素,从而有利于我们在实践上大智大勇地证明高等学校开展公共关系活动的可行性。

主要参考资料:

[1]纪华强,杨金德.公共关系的基本原理与实务[M].厦门:厦门大学出版社,1992.

[2]熊源伟.公共关系学[M].合肥:安徽人民出版社,1990.

美国高校学术道德管理的特色、举措及其思考[*]

当前,我国正加快步伐从教育大国向教育强国迈进,在这样一个关键时期,高等学校尤其需要加强学术道德的规范管理,营造良好的学术研究氛围,以求大学人德才兼备,促进我国高校在人才培养、科学研究、社会服务、文化传承与创新等方面不断文明进步。"它山之石,可以攻玉",了解、探讨和借鉴美国高校在学术道德管理方面的特色、举措,对于我国高校进一步优化学术环境、提升学术道德水准,颇有助益。

2012年9月25日至11月8日,历经45天,作为福建省本科高校校长办学治校能力高级研修班成员之一,笔者对美国加州大学伯克利分校、加州大学尔湾分校、乔治·梅森大学(弗吉尼亚州公立大学:George Mason University)、哈佛大学、麻省理工学院、耶鲁大学、斯坦福大学、普林斯顿大学、哥伦比亚大学、约翰·霍普金斯大学、美利坚大学、罗格斯大学(新泽西州公立大学:Rutgers University)等进行了包括高校学术道德规范管理在内的实地考察、听课与提问及研究,另外还走访了美国教育部、全美教育委员会、全美高教认证机构、国会图书馆、加州教师协会等。笔者认为,虽然这些大学的办学理念各具特色,各个学校的做法不同,但都十分重视学校的学术道德教育与管理,学术管理的核心目标是一致的,维护大学学术正义是各高校学术人所坚持的理念与目标。

---

　*　原载《龙岩学院学报》2013年第1期。本文是本人主持负责的国家社科基金全国教育科学"十二五"规划课题"大学学术同行评议研究:利益冲突的视角"研究成果之一。

一、美国高校学术道德规范管理的特色

（一）体现"以人为本"的管理理念

通过考察得知，"以人为本"的管理理念在美国各高校的管理中得到较充分的体现，高校都非常重视师生的主体地位，尤其重视教师在教学科研中的主动权，鼓励师生员工积极参与学校的事务管理，一切以师生的利益为中心。各高校为了学校的发展，把师生的利益放在首位，制定了一系列维护师生利益的规章制度，尤其是学术职业发展的规章制度。各高校及学术行业协会制定了各种有利于教师职业发展的规章条款，美国大学教授协会制定的《学术权利法案》(*The Academic Bill of Rights*)①规定了教师的学术自由，学术研究，终身教职，教师的任命、晋升与准则等规章，这些规章制度为教师从事学术职业提供了坚强的后盾，为教师专心研究学术提供了良好环境。

同时，在学术道德规范建设的过程中，当发现师生的学术行为违背学校的学术道德而进行调查时仍坚持以师生的利益为中心，对其抱有高度的信任。如耶鲁大学在惩处违背学术道德规范的调查案件中规定：学术调查人员在接到教师发生不端行为的调查过程中，应坚持"在发现有力的证据之前被指控人必须被认为是无辜的；最大程度保护投诉人和被指控人的隐私和名誉，提供公平的程序，为受到不公正指控的人恢复声誉"等重要原则。由此可知，美国学术道德规范建设受到高校学人的广泛支持还是得益于学术规范管理一直"以师生为本"的管理理念，学术道德规范管理的目的是维护师生的权益。

（二）强调"学术自由"的思想

学术道德规范管理不是限制师生的学术行为，而是给师生创造一个有序而又自由研究的学术环境。美国高校传承与发展欧洲大学有关学术自由的精神；捍卫学术自由权利的"美国大学教授协会"发表的著名的《1915年原则宣言》，对于何谓"学术自由"、学术权利的基础何在、学术机构的职能是什么，都有严肃明确的界定

---

① 本文所涉及的美国高校资料为笔者在美期间收集的有关公开资料。

论述。经过数百年历史风雨的磨难、吹打、洗礼,学术自由成为美国高校坚定倡导的学术理念与办学传统。

美国各高校一直贯彻实施学术自由的政策,同时在学术道德规范管理方面具有严密可行的制度设计,为高校学术道德的健康发展提供了良好的成长土壤。约翰·霍普金斯大学首任校长吉尔曼曾提出:"我们的目标就是要鼓励研究,激励那些拥有卓越才能的学者,将他们追求的科学和生活的社会推向前进。最好的大学教师是那些自由、有能力,且乐于在图书馆和实验室进行原创性研究的人员。"哈佛大学的校训:"以柏拉图为友,以亚里士多德为友,更以真理为友",哈佛大学遵循学校的办学理念一直珍视并践行着学术自由思想。可见,学术自由是高校为师生提供教学科研活动的重要的必备条件。的确,美国高校非常重视教师的学术自由,在教师手册和学术研究政策中都明确教师的学术自由,美国大学的学术自由对教师而言主要表现在教学、科研、言论三方面。教师作为教学人员具有教学自由的权利,教师在授课层面有较大的主动权,如授课内容、采用什么样的教学方法等都由教师自己决定;教师作为研究人员有选择研究主题、研究方法等自由;教师作为一名社会公民还具有言论自由。诚如在和我们相互交流时,乔治·梅森大学最高教务长 Dr. Peter Stearns 所言:"大学像个巨大的港口,能停靠复杂性和多样性。"

(三)坚持学术自由与学术责任相融合的原则

美国高校在学术管理的过程中,一直坚持学术自由与学术责任相结合的原则,各高校赋予师生学术自由的同时,也使师生承担着相应的学术责任。美国高校在学术道德规范管理的过程中,通过制定各种规章制度,加强对学术不端行为的治理,明确学术人员应遵循的基本学术规范,享有的学术权利,应尽的学术义务,担负的学术责任。这不但创造了一个健康有序的学术环境,也使得学术研究者在享有学术自由的同时,时刻不忘自己应负的责任和义务。

美国各界人士对学术自由的有效落实使大学正常的教学活动和学术研究得到了根本的保障,与其配套而相继出台的"美国大学教授协会"的声明与各校相关规定和制度,使美国高校的教学与研究以及科研成果的转让既有充分的自由,又有明确的责任。康奈尔大学给学术自由的注解是"为了使命,追求自由,不忘责任"。加州大学伯克利分校在《教师行为守则和纪律程序》(Faculty Code of Conduct and Disciplinary Procedures for the Berkeley Campus)也明确规定了作为教授、学生、同事、社区成员的学术道德原则、学术责任以及教师失范行为的界定。

(四)完善的学术道德规范制度作保障

学术人员无论是从事教学还是进行科学研究,都要遵循基本的学术道德规范,但良好的学术环境不是靠说教就能创造出来的,重要的是完善的制度作保障。美国高校非常重视学术道德规范管理中的制度建设,各高校对学术道德规范与学术不端进行了界定,并形成了相关政策加以管理,形成一套完整的制度化管理系统来规范高校教师与学生的学术活动,以保障学术人员的应有权利不受侵犯,规范师生的学术行为。

一是高校学术道德管理制度化。一方面,各高校都制定了详尽的高校学术道德规范条款来规范教师的学术行为,美国多数高校的《教师手册》《学生手册》以及《关于学术道德与学术失范惩戒的相关规定》都对学术道德及教师的学术行为进行了阐述。加州大学伯克利分校为了促进教师学术职业的发展,以美国大学教授协会制定的《学术权利法案》作为学校的学术管理制度,为高校的学术健康发展提供了良好的环境。另一方面,美国各学术行会都具有明确的规章制度。高校各个学科组织协会也制定了本领域的研究道德规定,明确指出作为从事一个学科领域的学人为了实现学科研究目标而应遵守的职业学术道德,如美国物理学会(APS)关于学术道德和价值观的声明中明确规定了物理学工作者关于职业行为的道德守则,包括在研究成果、文章的署名和发表、同行评审以及利益冲突研究的环节中都必须遵守合乎道德的行为准则。各高校在教师聘任合同中也规定了教师学术道德规范,高校严格按照不同层级的教师所应享受的学术权力与责任进行教师管理。

二是学术道德规范管理的程序化。各高校都制定了学术道德管理的规章,并制定了师生学术违规的管理程序。高校师生发现可能的学术不端行为时,学校都会进入一个正式的调查审理的程序,调查学术不端行为是否确实存在。斯坦福大学在教师手册中明确指出:"为保持其完整的教学、科研和维护学术自由,斯坦福大学要求高标准的职业行为的能力。在案件严重违反这些标准时,教师将面临纪律处分。"在教师违反学术道德时,会严格按照学校规定的程序进行。在耶鲁大学,笔者及同团成员当时冒着"桑迪"飓风造访并听课、研讨,了解该校在管理学术道德的过程中包含指控、质询、调查、形成书面调查报告以及个人申诉等一整套相当完备的程序。

二、美国高校学术道德规范治理的举措分析

美国高校为了维护学校学术道德规范,对师生的学术行为都进行了相关规定。通过对上述若干所高校的考察、研究,笔者发现,高校学术道德规范管理中,学术道德失范行为是学术界关注的重点,美国高校学术道德失范行为主要包括捏造数据、篡改结果、剽窃等危害学术健康的行为,这些行为是各高校学术道德规范治理的重点。高校治理学术失范行为可以分为以下层面:

(一)调查程序

一般来说,整个程序过程包括以下四个方面:

首先是发现和报告学术不端行为。学术不端行为,无论是由学术道德管理部门发现,还是由知情人举报,一旦被提起申诉,获知情况后监管人员要慎重对待,应立即向负责学术道德管理工作的副校长或教务长做出汇报,以便按规定启动适当的调查程序。

其次是初步审查或质询。初步审查由教务长负责,依据要求挑选合适人员组成审查委员会对指控的基本材料进行审查,或对相关人员进行质询。初步审查或质询的期限一般是 60 天左右,目的是确定申诉的证据是否合理,这些指控的真实性如何,学术不端行为是否可能存在,进一步正式调查是否有必要进行。

然后是正式调查。如果初步审查后委员会认为有必要开展进一步的正式调查,调查应在初步审查结束 30 天内开始进行,通常情况下在 90～120 天之内完成。如果调查无法在这一时限内完成,应该提前告知教务长,以便申请延长期限。正式调查是对相关信息进行严格的检验和评价,以确定学术不端行为的性质,提出处理意见,并提交最终调查报告给教务长。报告一般包括:学术不端行为指控的

叙述,调查过程、途径与方式,调查结论与支撑材料,处理建议及当事人的意见等内容。

最后是申诉。如果被指控人认为受到了不当的审查,可以向教务长提起书面申诉,上诉期限一般为指控人收到调查结果通知的 30 日内。

(二)调查人员资格规定

无论是初步审查还是正式调查阶段,调查人员的资格都有严格的限制和说明。负责调查的工作人员可能是学校教师,也可能是来自校外的人员,但都必须符合资格要求。首先是回避制度,如果调查人员与所调查的事件有实际的利益关联,必须回避,以避免调查的公正性受到影响;另外调查者要具有一定的专业知识,能对事件所涉相关信息进行比较全面和权威的评价。哥伦比亚大学规定初步审查由助理教务长负责,两名终身教职人员协助;耶鲁大学由教务长指定两名资深教员参与审查;哈佛大学要求调查人员公正、博学;麻省理工学院认为调查人员应包括部分校外人士。

(三)学术道德违规调查的信息管理

美国高校学术不端行为调查的信息管理主要包含两种形式:公开性和保密性。公开性,是指调查委员会最大程度保证相关人员对于信息的知情权。各高校均有规定,审查和调查的全过程都允许被指控人全程参与,并告知其调查依据的政策、制度及所遵循的程序及回应时限,审查和调查结果都要及时告知事件双方当事人及其他有关人员。保密性,是指对于调查中不宜公开的信息限制在最小范围之内。从调查程序启动到最后形成调查报告,学术不端行为的调查过程中,会获取大量的个人信息,包括举报人、被指控人及其他相关人员,对于涉及个人隐私或要求保密的信息,有严密的措施以确保其不会泄露。

(四)学术道德违规的调查原则

美国大学学术道德规范管理者有很强的学术信仰,在治理学术不端行为中不但依照规范的程序,而且还遵循严格的调查原则。如耶鲁大学学术不端行为的控诉所遵循的四个基本原则是:

(1)为学术负责,对于任何基于学术信仰的学术不端行为的指控,必须严肃对待;

（2）为当事人负责，在发现确凿、有力的证据之前被指控人必须被认为是无辜的；

（3）为公平、公正的精神负责，提供公平的调查程序，确保最终结论的公正性，对违反学术道德者施以处罚，为受到不公正指控的人恢复声誉，对不实指控者给予处理；

（4）为历史负责，对于调查中的数据、资料、访谈等各种形式的调查记录，要力求保证其完整性，能经受住历史检验。

（五）学术道德违规的惩罚规定

有关惩罚规定的出台，其目的是一旦学术道德违规失范，相应的措施即可启动，做到有规可循有法可依。

1. 对教师违反学术道德的惩罚规定

斯坦福大学规定被指控的教员可能受到制裁，包括但不限于以下内容：谴责，罚款或临时减薪，有限期的停职，无限期减薪及解雇。加州大学伯克利分校在教授行动手册中同样规定：教师违反学术道德行为将会受到书面谴责、减少工资、降级、停职、取消或剥夺名誉地位以及解雇等惩罚。正式的书面批评与非正式的书面和口头警告不同，其内容包含对不当行为的叙述，由校长签署但不公开，直接送交收件人。减薪即薪水减少但级别没有改变。是否减薪的处罚由校长做出决定，所减数目与持续时间都按具体规定执行。降级即职务降低或职称降低，级别下降也就意味着薪水减少。停职指在规定的期限内暂时停止其职务权力。取消荣誉或地位，是指如果具有一定名誉地位的学术人员违反学术道德，校方将剥夺其已获得的荣誉和享有的相应待遇。辞退，即学校结束与学术不端教师的雇佣关系，即使其没有就业保障或已获得终身教职。

2. 学生学术道德失范的惩罚规定

高校学术道德规范建设包括学生群体的学术行为。通过考察与研究，美国除了重视教师的学术道德，而且十分重视学生的学术道德教育。通过形式多样的教育对学生进行学术诚信教育，在新生的入学教育、学生手册上都对学术道德规范进行了详细的阐述。我们以加州大学伯克利分校为例，介绍美国学生学术道德失范的界定及惩罚规定，学习学生的学术道德规范的管理。加州大学伯克利分校制定了学生学术非诚信的规定（Addressing Student Academic Dishonest）。从条例的处罚规则看，加州大学伯克利分校对学生学术不端行为的处罚一定程度上体现了教育为主、处罚为辅的原则。一般说来，轻微的学术不端行为的处罚是该作业成绩为零分，稍重的处罚是该课程的成绩为"F"。约翰·霍普金斯大学护理学院对学生学术道德违规的处罚包括四个层面：作业零分、降级或课程零分、学术不端行为记录在案、留校察看或开除学籍。再以乔治·梅森大学为例，在和我们座谈对话中，一位教授认为：该校有 300 多个学生组织，学校关注学生的综合活动，不仅管好学生的课堂学习，而且关注学生的精神、生活、道德等，因为可把大学校园看作是"人生故事的实验室"——知识有限而学生毕业走向社会的影响和效果是无限的，应该养成学生的行为得体并符合社会公共道德。

三、几点思考

美国高校学术道德规范建设与其高校独具特色的办学理念、学术管理体制和历史文化背景密切相关，是一个较为复杂的教育工程，各种因素在学术道德系统中发挥着不可忽视的重要作用。借鉴美国高校学术道德规范管理是件极不容易的事情，在了解学术道德建设的具体做法的同时，还必须把握影响其学术道德规范建设的根源所在。结合考察过程中的心得，笔者在此谈谈对我国高校学术道德规范建设的一些思考。

（一）坚持以人为本的学术管理理念，营造有利于人才成长的学术环境

从美国高校学术管理来看，各高校贯彻以人为本的管理理念，学校制定了一系列的相关制度为师生提供了宽松的学术环境。高校坚持以人为本就是坚持以师生为本，高校的一切管理活动应以师生的根本利益为出发点，为高校的教育质量的提高奠定一定的环境基础。坚持以人为本，营造宽松的学术环境是高校学术道德规范得以实现的重要条件。通过考察发现，总体而言，美国著名的研究型大学都具有比较宽松自由的学术场域，因为极少受到校外的干预，大学教师们专注于学术、倾心于研究，在学海中恣意泛舟自由交流，其结果是学者们的科研成果累累，创新之风蔚然。我国的高校内部组织机构长期以来形成了行政权力为主导的

管理模式,学术系统在高校中独特而又重要的地位被重视的程度有待加强,在教育活动中师生的根本利益有待进一步得到重视和维护,教师的主动权有待更好地得以体现。现阶段要有的放矢,强化"以人为本"的管理理念,营造有利于人才成长的学术环境,建立健全相关制度。

(二)强化学术权力与学术责任的平衡,注重学术道德规范管理的制度化

学术权力是大学的灵魂,学术责任则是大学的良心,大学学人的学术职业生涯需强化学术权力与学术责任的平衡。高校必须尊重与维护《中华人民共和国高等教育法》明文规定的学术自由,同时学者也必须主动承担应尽的学术责任。强化学术权利与学术责任的平衡,制定完善的学术道德规范的规章制度,是高校学术道德规范管理必须坚持的思想观念与前提。学术道德规章制度的完善对于防止高校学术不端行为意义重大,可以让高校师生清楚知道学术道德规范的重要性、清楚地认识到学术研究中的可为与不可为、违反学术道德规范将会受到什么惩罚等。美国高校学术道德规范管理十分重视相关制度的建设,学术道德规范管理的特色在于学术管理制度化,各高校都十分重视学术审查制度与学术责任追究、惩罚制度。普林斯顿大学的各个学院都制定了师生学术道德规范手册,各个学院根据实际情况制定相关制度条款,各学院的学术管理严格按照政策条款执行。美国大学教授协会及高校都制定了学术道德管理的相关规章制度,规定了教师的学术权利与学术责任。大学教授协会审查制度的建立是为了监督全美大学的学术自由、终身教职制的实施情况,适用于保障学术权利不被侵犯,同样也可用于对是否履行学术责任,是否违反学术规范等做出调查判断。

根据目前高校学术管理的实际,笔者认为,目前我们应着重抓好两种制度的建设:一是学术越轨行为的监察制度;二是学术道德失范行为的惩罚制度。通过两种制度的建设,使师生中的学术越轨行为既易于识别,也会受到应有的惩罚。在制度相对完善的情况下,学术道德规范才能引起师生的重视,从而自觉地遵守学校的学术道德规定。

(三)加强高校学术诚信教育,提高师生的学术道德素养

美国各大学非常重视学术诚信教育,在强调完重要性后直接列出遵守和违背学术诚信的注意事项和惩罚条款。根据美国学术诚信研究中心的表述:学术诚信是指即使在逆境中也须对五种基本价值观做出的一种承诺，即诚实、信任、公平、尊敬与责任。要在高校中加强以学术道德教育为主的师德教育，把教师的职业道德、学术道德教育作为学校思想政治教育的重要内容，具体体现在诚实守信、严谨治学、遵守学术道德上。

目前，学术诚信教育在各高校里显得相对薄弱，为了实现高校学术道德规范的健康发展，我们应该切实加强师生的学术诚信教育。在教师层面，需采取形式多样的学习方式来提升学术道德素养。一是定期召开教师学术沙龙，根据教师工作和学习的实际，定期在全校教师之间就某些学术道德问题展开大讨论，通过讨论，统一思想，提高认识；二是进行课题协同研究实践，由学术道德素养高的教师同其他教师组成的课题组进行课题研究，在学术实践的过程中不断提升学术道德素养，规范课题组成员的学术道德行为。在学生层面，在入学教育、学生手册中加强学术道德规范教育，让学生了解学术道德的内涵、规定以及惩罚等内容，规范学生的学术道德行为。

（四）重视学术道德管理的程序化，构建科学合理的学术评价机制

为实现高校学术道德建设的良性发展，构建科学合理的学术评价机制是高校学术道德管理不能忽视的关键。高校学术道德建设主要体现在学术实践、学术理性以及学术约束三个层面，为使高校师生队伍具有良好的学术道德素养，各高校必须建立科学的学术评价机制加以引导与协调。一是教师的招聘评价机制。教师的招聘是保障高校拥有高水平的学术队伍的重要环节之一，也是大学充分享有学术权力、履行学术责任的重要保障。教师招聘是大学为了增加学术生命新鲜血液的重要手段，新成员的学术道德素养在一定程度上对高校学术队伍的整体学术道德质量有着或多或少的影响。因此，在教师招聘程序中不仅需要考核新教师的专业知识，更要重视新教师学术道德素养的考查。二是教师的晋升评价机制。晋升评价机制是影响我国高校学术道德规定建设的关键因素，学术界出现的教师学术不端行为多数是教师为了实现个人的晋升目标而采取急功近利的手段所致，因此需要改变目前晋升制度中重视量化的评价方式，建立以"学术质量"为导向的学术评价机制。三是建立教师个人业务诚信档案机制。教师在学术职业的道路上，应做好学术业务诚信档案管理，诚信档案机制的约束将时刻提醒并规范教师的学术行为。

高校的学术道德问题,是涉及教育学、伦理学、社会学等多学科的问题,可将其视为"教育道德学"的范畴。如上所述,美国高校在这一问题上具有相对完备的制度、措施,尽管如此,仍有不少有待进一步探索、完善之处。例如,在耶鲁大学研修时,在一位女教师介绍了耶鲁"研究合法委员会"之后,进入提问互动阶段,笔者问了两个问题:其一,您说"研究合法委员会"审核的第三个步骤是看研究申请书研究的是否"好的科学"? 我认为有"好的科学"必有"坏的科学",但这令人相当费解,因为科学成果被如何运用那是另一回事。你说研究如何让人不睡觉的药是"恶科学",那么研究安眠药岂不是也是坏的科学? 因为这种药吃多了也很不好。她愣了愣,又说了一堆,大体意思是:啊? 您提出了一个很好的问题! 主要看这种研究利大于弊与否……其二,针对她最后一个讲的专题要点是:动物伦理。我问:这个问题东西方是否存在文化冲突? 例如,大多数美国人把狗当人类的好朋友,宠爱之;而有些国家的人吃狗肉。你怎么看? 有世界通用的动物伦理吗? 她答:哇! 这又是一个很精妙的问题! 有冲突……该教师含糊其词,终究没能很好地解答笔者的疑问。

美国在宗教、多元、个性主义、国家主义和过度消费主义等方面有自己鲜明的特点,但其霸气成习惯,处处以美国为中心、为老大,大学也如此。科学无国界,如前所述,维护大学学术正义是各高校学术人所应坚持的理念与目标,这是共性。然而,各国国情、历史文化、发展阶段等不同,"道德因地理而异"。学而不思则罔,这是我们研究、借鉴美国高校学术道德规范管理应注意辨析的一个重点,以免陷入"言必称欧美"的思想误区。可见,在世界范围内,因高校学术道德问题的多学科性及复杂性,这一问题仍然需要在理论上不断深入探讨,在现实中不断践行完善。

美、英、日三国巨型大学组织与管理模式及特征 [*]

20 世纪,社会的需求和市场经济的逻辑成为主宰高等教育适应性发展和变迁的根本动力,人文主义和科学主义的争论、实用的思想和功利的目的,要求高等教育教学和科研活动服务于现实生活。伴随着高等教育功能和大学职能的扩展,高等教育在世界范围内得到较为普遍的发展,这使得大学在规模上不断扩张,巨型大学纷纷出现。巨型大学十分突出的组织特征,使其既区别于其他组织,又区别于一般的大学,在组织与管理模式上也发生了一些变化。

一、美、英、日三国巨型大学组织与管理模式举隅

1. 事业部型管理的美国加州大学

在美国巨型大学中,事业部型是一种典型的组织与管理模式。加州大学最高领导机构是大学董事会,法律赋予其"完全的组织和管理权力,仅仅只服从于相关立法机关的控制",这种"法律规定的自治"既让大学与州政府之间保持了"一臂之距",又使大学比其他公立高等院校更具管理自己内部事务的权力。大学实行分层管理体制,以大学的整体为第一管理层级。一些重大的事情如学费的上涨、校长的工资等,都是由董事会决定。除了董事会外,还有校长、若干名副校长分别组成各自的办公室,学术委员会、教授会等,分别受董事会的委托处理学校行政事务和学术事务。分校为第二层级,具体管理由分校校长负责。分校享有管理自己内

* 本篇与朱景坤合作,原载《煤炭高等教育》2006 年第 3 期。本文是本人主持负责的教育部人文社会科学重点研究项目"高等学校内部管理的科学化与民主化研究"研究成果之一;被人大复印资料《高等教育》2006 年第 8 期全文转载。

部事务的自治权,尤其是在决定开支、拟定人员聘用计划、进行采购和签约以及集体谈判等方面。由于加州大学各分校保持独立,具有自身不同的特点,其采取的管理方式自然各异,较为典型的是分校校长和副校长分级负责制:分校校长总管一切校行政和教学科研工作。高级副校长兼教务长及其下属 3 位副教务长实行纵向管理,分管学术事务与教员福利、学术规划与实施、本科生教育及相关单位。6 位副校长按职能实施横向管理,如预算与财政副校长对分校各个阶段的学术、财政和资本进行规划,负责全校范围内资源的管理;商业与行政服务副校长为校园提供人力资源、采购、校园安全、交通、环境、社区关系、体育、娱乐、咨询和健康等方面的服务。①

2. 混合型管理的日本筑波大学

筑波大学的组织结构是决策层采用直线委员会(大学评议会)和参谋委员会(参与会)结合,管理中层采用参谋制与参与制(参与会与计划调查室)的结合,基层采用职业科层(纵向为主的学群、科类的设置)与矩阵结构(综合科目、特别课题组、自愿科研小组、各种中心等)结合②。学校的最高权力机构是评议会,事关学校的重大事情必须经评议会审定。局部问题可以在不同层次的教员会议上商讨解决;全局性的问题可带到学群教员会议和全校性教育审议会上解决。设置人事委员会、财务委员会和事务局。人事委员会、财务委员会掌管全校的人事、财务大权;事务局是集中管理全校行政事务的机构,由校长直接领导。另外,设立校外顾问委员会,对学校决策提供咨询,它的建议对学校决策往往会起到很大的作用。这种混合型结构的优点是:"决策层的直线委员会与个人负责制相结合,既保证决策制定的集思广益以确保其正确性,又使得决策执行的高效实施;参与制有助于调动校内外各方面的积极性;参谋制有助于提高决策的科学性;教学组织上的职业科层结构与矩阵结构的结合有助于学科的分化与综合,有助于培养综合能力强、适应面广、知识面广的学生,有助于学科间的协作攻关;非正式组织理论的实

---

① 上海工业大学高等教育研究室.美国重点高校的学术行政管理[Z].1987:20.

② 贾志兰,杜作润.国外高校改革探析[M].上海:上海大学出版社,2001:63-64.

施有助于创造一个自由宽松的科研环境。"①

3. 联合型管理的英国伦敦大学

伦敦大学最高管理机构由三方面组成:董事会,主管财务和资源。理事会,主管一切专业事务,是大学学术问题的最高管理和执行机构;联合计划委员会与校务评议会及全校教职员工大会,联合计划委员会负责制定大学近期和远景规划,校务评议会及全校教职员工大会则被赋予讨论有关大学的任何重大问题的权力。中层为各学院,设有院长、教授会、教学委员会、特别建设委员会。院长兼任教授会的会长,职权是整理报告及提案,向教授会报告协调管理本院系教育、研究等全面工作。院教授会负责向学务委员会、校外学生委员会提出有关的建议,明确学科的范围和协调相互关系,充实教育和科研条件,决定学位资格的授予条件,聘任教学委员会委员等。教学委员会负责教授、副教授聘任委员会的成员及专职教员的聘任,有关拟取得上级学位者的入学问题,入学考试及各种考试委员会有关考试官的问题,有关学位课程、教育、考试问题②。伦敦大学内部管理总体上呈现以下特点:(1)在其最高管理机构的组成中,行政人员(包括校外人士)与学术人员都占有一定的比例,即学术人员所代表的学术权力对决定学术的大政方针拥有一定的决策权。(2)学校各学院以及各学科设有相应职能的决策或咨询委员会。这些不同层次的委员会也都在各自领域拥有一定的学术权力,同时还可以就学院和学科间学术及其他发展方面的事务起协调作用。(3)各权力机构、学术机构职责分明,具有依法治校的鲜明特色。

二、美、英、日三国巨型大学管理与组织模式的特征

1. 委员会管理模式下的多方参与决策和多样化负责

由于委员会制适合于"决定方针政策性、长远规划性、立法性、顾问性、学术性

---

① 徐小州.高等教育论[M].北京:人民教育出版社,2003:270-271.

② 张宝泉.美·苏·英·德·法高等学校管理比较[M].长春:东北师范大学出版社,1998:282.

的问题"①,因而被广泛应用于大学的管理中。综观三个国家巨型大学的领导体制,无一例外地采取集体决策的委员会制,并呈现出多方参与决策和多样化负责的特点。

1982 年,卡内基教学促进基金会在其发表的《校园的控制:关于高等教育管理的报告》中指出:"董事会构成了(美国)高等教育管理结构的基石。"②这种大多由校外人士构成的董事会(或评议会,下同)是美国大学最高决策和最高权力机构,在任何一所大学都是"基本的管理机关"。由于沿袭各自的传统,美国巨型大学中,公立大学多实行"单会制",而私立大学多采用"双会制"(即设有两个行政管理机构,如哈佛大学就设有"哈佛法人"和"监督董事会"两个行政管理机构)。日本巨型大学因公立、私立性质不同分别选择了类似于美国巨型大学的"单会制"和"双会制"。英国的巨型大学则是单会制和双会制并存。可见,各国均将委员会制作为巨型大学领导体制的共同选择,而且董事会组成人员身份多样化,又表现出多样化分工负责的特点。因为学校太大,董事会必须分权、分工负责,将管理行为委托给管理官员(校长、院长),把教学和研究等学术事务委托给教师。校长是大学最高行政负责人,也是校内各种委员会和董事会的当然成员,在董事会通过的总体政策框架内自由行使职权,掌握办学的大方向并负责处理重大事务,对学校内部各项工作均有最终决定权。校长之下,大学形成了一批行政人员,在招生、保管档案、人事政策、设施管理、图书馆管理、预算、公共关系、校友事务和大学计划方面,他们是专家,并按照校长、副校长、财务主任和事务主任的旨意工作。教授是随着学术专业化和学术系科明显化而逐步掌握了决定大学学术政策的权力。"教授几乎控制了学校的所有学术事务"③。教授在全校范围内参与决策事务是通过校教授会及其下设的专业委员会实现的,教授会成员按院或学科分配名额产生。一般一年召开 2～8 次会议,主要负责确定校历、确定课程计划、确定招生录

---

① 母国光.高等教育管理[M].北京:北京师范大学出版社,1995:202.

② Carnegie Foundation for the Advancement of Teaching. The Control of the Campus: A Report on the Governance of Higher Education [R]. A Carnegie Foundation Essay. Washington, D.C.: Carnegie Foundation for the Advancement of Teaching, 1982:72.

③ 赵曙明.美国高等教育管理研究[M].武汉:湖北教育出版社,1992:36-37.

取标准和学位标准、确定有关教师聘任与晋升的人事政策等。

2. 二元权力结构下的双重组织模式

在巨型大学中存在着围绕资源管理和行政事务形成的、由非学术人员控制和管理的科层组织结构,围绕知识体系和学术事务形成的、由教授控制和管理的传统组织结构,是科层组织与学者行会组织交织在一起,行政权力与学术权力共存的"双重组织模式"。在学校层面上,形式上处于控制顶点的董事会将行政权力和学术权力分别赋予校长和教授会。由校长、副校长、财务主任和事务主任及其他非学术人员构成的行政机构,负责招生、人事政策等非学术性事务。与此同时,由教授或教授为主的学术人员组成的教授会则几乎包揽了学术事务的决策权。在学院层面上,由校长直接任命的院长享有行政官员的地位,负责全院工作,协调各系在学术、财政等方面的问题。教授则通过学院教授会及其下设的一些委员会参与学院的管理。这些机构不定期开会,听取各自院委员会或院长的报告,有些可以通过集体表决的方式进行决策,有些可以向院长提出咨询意见。系主任是一个非个人化的职位,一般由全体教师选举产生,由那些享受"终身制"的教授担任,每3年轮换一次。系主任向学院院长负责,主要实施对全系教学与科研工作的管理,在课程设置、教师聘任与晋升及有关研究经费预算等方面具有决定性的作用。系里也有教授组成的学术和人事方面的委员会参与管理,教授享有相当程度的独立权。双重权力的存在,使"系的社团性机构和官僚人员之间必然互相监督,这就对系内的独裁行为提供了制约力量",也使"行政官员和教授团体必须在这种二元结构中寻找分工和联合的权限"。[①]

3. 学院制组织架构下的分权管理

为了分担决策风险,发挥基层的积极性,国外巨型大学在组织结构上大都采用权力重心下移的学院治理模式,实行权责对等的纵向分权管理。学校、分校(学院)和学系三级在学校事务中各有自己的权力重点和职责范围。系是学术组织的基层单位,权力主要集中在教学和科研领域,在课程设置、教师聘任与晋升及有关

---

① 约翰·范德格拉夫.学术权力:七国高等教育管理体制比较[M].杭州:浙江教育出版社,2001:115-116.

研究经费预算等方面具有决定性的作用。学院主要是协调所属各系的教学科研活动,汇总学院的教育、研究计划,在非学术事务方面也有相当的行政权力。这种分权把原来相当大的集中在最高管理层的管理权力,特别是决策权,分散到院系,减少了校级领导管理幅度,在促进正确决策和迅速执行上是很有效的。分校在招生、教学、科研和学校内部管理上有较大的自主权,不会受到总校的任何控制,各分校的校长由分校自己推荐产生,由董事会进行任命和监督。学校在预算执行、教学、科研等方面很少进行检查。如需进行检查,也是委托校外专业机构进行的。各分校各自独立,没有隶属关系,在学科设置上都具有多科性的特点,只是各分校根据自己的办学特点和客观条件有所侧重。各分校除公共服务系统和一些属于系统功能上的合作外,办学都比较专一,因而避免了越位办学、乱争资源和人员膨胀等问题。学校一级的权力则集中在教学和科研之外的其他领域,如关系到学校发展的重大政策性问题和处理学校与董事会、政府、社会的关系,并广泛筹集办学资金。

董事会、校行政和教授团体三个权力主体,学术事务管理和非学术事务管理两条主线,学校、分校(学院)、学系三个管理层次,构建起科学的组织与管理模式,"实现了管理系统的分权化,决策控制的中央集权化,以权力平衡取代层级组织的序列化指挥系统,不仅打破了层级组织的序列限制,而且克服了空间约束"[①]。

三、对建构我国巨型大学组织与管理模式的启示

由于我国巨型大学多非自然天成,而且形成历史短、发展速度快,理论研究相对滞后、实践经验相对贫乏,因此,我国巨型大学的管理还大多处在经验式管理阶段,急需组织与管理模式的构建与调整。尽管不同的历史文化传统和不同的现实国情决定了我国巨型大学组织与管理模式必然有别于西方发达国家,但西方巨型大学的组织与管理模式无疑可以在我国巨型大学组织与管理模式的建构中提供有益的借鉴。

---

① 席酉民.管理之道:林投集[M].北京:机械工业出版社,2002:217.

1. 领导体制：党委领导、校长负责与教授治学

首先，参照真正的委员会制划分校党委和行政的职权，使党委成为一个主要着眼于未来，为校发展制订长远规划，并且监督其执行的最高决策和权力机构；其次，通过完善高校法人责任制、完善校长遴选办法、促进校长职业化等措施保障校长依法行使职权，使其成为真正的行政首脑；再次，发挥教授团体和学术组织在学科规划、学位审定、教学指导、队伍建设、成果评定等学术事务管理中的决策和管理作用。中国大学在坚持党委领导下的校长负责制前提下，可以由有声望的教授专家组成"教授会"，实行"教授治学"，掌握大学的教学、研究等学术性事务，对学校的大政方针进行咨询，提出教师对学校发展建设的基本主张，对高校领导者起着智囊作用、促进作用和制约作用，保证领导者决策的科学化，使其既能反映当今高教系统的客观规律和发展趋势，又符合中国国情。这样，构建起党委行使决策权力，校长行使行政权力，教授行使学术权力的党委领导、校长负责、教授治学的新型领导体制，实现多方参与决策和多样化负责的分权管理。

2. 权力配置：行政权力和学术权力二元一体

尽管中国高等教育在近代的变迁，在过程和目标上都指向以西方高等教育为蓝本的现代高等教育，但我国近代大学从一开始就是在行政权力的操纵下建立起来的。这就使大学在管理上一直沿袭着行政管理体制，维持着"行政主导"的"单一"（学术民主管理不够）和"单向"（几乎全部是上对下的管理）关系模式[①]。不仅教育主管部门把高等学校看成是自己的附属机构，而且高等学校本身也把自己看成是准行政机关，地方党委和政府所设置的部门，高等学校也大都存在。行政机构、行政人员成为支配学校运行的核心和主角，学校的教学和科研管理大都按行政权力的意志来安排，这种学术管理"行政化"、学术权力"边缘化"的倾向使行政权力凌驾于学术权力之上，学术权力长期以来得不到应有的尊重，学术民主管理基础薄弱。对巨型大学这样一个特殊的学术组织，其科层管理的方式必须进行较大的改革，如正视学术权力的存在，健全和完善学术管理机构；将学术事务与行政事务适当分开，构建双重组织模式；重视学术管理的组织程序与运作方式的建设

---

① 檀传宝.何谓与何为：关于北京师范大学转型的初步研究[J].教师教育研究，2003(6).

和运用。通过合理的制度安排,对行政权力和学术权力各自行使的范围、责任和义务给以明确界定,克服或约束行政权力的泛化,避免官本位意识的蔓延,保持两种权力之间的张力,使之更好地服务于学校的发展目标。从体制和程序上保证学术管理与行政管理的规范化、制度化,构建起学术管理和行政管理两套班子分工合作、相互制约的学术权力和行政权力二元一体配置的双重组织模式。

3. 组织结构:建立纵向分权校院两级管理模式

由于我国巨型大学多为合并型,在改革与发展过程中出现的新问题、新矛盾与新困难也比一般的高校多,情况也复杂得多。如果照搬以前的管理模式来管理合并后的巨型大学是不行的,因而,合并后形成的巨型大学大都采用了学院治理结构。这种扁平化的组织结构要求重新划分校院管理权限和职能、降低管理重心、调整管理跨度、规范管理行为,建立起科学的权力构架,发挥集权与分权各自的效能,形成一个有序的职、责、权匹配的有机关联、互相衔接的整体。而从目前我国巨型大学运行的组织与管理模式来看,虽然都实行了学院治理,但学院的办学自主权明显不足,难以充分调动学院的办学主动性和积极性。因此,学校应将行政管理和学术管理重心下移,重新划分校院两级管理权限,明确学院的组织与管理模式,使学院真正成为学校办学的主体和管理的中心。

总之,在巨型大学组织与管理模式的构建中,我们可以借鉴国外巨型大学的一些做法,从现代管理科学的基本规律出发,加大制度创新力度,制定可操作性强的法规和制度,处理好党政之间、学术行政之间、校院系之间的关系,实现权力的科学、合理、有效配置,以期建立一个有效率的、灵活的、创新型的、有中国特色的巨型大学内部组织与管理模式。

高等教育质量影响因素新探

——基于资源利益相关者及其诉求[*]

　　"马丁·特罗在总结发达国家高等教育大众化进程的规律后指出一个国家、地区高等教育进入大众化阶段后,高等教育的人才培养目标、人才培养模式、教学内容、管理形式和入学条件等方面都会发生变化,这是高等教育发展过程中可能出现教育质量滑坡的一种预警理论。"[①]20 世纪 80 年代以后,我国经济由计划经济向市场经济转变,市场化浪潮的兴起,使原有的高等教育质量的国家认可制度遭到市场逻辑的严峻挑战。特别是高等教育进入大众化阶段后,市场对高等教育产品不适应性的责问越来越多,引发社会对高等教育质量问题的广泛关注,从胡锦涛总书记的十七大报告可以看出,高等教育质量问题已提高到国家政治的高度。

一、影响高等教育质量的因素概述

　　"根据教育的外部关系规律,高等教育结构必须适应社会的人才结构。经济与社会发展对人才的需求是多层次、多类型的,而目前高等学校都想往综合性、研究型大学这条道上挤……大众化高等教育培养目标的多样性决定教育质量标准的多元化。"[②]"大学利益相关者的价值观是影响或决定高等教育质量观的主要变量,不同的利益相关者对大学的教育活动具有不同的期待、要求和价值诉求。如

---

　　* 本篇与陈杰斌、黄海群合作,原载《泉州师范学院学报》2010 年第 1 期。本文是中国高教学会规划课题"高等学校转型:新建本科院校视角"研究成果之一。

　　① 戴林富.大众化背景下我国高等教育质量的困惑与对策[J].湖南师范大学教育科学学报,2007(1):86-90.

　　② 潘懋元.规模速度、分类定位、办学特色:中国当前高等教育发展中的若干问题[J].龙岩学院学报,2006(2):1-8.

果从满意的视角去理解高等教育质量,那么是否能满足不同利益相关者的价值诉求,或如何协调处理这些价值诉求之间的关系,便决定了高校的质量观。基于他们不同的价值诉求,我们可以得出一套多维的高等教育质量观,高等学校究竟采用一种什么样的教育质量观,取决于利益相关者教育质量观之间的均衡博弈。"①"多元化以及多重质量目标的存在,势必要求高校质量管理部门对多重利益相关者负责任。"②高等教育目标的多元化决定了高等教育质量是一个多维的系统,不同的角色、不同利益相关者体现不同的高等教育质量观。不同时期和不同类型的高校、不同利益相关者有着不同的教育质量诉求,高等教育质量是一个变量,没有一个统一的标准。一个产品的质量,除了取决于原材料的质量外,还受到工厂的生产条件、工艺水平及管理水平的影响。高等教育质量主要是通过高等教育产品来体现,根据高等教育的功能,高等教育的产品主要有培养的人才、科研成果和服务社会的项目。高等学校教育质量高低除了受到高等学校的生源好坏影响之外,主要取决于高等学校办学条件的优劣和管理水平的高低。高等教育产品的生产由高等学校来实现。影响高等教育质量的主要因素有高校的教师、学生、财力、物力以及内部管理体制和水平,有高等教育体制、政府扶持与干预、社会支持与诉求等。由此可见,影响高等教育质量的主要因素可以归纳为高等学校资源水平和利用资源的水平。

二、以资源为核心的高等学校利益相关者分析

从组织视角看,高等学校主要由教学机构和管理服务机构组成;从办学条件视角看,高等学校要求有人力资源、财力资源、物力资源以及空间资源等。这些高等学校(本文指公立高等学校)的资源都有来自高等学校内部、外部不同的利益相

---

① 李平.高等教育的多维质量观:利益相关者的视角[J].国家教育行政学院学报,2008(6):53-58.

② 胡子祥.高等教育质量评估中利益相关者参与机制探析[J].黑龙江高教研究,2008(9):72-75.

关者。关于大学利益相关者的分层、分类以及各层或各类的利益相关者的组成，国内外已有一些文献成果。例如，罗索夫斯基在《美国校园文化——学生、教授、管理》一书中将利益相关者由内部到外部分为四个层次：第一层次即教师、行政主管和学生；第二层次是董事、校友和捐赠者；第三层次是政府和议会；第四层次是市民、社区、媒体。国内有研究认为大学由三类利益相关者组成：教师、学生、出资者、政府等是大学的权威利益相关者；校友、捐赠者和立法机构是潜在的利益相关者；市民、媒体、企业界、银行等是第三层次利益相关者[①]。李超玲、钟洪通过问卷调查认为有以下三类利益相关者：关键利益相关者主要包括教师、管理人员、学生与政府；一般利益相关者主要包括债权人、校友、中间组织；边缘利益相关者的利益主体有捐赠人、社区与特殊团体等[②]。本文认为上述的高等学校的利益相关者都是正确的，从直接和间接的相关性来看，概言之，包括有：教师、学生、学校管理人员、政府、企业和社会组织、校友、其他高校、同级政府所辖事业单位、捐赠者、银行等。高等学校的办学条件和管理水平，具体体现在高校拥有的资源和利用资源的水平。这些利益相关者与高等学校资源有关联但关联的方式却不同，他们拥有不同的资源，各自的资源需求也不同，因此他们之间必然围绕资源进行博弈。

1. 关于人力资源

人力资源是高校的核心资源。从供给的角度看，人力资源是高校的产品，主要有培养的人才（学生）和高校人才的服务产品（主要是教师的知识服务）；从需求角度看，人力资源有教师和内部的管理人才。

学生是高校向社会各行各业输出的主要产品。在当前我国就业供大于求的形势下，以需方挑选人才的标准成为衡量高校输出产品的质量的主要依据，导致要求高等教育质量以社会需求为导向的呼声越来越大。然而，大部分大学生毕业后的工作单位不能确定，有的毕业生可以找到与所学专业相近的行业就业，有的与所学专业基本无关。职前培训相关制度尚未完善，大多数用人单位不愿意在培

---

① 胡赤弟.高等教育中的利益相关者分析[J].教育研究,2005(3):38-46.

② 李超玲,钟洪.基于问卷调查的大学利益相关者分类实证研究[J].高教探索,2008(3):31-34.

养人才上多花成本,对所招聘的人员能马上顶岗的期望值过高。不同的用人单位需求的人才对同一专业的学生在素质上的要求各异。这些因素增加了高等学校选择以社会需求为导向的质量目标的难度。因此,除了一小部分学生的质量水平可以按直接相关的用人单位的需求标准来衡量,其余的只能在就业竞争和用人单位实际使用后的评价来衡量。

对于高校向社会输出的另一产品——教师的知识服务,主要以需方提出的服务项目为基础。在这种双向选择的基础上,基本上可以用教师服务项目的层次、数量和完成的质量来衡量一所高校的教师知识服务水平。因此,评价高等教育质量的教师知识服务水平角度可以以社会需求为导向。

高校的教师大部分来自高等学校培养的人才,而且需求的层次较高,大部分高校招聘的教师要求有本科及以上学历。不同层次的高校对需求的人才层次也是有区别的。比如部属重点大学招聘的人才基本上要求要有博士学位,而且对应聘人员的学缘、研究经历以及学术成果等都有很高的要求。重点本科院校很大一部分应聘者具有博士学位,但对应聘人员的学缘、研究经历以及学术成果等较少特殊的要求。新建本科院校要求大多数应聘人员具有硕士学位及以上,如具有博士学位更好。高职高专院校一般要求本科及以上学历即可。当然,个别因地域等因素也可能与上述情况有差异。从人才的来源看,一般是高层次学校培养的人才流向低层次高校当教师。某个行业需求的人才相对单一,主要集中在某一专业或几个专业上,在同一地域的高校与其他行业的人力资源可以共享,在人力资源的需求上,就高校与其他行业组织而言,竞争与合作的关系并存,在同一地域的二者甚至合作强于竞争。因此,作为高校需求的教师,高校之间存在竞争关系,在同一层次的高校这种竞争关系尤其突出,高层次高校与低层次高校之间是一种人才的供需关系。在同一地域的高校与其他行业的人力资源既有竞争又有合作。

现有的高校管理人才大多是教师转岗或高等教育进入大众化之前分配的人员。由于我国现有大多数事业单位没有完全实行真正意义的聘任制,许多高校的自主权不足,人员流动制度总体不顺畅,同时高校管理人员的水平没有一个刚性的评判标准,高级管理人员的流动按组织任命形式完成。高校内部管理人才也是以组织任命或调整进行的多,通过公开招聘竞争上岗的情况较少。所以高校管理人才的内、外部竞争关系弱，流动性不强，主要是在内部培养。当然各级政府的编制、岗位设置如核定的编制数、允许招聘的数量及招聘人员必备的条件等其他规定，各类人员的岗位数量、等级和比例等等政策因素，对许多高校的教师、管理人才的招聘有较大的影响。

2. 关于财力资源

财力资源是高等学校赖以生存的基础。高校的财力主要来源于政府拨款、学费收入、社会捐赠、服务项目资金和银行贷款等。一般来说，高校无力向外部环境提供财力资源。高等学校与外部环境在财力资源上可以说高等学校只是单一的需方。在高等学校内部，高校的资金使用有较大的自主权，学校与内设机构和个人之间存在供需关系。

政府是高等学校最大的财源，为高等学校提供资金是政府的责任。政府希望高等教育能为社会培养合格的人才，促进科技进步，提高公民素质，同时尽可能降低成本，取得良好的社会效益和经济效益。然而，除了部分项目有拨款标准和相应的拨款制度外，至今没有一个官方的高等教育成本标准。培养一个大学生要多少钱，办一所大学至少要多少钱都缺乏标准。从1999年高等学校扩招以来，全国大部分高校规模在扩张，各地方在新建高等学校，不少高等学校在升格。这些变化所需投入的资金巨大，政府的投入相对有限，造成普遍的高等学校资金紧张。政府需要拨款给所辖区域不同行业的事业单位，同属教育行业的有高等学校、中职学校、普通高中、义务教育学校和学前教育学校等。因此，当前政府与高校是一对供求关系，而且供不应求。高校只有通过与不同行业的事业单位、行业内各类学校以及不同高校之间进行竞争才可能获取更多的资源。

学费收入是我国高校目前较稳定的收入，而且在总收入中占较大的比例。学费收入的形式大致有两类：一类是学生将学费直接交到学校账户，由学校统一支配；另一类是学生将学费直接交到学校缴费专户，这个账户的资金直接进入政府财政，政府财政可以提留一定的比例作为统筹，其余资金按项目拨给学校。前者的所有学费收入可以作为学校可支配的收入；后者只有拨给学校的部分才可以作为学校可支配的收入，学校收入的多少的主动权在政府财政手中，学校想要更多的收入只能向政府财政争取。以上两类学费收入不论是哪一类形式都与学校实际收缴的学费有关,学生所欠的学费部分都无法作为学校的可支配收入,学生的欠费意味着学校收入的减少。高校学生欠费已是一个较普遍性问题,它将直接影响到学校的可预见收入。

社会捐赠是高等学校资金重要的来源之一,资金的来源具有较大的不确定性。捐赠者主要是企业、社会组织和校友。他们捐赠的动机主要有体现个人的价值、组织宣传的需要、高等学校情感的表达和满足其关键利益相关者的需要等。这些组织和个人没有向高等学校提供资金的义务,高等学校只有了解捐赠者的需要后努力争取。

知识服务项目收入是高校资金的来源之一。比如各级政府的各类科研项目经费、社会组织委托服务项目的经费、科研成果转化等各项知识服务项目收入。从当前高校的整体形势看,自然科学类项目经费远远多于社会科学类,层次较高的高校项目经费往往多于层次较低的高校。这些项目经费的多与少和高等学校的服务质量水平、高等学校的地位息息相关。

向银行贷款是高等学校在运行与发展过程中资金短缺无法满足需求时的无奈之举,高校与银行只是债务人与债权人的关系。高等学校的主要产品——培养的人才不是商品不能卖,不像企业资金贷到之后可以通过生产商品获得的回报偿还贷款,因此高校只能依靠以上几个方面的资金到位后偿还本息。

在高等学校内部,高校资金内部分配形式多种多样。有的采用预算分配形式由决策层将资金分配给各内设机构,再由内设机构进行二次分配给相应的组织和个人;有的采用以实际发生经费按程序报账的形式等等。这些分配形式与学校的管理体制紧密联系。不论哪种资金分配、使用形式,资金分配、审批的权力主要掌握在学校的决策层和内设机构、组织的主要负责人这些管理人员手中。因此,高等学校内部资金的主要供需关系存在于决策层与内设机构之间、内设机构与个人之间。

3. 关于物力资源

高等学校外部环境一般不给高校直接提供物力资源,通常是以资金形式提供。一般来说高校无力向外部环境提供物力资源。在物力资源上,外部环境与高等学校之间为供需关系,高等学校为单一的需方。高等学校内部物力资源的分配通常也是以分配资金的形式分配给校内机构。校内机构根据现有资源按需求将物资分配给相应的内部组织或个人。高等学校内部环境物力资源的供需关系主要存在于校内机构与机构组织或内部个人之间。

4. 关于空间资源

高等学校外部环境提供的空间资源主要有土地和房产。提供的空间资源有的是有偿的,有的是无偿的。一般来说,高校无力向外部环境提供空间资源。高等学校与外部环境在空间资源上可以说高等学校只是单一的需方。高等学校内部空间资源的分配由学校决策层统筹。学校决策层根据各机构的需求进行分配。校内机构根据现有资源按需求分配给相应的内部组织或个人。高等学校内部环境空间资源的主要供需关系存在于决策层与内设机构之间、内设机构与内部组织或个人之间。

三、资源利益相关者的利益诉求探讨

不论是政府还是高校都希望能提高资源的使用效益,以缓解资源相对紧张的局面。了解资源利益相关者的诉求有利于高等学校采用积极的应对措施,从而有效地提高资源使用效益。高校利益相关者有的对高校有直接的诉求,有的是高校的竞争对手。以下分析针对与高校有直接诉求的利益相关者。

1. 关于学生

作为高校生产的主要产品,他们的质量是高等教育质量的主要代表,是高等学校行使主要职能的重心。他们的利益诉求是形成学校各项重要措施的主要依据,然而在实际运行中往往容易被忽视。学生在校学习期间渴望得到良好的教育,这就要求:首先,学校有高水平的教师,使之具备一定水平的专业素质。其次,有足够的物力资源、空间资源作为锻炼平台的基础,向学生提供各种能力培养的机会,提高学生的综合素质,具备较高的就业竞争力;或者是为学生能够升学到高一级学校继续深造提供平台。再次,有激励学生努力学习的奖学金或其他激励措施。

2. 关于教师

作为学生的培养人和知识服务的执行人,他们的表现对高等教育质量水平来说具有决定性意义,可以说教师表现出来的水平基本上代表高等教育的质量水平。首先,教师是一种职业,他们希望有良好的工作环境,顺利地完成岗位工作任务,争取得到更多的权益和报酬。其次,他们希望竞争到研究项目、经费和必要的物力、空间资源来搭建所需的平台,以利于收获良好的研究成果,取得相应的学术地位。再次,他们希望用优秀教学成果、较高的学术地位和服务社会的成就实现人生价值,并得到学校和社会的认可。

3. 关于管理人员

作为学校资源的管理者和师生员工的服务者,他们是处理各利益相关者诉求,通过管理、利用、开发学校资源,促进提高高等教育质量水平的重要因素。在生源和办学条件一定的情况下,优质的管理能激发各因素的潜能,促进高等教育质量水平的提高。管理人员和教师一样也是一种职业,他们和教师一样也希望有良好的工作环境,顺利地完成岗位工作任务,争取得到更多的权益和报酬,用优质的服务成就实现人生价值,并得到学校、政府和社会的认可。

高等学校的决策层首先希望从政府、企业、社会组织和校友手中争取到更多的资金、服务项目、空间资源等。其次,希望能争取到优秀人才作为学校的人力资源,提高学校的人力资源水平。再次,希望做到合理分配资源,尽可能降低办学成本、提高效率。又次,希望学校所有机构和个人能努力工作取得优异成绩,提升学校的声誉和竞争力,通过提高产品的质量向政府和社会争取更多的经费、研究项目和其他资源,创造一个良性循环的环境。

高校内设机构管理人员首先希望从学校手中争取到更多的资金、服务项目、空间资源等,获得更大的权益。其次,希望做到合理的分配资源,尽可能降低运行成本、提高效率。再次,希望学校机构的所有人员能努力工作取得优异成绩,提升本机构的声誉和竞争力。

4. 关于政府及其他外部环境的利益相关者

希望高等学校为社会培养合格的人才,促进科技进步,提高公民素质,确保高校的安全稳定,尽可能降低成本,取得良好的社会效益和经济效益。在实际操作过程中,由于制度的不完善,导致高校资源的消耗。比如,由于资金的分配没有一个标准,掌握资源的官员自由裁量权很大,高校为能得到更多的资金只能在争夺资源中投入甚多精力。企业、社会组织希望从高校获得需要的人才和服务,并取得良好的效益。企业、社会组织向高等学校的捐赠,有的是为了达到宣传组织、提升组织知名度的需要,有的是为了满足组织利益或组织领导人某种情感的需要。其他捐赠者也是为了达到满足个人某种情感或利益的需要。必须肯定的是,"个人某种情感"不乏达则兼济天下的高尚、慈善的人文关怀。校友希望用一定的方式支持母校发展来满足对母校的情感,与母校荣辱与共,母校的声誉的提升也会提高自身地位。银行希望债务人的平稳发展,保证债权不受损失并从中获取利润。

总之,高等学校从人力资源角度看,与外部环境存在供需关系;从财力资源、物力资源、空间资源角度看,与外部环境的关系可以说是单一的需方。高校内部所有的资源分配权力掌握在学校的各管理层级的决策者手中,学校的教师、学生和管理人员可以说是单一的需方。高等学校应根据各利益相关者的诉求,围绕提高教育质量制定相应的措施,提高资源的水平和效益,从而促进教育质量的提高。利益相关者的诉求与高等教育质量休戚相关,本文的研究旨在引起人们对资源利益相关者的诉求的高度重视。至于相应的政策如何制定,资源的水平和效益如何提高,这是需要继续深入探讨的另一专题。

我国教师教育模式转型中的问题与反思[*]

从世界范围来看,无论对教师教育冠以什么样的名称,正规教师教育模式都经历了一个"从初级到高级,从数量增加到质量提高,从单一封闭到多元开放的历史发展轨迹"。^① 我国直到 20 世纪 90 年代上半期,学术界才出现"教师教育"这一概念,21 纪初开始作为一种正式用语出现在政府部门的相关文件中。不管是学术界还是政府文件对教师教育概念或用语的使用与变换,都显示出"师范教育"时代的结束,"教师教育"时代的到来。那么,术语变更是否意味着实践模式的成功转型? 抑或如有些学者所说我国当前的教师教育仍处于"后师范教育时代"。^② 尽管我国教师教育已基本实现了综合性、开放化以及以高校办学为主的局势,然而,只要坚持实事求是的态度,就不得不承认这些变化仅仅表现在形式上,却没有在实质上实现真正的转变。鉴于此,如何认识教师教育模式的变革? 变革中存在什么样的问题? 对这些问题的回答,或许能为我国教师教育模式的转型提供一些借鉴与思路。

一、关于教师教育模式的内涵界定

在学术界,关于教师教育模式概念的使用相当频繁,然而,因为对其内涵的理解不一,在使用时所指的方向也就自然不同。根据英国学者詹姆斯·波特(James

---

* 本篇与林培锦合作,原载《龙岩学院学报》2012 年第 1 期。本文是本人主持负责的国家社科基金全国教育科学"十二五"规划课题"大学学术同行评议研究:利益冲突的视角"研究成果之一。

① 洪明.教师教育的理论与实践[M].福州:福建教育出版社,2007:38.
② 朱旭东.我国教师教育制度重建的思考[J].教师教育研究,2006(3):11-15.

Potter)的报告,国际上提及较多的是定向教师教育(或封闭式教师教育)和非定向教师教育(或开放式教师教育)。但也有学者从教师培养的课程设置维度去界定,如3+X模式、4+X模式、5+X模式等。

华东师大谢安邦教授从模式的动态含义上认为,"模式的构建是以特定问题的解决为目的的,它的建立以三个方面为基础,一是人们对特定问题的理解、把握;二是影响问题合理解决的各个变量的分析;三是对问题及其变量之间关系的认识"。[①] 在此基础上,北京师大靳希斌教授从承担教师培养的机构、机构之间的协作方式、实现教师培养的内容等各个变量上,将教师教育模式划分为"宏观、中观和微观三种模式"[②]。笔者以为,对于教师教育模式的界定须从其词源解释上着手。英文中一般把"model"作为"模式"的相对应词,其英文解释为 the way in which something is done,即实现(做)某事的方式。教师教育模式指的就是实现教师养成的典型形式。然而,这仍是一个较为抽象的概念,不易具体掌握。因此,有必要对这个概念作进一步的细分和解析。

据此,笔者更倾向于将教师教育模式划分为两种,即宏观的教师教育办学模式和微观的教师教育培养模式。所谓办学模式指的教师教育是由何种机构体系来承担的。比如,由独立设置的师范院校承担的单一体系的封闭模式;由师范院校和非师范院校共同承担或完全由非师范院校承担的多元体系的开放模式。当然开放模式中还包括大学与中小学结成伙伴关系的合作模式,如美国的教师专业发展学校(PDS)。微观的培养模式是从课程设置的维度来考量的,即按学科专业课程和教育专业课程的不同比例组合成不同的模式。如当前在各院校试行的"3+1""4+2""4+1"等模式便是其中的代表。

二、我国教师教育模式转型中存在的问题

中国现代的师范教育从1897年中国最早的师范院校——南洋公学"师范院"

① 谢安邦.高等师范教育研究:教师教育理论与实践[M].青岛:中国海洋大学出版社,2009:55.

② 靳希斌,王炳明.我国教师教育模式变迁探析[J].集美大学学报,2008(4):3-7.

创立至 20 世纪 80 年代以前,大致经历了一个日化、美化、苏化的历程。尽管民国时代也有些开放的培养模式,但从总体上而言,一百多年来我国主要实行的是封闭定向型的教师教育模式。诚然,封闭定向模式在师资短缺时期做出了应有的贡献。但任何一种模式的存在都是以某种条件为前提的,当条件改变时,模式的变革与转型就成为一种必然。

20 世纪 90 年代以后,伴随着高校合并、重组、升格的热潮的到来所带来的对"定向型"教师教育模式的批判反思,以及由于"基础教育师资供求关系、师范教育结构、政策所发生的变化,我国教师教育从数量保障体系开始转向质量保障体系"[①]。这一系列的变化为我国的教师教育模式实现开放化的格局奠定了牢固的基础。1999 颁布的《中共中央关于深化教育改革全面推进素质教育的决定》,从制度上打破了师范院校教师培养一统天下的局面。转型过程中大致形成三种形式:一是师范院在保持师范教育特色的前提下举办非师范教育专业;二是综合性大学创建教育学院,参与教师培养任务;三是师范院校与非师范类院校联合与合并,成立地方性综合院校。总体观之,经过约二十来年的改革发展,至少从形式层面而言,我国已实现了教师教育模式的转化。然而,目前的这种开放式的教师教育模式是否真正实现了教师教育质量的提升? 事实上,从当前我国教师教育的整体来看,水平并未提高,只是在形式上发生了变化。对此,笔者作了如下的归纳与分析。

1. 形式转型,实质不变

考察当前教师教育的现实,所谓教师教育模式的转型,主要体现在形式层面,事实上并未在内涵与实质层面发生应有的变化。当前我国所有的师范院校,145 所仍冠之以"师范"之名,但除 6 所部属院校进行综合性大学背景下的教师教育模式探索之外,其他各师范院校无论在其课程设置上,还是在更为具体的教学模式上,几乎没有明显的变化,换言之,基本仍沿袭传统的模式进行办学。另外,从师范性院校的升格、合并或取消师范名称形成的综合性院校,尽管有些院校发展前景较为光明,但此类院校大多数缘于单一的专业基础等多种因素,导致该类院校

---

① 曹侠.我国教师教育发展历程与现状研究[J].江苏高教,2006(5):82-84.

的师范专业在其办学理念、课程与专业设置、教学模式、管理模式等方面未体现出综合性大学开办师范教育本应具有的功能、优势与特征。换言之,师范学院或师范专业实质上并未融入到综合性大学之中,遑论对综合性大学里开办教师教育的新模式进行有益的探索。如河北某学院,是 2004 年由某师范专科升格而成的本科院校,"学院号称 10 个系,41 个本专科专业,涵盖经济学、法学、教育学、文学、理学、工学、农学、管理学等 8 个学科门类。但实际上,其系所和专业设置都沿袭了传统的师范院校模式,开设的专业依然以师范为主"。而传统的综合性大学,建立师范人才培养的院系或专业只占少数比例,"绝大多数只是建立了教育科学院或教育学院,培养和造就学术研究人才,中小学教师培养根本不在它的视野之内,且直接培养教师的院系或专业和师范院校并无二致"。①

2. 地位淡化,专业萎缩

发达国家在教师教育改革中取消师范院校,"不过是改变师资培养的方式,或者是为了提高师范教育水平,并不是取消师范教育"。② 然而,考察我国近几年师范院校的改革,明显表现出师范教育地位淡化、专业萎缩的现象。一些院校不顾教学质量,不顾办学条件,盲目升格攀升,一哄而起,并且在办学定位及综合化发展目标上呈现明显的趋同化特点。大多数学校追求的主要是规模的扩大和专业的增加,所增加的专业多半是非师范专业。这种现象至少可以说,教师教育的发展已不是根本目标或核心目标。而强调教师教育作为发展的核心目标是有其必要性的。诚然,非师范院校在承担师范专业办学方面有较大的发展空间,具有更好的师资力量,但毕竟没有高师院校具备多年积累的丰富办学经验。倘若连高师院校都把教师教育作为一种"副业"来办,那么我们就会失去教师教育办学的一大主力军,同时也会使传统的优秀教师教育办学经验遭到流失。再者,传统的综合性大学兴办教育学院,如前文所述,积极性不高,而且多数把目标锁定在研究型理论工作者的培养上。另外,还有些学校在转型中要么砍掉教师教育专业,要么削

---

① 胡艳.我国教师教育体系当前形成路径与变革动因[J].北京师范大学学报,2009(2):20-28.

② 金忠明.教师教育的历史、理论与实践[M].上海:上海教育出版社,2008:85.

减招生量或取消教师教育与非教师教育专业分别招生的规定,实行并轨招生。诚然,这固然有考虑目前我国中小学教师供求关系的变化、拓宽毕业生就业渠道等因素,但客观上,这种做法却导致了教师教育专业不可避免地出现了萎缩状况。而这种"萎缩",暂且不论其价值上的好与坏(事实上判断其好与坏也只是相对于某个价值主体而言的),但最起码对师范教育专业的发展是一种冲击,长此以往,必将在某种程度上影响教师教育的发展。

3. 中师资源流失,大学准备不足

在很长一段时间内,作为我国小学教师资源的主要培养基地——中等师范学校在我国师范教育史上具有举足轻重的地位与作用。如具有上百年办学历史的湖南长沙第一师范学校、河北保定师范学校、江苏南通师范学校等等。20世纪90年代末,学者们认为,"中等师范学校的改革必须适时、合理、有序地进行,争取用1～2年的时间将中师调整到400所,再用3～5年的时间调整到200所,同时要珍惜现有的中等师范教育资源,实现师范教育资源优化组合"①。同时,教育部教师字〔99〕1号文件中对中师学校的调整也有明确的意见,可简要归纳为"办好一批、合并一批、提升一批、改制一批"。但事实非如此,一方面,中等师范以一种大大超出原本规划好的速度退出历史舞台,另一方面,原本应该承接中师任务的高等师范院校却因准备不足而无法实现应有的目标。质言之,"这种改革往往既没有基本的理论准备,也缺乏整体、全局和战略性的思考,客观上甚至不允许从容地进行这样的基础性工作"②。纵观发达国家教师教育的改革和发展历程,转变过程一般是渐进式的,通常需要三四十年的时间。因而,我国中等师范教育的迅速消失不可避免地造成教育资源的浪费及小学师资培养的困难与严峻。

4. 二元分离,缺乏整合

从"师范教育"到"教师教育"的转变中,一个主要的标志是教师教育职前职后一体化。"教师教育应该是涵盖了职前、职后教育在内的一体化教育,单靠职前的

---

① 别林业.中师布局调整和师范教育制度的逐步开放:关于我国师范教育体制改革的政策建议[J].教育研究,2000(7):20-24.

② 张斌贤.论高等师范院校的转型[J].教育研究,2007(5):1-6.

一次性终结型师范教育是不够的。教师的专业发展贯穿于职前培养和职后进修的全过程。"①而事实上,关于职前职后一体化的改革仍存在较多的问题。其中,最为明显的便是职后培训的缺位或形式化的敷衍塞责。导致这种现象的原因除了制度与政策尚不完善之外,与教育学院现有的一大批人员的一系列切身利益问题也息息相关。在我国,传统上职前培养与职后培训长期处于二元分离状态,"这种二元结构除了解决教师的学历补偿教育外,难以提高教师学术水平、教育科研能力及教学实践水平"。② 显然,在开放式教师教育模式转型之后,实现教师教育职前职后一体化是最佳选择。但改革必然会碰到利益的重新调整问题,如,教育学院人员的岗位、职务、待遇、福利等。因此,当面对原本的职后培训组织进行重新改造的时候,问题便随之而来。比如改造方式有"联合办学""升格""合并""改制"等等,但改造的方式大多热衷在"改制"方面,对于如何改变方式加强教师教育职后培训问题却无暇顾及。

三、对我国教师教育模式转型的反思及建议

教师教育模式由封闭定向到开放非定向的转变有三个条件必须具备:"一是科学技术的迅速发展,要求教师水平的提高,师范学院历来学术水平较低,已经不适应培养高水平教师的需要;二是教师数量上已经基本得到满足,不需要设立专门的师范学院来培养;三是教师职业在社会上已有一定的吸引力,优秀青年愿意当教师,不需要采取专门的机构或用免缴学费等优厚条件来吸引生源。"③从我国当前情况看,虽初步具备了上述各条件,却还非常不成熟。因此,借鉴发达国家的经验及根据我国的现实状况,笔者作了如下的思考。

1. 不宜实行完全开放的模式

从发达国家教师教育模式的变革来看,美国是实行完全开放模式的典型代表

---

① 瞿保奎.中国教育研究新进展[M].上海:华东师范大学出版社,2001:351.

② 金忠明.教师教育的历史、理论与实践[M].上海:上海教育出版社,2008:95.

③ 顾明远.师范院校的出路何在[J].高等师范教育研究,2000(6):45-49.

之一。但开放模式并非是完美无缺的。如,综合性大学对教师培养热情不足;不同大学之间培养标准及内容的差异;教育实习趋于形式化;大学的高学术性与师范性的结合困难等。也正因为如此,有些发达国家,如英国、日本在开放模式状态下,往往同时会保留或重新建立部分独立定向的教师培养机构。在我国,自1952年建立独立定向型的教师教育模式以来,"师范大学在师范教育方面积累了丰富的经验,教师教育资源和理论深厚,对此要予以珍惜,不能把这笔无形资产随便扔掉"①。根据2005年教育部师范教育司的有关预测,"到2010年,全国小学和中学教师要分别提升到大专和本科学历,高中教师研究生学历层次将达到10%"②。但有关统计数据表明,2005年,全国的高中专任教师研究生以上学历比例为1.05%,离10%尚有很大的距离。我国的教师教育仍有广阔的市场,高等师范院校仍有很大的作用。因此,我国应实行定向和非定向相结合的教师教育模式,完全开放的模式不符合当前中国的国情。目前的6所部属师范学和综合性大学可以采取"大学+师范"的培养模式,而其他一般性师范院要保持自身的师范特色和地位进行独立设置,视情况不同采取可行的培养模式。

2. 切实提高教师职业的社会地位

教师职业的社会地位的高低是直接关系到能否吸引优秀青年进入教师队伍的问题。而只有当优秀的青年自愿报考教师教育专业并心甘情愿地从事教师教育工作,教师教育的质量才能提高,开放式的教师教育模式才能得以实现。令人尴尬的是,一方面,人们总在说尊师重教,把教师比喻为"人类灵魂的工程师",而另一方面,优秀学生只要有更多的选择的空间,就极少报考教师教育专业,从事教师教育工作。这正说明我国教师职业社会地位低下的状况,社会往往只从精神层面赋予教师这个职业似乎耀眼的光环。因此,笔者认为,要实现教师教育模式的变革与转型,必须切实提高教师职业的社会地位。一是要提倡和推行教师的专业化水平,通过各种方式使整个社会对教师职业专业化标准以及不可替代性抱有维

---

① 李岚清.李岚清教育访谈录[C].北京:人民教育出版社,2003:104.

② 符德新.教师教育网联计划:教师教育的创新:教育部师范司司长管培俊就全国教师教育网络联盟计划答记者问[N].中国教育报,2003-10-14(3).

护之心；二是要切实提高教师的收入待遇。如果不能从根本上提高教师的待遇，优秀学生就读教师教育专业的热情会逐渐衰退，优秀教师流失会继续延续，教师教育模式的实质性转型也无从谈起。我国的教师待遇问题长期得不到解决具有多重复杂的因素。笔者以为，最起码具有内部与外部两个方面因素。就内部而言，教师的专业化水平还不高是影响因素之一；而从外部看，政府对教育经费的投入又是一个极其关键的因素。据统计，"从 2000 年到 2009 年 10 年间，以 4％的比例为目标，则国家财政性教育经费支出 10 年累计欠'账'已达 16843 亿元。2002年到 2003 年间，经费投入甚至还出现了 0.06％的倒退。截至 2009 年，国家财政性教育支出 12231.09 亿元，占国民生产总值的 3.59％"①。因此，要切实提高教师的待遇，教师自身应切实提高专业化水平，同时政府的教育经费投入也必须切实得到提高与实现。

3. 协调变革中利益相关者的矛盾

一般而言，任何一种改革都会导致原本的利益结构发生变更，因而都存在利益冲突发生的可能性。"利益冲突乃是任何改革都绕不过去的阻碍，利益调整则是任何改革都必须认真对待与仔细琢磨的核心环节。"②我国的教师教育模式变革与转型也不例外。如，在教师教育模式从封闭到开放的转型过程中，涉及师范院校、非师范院校两个最基本的利益攸关者。一方面，师范院校担心一旦实现开放模式会冲击其垄断教师教育市场的局面，损害自身的利益，因此采取各种方式予以阻止；另一方面，非师范院校原想通过举办师范专业以占领教师教育市场、获取相应利益。但当这种目的无法达到时，便会降低参与教师教育的积极性，使原本就处于边缘地位的师范专业不断弱化，最终成为一种装饰性的点缀。实践证明，改革不能仅停留在口号与宣传层面，一系列切实而有效的利益调整措施的出台是不可或缺的，诚如马克思所言："思想一旦离开利益，就一定会使自己出丑。"③换言

---

① 霓萍.教育经费实现占 GDP4％咋就那么难？［EB/OL］（2011-03-11）［2011-12-18］.http://club.china.com/data/thread/1638757/2723/44/86/9_1.html.

② 庄西真.利益分化时代的教育改革［J］.当代教育科学，2007(2):4-7.

③ 马克思.马克思恩格斯全集［M］.北京:人民出版社,1957:103.

之,若无对师范院校的利益进行充分的设计安排、对非范师范院校的利益采取激励措施,无论是师范院校还是非师范院校都不会成为开放性教师教育模式变革的积极参与者。

4. 严格实行教师资格认证制度

发达国家的经验显示,实施严格的教师资格证书制度不仅是保证教师专业化目标实现的重要途径,也是保证开放型教师教育模式得以实现的重要途径之一。纵观发达国家都实行较为严格的认定制度,如美国的大学毕业生拿到学位证书后,必须通过专门的教师资格考试,方可获得教师资格。日本近几年还实行教师资格证书更新制度等。我国长期以来采取以学历或主修师范专业来替代教师资格认定,或仅仅把通过教育学、心理学等课程的考试视作获得教师资格认证。尽管近几年来,许多地方如福建、山东、河南、广东等对当地的师范毕业生也实行了教师资格认证,但在认证的程序上、考查的内容等方面与发达国家相比仍存在较大差距,在一定程度上影响了教师专业化目标的实现。因此,必须加大力度予以改革完善并在实践中严格实行。有学者认为,可以在"基础技能、教学技能、教育技能、教研技能四大领域进行着手制定教师资格认定的指标体系"[①]。除此之外,在借鉴发达国家经验的基础上,笔者以为,教师资格认证应包括两个方面,一是对新教师资格的认定,二是对有的教师资格证书进行定期重新更换与重新认定。前者是跨入教师行列"门槛"的必要要求,后者是对教师专业化质量的持续保证。

---

① 姚云.改革开放以来中国师范教育的发展及未来挑战[J].大学·研究与评价,2008(6).

福建省高等教育文、理、政法科类
发展的战略思考[*]

　　距 2000 年只有不到十年时间了,对福建省高等教育文、理、政法科类的发展进行战略思考很有必要,本文仅作初步探讨。

一

　　与全国相比,福建省具有特殊性,因此文、理、政法科类的发展应先走一步。

　　1949 年以来至 1979 年,因福建省处于"海防前线"之故,经济发展缓慢,这是一种特殊情况,暂当别论;1979 年以后是福建省的改革开放时期,11 年来,福建省逐步改变了长期以来处于封闭、半封闭的状态,渐渐形成了一个包括经济特区、对外开放城市、经济技术开发区、经济开放区在内的全方位、多层次、多功能的开放格局。此外,福建面对台湾、邻近港澳,华侨众多,又是我国改革开放综合试验区之一,这些特殊性,都要求福建的经济发展必须走在全国前列,经济发展的趋势必然要求教育尤其是高等教育要有一定的超前发展。文、理、政法科类当然包括其中,否则,这些方面人才的匮乏与不足,将使经济发展的环境和后劲难如人意。

　　福建省人均国民生产总值排名由 1980 年居全国第 17 位至 1990 年上升到第 12 位,这与高等教育的发展是分不开的,请见表 1:

---

　　* 原载《华侨高等教育研究》1991 年总第 19 期。本文是福建省教委 1990 年组织成立"福建省普通高等教育结构研究课题组"中由本人负责的"福建省高等文、理、法科教育结构"子课题的研究成果。

表1　福建省普通高校毕业生累计数层次比较

单位:人

年度	研究生	本科	专科
1980	75	56862	20784
1989	2450	105421	80103

可见,从1980至1989年福建省大学毕业生达几十万人,当然,还要考虑外省毕业生分配来闽的因素。无论如何,近十年来大学毕业生对福建经济长足发展所起的作用决不能低估。而作为重要组成部分的文、理、政法科类大学毕业生在其间所扮演的角色,同样不容忽视。福建省高等学校在校的文、理、政法学生所占的比例与经济发展的速度还是不相称的,如果我们将福建省有关情况与全国及上海市作一比较,这个问题会看得更清楚,详见表2:

表2　1988年福建省高校文、理、政法科类在校学生比例与全国及上海市比较

地区	文科	理科	政法
福建/%	6.6	4.9	1.9
全国/%	5.5	5.3	2.1
上海(1984年)/%	6.6	7.0	3.2

显然,表2说明了这些比例与福建省经济发展在全国的地位和作用的要求是存在一定距离的。除文科外,我省理科与政法科类的高校在校生数都低于全国的平均数;更不及上海1984年理科与政法科所达到的比例。随着福建省对外经济贸易往来的日益频繁与增多,外语、法学专门人才的培养需要一定的超前发展;随着社会的进步、世界高科技的"大趋势",文理科专门人才的培养亦是不可或缺,且需有重点地先走一步,未雨绸缪,方为理智之举。

就全球意识而言,我们似可借鉴其他国家的科类结构,但是,有专家对三十几个经济发展水平不同的国家的高等教育科类结构进行了考察比较,得出如下主要结论:

(1)各国高等教育的科类结构是不断发展变化的,不存在某种稳定的结构状态。

(2)各国的科类结构差异极大,这种差异在经济发展水平低的国家显得尤其突出。质言之,不存在某种各国一致的高教科类结构模式(即使对美、日、法、苏和联邦德国五国的比较也是如此)。

此外,高等教育层次结构与国家的经济发展水平(在未考虑其他因素的情况下)没有表现出明显的相关性,同一经济水平的不同国家其层次结构也有很大差别。

总而言之,关键的是要注意建立一个具有良好的自动调节机制的结构动态控制系统。高等教育结构的形成和发展是多种因素综合作用的结果,高教结构的多样性是绝对的,所以,绝不可以把外国高等教育结构的具体模式简单地拿来作为我国或我省高教结构合理化的标准,即使这种模式对该国来说是完全合理的,因此本文不进行这一方面的国际比较。

二

福建省专门人才需求预测的结果,为文、理、政法科类的发展先走一步提供了又一依据。

经有关方面初步论证,福建省到 20 世纪末的经济发展战略目标是:从福建的实际出发,走一条有中国特色、有福建特点的发展道路,到 2000 年,全省国民生产总值将达 530 亿元;人均国民生产总值达到或超过 1000 美元,比全国人均国民生产总值 800 美元的平均水平高 25%。

要实现上述战略目标,就必须加强基础设施、能源、原材料工业以及机械、电子、轻工、纺织、化工、建材等产业的发展;要发展这些产业,就必须重视教育尤其是高等教育;要重视高等教育,就既要抓好工科等热门科类人才的培养,又不可忽视文、理、政法科类,否则经济发展将缺乏应有的活力与后劲。

福建省专门人才需求预测报告对我省专门人才现状的分析表明,我省专业科类比较齐全,但专业结构不合理,需要调整与优化,从专业科类的配比中可以看出一些全省急需的专业,例如法律、应用文科和财经类人才明显不足,这一结论有力地证明了我省文、理、政法科类专门人才的培养并非无关大局,更不应停滞发展甚至缩减,方能后继有人。近年来这些科类的大学毕业生之所以毕业分配相对冷清、不好分配,是有许多人为因素的。当前社会上实行干部人事制度的改革、优化劳动组合、工资总额包干等等使毕业分配供需关系发生了新的变化;不少企业的短期行为严重,这些科类人才供大于求的比例因此也越来越大。另外,成人高等教育主要是文科,其规模堪与正规大学文科颉颃,加上各系统(文、政法)的短训班以及军队干部转业等等,所有这些对正规大学文科、政法科类学生的就业亦具有较大的影响,在一定程度上,科学性与可行性在这里产生冲突,"适应"与"迁就"是两码事,我们应清醒及时地认识到这一点。

三

对福建省文、理、政法科类专门人才拥有与需补的分析,有助于我们制定发展战略。福建省人才预测研究表明,本省文、理、政法科类人才未来需求盘已有了初步的数据,如表 3 所示。

表 3　福建省 2000 年专门人才微观预测文、理、法专业科类构成表

专业类	1985 年		1986—2000 年		2000 年	
	专门人才拥有量	占比/%	专门人才需补量	占比/%	专门人才拥有量	占比/%
文科	8100	3.86	42474	7.06	48150	6.53
理科	3032	1.45	7837	1.30	9786	1.33
法律	5714	2.72	34638	5.76	39294	5.33

由表 3 可知,与 1985 年相比,到 2000 年福建省对文科专门人才拥有量的需求增加 5 倍左右,占所有科类百分比由 3.86% 上升到 6.53%;对法律专门人才拥有量的需求也增加了 6 倍左右,占所有科类百分比由 2.72% 上升到 5.33%;对理科专门人才拥有量的需求却只增加 2 倍左右,占所有科类百分比反而由 1.45% 下降到 1.33%。

下面,让我们进行一点粗浅的分析,以便更清楚地看出现状与 2000 年有关专门人才需求量的差距及其发展战略梗概。

1. 关于文科

1990 年福建省高校文科毕业生总数为 1000 多人,其中厦门大学中文、历史、外文、新闻和人类学等系的文科毕业生占大多数,华侨大学(中文、外语)与福州大学(英语、中国文化)的文科毕业生占一小部分。以 1985 年福建省文科专门人才 8100 人为底数,以此后每年相关毕业生 1500 人为例,我们便可算出,到 2000 年,福建省高等教育文科专门人才拥有量大约为 3 万人,当然,这个数字虽不会绝对准确,但出入不会太大,这与文科人才预测需求量相距甚远。若再深究之,从 1985 年以来至今,福建省高校文科毕业生数每年是低于 1500 人的,甚至在 1987 年、1988 年还低于 1000 人,有关统计可以为证,如表 4 所示。

表 4　福建省高校文科学生发展情况〔1986—1990 学年度〕

项目	1986—1987 学年度			1987—1988 学年度			1988—1989 学年度			1989—1990 学年度		
	毕业	招生	在校	毕业	招生	在校	毕业	招生	在校	毕业	招生	在校
学生数	901	1271	3782	947	1027	3825	1370	1361	3773	1208	963	3506
占比/%	9.3	7.7	7.4	6.6	5.8	7.1	8.1	6.8	6.6	7.0	5.5	6.2

从表 4 不难看出,前三个学年度的发展基本上呈上升趋势,尤其是毕业生人数,在校生数也比较稳定,保持在 3800 人左右,但是,1989—1990 学年度的发展情况变化就大了,招生数与前一学年度相比骤减,在校生数也相应地比前三个学年度少了 300 人左右,这一情况值得重视。众所周知,教育具有滞后的特点,我们应该把握时机,尽快着手解决文科这一不太景气的状况,不能将 20 世纪解决的问题遗留到下一世纪。当然,这并不意味着文科所有专业都要大幅度地一拥而上,而是必须有所根据地、有的放矢地发展。例如,中文与英语专业的应用性文科专门人才,就应该成为发展培养之重点,理由何在?请见表 5:

表 5　福建省若干文科专门人才需求预测比较

专业 名称	1985 年 拥有量	1986—2000 年 需补量	2000 年 需补量	研究生		本科生		专科生	
				1985 年 拥有量	2000 年 拥有量	1985 年 拥有量	2000 年 拥有量	1985 年 拥有量	2000 年 拥有量
中文	3269	16290	18696	18	97	789	4303	1086	9120

续表

专业 名称	1985 年 拥有量	1986—2000 年 需补量	2000 年 需补量	研究生		本科生		专科生	
				1985 年 拥有量	2000 年 拥有量	1985 年 拥有量	2000 年 拥有量	1985 年 拥有量	2000 年 拥有量
历史	289	821	1047	6	54	137	550	96	331
英语	456	2433	2812	1	42	164	1180	262	1177
其他外语	128	690	790	0	9	53	399	59	251

表 5 表明,由于中文与英语专门人才到 2000 年需补量较大,的确不容忽视。就专业层次而论,本科与专科应有较大的发展。必须说明的是,由于"文史不分家",随着经济贸易、文化交流不断发展与扩大,历史、新闻、外语等文科的其他专业,理所当然不应受到抑制,亦应适度发展。同时,还必须强调的是,在文科今后的建设上,把握学科的政治方向非常重要。

2. 关于政法科类

1990 年福建省高校政法科类毕业生两百多人,其中厦门大学哲学 51 人、政治学尚无毕业生、法学 118 人等系的毕业生共有 169 人,华侨大学的法律系毕业生 51 人,以法学专门人才而论,由表 6 已经明白,按照每年有 200 名毕业生的规模发展,与 2000 年所要求的近 4 万法律专门人才的拥有量,差距实在是太大了,即使将政法科类统算在内,数量是离要求相去甚远。

表 6　福建省高校政法科类学生发展情况〔1986—1990 学年度〕

项目	1986—1987 学年度			1987—1988 学年度			1988—1989 学年度			1989—1990 学年度		
	在校	毕业	招生	在校	毕业	招生	在校	毕业	招生	在校	毕业	招生
学生数	144	302	1121	503	312	932	329	433	1063	372	316	1038
占比/%	1.5	1.8	2.2	3.5	1.8	1.7	2.0	2.2	1.9	2.1	1.8	1.8

表 6 明确表示了四个学年度政法科类毕业生平均每年只有 341 人,而且招生数与在校生数并无较大的上升趋势,甚至 1989—1990 学年度的招生数和在校生数都比前一学年度略少。前已略述,政法专门人才对于厦门经济特区及众多的经济开放区而言,有着相当重要的维护福建经济建设权益、保障良好经济发展环境

的社会氛围的作用,绝不能等闲视之,确实必须加强。所以,根据福建关于法学专门人才的需求,尽早地、适时地扩大招生数额或多渠道办学,确不可掉以轻心。否则,将会给我省经济上和政治上,带来不必要的损失。

根据调查分析表明,从 1991 年至 2000 年法学应是福建省人才需补量较大的专业,约需补 9038 人,这就进一步证实了上述之观点。就专业层次而言,必须将本科与专科作为重点,研究生的发展虽然重要,但步伐可以相对慢一点。

3. 关于理科

首先让我们看看理想与实际并不一致的事实。福建省理科毕业生供需情况见表 7。

表 7　福建省理科毕业生供需情况

项目	1983 年	1984 年	1985 年	1986 年	1987 年	1989 年
需	227	163	610	789	391	223
供	480	483	716	505	448	744

几年来,除 1986 年需大于供之外,其他年份皆是供大于求,到 1989 年这种供需矛盾的情况,结果使得许多学生毕业后用非所学。

从表 7 已知,未来福建社会对理科人才的需补量并不大,如果以 1983—1989 年平均每年理科毕业生约为 500 人来计算,到 2000 年理科专门人才拥有量大致可以达到人才预测需求量的要求。从专业来看,福建省理科人才需求量较大的是化学、气象和数学,它们在理科人才需求量中处于第一、二、三位。为什么本省理科人才需求量偏小呢?一个重要的原因是:恢复高考制度以来,我国高等教育重理工轻文法的特点愈发明显,高等理科教育有了较大的发展,然而我省经济基础毕竟薄弱,总体科技水平不高,社会一时还不可能容纳太多的理科人才,这就使得理科人才趋于相对饱和,社会需求量逐渐减小。尽管如此,关于理科人才的发展并非无可作为,从专业层次来看,理科人才的需求基本上也依然是以本、专科为主,除化学专业外,研究生的需求量不大。请见表 8。

表 8　福建省若干理科专门人才需求预测比较

专业名称	1985 年拥有量	1986—2000 年需补量	2000 年拥有量	研究生		本科生		专科生	
				1985 年拥有量	2000 年拥有量	1985 年拥有量	2000 年拥有量	1985 年拥有量	2000 年拥有量
数学	267	1043	1253	0	10	85	533	155	464
物理学	353	559	803	12	23	218	418	103	261
化学	803	3184	3687	48	172	429	1412	190	1085
海洋学	171	194	303	17	49	125	204	21	35
气象学	865	289	1843	1	26	293	561	170	255
生物学	263	791	917	10	63	77	496	47	183

　　如前所述,影响目前福建省理科人才需求量不大、造成本省理科毕业生分配难是有诸多方面的原因,有历史的,有经济发展水平现状的,有体制上的,等等,不一而足。因此,必须综合治理,面向我国、我省实际,调整理科专业设置、课程设置和培养目标,切实加强实践环节,努力体现多样化和多层次性的特点,适当压缩长线专业,有计划、有针对性地发展短线专业。换言之,除保留一定基础理科外,宜往应用理科发展。专业划分过细不利于人才成长和用人单位工作安排,专业太泛过宽又容易流于一般,亦未必能适应社会需要,甚至造成结构性的浪费。所以,专业改造的途径应是点面结合,既能有所侧重,又易于与其他专业相通,培养具有良好科学素养、一专多能、适应性强的理科专门人才。当然,与此同时,改革毕业生分配制度也是大有必要的。只有解决好内部和外部两个方面的问题,我省理科专门人才的需要量才能使科学预测与实际达成一致。退一步说,即使暂时解决不好这一矛盾,也不可以过于"现实主义"地一概轻视理科,不宜大加压缩理科专业的招生数,甚至停办理科专业。

　　"风物长宜放眼量",有关部门应制定人才储备的政策,即应有"养士"思想,把暂时过剩的人才进行对口储备或加紧再教育工作,尽量避免因专业分配不对口又缺乏后继手段,以至造成教育上的失误。理科的出路在哪里? 简言之,教育改革要适应经济发展,现阶段理科人才的相对饱和,丝毫不应成为贬低理科的理由,而应该根据现有学科状况进行调整、改革。

四

通过以上分析,我们可以断言,对于福建省高等教育文、理、政法科类的发展进行战略性思考,是一项十分有益的工作。起码,此项工作有助于透过这些科类所谓"长线"的迷雾,科学展望未来十年的发展战略。结论是:文科和政法科类必须得到一定的发展,理科则应控制规模和适当改造。当然,还必须具体问题具体分析,有所区别、有所侧重。其一,就专业而言,文科中的中文与英语专门人才,由于社会需求量较大,应优先着重发展;政法科类中的法学专门人才,亦属优先着重发展之列;其二,就专业层次而言,无论是文科还是理科或是政法科类,都不急于大力发展研究生教育,应放低重心,抓紧本科与专科教育。

人们的支持,领导的重视,相应的措施配套,如投资要有保证、人才需要的规划和招生与毕业生分配制度的改革要相结合等等,只有这样,战略思考的意义才能显示出来。

跨世纪的厦门教育最佳发展道路

——《厦门教育之城规划及其研究》评介 *

在《中国教育改革和发展纲要》正式公布之后,1993 年 3 月,厦门市委、市政府向海内外人士、厦门人民宣布:努力把厦门办成"教育之城"。设想一经提出,组织、调查、讨论、研究和规划等工作便开展起来,这是本书产生的背景。由于厦门市委、市政府领导的高度重视,由于此课题具体承担者厦门市教科所的全力以赴,由于各方面参与研究的人员既分工又协作地群策群力,使得《厦门教育之城规划及其研究》(以下简称《规划》)能够在仅一年左右的较短时间里取得较快进展,而且数易其稿。应该说,其研究工作的效率较高,研究态度也是严谨认真的。

《规划》由两大部分组成,一是规划部分,二是研究部分。规划部分是重点也是主要部分;研究部分是规划部分的必要补充,主要对一些在规划部分中尚待研究的有关内容进行理论探讨。

综观全书,主题明确,条理清楚,结构合理,表述准确,详略得当。具体一点,有如下几个方面值得一评:

首先,我们知道规划与战略虽然二者之间有不少共性,同时也有所不同有所区别。《规划》在研究中充分注意到这一点,它以"大教育"作为研究对象,在多形式多层次多方面多渠道的教育网络中探索论证跨世纪的厦门教育之最佳发展道路,不仅讲究科学性而且注重可行性。科学性主要表现在对总体构想与内在依据的论述上,可行性则主要表现在对具体目标和若干关键措施和重大立项的分析论证上。

其次,在眼前利益与长远利益的问题上,《规划》也处理得较好。它研究了从现在起到 2020 年厦门教育发展的总体目标,又论述了分期目标:现在至 2000 年为近期、至 2010 年为中期、至 2020 年为远期。各个时期都有各自明确的具体目标,

---

* 原载《厦门教育》1994 年第 6 期。

成为实现总体目标的必要步骤与有机组成部分,这就使得《规划》不仅具有一定的科学性与前瞻性,而且具有较强的可操作性。这一点与前述的科学性与可行性是互为关联的。

再次,在比较、借鉴方面,《规划》没有孤立地看问题,而是较准确地把握好厦门地方教育与全国的关系,放眼借鉴港台教育乃至世界上若干发达国家和经济腾飞的发展中国家与地区的教育,从而使研究在深度与广度方面都具有较高水平。

又次,根据厦门是经济特区、著名侨乡、教育基础较好等特点,《规划》对厦门教育与社会其他领域的关系及其相互影响进行了必要的辨析与阐述,突出地研究了立法、经费投入、与国际接轨等涉及教育管理机制的重大问题。这些问题的提出与论证,无疑极大地增加了《规划》的内容的"厚"度与力度。

另外,还值得一提的是,为了更有说服力以及由规划的性质所决定,《规划》提供列举了大量颇有价值的数据资料。从总体观之,这些数据资料的可信度较高。当然,若干预测的数据在今天看来可以成立,随着时日的推移、社会的发展,则很可能在一定的时候要作一定的修改。

最后,可以肯定的是,《规划》的研究是有良好的基础的,主要表现在以下三个方面:其一,早在 80 年代中期至 90 年代初,在全国教育科学规划领导小组的组织领导下,开展"中国教育发展战略研究",已完成的地区性子课题有上海、湖北、辽宁、苏南、深圳市、珠江三角洲和闽南三角洲等教育发展战略研究。其二,1985 年厦门市就开展了 20 世纪经济与社会发展战略研究,并把教育发展纳入其中;1991年通过规划领导小组鉴定验收的《闽南厦漳泉三角地区教育发展战略研究》课题,其中包含大量对厦门教育发展战略的分析探讨。其三,参与《规划》研究的人员都曾或多或少地进行过有关方面的探讨,加上个人的学科知识集合于对厦门教育之城规划的联合攻关,十分有助于集思广益。以上相关的信息与资料及研究人员构成,无疑是《规划》得以较快较好地完成的一个重要条件。

总之,《规划》的出版,不仅及时地为厦门经济特区教育的宏观决策与进一步健康发展提供了科学可行的依据,而且也为全国教育规划、教育战略研究等提供了值得关心的理论与资料——虽然它只是厦门经济特区的"一地之言","窗口""示范""辐射"等作用却不可忽视。《规划》的理论意义和实践意义以及它所带来的社会效益与经济效益,正在和将会越来越富有成效地显示出来。

疫情防控视角下多种教学模式体系探析[*]

  2020 年初,一场席卷全球的新冠疫情对人们的生产、生活产生了巨大影响,也对我国高等教育事业造成了巨大冲击。在党中央强有力的统一指挥和正确领导下,教育战线第一时间制定了可行有效的校园防控和复学、教学方案,为疫情防控和稳定教学秩序做出了巨大努力,保障了教学活动有序开展。经过疫情初期的探索和实践,现代信息技术全面、深度融入教与学全过程,"1＋M＋N"协同跨校教学模式、MOOC＋SPOC＋线上翻转课堂、SPOC＋线上翻转课堂、在线教学工具＋会议系统等六种典型教学模式广泛应用。[①] 目前,疫情虽然得到有效防控,但其影响仍将在未来一段时期继续存在,结合课程特点和教学环节探索行之有效的多种教学模式体系成为必然。

一、教学模式

  关于"教学模式"的概念,存在多种说法,包括结构说、过程说、方法说、范式说、系统说等。[②] 通常可以将"教学模式"定义为遵循相关教育思想和教学理论而构建起来的比较稳定的有关教学活动的结构框架与活动流程,既能体现教学活动整体及各要素之间内部的关系和功能,又能体现有序性和可操作性。

(一)多种教学模式体系的定义

  2003 年 12 月,何克抗教授将"混合式学习"概念引入我国后,国内教育技术界

  * 本文与周水庭、张坚豪、廖文婕合作,原载《教育评论》2020 年第 11 期。

  ① 吴岩.应对危机化危为机主动求变做好在线教学国际平台及课程资源建设[J].中国大学教学,2020(4):7.

  ② 王永明.论"学校教学模式群"及其建构[J].当代教育科学,2019(7):24.

的思想观念经历了一场深刻的变革。① 随着信息技术和现代教育技术辅助教学的创新和发展,"教学模式"也变得"现代化"和"多样化"。在"教学模式"定义的基础上,结合学术界各种不同侧重的论述,"多种教学模式体系"可以归纳如下:遵循相关教学理论和教学原则,为有效实现既定教学目标,由多种教学模式按照一定逻辑关系有效组合,实施稳定教学活动的系统。在多种教学模式体系中,各教学模式既相互独立,又相辅相成,共同服务于教学目标。

(二)多种教学模式体系的特点

2020 年初,教育部印发了《关于在疫情防控期间做好普通高等学校在线教学组织与管理工作的指导意见》,要求采取政府主导、高校主体、社会参与的方式,共同实施并保障高校在疫情防控期间的在线教学,实现"停课不停教、停课不停学"②。在此背景下,构建多种教学模式体系以满足实际教学需求的行动随着实践的深入而初具模型,这个体系具有目的性、整体性、互补性、协同性、动态性等特点。

其一,目的性。培养目标是人才培养应然状态和实然形成的调谐,是高校对"培养什么样的人"的理性思考与周密设计。③ 任何教学模式都服从服务于一定教育目的。当前情况下,无论运用何种教学模式,其目的都在于满足实际教学需求,改变传统授受式课堂教学模式,运用现代教育技术手段开展各种教学活动,引导学生与时俱进地开展正常学习,实现教学质量实质等效。

其二,整体性。系统的核心特征是整体性。系统是由具有特定功能的要素和要素间的相互关系组成的,系统的运行必须服从于系统整体的目的或者功能,以期最大可能地发挥"整体大于部分之和"的系统功能。疫情影响期间,综合应用多种教学模式体系,根据课程内容、授课对象等主客观条件变化适当调整教学模式

---

① 叶荣荣,余胜泉,陈琳.活动导向的多种教学模式的混合式教学研究[J].电化教育研究,2012(9):104.

② 教育部.关于在疫情防控期间做好普通高等学校在线教学组织与管理工作的指导意见(高厅〔2020〕2 号)[Z].2020-02-05.

③ 涂宝军,张新科,丁三青.大应用观与应用型人才培养:哲学意蕴、逻辑起点与实现路径[J].职业技术教育,2019(13):27.

组合,能系统发挥每种教学模式的优势,达到最优教学效果。

其三,互补性。不同教学模式在功能上存在互补性。从内容形式上看,传统教学模式和现代教学模式存在互补;从班级容量上看,大班化教学模式和小班化教学模式存在互补;从时间安排上看,直播模式与录播模式存在互补;从主导者看,自主模式与直播模式、录播模式存在互补。正是因为不同教学模式之间存在互补性,多种教学模式体系的存在才更显必要。

其四,协同性。协同性指系统内各要素或子系统之间相互作用产生协同效应,从而使系统的整体功能大于单个要素或子系统功能的简单相加。对于多种教学模式体系来说,各教学模式之间具有各自不同的功能,在不同的层次和维度上产生协同互补的关系,通过这样的关系,各教学模式之间相辅相成,共同实现教育教学目标。

其五,动态性。多种教学模式体系中,教学模式的类型是不断发展的,因而各种教学模式组合也不是一成不变的,应主动适应教学目标、教学内容、教学主客体和教学场所的变化。动态性是多种教学模式体系的重要特征,体现了系统的开放性和自组织性。

二、传统教学模式

传统教学模式已非"狭义"传统,随着信息化技术的发展,传统教学模式已经从单纯的课堂理论输出转变为依托现代教育技术手段辅助的新型教学模式,课堂空间得到极大延展。但是,无论从组织教学活动的空间上,还是完成教学任务的形式上,都还比较"传统"。从教学空间、教育技术、课程性质、教学评价等维度可以看出传统教学模式的局限。

(一)教学空间维度的传统教学模式

从教学空间维度来看,"传统模式"局限于固定空间,以固定场所(教室、实验室等)为活动平台的言传身教,依然是传统教学模式的主要形式。在有限的空间内,教师丰富的知识点展示(PPT 演示)、面对面交流(互动),加上丰富的肢体语言(教师仪态),是吸引学生黏性的重要模式,这种模式的教学效果普遍被认为是效率比较高的"传道、授业、解惑"。但其局限在于固定空间内组织教学容易让学生感觉疲乏、枯燥、单调。

（二）教育技术维度的传统教学模式

从教育技术维度来看，随着互联网和计算机技术飞速发展，现代教育技术被引入教学活动，多媒体设备成为辅助教学的有效利器。教师利用各种软件开发和创作不同形式的课件，利用各种硬件资源将教学内容的展现形式尽情发挥。虽然信息技术的引入增加了"教"的效率，但不等于绝对提高了"学"的效果，有时候反而因为演示推导过程一闪而过，学生不能及时掌握知识而产生挫败感，失去学习兴趣。其局限在于多以 PPT 演示和课件讲解为主，学生参与度有限。

（三）课程性质维度的传统教学模式

从课程性质维度来看，课程可大致分为理论课（含课内实验）、独立实验课和实践环节。理论课多以教师讲授为主，传统实验则以演示型和验证型为主，采用形式多为展示和带练，教师在各性质课程的介入度极高。受学校场所、硬件资源和实验条件的制约，无论理论还是实践，教学活动组织起来都很"安全"，学生体验度不高，也很少能接触到比较复杂、相对危险的情境。其局限在于缺乏平台支撑综合性、创新性、危险性的应用场景体验。

（四）教学评价维度的传统教学模式

从教学评价维度来看，对学习效果的考核和评价主要依靠期末考试，即总结性评价。传统的考核形式比较重视"期末"的全面考核，追求评价学生对一整学期或一门课程在某一时间区间内的全面掌握水平，从基本原理到应用分析，从基础公式到复杂问题，都希望从"一张试卷"上得出结论。其局限很显然，"一卷定论"的单一评价方式已经无法满足创新性教学的实际需求。

三、在线教学模式

单一的"在线教学模式"不能解决所有教学问题，不能从一个极端走向另一个极端。在线教学的"直播、录播和自主"三种模式各有特点。

其一，直播模式。直播模式能有效发挥教学过程中教师的主导作用，更容易和传统的课堂教学模式衔接过渡,有利于体现教师的个人特色和风格,师生的接受程度和适应性好。但单一的直播模式以被动听讲为主,相较于课堂现场,其互动性明显不足,学生容易受到其他因素的干扰和影响。特点为:效率高,个性化好,但互动性差。

其二,录播模式。录播模式包括常见的慕课、微课、微视频等,展示性强,准备更充分,教学效率高,方便反复学习,有利于优秀教师和优质课程资源的共享,但互动性比直播模式更显不足。特点为:效率高,共享性好,但互动性差。

其三,自主模式。自主模式指教师通过发布任务的方式组织自主学习,学生在课外自行搜集资料并完成学习任务。线上检索平台和技术的发展和应用为学生自主学习提供了丰富资源,许多在线课程平台也提供了提交学习结果反馈的方式。自主模式变知识灌输为探索思考,强化学生的主体作用和教师的主导地位,有利于调动学生积极性和能动性,但学生的响应效果不易把握。特点为:主动性、互动性好,但效率较低。

四、多种教学模式体系

教学模式应结合课程实际因地制宜,既要继承传统教学模式的优点,也要吸收在线教学模式的优势,克服单一教学模式局限,结合不同性质的课程、课程实施的环境和课程的不同环节,从教学空间、教学环节等方面构建多种教学模式体系(见图1),围绕目的性、整体性、互补性、协同性和动态性特点,发挥不同模式的优势,分类施教,必要时进行有效组合。

(一)教学空间维度的教学模式

其一,线上教学模式。重点疫情地区、暂不具备开学条件或者暂不必要返校(境外、观察期)的学生可以首选线上教学,利用各种学习平台和信息化工具,通过直播、录播或自主的方式组织学习。各个学校的教学探索和实践也证明,教师利用腾讯会议、学堂在线、智慧树等稳定的网上平台可以有效组织教学活动,并获得良好的教学效果。

其二,线下教学模式。适用于非重点疫情地区且具备返校条件的学生。学校

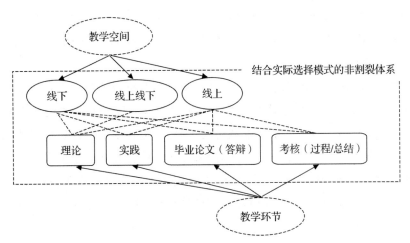

图1　多种教学模式体系概念图

根据教室、教师资源的实际情况，或拆分行政班，或转至中、大型教室，减小人员密度，合理调配且错开上课时间，将上课人数控制在教室座位数容量的70%左右，在教室容量可承受前提下降低多处往返的感染风险。"讲授能力""演讲能力""互动能力"是教师确保对话教学有效性、促进学习者建构知识的重要能力。① 因此，"线下教学模式"是"课堂革命"中最具挑战性、最能体现教师水平的模式。

其三，线上线下混合式教学模式。适用于疫情重点区域、疫情反复区域和整体学习进度需要保持同步的学生。教师应合理应用校内外优质在线课程资源，合理设置线上和线下教学的重点和占比。返校学生在课堂和宿舍进行，在家学生通过网络在线上同步进行。混合模式的使用对教师的设计、组织和控制能力是巨大考验，要求教师结合课程特点和学生反馈选择具体的教学方式，并适时进行调整。

（二）教学环节维度的教学模式

其一，理论教学环节多途径模式。该模式针对不同的对象、环境和条件，采用相应的授课模式组织教学活动，主要应用于理论讲授环节。理论课可以通过线上、线下、线上线下混合等方式来组织实施，结合疫情影响程度、学校管理方式、专

---

① 周琬馨，罗雁龙，李泽彧.应用型大学教师课堂教学能力的现状与对策[J].无锡职业技术学院学报，2020（1）：28.

业课程特点、学生健康情况等因素加以选择。要根据学校实际、课程特点、施众（教师）特长、受众（学生）特性、硬件条件等因素，制定科学、合理的偏重方案，适时选择类型和教法。[①]

其二，实践教学环节多途径模式。实践教学环节可以通过线上或线下的方式组织实施。线上实践适用于疫情影响期间的部分毕业班及计划进行实践类课程学习的学生，利用实验室演示及虚拟仿真手段，以远程演示及模拟的方式引导学生进行实践课程的学习，应用于综合型实验、设计型实验和创新型实验。线下实践适用于疫情影响期间部分必须回到企业继续实习以获得实验数据的学生，按照学校和企业疫情防控期间的管理要求，继续参加企业实习，完成毕业论文所需的实验信息和数据收集。

其三，毕业论文环节多途径模式。毕业论文（毕业设计）可以看作比较特殊的一类课程，除了多途径指导撰写过程，答辩环节也可采用信息化手段。不返校的学生在完成毕业论文（毕业设计）之后，可通过稳定的网络平台远程在线答辩；符合返校健康条件且自愿返校的学生在完成毕业论文（毕业设计）之后，可参加适宜人口密度的现场答辩；继续返企实习且使用企业出题的学生在完成毕业论文（毕业设计）之后，经校企协商，在环境条件允许的前提下组织入企，进行现场答辩或远程在线答辩。

其四，考核环节多途径模式。考核环节一般通过过程性考核和总结性考核两个渠道实现，除了评价学生平时的学习质量，还要评价阶段性和学习过程最终阶段的学习质量。过程性考核适用于开放性、主观性较强的课程，在"小作业、分组论文、独立论文"的基础上，更强调过程性学习的效果，将学生从被动的课堂空间引导到主动的检索领域，从刻板的教材书本引导到广袤的扩展资源，通过过程性考核强化学生对知识点的理解和融会贯通的能力。总结性考核适用于综合性或创新性的检验，考验学生灵活运用学习过程中各种原理、法则、公式和对案例举一反三、融会贯通的能力，在工程教育专业认证中也称为解决复杂工程问题的能力，该目的同样适用于其他非工科专业。

---

① 张坚豪，谢雯瑜."金课"的内涵理解及建设策略[J].黑龙江工程学院学报，2020（2）：67.

五、结语

疫情影响仍在持续发酵,防控之弦依然要绷紧,高校除了做好疫情防控的预案和演练,还要在教学实践中不断探索多种教学模式体系的构建和运行。无论是教学空间维度,还是教学环节维度,都只是尝试提供一种值得探讨的思路。教学模式的合理开发和应用还需要结合学校、专业、课程、教师和学生的实际进行,需要对传统模式和现代模式兼收并蓄,形成多种教学模式百花齐放的局面。针对教学实际,采取不同教学模式的组合,可以实现更佳的教学效果。疫情既是危机和压力,也是契机和动力,乃至促进教学模式创新的活力,教学活动在变化中求变,教学模式在变化中应变。"战疫"终将取得胜利,教学模式也将长足演进。相信在广大教师的努力下,教学模式将会越来越丰富。

后 记

其实,想说的话都在本书中的论文里,此处权当补白。

自 1988 年正式公开发表学术论文以来,流年一掷梭,忽忽 35 个寒暑过去了。其间,130 余篇论文发表、十几部专著出版,有韧性不任性,既不多产也不停产。从厦门到漳州,从漳州到龙岩,又从龙岩回到厦门,西向、北上、南进,兜兜转转来来回回,一直行走在大学的教学、科研和管理的理论与实践的道路上,说是"九万里悟道"也不为过,酸甜苦辣咸五味俱全,确实如鱼在水冷暖自知。

个人参与见证过"985"大学成果"顶天"及其呕心沥血,经历体悟过地方应用型大学"立地"及其筚路蓝缕,在高等教育理论研究与大学管办实践立体交叉线下线上运行中,真题真做,身体力行,直接面对高等教育层次的多样性、办学的复杂性和区域的特色性。书中所论或预言虽有不少得到印证成为现实,例如,有关新建地方本科院校的发展趋势问题、有关民办(私立)高等教育必将进一步发展问题、有关大学排行评价问题,以及在 2020 年就指出的"战疫终将取得胜利,教学模式也将长足演进······教学模式将会越来越丰富"这一研究预判,等等。然而,一些需要久久为功的事物也同样一直在路上,例如,大学生素质教育问题、高校投资体制改革问题、高等教育规模与质量问题,等等,不一而足。看似简单却包罗万象,貌似复杂却大道至简,这是大学的魅力所在,也是催人持续研究的动力所在。

学史使人明智,温故而知新,这也许是本书的意义所在。

本书 40 余篇(本人皆为独立作者或第一作者),共分理论研究篇、发展研究篇、对策研究篇三个模块,在一定程度上,反映了个人对过去 35 年高等教育改革与发展相关脉络、有关问题的理解和研析。每每发表一篇论文,都有一种

"一山放过一山拦"的感觉。于是就想:"躺平"的人生虽说也是一种人生,但终归不如囊萤映雪栉风沐雨登山越岭的人生那般有向往有意境。梳理一番,个别字眼略作改动,三次校对,并尽可能保持原文的原汁原味,于是交稿。

就个体和时间的关系而言,时间是"我","我"是时间。记得有人说过:大学是一个实践者不断反思的地方……因此越来越有必要精准探究相关问题。诚哉斯言。力戒浮躁和"客里空",这是现代人尤其需要的。从一笔一画地在纸上"爬格子"到一字一句地在电脑前敲键盘,入定、"心流状态"的螺旋式循环,带来上升式的困苦和创造性的欣喜。做学问的过程,精力和体力令人疲惫,有时也会有焦虑感,但精神总体上却是愉悦的,恰似我写的一首词中的一句话"真理在召唤,豪情在荡漾"。回想起来如同一幅幅由黑白照到彩照的变幻穿越,穿越于迎光追风的时光隧道之中。就这样,与不断研究和不断实践为伴,其实就是我在沉思与力行中,携手时光而一同奔赴向前。

粗略也好,深刻也好,历史的印记永不消逝。

值此书稿付梓之际,深切怀念恩师潘懋元先生,先生之风,渊深海阔,山高水长。

特别感谢厦门理工学院!诚挚感谢厦门大学、龙岩学院!由衷感谢厦门大学教育科学研究院、厦门大学出版社、《厦门大学学报》、《教育研究》、《高等教育研究》、《中国高教研究》、《中国教育报》、《人大复印资料》和全国教育科学规划办、福建省社科联、厦门市社科联等单位及同人对我的具体给力的关心支持!

由衷感激感恩感谢所有帮助、支持我在数十载大学人生之旅砥砺前行的亲人挚友、同人和论文合作者!

新时代新气象,高等教育高质量发展是主旋律,唯愿亦坚信中国高等教育的明天一定会更好。

尚祈方家不吝赐教,幸甚。

李泽彧

2023 年 7 月 6 日